Rainer Liedtke

N M Rothschild & Sons

Rainer Liedtke

N M Rothschild & Sons

Kommunikationswege im europäischen
Bankenwesen im 19. Jahrhundert

for Vic with warmest wishes,

Rainer Liedtke,

15/9/2006

2006

BÖHLAU VERLAG KÖLN WEIMAR WIEN

Gedruckt mit freundlicher Unterstützung durch
die Johanna und Fritz Buch Gedächtnis-Stiftung und die FAZIT-Stiftung

Bibliografische Information der Deutschen Bibliothek:
Die Deutsche Bibliothek verzeichnet diese Publikation in der
Deutschen Nationalbibliografie; detaillierte bibliografische Daten
sind im Internet über http://dnb.ddb.de abrufbar.

Umschlagabbildung:

Nathan Mayer Rothschild, undatiertes Ölgemälde von M. Oppenheim
Börsenkursblatt von CM de Rothschild & figli, Neapel, 18. September 1862

© 2006 by Böhlau Verlag GmbH & Cie, Köln
Ursulaplatz 1, D-50668 Köln
Tel. (0221) 913 90-0, Fax (0221) 913 90-11
info@boehlau.de
Druck und Bindung: Strauss GmbH, Mörlenbach
Gedruckt auf chlor- und säurefreiem Papier.
Printed in Germany

ISBN-10 3-412-36905-5
ISBN 978-3-412-36905-7

Vorwort

Die Untersuchung der Rothschild Agenten als Kommunikationsnetzwerk geht auf eine Idee von Reinhard Rürup, Professor emeritus der TU-Berlin zurück, mit dem zusammen ich das Projekt entwickelt habe und der die anfängliche Finanzierung als Leiter eines entsprechenden DFG-Projekts ermöglicht hat. Ihm verdanke ich zahlreiche Anregungen und umfangreiche Hilfestellung. Die Studie, die hier in leicht überarbeiteter Form vorliegt, wurde im Sommer 2004 als Habilitationsschrift am Fachbereich Geschichts- und Kulturwissenschaften der Justus-Liebig-Universität Gießen angenommen. Während meiner Tätigkeit am Historischen Institut der Universität erfolgte die Niederschrift der Arbeit. Professor Friedrich Lenger, dessen Wissenschaftlicher Mitarbeiter ich war, hat mir viel Freiraum für die Forschung gegeben und meine Arbeit stets mit wohlwollender Kritik und fachlicher Souveränität begleitet. Viele Kolleginnen und Kollegen haben die Studie in verschiedenen Stadien ganz oder teilweise gelesen. Besonders hervorheben möchte ich die wertvollen Kommentare von Steffen Krieb, Anne Nagel, Till van Rahden, Andreas Rüter, Ulrich Wyrwa und meinen Habilitationsgutachtern in Gießen. Jegliche erdenkliche Hilfestellung wurde mir durch die Mitarbeiter des Rothschild Archivs in London zuteil. Ohne die manchmal nur als aufopferungsvoll zu beschreibende Arbeit von Victor Gray und vor allem Melanie Aspey wäre diese Studie schon allein daran gescheitert, dass ich viele Dokumente gar nicht gefunden hätte. Ihnen und ihren Kolleginnen und Kollegen im Archiv der ING-Bank, London, von Reuters Ltd, von News International (The Times), London, sowie der Harvard Business Library und dem Public Record Office, London bin ich zu besonderem Dank verpflichtet.

Die Johanna und Fritz Buch Gedächtnis-Stiftung, Hamburg und die Fazit-Stiftung, Frankfurt am Main haben die Drucklegung dieser Studie durch großzügige Zuschüsse gefördert.

Inhalt

Vorwort..V

I.   Einleitung...1

II.   Privatbanken im europäischen Finanzwesen
      des 19. Jahrhunderts...15

III.   N M Rothschild & Sons und die Rothschild Familie..................21
      1. Internationale familiäre Verzweigungen................................21
      2. Geschäftliche Interessen..23
      3. Eheschließungen und generationeller Wechsel.....................26
      4. Gesellschaftliche Anerkennung...30
      5. Judentum..31

IV.   Entstehung, Entwicklung und Betrieb
      des Agentennetzwerks..35

      1. Die Frühzeit des Netzwerks...36
      2. Das Netzwerk um 1825..43
      3. Das Netzwerk um 1850..48
      4. Das Netzwerk um 1875..52
      5. Intensität der Kontakte..55
      6. Verwendete Sprachen...59
      7. Technischer Informationstransfer und Kosten....................60
      8. Informationsgeschwindigkeit..68
      9. „Forwarding Agents"...79
      10. Elektrische Telegrafie und Nachrichtenagenturen............84
      11. Sicherheit und Geheimhaltung...90

V.   Auftraggeber und Informationszuträger:
      Die Beziehungen zwischen den Rothschilds
      und ihren Agenten...99

      1. Auswahl..101
      2. Verwandtschaft...109
      3. Bezahlung...115
      4. Juden und Nichtjuden..119
      5. Führung..121
      6. Konflikte...126
      7. Rothschilds als Agenten...134
      8. Agentenquellen...139
      9. Agenten deluxe...141
      10. Die Revolution von 1848...147

VI.   Fallstudien zu einzelnen Agenten..165

      1. Benjamin Davidson (St. Petersburg)..168
      2. Lionel Davidson (Mexiko Stadt)...186
      3. Gerson von Bleichröder (Berlin) 206
          3.1. Die Auftraggeber und der Agent...208
          3.2. Der Deutsch-Französische Krieg 1870-71.............................214
          3.3. Die Balkankrise 1875-78..220
          3.4. Der Berliner Kongress 1878..226
          3.5. Der komplette Agent..234
          3.6. Wert der Beziehungen..238

VII. Fazit...243

VIII. Anhang..251

      1. Stammbaum der Rothschild-Familie..252
      2. Beispielstranskription Judendeutsch...254
      3. Quellen- und Literaturverzeichnis..256
      4. Personenindex...267

I. Einleitung

Im Zeitalter von Online-Datenbanken und Nachrichtenkanälen mit in Echtzeit aktualisierten Börsenkursen haben wir uns daran gewöhnt, dass Informationen, die uns ein Urteil über wirtschaftliche, politische und gesellschaftliche Zusammenhänge erlauben, in nahezu beliebiger Dichte und ohne besondere Zeitverzögerung abrufbar sind. Eine Vielzahl von miteinander vernetzten Medien kommuniziert eine derartige Fülle von Informationen, dass deren Selektion meist die Hauptschwierigkeit für ihre erfolgreiche Verarbeitung und Nutzung darstellt. Im 19. Jahrhundert dagegen stand noch die reine Erhältlichkeit von Informationen im Vordergrund. Zudem war der Kreis derjenigen, die über einen eng begrenzten lokalen Rahmen hinausgehende Informationen erhalten und nutzen konnten, sehr klein. Neben Regierungen und im Im- und Export tätigen Kaufleuten waren es vor allem Bankiers, die möglichst aktuelle und präzise Kenntnisse über die Umstände und Rahmenbedingungen der von ihnen durchgeführten Kapitalstransfers benötigten, um profitabel arbeiten zu können. Diese Studie möchte einen Beitrag zur Erforschung der Kommunikation im 19. Jahrhundert leisten, indem sie die Kommunikationswege und den Informationstransfer im Privatbankwesen zwischen den Napoleonischen Kriegen und den 1870er Jahren untersucht.

Im 19. Jahrhundert gab es für Bankiers lediglich zwei Kanäle der Informationsbeschaffung. Der eine war ein höchst unsicherer, denn er setzte Vertrauen in die journalistischen Medien der Zeit, speziell die Zeitungen, voraus. Seit dem Entstehen der Nachrichtenagenturen in den 1840er und 1850er Jahren, gekoppelt mit der Durchsetzung des elektrischen Telegrafen, erweiterte sich das Informationsangebot der Zeitungen und wurde auch immer zuverlässiger, blieb aber noch vage und unpräzise und nicht auf die speziellen Bedürfnisse von Bankiers abgestimmt. Der andere Weg war aufwändiger, aber bedeutend zuverlässiger, präziser und oftmals schneller. Banken griffen auf Informationen zurück, die ihnen direkt durch Geschäftsagenten übermittelt wurden, und dieser Informationstransfer steht im Mittelpunkt der vorliegenden Arbeit.

„Agenten" waren alle Individuen oder Firmen, die für einen Auftraggeber ein Geschäft besorgten. Für diese Studie werden Agenten allerdings in zwei nicht immer völlig gegeneinander abgrenzbaren Großgruppen betrachtet. Bei dem einen Typus handelt es sich primär um Geschäftspartner, die nicht bei den jeweiligen Banken angestellt waren, sondern

selbständig und im eigenen Namen an anderen Orten Handels- und Finanzgeschäfte betrieben. Diese führten mit Banken ihre normale Geschäftskorrespondenz, die teilweise nicht über die Aufzeichnung routine-
mäßiger Transaktionen hinaus ging. In vielen Fällen lieferten diese Geschäftspartner aber auch weitergehende Informationen, zum Beispiel über
politische Ereignisse, oder sie deuteten und prognostizierten wirtschaftliche Entwicklungen, wobei das meist mit einer Einschätzung der politischen Lage verbunden war. Selbstverständlich hatten diese Agenten Beziehungen zu einer ganzen Reihe von Banken oder Handelshäusern. Diese
Art von „Agenten" lassen sich auch neutraler als „Korrespondenten"
bezeichnen. Der zweite Agententypus war eine direkt bei einer Bank angestellte beziehungsweise von dieser entsandte Person, die für ihren Arbeitgeber – und nur für diesen – Geschäfte tätigte und auch Informationen
sammelte. Die Aufteilung in diese beiden Agentengruppen ist idealtypisch.
Es gab einerseits „Geschäftspartner", die sich überwiegend oder exklusiv
um die Interessen einer Bank an einem Platz bemühten, andererseits angestellte Agenten, die viele eigene Geschäfte tätigten und mit der Zeit zu
selbständigen Geschäftsleuten mit multiplen Kontakten mutierten. Für die
Zwecke dieser Studie wird zwischen diesen beiden Kategorien von Infor-
mationszuträgern zwar inhaltlich unterschieden, jedoch werden aus Gründen der sprachlichen Vereinfachung beide als „Agenten" bezeichnet.

Die Beziehungen zwischen Banken und ihren Agenten können nur ex-
emplarisch dargestellt werden. Diese Studie konzentriert sich auf das
Kommunikationsnetz, in das die Londoner Bank N M Rothschild & Sons
eingebunden war.[1] Diese 1809 durch Nathan Mayer Rothschild gegründe-
te und bis heute selbständig aktive Merchant Bank war wiederum Teil des
Netzwerkes der Rothschild Familie, die ausgehend von der im späten 18.
Jahrhundert in Frankfurt gegründeten Bank Mayer Amschel Rothschild &
Söhne (geschlossen 1901), aus noch drei weiteren Häusern bestand: De
Rothschild Fréres & Cie, Paris (1810-heute), S. M. von Rothschild & Söh-
ne, Wien (1821-1938) und dem von Carl Mayer von Rothschild 1821 in
Neapel etablierten und bereits 1861 wieder geschlossenen Haus, das aber
tatsächlich eine Filiale der Frankfurter Bank war. Obwohl nominell von-
einander unabhängig, kooperierten diese verschiedenen Rothschild-
Banken eng miteinander, tauschten permanent Informationen aus und
leiteten an sie gerichtete Briefe an andere Häuser weiter. Insofern muss
die Studie auch auf den Informationstransfer zwischen den einzelnen
Häusern und zwischen Agenten und den Rothschilds auf dem Kontinent

---

[1] Die Firma N M Rothschild & Sons schreibt sich selbst ohne Punktion. Die anderen Rothschild Firmen, wie S. M. von Rothschild & Söhne, benutzten die Punktion. Diese Schreibwei-
sen sind hier übernommen worden.

eingehen, bezieht sich aber – nicht zuletzt aufgrund der Struktur des Ar-
chivbestands, der nur die Korrespondenz des Londoner Hauses annähernd vollständig enthält – ganz überwiegend auf die Londoner Bank.
Nicht immer lässt sich aber sagen, dass ein Agent allein für die Londoner
Rothschild Bank gearbeitet hat. Eine weitere methodische Komplikation
ergibt sich dadurch, dass die Rothschilds über fünf Häuser an wirtschaftlich und politisch mehr oder minder bedeutsamen Orten verfügten und
allein schon in ihrer äußerst regelmäßigen familiären Korrespondenz stetig
wichtige Informationen austauschten. Mit einigem Recht ließe sich behaupten, dass die wichtigsten Agenten der Rothschilds andere Rothschilds
waren. Die inner- familiär zirkulierten Informationen stellten zusammen
mit den Agentenberichten die Informationsversorgung der Rothschilds
sicher.

Hier werden schwerpunktmäßig nur die kontinentaleuropäischen A-
genten der Rothschilds untersucht. Daneben existierten ebenfalls Agenten
in Nord-, Mittel- und Südamerika, die punktuell, aber – mit einer Ausnahme – nicht systematisch in die Studie einbezogen werden, da dies wegen der Quantität des auszuwertenden Archivmaterials nicht ratsam erschien. Der untersuchte Zeitraum erstreckt sich von der Endphase der
napoleonischen Zeit bis in die späten 1870er Jahre. Anfang und Ende
definieren sich durch den Beginn des Aufbaus des Agentennetzwerks auf
der einen und die strukturelle Bedeutungsverschiebung von Privatbanken,
im Fall der Rothschilds verbunden mit einschneidenden personellen Veränderungen, auf der anderen Seite.

Die Rothschilds sind für diese Untersuchung vor allem deshalb ausgewählt worden, weil ihr Archiv es zulässt, ihr Informationsnetzwerk in
relativer Vollständigkeit nachzuzeichnen. Natürlich verfügten auch andere
Banken, zumal die in London ansässigen bedeutenden Merchant Banks,
über eigene Netzwerke dieser Art, ohne die sie gar nicht hätten operieren
können. Aber keine andere Bank war zum einen durch familiäre Beziehungen derartig stark vernetzt oder verfügte über ein so dichtes Netz von
Korrespondenten und Agenten wie die Rothschilds, die im 19. Jahrhundert – zumal wenn man die einzelnen Häuser gemeinsam betrachtet –
auch das mit Abstand kapitalkräftigste private Finanzinstitut waren. Das
schränkt die Repräsentativität der Studie für das Privatbankwesen insgesamt ein. Ihre Ergebnisse dürften dennoch für das Verständnis des Funktionierens von Informationskanälen in diesem Sektor von Bedeutung sein.
Außerhalb des Bankenwesens existierten im 19. Jahrhundert weitere
Kommunikationsnetzwerke, die sicherlich gerade in vergleichender Betrachtung von Interesse wären. Besonders reizvoll wäre wohl eine Gegen-
überstellung des ganz anders fundierten Informationsnetzwerk der in der

„Society of Friends" organisierten Quäker. Die „Freunde" unterhielten eine stetige Korrespondenz mit Glaubensgenossen im Ausland. Die daraus gewonnenen Informationen wurden mit anderen Quäkern während der regelmäßigen Treffen in ihren „meeting houses" ausgetauscht, motiviert durch das Bedürfnis, einander sowohl religiöse Ansichten als auch wirtschaftspolitische Einsichten mitzuteilen.[2] Diese Netzwerke waren im Unterschied zu den Korrespondenten einer Bank allerdings wesentlich offener und allgemeiner. Insofern waren die aus ihnen gewonnenen Informationen nicht unbedingt unzuverlässiger, aber sicherlich weniger zielgerichtet und damit von minderem Wert für konkrete geschäftliche Transaktionen. Auch die Kommunikationsnetzwerke von Regierungen, beispielsweise unter Einbeziehung der diplomatischen Corps, wären für Vergleiche geeignet.

Einige zentrale Fragestellungen der Arbeit wurden in Anlehnung an das soziologische Konzept der Netzwerktheorie beziehungsweise Netzwerkanalyse entwickelt. Hervorzuheben ist dabei, dass diese Theorie lediglich als Ideengeber fungierte und keinesfalls in ihrer Gesamtheit übernommen wurde, da ihre Methodik für eine geschichtswissenschaftliche Arbeit, die über rein quantitative Methoden hinausgeht, ungeeignet erscheint. Im folgenden soll die Netzwerkanalyse kurz vorgestellt und ihr Nutzen für historische Untersuchungen wie die hier ausgeführte verdeutlicht werden.

Im Computerzeitalter wird der Begriff Netzwerk ganz überwiegend mit Informationstechnologie in Verbindung gebracht und meint hier vor allem die Verbindung von mehreren Computern miteinander. Als angewandte Sozialwissenschaft tritt vor allem der Begriff Netzwerkanalyse auf dem Gebiet der Unternehmensberatung in Erscheinung. Neben Lobbying, Marketing oder Coaching für Medienauftritte bieten Beratungsfirmen oft auch eine soziale Netzwerkanalyse für Unternehmen an, die offenlegen soll, wie Menschen, Unternehmen oder Organisationen miteinander oder untereinander kommunizieren. Die Messung und Bewertung dieser Beziehungen soll dem Beratungsunternehmen ermöglichen, strategische Ein-

---

[2] Jehanne Wake, Kleinwort Benson. The History of two Families in Banking, Oxford 1997, S. 29-30. Als der Liverpooler Handelsbankier Robert R. Benson aufgrund eines religiösen Disputs 1836 aus der Society of Friends austrat, war dies nicht nur ein spirituelles Problem für ihn. Nahezu alle seine geschäftlichen Kontakte waren über das Netzwerk der Quäker aufgebaut, und er hatte nicht mehr die Möglichkeit, an den Treffen der Quäker teilzunehmen, bei denen geschäftliche Informationen ausgetauscht und Kontakte geknüpft wurden. Ibid., S. 52-53.

griffe vorzuschlagen.[3] Wissenschaftlich beschäftigen sich heute vor allem Ethnologen und Geografen mit Netzwerken und deren Analysen.

Netzwerke beschreiben einen organisatorischen Aspekt menschlicher Kultur, nämlich die Verknüpfung einer Menge von Akteuren durch soziale Beziehungen. Charakteristische, die Akteure miteinander verbindende Beziehungen können u.a. sein: Verwandtschaft oder Freundschaft, Austausch von Informationen oder materiellen Ressourcen, Transaktion von Dienstleistungen oder Unterstützung in Krisensituationen. Die wissenschaftliche Erforschung von Netzwerken, die Netzwerkanalyse, wurde in den 1950er Jahren durch britische Sozialethnologen begründet und wird heute vor allem in der amerikanischen Ethnologie betrieben. Untersucht werden sowohl einfache Netzwerke, die auf lediglich einer Beziehung zwischen Akteuren wie z.B. Verwandtschaft basieren, als auch komplexere Netzwerke, die multilaterale Beziehungen zwischen Akteuren aufweist, die in mehreren Ebenen hierarchisch gestaffelt sind. Ziel der ethnologischen Netzwerkanalyse ist, die aus den Verknüpfungen von Akteuren entstehende Beeinflussung von Handlungsstrategien zu untersuchen.[4]

Obwohl historisch interessierte Sozialwissenschaftler mitunter auch nicht mehr existente Netzwerke untersuchen, konzentriert sich die Sozialethnologie vorrangig auf die Analyse beobachtbarer sozialer Beziehungen, oftmals in sogenannten primitiven Gesellschaften, in der Politik oder in der Wirtschafts- und Finanzwelt.[5] Historiker haben die Netzwerkanalyse in den letzten Jahren für sich entdeckt, ohne dass es bislang eine klare methodische Verständigung über den Begriff und seine Anwendung gäbe.[6] „Netzwerk" wird teilweise als theoretisch unreflektierter Sammelbeg-

---

[3] So beispielsweise die Eigenwerbung der österreichischen Firma Ecker & Partner, einer Agentur für Öffentlichkeitsarbeit und Lobbying. Siehe
<http://www.eup.at/produkte_netzwerke.htm> Stand 04.06.2005.
[4] Thomas Schweizer, ‚Einführung', in: Idem (Hrsg.), Netzwerkanalyse. Ethnologische Perspektiven, Berlin 1988, S. 1-11.
[5] Ein Beispiel für eine historische Netzwerkanalyse ist John F. Padgett / Christopher K. Ansell, ‚Robust Action and the Rise of the Medici, 1400-1434', in: American Journal of Sociology, 98 (1993), S. 1259-1319. Die Hauptquelle dieser rein soziologisch argumentierenden Studie ist eine einzige historische Monografie.
[6] Neuere Studien, die jede für sich den Netzwerkbegriff und die Netzwerkanalyse ganz unterschiedlich definieren und anwenden, sind u.a. Ulf Brunnbauer / Karl Kaser (Hrsg.), Vom Nutzen der Verwandten. Soziale Netzwerke in Bulgarien (19. und 20. Jahrhundert), Wien – Köln – Weimar 2001; Jürgen Herres / Manfred Neuhaus, Politische Netzwerke durch Briefkommunikation. Briefkultur der politischen Oppositionsbewegungen und frühen Arbeiterbewegungen im 19. Jahrhundert, Berlin 2002; Friedrich Edelmayer, Söldner und Pensionäre. Das Netzwerk Philipps II. im Heiligen Römischen Reich, München 2002; Gillian Russel / Clara Tuite (Hrsg.), Romantic Sociability. Social Networks and Literary Culture in Britain 1770 – 1840, Cambridge 2002; Mary B. Rose, Firms, Networks

riff für in irgendeiner Form miteinander verbundene Personen, Institutionen oder Gegenstände verwendet. In vielen geschichtswissenschaftlichen Schriften wird zudem postuliert, dass sie eine Netzwerkanalyse vornehmen, auch wenn diese in den allermeisten Fällen kaum über eine simple Beschreibung von Beziehungsgeflechten hinausgeht. Allerdings kann die Netzwerkanalyse eine ganze Reihe von Anregungen für quellenorientiertes historisches Arbeiten geben, wenn die Zusammenhänge zwischen Akteuren untersucht werden sollen, die untereinander durch organisierte Beziehungen verbunden sind.

Die Netzwerkanalyse konzentriert sich im allgemeinen auf drei Aspekte: die empirische Beschreibung des Netzwerks, die Frage wie die Netzstruktur das Handeln der Akteure beeinflusst und schließlich die Gründe für das Entstehen, Überdauern und den Verfall von Netzwerken. Dabei können eine ganze Reihe von Detailfragen von Interesse sein, deren Relevanz für die hier vorliegende Studie im folgenden diskutiert wird.[7]

Von welcher Art und Qualität sind die Beziehungen, auf denen das Netzwerk aufbaut? Von besonderem Interesse ist dabei die Frage, ob die Beziehungen zwischen den Akteuren symmetrisch oder asymmetrisch sind und welche Position die einzelnen Akteure im Netz insgesamt einnehmen. Die Dichte des Netzes und Überlappungen in den Aktionsfeldern von Akteuren sind ebenfalls Kriterien der Beschreibung. Bezogen auf das Agentennetzwerk der Rothschilds wird zu erörtern sein, ob über die überragende Leitfunktion des Londoner Bankhauses beziehungsweise der in Europa verteilten Rothschild Familie hinausgehende Asymmetrien existierten. Gab es einzelne Agenten, denen eine herausgehobene Stellung an Schaltstellen des Gesamtnetzwerk zukam? Wenn ja, worauf basierte diese bzw. warum waren einzelne Standorte von Agenten besonders bedeutend? Standen Agenten in direkter Konkurrenz zueinander bzw. kooperierten Agenten miteinander? Hatte das Informationsnetzwerk der Rothschilds Schwachstellen, durch die es zu Kommunikationsstörungen kommen konnte, oder überbrückten „Makler" – ein Fachterminus der Netzwerkanalyse – neuralgische Punkte und verhinderten so die Entstehung isolierter Teilsegmente?

Das Handeln der Akteure eines Netzwerks wird einerseits durch deren individuelle Fertigkeiten und Kenntnisse, andererseits durch deren Einbettung in die Umwelt im allgemeinen und das Netzwerk im besonderen

---

and Business Values. The British and American Cotton Industries since 1750, Cambridge 2000.

[7] Die nachfolgenden Fragestellungen sind in Orientierung an die Darstellung der Methoden der Netzwerkanalyse durch Thomas Schweizer entwickelt worden. Siehe Schweizer, ‚Netzwerkanalyse', S. 2-4.

bestimmt. Einerseits wäre also zu fragen, auf welche besonderen Qualitäten die Rothschilds bei der Auswahl ihrer Agenten Wert legten. Andererseits soll erörtert werden, inwiefern die Handlungsspielräume für Agenten durch das Netzwerk begrenzt wurden. Basierte das Rothschildsche Netzwerk, grob gesagt, auf Befehl und Gehorsam, oder erwarteten die Londoner Prinzipale, dass ihre Agenten Kreativität und Eigensinn bei der Durchsetzung ihrer Interessen entwickelten? Zusätzlich wäre zu fragen, ob die Arbeit für die Rothschilds das primäre Netzwerk für einzelne Agenten war oder ob diese in weitere Netzwerke vor allem auf lokaler Ebene eingebunden waren.

Netzwerke unterliegen einem beständigen Wandel. Ihre Stabilität und letztlich ihr Überdauern hängt vom Wechselspiel der institutionell verfestigten Kräfte der Beharrung und der Kräfte der Veränderung ab. Es wäre zu fragen, wie das Netzwerk auf Veränderungen reagierte, etwa auf das Ausscheiden von Agenten, einen Einbruch in bestimmten Geschäftszweigen oder aber Veränderungen in der Londoner Firmenführung. Waren in einem solchen Fall die Strukturen des Netzes stark genug, personell oder konjunkturell bedingte Modifikationen aufzufangen, oder führte das zwangsläufig zu einer Schwächung der Struktur? Lassen sich anhand der Struktur des Netzes Gründe für den dauerhaften geschäftlichen Erfolg der Rothschilds festmachen?

Ein wichtiges Ordnungs- und Analysekriterium für die Untersuchung von Kommunikationsnetzwerken ist „Zentralität". Die Netzwerkforschung geht davon aus, dass je zentraler ein Netzwerk ausgerichtet ist, desto geringer ist die Chance zur gleichwertigen Kommunikation. Es muss also gefragt werden, wie zentral oder dezentral das Rothschildsche Informationsnetzwerk ausgerichtet war, ob also beispielsweise Kontakte der Agenten untereinander bestanden oder N M Rothschild in London der alleinige Referenzpunkt für alle Agenten war. In diesem Zusammenhang ebenfalls von Interesse ist die Frage, ob das Netz eher multiplex – Akteure sind miteinander durch multiple Beziehungen bekannt – oder eher uniplex – zwischen Paaren von Akteuren besteht nur eine Art von Beziehung und nicht alle am Netz Beteiligten sind miteinander bekannt – orientiert war. Das ließe wiederum Rückschlüsse zu auf die Möglichkeiten der sozialen Kontrolle und das Ausmaß der Loyalität der Netzakteure untereinander, das Vorhandensein von Streit schlichtenden Institutionen und insgesamt die Stabilität des Netzes.

In diesem Zusammenhang muss eine weitere interessante Theorie der Netzwerkanalyse beachtet werden, die sich besonders auf Informationsnetze bezieht. In einem Netz können starke Beziehungen existieren, wie beispielsweise Verwandtschaft oder Freundschaft, und schwache Beziehungen, wie etwa Bekanntschaft oder ein oberflächlicher Geschäftskontakt. Die Einbindung eines Akteurs in das Gesamtnetz, so die Theorie der „weak ties", die Anfang der 1970er Jahre von Mark Granovetter entwickelt wurde, hängt ab von der Art seiner Beziehungen. Weist ein Akteur überwiegend starke Beziehungen auf, ist er schwächer in das Gesamtnetz eingebunden, weil die durch starke Beziehungen verbundene Subgruppe, z.B. seine Verwandten, viel Zeit und Energie beanspruchen und ihn gegebenenfalls isolieren. Je mehr schwache Beziehungen ein Akteur unterhält, je stärker ist seine Einbindung in das Gesamtnetz, da sich so die Beschränktheit kohäsiver Kreise besser überwinden lässt und der Akteur beispielsweise viele unterschiedliche Informationen erhält.[8] Entscheidend für die erfolgreiche Nutzung der Ressourcen eines Netzwerks ist also nicht die bloße Menge der Beziehungen eines Akteurs, sondern zusätzlich auch deren Unterschiedlichkeit.[9] Es wird also zu fragen sein, wie starke und schwache Beziehungen innerhalb des Rothschildschen Netzwerks gewichtet waren und ob sich darüber Aussagen über den Erfolg des Netzes machen lassen.

Schließlich fragt die Netzwerkanalyse auch nach Motivationen für den Aufbau und Erhalt von Netzen. Was waren die Anreize der Agenten, für die Rothschilds zu arbeiten? Wurden sie direkt bezahlt oder gab es andere Formen der „Entlohnung", die eine Tätigkeit attraktiv machten?

Diese Studie untersucht ein Informations- und Kommunikationsnetzwerk. Der Begriff „Kommunikation" wird verschiedenartig benutzt und vor allem in der historischen Forschung höchst unterschiedlich eingebracht, da er nach einem älteren Wortverständnis sowohl „Mitteilung" als auch „Verbindung" und „Verkehr" bedeuten kann.[10] Erst im Laufe des 20. Jahrhunderts hat sich, begünstigt durch die Entwicklung der soziologischen und psychologischen Kommunikationswissenschaften, das engere Begriffsverständnis der Verständigung und Übermittlung von Bedeutungen und Informationen durchgesetzt. Hier wird er in diesem engen Sinne

---

[8] Mark Granovetter, ‚The Strength of weak Ties', in: American Journal of Sociology, 78 (1973), S. 1360-80.

[9] Schweizer, Muster sozialer Ordnung, S. 122

[10] Vor allem die Mediävistik fasst den Kommunikationsbegriff bewusst weit, um eine breite Palette kommunikativer Praktiken untersuchen zu können. Siehe beispielsweise die Beiträge in Karl-Heinz Spieß (Hrsg.), Medien der Kommunikation im Mittelalter, Stuttgart 2003. Verschiedene Ansätze des Begriffs finden sich, in Beiträgen vom Mittelalter bis zur Neuzeit, in: Werner Rösener (Hrsg.), Kommunikation in der ländlichen Gesellschaft vom Mittelalter bis zur Moderne, Göttingen 2000.

verwendet und bezeichnet.[11] Von den verschiedenen soziologischen Kommunikationstheorien eignet sich am ehesten die des kommunikativen Handelns von Jürgen Habermas für eine historische Analyse,[12] da sie Kommunikationsgeschichte als die Geschichte der kommunikativen Praktiken begreift, durch die sich Gesellschaften konstituieren und reproduzieren. Diese soziale Kommunikation findet in institutionell und sozial differenzierten Räumen statt und kann in ihren historisch spezifischen Formen rekonstruiert werden. Neben Verständigung weist Habermas der Kommunikation auch die Funktion der Handlungskoordinierung zu, bezüglich des Themas dieser Studie die zentrale Motivation für den Aufbau des Informationsnetzwerkes. Kommunikation kann nach Habermas nur durch die Analyse des sozialen Handelns der Akteure vor dem Hintergrund ihrer Intentionen, Werte und Normen rekonstruiert werden, was in dieser Studie versucht wird.[13]

Die hier untersuchte Kommunikation ist eine apersonelle und indirekte, da sie durch den Austausch von Mitteilungen und unter Überbrückung eines Raumes mittels des Mediums Brief stattfand. Es muss daher berücksichtigt werden, dass der „nonverbale Kanal", der in der interpersonalen Kommunikation einen außerordentlich wichtigen Part übernimmt, im Rothschildschen Kommunikationsnetzwerk nicht existent war. Es war also den Agenten nicht möglich, Aussagen nonverbal zu kommentieren und zu kontextualisieren, hervorzuheben oder zu bewerten. Das ist insofern beachtenswert, als gerade die Bestimmung des Verhältnisses zwischen Kommunikationspartnern sich gut am nonverbalen Verhalten und dessen Einsatz zur Strukturierung des Kommunikationsprozesses orientieren kann. Im Falle einer bemerkten Differenz zwischen dem sprachlichen – also auch schriftlichen – und dem nonverbalen Kanal genießt in der Regel der nonverbale höhere Glaubwürdigkeit.[14]

Diese Arbeit basiert im wesentlichen auf Material aus dem Rothschild Archiv in London, einem der vielleicht bedeutendsten, aber bislang wenig

11 Christophe von Werdt, ,Kommunikat (oder Einleitung)', in: Nada Boškovska u.a. (Hrsg.), Wege der Kommunikation in der Geschichte Osteuropas, Köln 2002, S. xi-xx, hier S. xi-xii.
12 Grundlegend entwickelt in Jürgen Habermas, Theorie des kommunikativen Handelns, 2 Bde., Frankfurt 1981.
13 Für eine ausgezeichnete konzeptionelle Einführung in verschiedene Zugänge zur Kommunikationsforschung, die neben der Habermasschen auch die Luhmannsche Systemtheorie berücksichtigt, siehe Volker Depkat, ,Kommunikationsgeschichte zwischen Mediengeschichte und der Geschichte sozialer Kommunikation. Versuch einer konzeptionellen Klärung', in: Spieß, Medien der Kommunikation, S. 9-48.
14 Siegfried J. Schmidt, Kalte Faszination: Medien, Kultur, Wissenschaft in der Mediengesellschaft, Weilerswist 2000, S. 25.

benutzten Firmenarchive der Gegenwart, dessen komplexe Geschichte und Struktur eine ausführlichere Erläuterung nötig macht. N M Rothschild & Sons hat seine Aufzeichnungen über nahezu zweihundert Jahre in erstaunlicher Geschlossenheit aufbewahrt. 1978 entschied Victor, Lord Rothschild, dass es wünschenswert wäre, das Material zu ordnen und nach und nach für Forschungszwecke freizugeben. Der erste professionelle Archivar wurde eingestellt; er und weitere Kollegen bauten im vergangenen Vierteljahrhundert ein einzigartiges Repositorium auf, das nunmehr nicht nur Zeugnisse der geschäftlichen Aktivität der Londoner Bank enthält, sondern auch zahlreiche private Dokumente der Rothschild Familie und ihrer in Europa verteilten Bankhäuser. Erklärte Politik des Archivs ist, nach Möglichkeit alles für die Geschichte der Rothschilds relevante historische Material geschlossen in London zusammenzufassen. Erst Ende der neunziger Jahre gelang es beispielsweise, den Nachlass der 1938 zwangsweise geschlossenen Wiener Rothschild Bank vom „Trophäenarchiv" des Zentralen Archivs des Ministeriums für Staatssicherheit in Moskau nach London zu überführen.

Bis in die frühen neunziger Jahre war das Archiv sehr restriktiv in der Zulassung wissenschaftlicher Forschung und gestattete meist nur einen auszugsweisen Einblick in eng umgrenzte Bestände, um beispielsweise Studien über die Londoner City[15] oder die Baring Bank[16] zu erstellen. Erst die äußerst umfangreiche Monografie The Worlds Banker[17], die Ferguson im Auftrag der Rothschild Bank zwischen 1994 und 1998 im Archiv erarbeitete, konnte sich auf das Archiv in seinem ganzen Umfang stützen. Die hier vorliegende Arbeit zu den Geschäftsagenten der Rothschilds ist die erste nicht unter den Konditionen einer Auftragsarbeit erstellte Studie, die ebenfalls auf dem Zugang zum gesamten Archivmaterial bis zum Ersten Weltkrieg (Sperrfrist) basiert.[18]

Die Studie stützt sich ganz überwiegend auf den Bestand des sogenannten „Correspondence Department" des Archivs. Hierin sind wiederum zwei Teilbereiche besonders interessant: die Sektion „Major Correspondents", in denen die von den Agenten und Korrespondenten erhaltenen Briefe nach Herkunft und chronologisch geordnet vorliegen sowie die Sektion „familiäre Geschäftskorrespondenz", die die Korrespondenz

---

[15] David Kynaston, The City of London, Bde. 1-4, London 1995-2000.
[16] Philip Ziegler, The Sixth Great Power, Barings, 1762-1929, London 1988.
[17] Niall Ferguson, The World's Banker. The History of the House of Rothschild, London 1998.
[18] Fergusons Studie nimmt keine systematische Untersuchung des Agentennetzwerks vor, sondern erwähnt nur punktuell die Arbeit einiger ausgewählter Agenten. Die Beziehungen der Rothschilds zu den Agenten werden dabei lediglich angeschnitten, nicht aber eingehend analysiert.

der Rothschilds untereinander umfasst. Dabei dominieren geschäftliche Inhalte, jedoch immer wieder gemischt – nicht zuletzt innerhalb der Briefe – mit Mitteilungen privater bis sehr intimer Natur. Auch die Korrespondenz der weiblichen Familienmitglieder, die sich nur in seltenen Ausnahmefällen geschäftlich engagierten, ist hier angesiedelt. Eine dritte Sektion des Departments ist die „Sonstige Korrespondenz", in der sich einige Serien von Agentenbriefen, aber auch die Schreiben von privaten Klienten der Familie befinden. Auch diese ist für diese Studie ausgewertet worden.[19]

Nahezu alles Material im „Correspondence Department" ist handschriftlich, und es dürfte schwer fallen, eine moderne europäische Sprache zu benennen, die nicht unter den verwendeten Idiomen zu finden ist. Die Agenten und Korrespondenten schrieben aber fast ausschließlich und in dieser Reihenfolge gewichtet: Deutsch, Englisch, Französisch. Die extrem umfangreiche Familienkorrespondenz allerdings, welche die Briefe der Chefs der fünf Rothschilds Häuser, ihrer Frauen sowie ihrer Nachfahren umfasst, ist bis in die 1850er Jahre mit ganz wenigen Ausnahmen ausschließlich in judendeutscher Sprache verfasst. Diese ist nicht zu verwechseln mit Jiddisch, das eine selbständige, im mittelalterlichen Osteuropa entstandene Sprache mit eigener Grammatik und festem Vokabular ist. Judendeutsch beschreibt das etwa bis zur Mitte des 19. Jahrhunderts von den Juden des deutschen Sprachraumes gesprochene und vor allem geschriebene Deutsch, das sich nicht dramatisch vom Deutsch ihrer nichtjüdischen Zeitgenossen unterschied. Es enthält allerdings eine größere Anzahl von hebräischen oder jiddischen Ausdrücken, von denen viele aber auch Nichtjuden geläufig waren. Der wesentliche Unterschied in der Schriftlichkeit war die Verwendung hebräischer Zeichen, die von rechts nach links geschrieben wurden. Da die Familienkorrespondenz das Rückgrad des Archivs bildet, ohne welche kein geschäftlicher Zusammenhang und keine private Angelegenheit der Rothschilds richtig verstanden werden kann, ist das – zusammen mit der bis in die 1980er Jahre fehlenden Möglichkeit, überhaupt das Material benutzen zu können – der Hauptgrund dafür, dass die Literatur über Rothschilds bis zu Fergusons Studie bestenfalls unvollständig und schlimmstenfalls schlicht falsch argumentiert hat.

---

[19] Einen Eindruck vom Umfang allein dieses Materials des Rothschild Archivs gibt die Anzahl der Aufbewahrungsboxen, von denen jede mehrere hundert, teils über eintausend Seiten Briefe enthält: 848 Boxen Agentenkorrespondenz, 589 Boxen Familienkorrespondenz, 973 Boxen Sonstige Korrespondenz, jeweils vom Beginn des 19. Jahrhunderts bis 1918.

Ferguson hatte als erster Gelegenheit, nicht nur auf eine kleine Auswahl von kurz nach dem Zweiten Weltkrieg angefertigte Transkriptionen
der judendeutschen Briefe zurückzugreifen, die überwiegend nicht wört-
lich sind, sondern deren Inhalte zusammenfassend darstellen. Er konnte
ebenfalls die Hilfe eines jiddischen Muttersprachlers in Anspruch nehmen,
der wörtliche Transkriptionen einer größeren Menge ausgewählter Briefe
anfertigte. Inzwischen geht diese Transkriptionsarbeit langsam weiter
voran, und es ist zu hoffen, dass die Briefe in einigen Jahren gesamt tran-
skribiert vorliegen und so die Arbeit zukünftiger Generationen von Histo-
rikern deutlich erleichtern. Für die vorliegende Studie wurde sowohl auf
die frühen Zusammenfassungen von Briefen, als auch auf einige der neue-
ren Transkriptionen, die bislang noch nicht publiziert sind, zurückgegriffen. Daneben wurden eine Vielzahl neuer Transkriptionen erstellt. Wenn
nicht anders gekennzeichnet, sind alle in dieser Studie zitierten von Rothschilds verfassten Briefe im Original Judendeutsch.[20]

Ein besonderes Problem in der Untersuchung der Agentenkorrespondenz ist, dass zwar die Briefe der Agenten und Korrespondenten selbst
nahezu komplett im Archiv einsehbar, aber kaum Briefe der Rothschilds
an ihre Agenten auffindbar sind. Natürlich sind Briefe, die beispielsweise
an M. M. Warburg in Hamburg oder Oppenheim & Cie. in Köln geschickt
wurden, noch heute in den Archiven der entsprechenden Unternehmen
oder Familien vorhanden. Jedoch waren dies Agenten, die sich ganz ü-
berwiegend auf routinemäßige Geschäftskontakte mit den Rothschilds
beschränkten und aus London hauptsächlich Briefe von Angestellten der
Rothschilds geschickt bekamen. Eine punktuelle Auswertung der Kopie-
bücher ausgehender Briefe, die selbst sehr unvollständig und lückenhaft
sind, hat ergeben, dass eine Einbeziehung dieser Bestände nicht lohnens-
wert wäre. Briefe an direkt von den Rothschilds entsendete Agenten sind
größtenteils nichts mehr zu finden. Das Rothschild Archiv selbst hat vergeblich nach solchen gesucht.[21] Eine große Ausnahme sind die Briefe
verschiedener Rothschilds an den Berliner Agenten Gerson von Bleichröder. Diese konnten im Archiv der Harvard Business Library in Cambridge,
Massachusetts eingesehen werden.[22] Das Public Record Office in London
wurde konsultiert, um die Funktion des King's Messenger Service, des in-

---

[20] Siehe den Anhang für eine Kopie eines judendeutschen Beispielsbriefs mit Transkription.
[21] Beispielsweise verliert sich die Spur der Familie Davidson, aus der diverse Individuen
an verschiedenen Plätzen als Agenten für die Rothschilds gearbeitet haben, in den 1880er
Jahren im südenglischen Sidmouth. Nachforschungen in lokalen Archiven haben keine
Nachlässe dieser Agentendynastie zu Tage gefördert.
[22] Bleichröder steht auch im Zentrum von Fritz Stern, Gold und Eisen. Bismarck und sein
Bankier Bleichröder, Frankfurt am Main 1978. Meine Fallstudie stützt sich im wesentlichen auf
von Stern unbearbeitetem Material. Siehe dazu die Erklärungen in der Fallstudie selbst.

und ausländischen Kurierdienstes der britischen Regierung, vergleichend in die Studie einbeziehen zu können. Im Archiv der Nachrichtenagentur Reuters, London, sind die frühen Verbindungen zwischen Julius Reuter und den Rothschilds sowie der Einsatz des Telegrafen bei der Nachrichtenübermittlung dokumentiert. Eine weitere punktuell ausgewertete Quelle ist die Londoner Zeitung „The Times".

Die vorliegende Studie ist inhaltlich in fünf Abschnitte unterteilt. Die komplexe Geschichte der Rothschild Familie und ihrer Banken vom späten 18. Jahrhundert bis in die 1880er Jahre wird in Kapitel III nachgezeichnet, da vor allem das Verständnis der Beziehungen der Rothschilds untereinander, auch in Bezug auf die verschiedenen Generationen, welche die Bank in diesem Zeitraum führten, für die Analyse der Agentenkorrespondenz unerläßlich ist. Zuvor jedoch bietet die Studie in Kapitel II eine kurze Einführung in die Geschichte des europäischen Bankenwesens im 19. Jahrhundert, konzentriert auf die Rolle von Privatbanken beziehungsweise Merchant Banks. Neben einer allgemeinen Erörterung der Geschäftsfelder dieser Geldinstitute, soll hier auch verdeutlicht werden, welche Bedeutung Informationen für Banken hatten. Ebenso wird die Position der Rothschild-Banken in der Finanzwelt des 19. Jahrhunderts zu bestimmen sein.

Es schließen sich zwei Hauptkapitel zur Funktion, Rolle und Bedeutung der Agenten der Rothschilds an. In Kapitel IV werden die Entstehung und Entwicklung des Agentennetzwerkes analysiert, die Funktionen der Agenten dargestellt und einige technisch-formale Aspekte des Informationstransfers diskutiert. Dazu gehören die Methoden und die Geschwindigkeit der Nachrichtenübertragung, die Frequenz und Intensität der Kontakte, die Kosten für die Aufrechterhaltung des Informationsnetzes und nicht zuletzt der Gesichtspunkt Vertraulichkeit und Geheimhaltung. Kapitel V wendet sich den Beziehungen zwischen den Rothschilds und ihren Agenten zu, orientiert an der Untersuchungskategorie „Vertrauen". Es wird nach dem „Humankapital" der Agenten, ihren Qualifikationen und den Kriterien ihrer Auswahl gefragt, erörtert, worauf sich ihre Tätigkeitsfelder erstreckten, und verdeutlicht, wie die Rothschilds mit ihnen umgegangen sind. Weiterhin wird diskutiert, inwiefern die Agenten eigenständig agierten oder auf Instruktionen der Rothschild angewiesen waren und auch, welche Entlohnung sie für ihre Dienste erhielten. Der durch das Netzwerk erreichbare Informationsgehalt und -wert wird in einer integrierten Betrachtung von Agentenberichten und Briefen von Familienmitglieder während des Jahres 1848 näher betrachtet.

Kapitel VI bietet einen detaillierten Einblick in die Tätigkeit dreier Agenten, die in Form von Fallstudien vorgestellt werden: Benjamin David-

son in St. Petersburg (1847), Lionel Davidson in Mexiko Stadt (1843-
1852) und Gerson von Bleichröder in Berlin (1830er Jahre bis 1893). Die
Betrachtung einzelner Personen erlaubt, die Erkenntnisse aus den beiden
vorherigen Kapitel an konkreten Beispielen zu verifizieren, ermöglicht
einen Einblick in das Funktionieren der Informationsbeschaffung und
ihrer Weiterleitung innerhalb längerer Zeiträume und trägt dazu bei, ein
Verständnis für den Wert der Agenten für die Rothschilds zu entwickeln.

II. Privatbanken im europäischen Finanzwesen des 19. Jahrhunderts

Zum Verständnis der Position der Rothschilds im europäischen Finanzwesen des 19. Jahrhunderts sind einige Bemerkungen zur Geschichte des privaten Bankwesens hilfreich. Die folgenden Ausführungen konzentrieren sich auf die Situation in den Ländern Großbritannien, Deutschland, Frankreich und Österreich, die Hauptstandorte von Rothschild-Häusern. Im Besonderen wird die Position von Privatbankiers oder so genannten Merchant Bankers in London betrachtet.

Bereits im Spätmittelalter existierten, zuerst im oberitalienischen Raum, Handelshäuser, die auch Finanzgeschäfte tätigten. Sie waren nicht nur im Fernhandel und im Wechselgeschäft aktiv, sondern gewährten auch Kredite an Fürsten oder betätigten sich für diese als Steuereintreiber und –verwalter. Im 17. Jahrhundert, und hier zunächst schwerpunktmäßig in Amsterdam, begannen Handelshäuser damit, Kaufleuten so genannte Akzeptkredite zu gewähren, die ihnen die Einlösung fälliger Wechsel gegen eine Kommissionsgebühr garantierten. Das Akzeptgeschäft wurde immer wichtiger und brachte schließlich Handelshäuser mit Banktätigkeit dazu, sich ausschließlich auf das Finanzgeschäft zu konzentrieren. Es entstanden die ersten Privatbankhäuser, in Großbritannien „Merchant Banks" genannt, deren Tätigkeitsfeld sich traditionsgemäß auf Handelskredite und Staatsanleihen konzentrierte, die teilweise aber noch bis in die zweite Hälfte des 19. Jahrhunderts ebenfalls mit verschiedenen Gütern handelten. Je nach Land, entwickelten sich die Privatbanken zeitlich leicht verschoben.[1]

Der Aufstieg der Banken im 19. Jahrhundert zu Institutionen, deren Einfluss bis in höchste politische Sphären hineinreichte, hing ursächlich mit der Industrialisierung auf der einen und dem Kapitalbedarf der Nationalstaaten auf der anderen Seite zusammen. Bis in der Mitte des Jahrhunderts Aktienbanken stärker aufkamen, waren Privatbanken die wichtigsten Anlaufstellen, um eine sich ständig erhöhende Kapitalnachfrage zur Fi-

---

[1] Einen knappen Überblick über die Entstehung der Merchant Banks bietet: Michael North, ‚Merchant Bankers', in: Idem (Hrsg.), Von Aktie bis Zoll. Ein historisches Lexikon des Geldes, München 1995, S. 240-41. Siehe auch Charles P. Kindleberger, A Financial History of Western Eruope, London 1984, S. 77-78.

nanzierung von Industrieunternehmen, Straßen- und Eisenbahnbau, aber auch von Kriegen und Besatzungen zu decken.[2]

Die bedeutendsten und kapitalkräftigsten Privatbanken konzentrierten sich in London, wo sich die aus dem Textilhandel stammenden Baring Brothers bereits seit dem letzten Drittel des 18. Jahrhunderts zunehmend dem Bankgeschäft zuwandten und so die einflussreichsten Merchant Banker der Welt wurden. Ihre Dominanz wurde erst in den 1820er Jahren vom Aufstieg von N M Rothschild & Sons beendet. In Deutschland waren die alten Handelsstädte Frankfurt am Main, Hamburg und Köln die wichtigsten Finanzmetropolen in der ersten Hälfte des 19. Jahrhunderts und wurden von Berlin erst in den 1860er und 1870er Jahren aufgrund von dessen gewachsener politischer Bedeutung überflügelt. Die kölnischen Häuser Herstatt, Schaaffhausen, Stein und Oppenheim, die Hamburger Bank Salomon Heines sowie die Frankfurter Bethmann, Metzler und Rothschild waren die bedeutendsten an ihren Plätzen. Wie Rothschild war auch Oppenheim vor allem durch seine Tätigkeit als Hoffaktor gewachsen, eine Besonderheit des deutschen Bankenwesens, die sich im kleineren Maßstab an diversen anderen Orten wiederholte.[3]

Anders als im geografisch stärker diversifizierten Deutschland konzentrierte sich das Kreditgeschäft in Frankreich vor allem auf Paris. Dort waren vor allem die Inhaber protestantischer Handelshäuser, teils schweizerischen Ursprungs, die Begründer der „Haute Banque Parisienne", die sich des Kapitalbedarfs sowohl des Ancien Régime als auch der nachrevolutionären Regierungen und der später einsetzenden französischen Industrialisierung annahmen.

London war nicht zuletzt deshalb der führende Kapitalmarkt Europas und damit der Welt, weil Amsterdam in der nachrevolutionären Ausbreitung französischer Herrschaft als Finanzplatz stark an Bedeutung verloren hatte. So wurde die britische Hauptstadt nicht nur zum politischen, sondern auch zum wirtschaftlichen Zentrum des Kampfes gegen Napoleon. In London wurden die meisten Staatsanleihen untergebracht, welche die

---

[2] Für eine Übersicht über die Entwicklung des europäischen Bankenwesens im frühen 19. Jahrhundert siehe Hans Pohl, ,Banken und Bankgeschäfte bis zur Mitte des 19. Jahrhunderts', in: Idem (Hrsg.), Europäische Bankengeschichte, Frankfurt am Main 1993, S. 196-217.

[3] Hoffaktoren und Hofjuden werden in der einschlägigen Fachliteratur nur sehr eingeschränkt aus wirtschaftshistorischer Sicht untersucht. Interessanter für Historiker war bisher der Einfluss von Hofjuden auf die gesellschaftliche und religiöse Modernisierung der Juden im deutschsprachigen Raum. Dies belegt auch ein neuerer Sammelband, in dem kein einziger Aufsatz mit den Methoden der Wirtschaftsgeschichte operiert. Siehe Rotraud Ries / J. Friedrich Battenberg (Hrsg.), Hofjuden – Ökonomie und Interkulturalität. Die jüdische Wirtschaftselite im 18. Jahrhundert, Hamburg 2002.

beteiligten Mächte für ihre militärischen Operationen gegen die Franzosen benötigten, und die Merchant Banker der Stadt blieben auch nach den Befreiungskriegen die erste Adresse für Anleihen der Restaurationsregierungen, nunmehr oft in Kooperation mit deutschen und auch französischen Privatbankhäusern.

Außer mit Staatsanleihen befassten sich die Privatbanken mit einer ganzen Reihe von Finanzoperationen, nicht zuletzt dem traditionellen Wechselgeschäft, was aber vorwiegend eine Domäne der britischen Häuser war, wohl nicht zuletzt aufgrund ihrer Herkunft aus dem Warenhandel. Im Laufe des 19. Jahrhunderts gewannen zwei andere Geschäftsfelder immer stärker an Bedeutung: die Finanzierung von Industrie und Verkehrsinfrastruktur. Vor allem im Eisenbahnbau, der in den europäischen Kernländern seit den 1830er Jahren vorangetrieben wurde, bestand ein enormer Kapitalbedarf, der ganz überwiegend von Privatbanken bestritten wurde, welche große Anteile an den mit dem Streckenbau befassten Aktiengesellschaften erwarben. Üblicherweise beteiligten sich mehrere Häuser gleichzeitig an einer Gesellschaft, um den hohen Kapitalbedarf decken zu können, aber auch um das Risiko zu streuen.[4]

Wenn Historiker die Geschichte einzelner Privatbanken erforschen, ergibt sich leicht der Eindruck, dass nur einige wenige Häuser von Weltgeltung den Markt in den verschiedenen europäischen Ländern unter sich aufgeteilt haben. Das trifft für die Finanzierung des Geldbedarfs von Staaten in der ersten Hälfte des 19. Jahrhunderts zu, nicht aber für die Industriefinanzierung oder das allgemeine Depositen- und Kreditgeschäft, an dem sich in jedem Land hunderte von kleineren Privatbanken beteiligten, die oftmals nur lokal oder regional von Bedeutung waren.[5]

Im europäischen Finanzwesen waren Privatbanken die dominierenden Institutionen vom späten 18. bis etwa zur Mitte des 19. Jahrhunderts. Eine Reihe anderer Finanzinstitutionen deckte weitere Bereiche ab, meist

---

[4] Zu England siehe: Chapman, Rise of Merchant Banking, S. 5-9 und Rondo Cameron, ‚England 1750-1845', in: Idem (Hrsg.), Banking in the Early Stages of Industrialization. A Comparative Study, New York 1967, S. 15-59, hier S. 35-58; zu Frankreich: Barrie M. Ratcliffe, ‚The Origin of the Paris-Saint-Germain Railway', in: Journal of Transport History, NF 2 (1972), S. 197-219; zur deutschen Eisenbahnfinanzierung noch immer maßgebend: Rainer Fremdling, Eisenbahnen und deutsches Wirtschaftswachstum, 1840-1879. Ein Beitrag zur Entwicklungstheorie und zur Theorie der Infrastruktur, Dortmund 1975; einen exzellenten Überblick über frühe Industriefinanzierung in Österreich bietet: Richard L. Rudolph, ‚Austria, 1800-1914', in: Rondo Cameron (Hrsg.), Banking and Economic Development. Some Lessons of History, New York 1972, S. 26-57.
[5] Allein in Preußen existierten in den 1850er Jahren ungefähr 500 private Bankinstitute. Zahlen für andere Territorien sind schwierig zu erhalten. Siehe Richard Tilly, ‚Germany, 1815-1870', in: Rondo Cameron (Hrsg.), Banking and Economic Development. Some Lessons of History, New York 1972, S. 151-82, hier S. 159-62.

ohne dabei in Konkurrenz zu den Privatbanken zu treten. Seit dem 17.
Jahrhundert gab es in einigen Ländern bereits öffentliche Banken (Public
Banks). Das älteste deutsche Institut dieser Art war die Hamburger Bank
von 1619, die vor allem Kredite an Kaufleute gewährte und Girogeschäfte
für diese abwickelte. Zu den öffentlichen Banken gehören aber auch Häuser, aus denen später Zentralbanken hervorgingen. Die Schwedische
Reichsbank und die Bank of England, beide ebenfalls im 17. Jahrhundert
gegründet, waren die ersten Institute dieser Art. Im 19. Jahrhundert waren
die öffentlichen Banken keine Konkurrenz für Privatbanken, da sie sich
auf andere Geschäftsfeldern konzentrierten. Die Bank of England beispielsweise war zwar auch begrenzt im privaten Kreditsektor tätig, war
aber vor allem als Notenbank von Bedeutung, welche die nationalen
Geldreserven kontrollierte. Nach dem Vorbild der Bank of England –
oder der Banque de France von 1800 – gründeten die meisten europäischen Ländern im Laufe des 19. Jahrhunderts Zentralnotenbanken, die
sich um die Finanzen der Staaten kümmerten, aber nicht, wie die Privatbanken, zur Auflage großer Anleihen in der Lage waren. Gleiches gilt für
die vorwiegend in den deutschen Ländern existierenden Staatsbanken, wie
die Preußische Seehandlung, die gegen Provision die Geldgeschäfte ihrer
Staaten erledigten, aber ebenfalls in der Unternehmensfinanzierung oder
dem Wechselgeschäft tätig waren. Auch die seit dem späten 18. Jahrhundert vielerorts in Europa gegründeten Hypothekenbanken und Sparkassen
waren keine Konkurrenz für Privatbanken, da sie sich überwiegend mit
Kleinkrediten im Agrarbereich und den Spareinlagen der weniger vermögenden Bevölkerung beschäftigten.[6]

Es ist nicht möglich, Privatbanken über einen Kamm zu scheren, wenn
es um deren Geschäftsgebaren und Präsenz auf dem Kapitalmarkt geht,
aber es lassen sich dennoch einige generelle Trends beobachten, die auf
viele Häuser, besonders die ganz großen, zutrafen.[7] Privatbanken waren
eher konservativ als progressiv in ihrer Strategie, zumal wenn sie sich
bereits gut etabliert hatten. Riskante Geschäfte und nicht überschaubare
Spekulationen waren nicht charakteristisch für die Großen der Branche.
Zudem konzentrierten sich viele Häuser auf einige bestimmte Geschäfts-
bereiche und bevorzugten wenige große Geschäfte, die bis ins Detail
durchdacht waren, statt sich mit einer Vielzahl kleinerer Transaktionen in
ihnen minder vertrauten Märkten zu befassen. Dieses Vorgehen minimierte das Risiko, was für mit ihrem vollen Vermögen persönlich haftende
Partner einer Privatbank überlebenswichtig sein konnte. Andererseits

---

[6] Pohl, ‚Banken', S. 206-13.
[7] Die folgenden Ausführungen beziehen sich auf Chapman, Merchant Banking, S. 34-38.

führte diese Strategie zur Auslassung von Operationen, die möglicherweise große Profite abwerfen konnten.

Die großen Privatbanken hatten zudem eines gemeinsam. Sie waren, aufgrund ihrer Tätigkeit, aber auch ihres schieren Reichtums, meist eng mit den politischen Eliten ihrer jeweiligen Länder verbunden. Nicht nur in Deutschland, wo die Gründer einiger Finanzinstitute ursprünglich Hoffaktoren oder Hoflieferanten waren, sondern auch in den anderen europäischen Ländern erhielten Privatbankiers Zutritt zu den Kreisen der besseren Gesellschaft, wurden oftmals geadelt oder betätigten sich selbst politisch. Das betraf Juden wie Nichtjuden, wobei das Adelsprivileg für Juden je nach Land unterschiedlich leicht erhältlich war. Ein interessanter Aufsatz, der die gesellschaftlichen Chancen, aber auch Hindernisse für vermögende Juden in Großbritannien und Deutschland während des 19. Jahrhunderts vergleicht, kommt zu dem Schluss, dass es einfacher war in Großbritannien hoffähig zu werden und sich politisch aktiv zu betätigen, dass aber in Deutschland der Erwerb eines Adelstitels und Zugang zu höherer Bildung deutlich unkomplizierter waren.[8]

In den 1870er Jahren neigte sich die große Zeit des Privatbankwesens dem Ende zu. Das hing ursächlich zusammen mit dem Aufstieg der Aktienbanken, die zwar schon seit einigen Jahrzehnten existiert hatten, aber erst im letzten Drittel des Jahrhunderts stark zu expandieren begannen. Regierungen, Herrscher und große Industrieunternehmen, die bis dahin ihren Finanzbedarf praktisch ausschließlich bei Privatbanken decken konnten, boten die kapitalkräftigen Aktienbanken nunmehr eine gangbare Alternative. Außerdem wurden die Finanzbedürfnisse einer hoch industrialisierten Welt immer komplexer, und über Beteiligungen zu entscheiden erforderte häufig ein Spezialwissen, dass die kleineren Privatbanken nicht mitbrachten.[9] Das Aufkommen der Aktienbanken zwang die privaten Institute, sich zu wandeln und durch Spezialisierungen Nischen zu finden, um am Markt bestehen zu können. Da ihre Macht analog zu ihrer Teilhabe an den wirklich großen finanziellen Operationen abnahm, sank auch die Bedeutung der Sonderkontakte zwischen einzelnen Bankiers und politischen Entscheidungsträgern, die bis in die mittleren Jahrzehnte des 19. Jahrhunderts mitunter entscheidend für das Zustandekommen bestimmter Geschäfte gewesen waren.[10]

---

[8] Niall Ferguson, ‚"The Caucasian Royal Family". The Rothschilds in National Contexts‘, in: Michael Brenner, Rainer Liedtke, David Rechter (Hrsg.), Two Nations. British and German Jews in Comparative Perspective, Tübingen 1999, S. 295-325.
[9] Manfred Pohl, ‚Bankensysteme und Bankenkonzentration von den 1850er Jahren bis 1918‘, in: Hans Pohl (Hrsg.), Europäische Bankengeschichte, Frankfurt am Main 1993, S. 218-33, hier S. 223.
[10] Ibid., S. 350-51.

Aktienbanken unterschieden sich nicht nur in ihrer Verwaltungsform, sondern auch durch die soziale und ethnische Herkunft ihrer Führung bedeutend von Privatbanken. Der typische Privatbankier des 19. Jahrhunderts entstammte einer Bankiersfamilie, war bereits früh durch eine Banklehre, meist gekoppelt mit Lehraufenthalten bei befreundeten auswärtigen Instituten, auf seine Tätigkeit vorbereitet worden und wurde zunächst Teilhaber, dann Bevollmächtigter und schließlich Inhaber der Bank. Zu keinem Zeitpunkt war seine Zukunft in materieller Hinsicht gefährdet gewesen. Diese Typisierung war generationenabhängig. Die Gründer von Privatbanken entsprachen dem Idealtyp eher als ihre Söhne und Enkel.

Dagegen kam der typische Repräsentant einer Aktienbank, der Manager-Bankier, eher aus einer Kaufmannsfamilie und hatte eine akademische Karriere hinter sich, bevor er, oftmals zunächst in anderen Berufen reüssierend, in die Führung seiner Bank wechselte. Er hatte sich den Eintritt in die Hochfinanz durch Fachkompetenz und persönliche Leistung, nicht durch Familienbande, erarbeitet.[11] In Deutschland war die große Mehrheit der Privatbankiers jüdischer Herkunft, während unter den Manager-Bankiers zunehmend Nichtjuden dominierten. In den meisten anderen europäischen Ländern, vor allem in Großbritannien und Frankreich, fanden sich deutlich weniger jüdische Privatbankiers, was aber auch damit zusammenhing, dass in diesen beiden Ländern bis zur massenhaften Einwanderung von osteuropäischen Juden seit den 1880er Jahren nur vergleichsweise wenig Juden insgesamt lebten. In der City of London waren einige jüdische Bankierdynastien zu großem Reichtum gekommen, jedoch waren sie – entgegen populärer Sichtweisen – nur eine unter vielen unterschiedlichen Gruppen dort. Abgesehen davon formten diese Firmen keineswegs ein Syndikat oder betrieben ein informelles, auf der Herkunft ihrer Inhaber basierendes Netzwerk der Zusammenarbeit.[12]

---

[11] Diese Typisierung entstammt einer Untersuchung über Bankiers im wilhelminischen Deutschland. Siehe Morten Reitmayer, Bankiers im Kaiserreich. Sozialprofil und Habitus der deutschen Hochfinanz, Göttingen 1999. Für die – insgesamt eher untypischen – Rothschilds traf diese Typisierung teilweise zu. Einerseits wurden und werden die Söhne früh an das Bankgeschäft herangeführt. Andererseits genossen bereits die Kinder der Gründer der fünf Häuser teilsweise eine klassische Bildung. Eine Untersuchung der britischen Merchant Banker um die Wende zum 20. Jahrhundert hat außerdem festgestellt, dass zu diesem Zeitpunkt die Mehrheit in teuren Privatschulen und Oxbridge erzogen worden war. Siehe Youssef Cassis, Les Banquiers Anglais, 1890-1914, Genf 1982, Kapitel 2 und 6.

[12] Chapman, Merchant Banking, S. 171-72.

III.   N M Rothschild & Sons und die Rothschild Familie

Die Geschichte der Rothschilds und ihrer geschäftlichen Unternehmungen ist komplex. Diese kurze Darstellung will keinen allgemeinen Überblick über die historische Entwicklung des Londoner Rothschild-Hauses beziehungsweise der Rothschild Familie geben, sondern konzentriert sich auf einige Aspekte, die für das Verständnis der nachfolgenden Ausführungen zum Agentennetzwerk nötig sind.[1]

1.   Internationale familiäre Verzweigung

Der Grundstein für die erfolgreichste Finanzdynastie des 19. Jahrhunderts wurde von Mayer Amschel Rothschild während des letzten Drittels des 18. Jahrhunderts in der Frankfurter Judengasse gelegt, als er aus einem Waren- und Münzhandel mit Fleiß, Geschick und Glück ein Bankgeschäft machte, das auf lokaler und regionaler Ebene bereits vor der Jahrhundertwende beachtliche Erfolge erzielt hatte. Vor allem gute geschäftliche Kontakte zum Hessischen Kurfürsten, dessen Hoffaktor Mayer Amschel wurde, sicherten den finanziellen, wenn auch nicht den gesellschaftlichen Aufstieg.[2]

Mayer Amschel hatte fünf Söhne und fünf Töchter. Die erste Phase der Internationalisierung setzte 1798 ein, als Nathan Rothschild, der dritte Sohn Mayer Amschels, im Auftrag des Vaters oder in Absprache mit ihm

---

[1] Die folgenden Ausführungen basieren im wesentlichen auf Ferguson, World's Banker und dem vom Rothschild Archive erstellten ausführlichen „Rothschild Family Tree" (siehe Anhang).

[2] Für die frühe Geschichte der Rothschild Dynastie siehe Amos Elon, Der erste Rothschild. Biographie eines Frankfurter Juden, Reinbek bei Hamburg 1998. Elon geht auch ausführlich auf die sich lang haltende und von einigen Rothschilds selbst gepflegte Legende ein, dass der Kurfürst Mayer Amschel Rothschild sein gesamtes, in Kisten verpacktes, märchenhaftes Vermögen zur Verwahrung übergeben hat, als er 1806 vor heranrückenden französischen Truppen nach Dänemark fliehen musste. Die Legende besagt, dass Rothschild das Vermögen treu verwaltet und gleichzeitig enorme Gewinne damit erzielt hat. Tatsächlich haben die Rothschilds als Verwalter eines Teiles des kurfürstlichen Vermögens über viele Jahre, auch in der Franzosenzeit, gute Geschäfte gemacht; in den Mayer Amschel zur Aufbewahrung übergebenen Kisten befanden sich indes nur einige Kassenbelege und couponlose Obligationen. (S. 149-55)

nach Manchester ging, um von dort ohne die Einschaltung von Zwischen-
händlern Tuche nach Frankfurt exportieren zu können. Innerhalb der
nächsten Jahre entwickelte sich Nathan zum Merchant Banker, zog nach
London um und eröffnete 1808 sein eigenes Bankhaus, N M Rothschild,
in der City, dem sich selbst verwaltenden Finanzzentrum der britischen
Hauptstadt, das er nur wenige Jahre später dominieren sollte. Jacob, der
jüngste der fünf Brüder, ging 1810 nach Paris, und baute dort innerhalb
weniger Jahre und begünstigt durch die Kooperation mit seinen Brüdern,
ein eigenes Bankhaus auf. Er nannte sich in Frankreich James und sein
Bankhaus trug den Namen Rothschild Frères. Salomon, der zweitälteste
der fünf Brüder, reiste während der Befreiungskriege kreuz und quer
durch Europa, um mitzuhelfen, allerorten Goldreserven aufzukaufen und
daraus französische Münzen schlagen zu lassen, die zur Bezahlung der
britischen Invasionstruppen unter Wellington gebraucht wurden. Sein
Bruder Nathan hatte von der britischen Regierung den Auftrag zur Finanzierung der Invasion erhalten. Nach weiteren Jahren, die er hauptsächlich
im Frankfurter Stammhaus oder in Paris zubrachte, ging Salomon 1821
nach Wien, um dort seinerseits ein Bankhaus zu gründen, das er in engem
Kontakt mit seinem ältesten Bruder Amschel Mayer führte, der zunächst
mit dem Vater in Frankfurt verblieb und nach dessen Tod 1812 die Geschäfte dort weiterführte. Kalman, der zweitjüngste Bruder, der seinen
Namen schon früh zu Carl germanisiert hatte, zog 1821 zusammen mit
österreichischen Truppen nach Neapel, zunächst um die mehrjährige Besatzung von Teilen der italienischen Halbinsel zu finanzieren. Auf dieser
Basis gründete er das fünfte und letzte Rothschild-Haus, das aber relativ
wenig eigene Geschäfte machte und sich hauptsächlich an den Aktivitäten
der Banken in Frankfurt und Wien orientierte. Carl war somit auch zeitweise länger aus Neapel abwesend, vor allem um im Auftrag seiner Brüder
Geschäfte anderswo in Europa zu tätigen.

Dieses familiäre Netzwerk der Rothschilds hatte sich nicht nach einem
vorherbestimmten Plan entwickelt, sondern war an einzelnen Geschäften
oder sich bietenden geschäftlichen Möglichkeiten allgemeiner Natur orientiert gewachsen. Im ersten Viertel des 19. Jahrhunderts hatten sich fünf
verschiedene „nationale" Rothschild-Zweige entwickelt, die auf das engste
miteinander verbunden waren.

2.   Geschäftliche Interessen

Die geschäftliche Kooperation der fünf Häuser war ebenso eng wie die familiären Beziehungen der Rothschilds aus verschiedenen Nationen miteinander. So ist es aus heutiger Sicht teilweise unmöglich, geschäftliche Operationen – und damit auch die Führung von gewissen Agenten – einem Haus zuzuordnen. Die Banken operierten zwar unabhängig voneinander, waren jedoch in einem alle fünf Jahre überarbeiteten und erneuerten Partnervertrag miteinander verbunden. Der erste Vertrag dieser Art war 1810 noch vom Patriarchen Mayer Amschel ausgearbeitet worden und nahm den Londoner Nathan, als in einer „feindlichen Nation" operierenden Geschäftsmann bewusst aus. Bereits 1815 waren alle fünf Brüder vertreten und teilten die Profite nach Leistung aber auch Bedürfnis – gemessen an familiären Verpflichtungen – untereinander auf. In den folgenden Jahrzehnten kam es immer wieder auch zu Interessenkonflikten, nie jedoch drohte ein Bruch zwischen den einzelnen Zweigen oder an ihnen beteiligten Individuen dieses äußerst profitable Arrangement zu gefährden.

Die Rothschilds waren erfolgreich, sehr erfolgreich. Im Jahr 1825 hatten sie kombinierte Ressourcen, die neunmal größer waren als die ihres schärfsten britischen Konkurrenten Baring und elfmal größer als die der bedeutendsten französischen Privatbank Laffitte. Ihr Kapital von rund drei Millionen britischen Pfund Sterling übertraf das der Banque de France. Die allein von N M Rothschild in London zwischen 1818 und 1846 ausgegebenen Staatsanleihen hatten einen Nominalwert von 154 Millionen Pfund. Das Anleihengeschäft war eines der drei Hauptstandbeine aller Rothschild-Banken; Großbritannien, Frankreich, Preußen und Belgien ihre hauptsächlichen Klienten. Drei weitere Mitglieder der Heiligen Allianz, Russland, Österreich und Neapel, folgten auf den Plätzen, aber auch Portugal, Brasilien, Holland, Griechenland und Dänemark gaben durch die verschiedenen Rothschild-Häuser ihre Anleihen heraus. Die Rothschilds hatten bei einigen der größeren Geschäfte dieser Art Partner unter den kleineren, aber immer noch wichtigen britischen, französischen und deutschen Banken. Und es sollte nicht übersehen werden, dass die Rothschilds wie auch andere Banken sich nicht auf die Herausgabe neuer Anleihen beschränkten, sondern ebenfalls in existierenden Bonds spekulierten. Vor allem für das Anleihegeschäft, in dem politische Veränderungen große Gewinne, aber auch katastrophale Verluste bringen konnten, war es immens wichtig, über den politischen Zustand Europas bestens informiert zu sein.

Die zweite Haupttätigkeit aller Rothschild-Häuser, vor allem aber des britischen, war das Wechselgeschäft. Auch hier war die internationale Verflechtung von N M Rothschild von großer Bedeutung. Einerseits ließ sich an Wechseln eine Kommission verdienen, allerdings nur in recht bescheidenem Maße. Profitabler wurde es, wenn zum Beispiel auf London ausgestellte Wechsel auf anderen Märkten „teurer" verkauft werden konnten. Solche Arbitragegeschäfte konnten die Rothschilds ohne die Einschaltung vieler Zwischenhändler machen, weil sie Häuser an diversen wichtigen Finanzplätzen hatten, welche die Werte stetig beobachten und die Sendung bestimmter Wechsel avisieren konnten. Für eine erfolgreiche Betätigung im Wechselgeschäft war es vor allem wichtig, zuverlässige Informationen über die Kreditwürdigkeit von anderen Bankhäusern oder Händlern zu erhalten, was wiederum Aufgabe der Agenten war. Es gab auf dem Londoner Markt mit dem Bankhaus Baring jedoch einen Konkurrenten, der sich stärker auf Wechselgeschäfte konzentrierte und deutlich mehr darin umsetzte als N M Rothschild, deren erste Liebe sicherlich das Geschäft mit Anleihen war.

Drei weitere Geschäftszweige verdienen Erwähnung. Erstens der Handel mit Edelmetallen, vor allem Gold und Silber. Dieser hatte N M Rothschild zum Ende der napoleonischen Zeit überhaupt erst groß werden lassen, als Nathan im Auftrag der britischen Regierung und mit Hilfe seiner europäischen Familie und einigen Agenten britisches Gold als Kontrabande zum Kontinent schmuggelte, um es dort zu in Frankreich akzeptierten Münzen prägen zu lassen, wodurch es als Sold für die britischen Invasionstruppen dienen konnte. Auch in der Folgezeit verschifften die Rothschilds, wenn die Märkte Profite hergaben, europaweit größere Mengen Gold und Silber, teilweise um Münzen daraus schmelzen und schlagen zu lassen. Zweitens war N M Rothschild nicht umsonst eine Merchant Bank, denn auch der Handel mit einer breiten Palette von Waren gehörte zu ihrem geschäftlichen Repertoire. Dabei spezialisierten sie sich, anders als zum Beispiel ihr britischer Hauptkonkurrent Baring, auf einige wenige Produkte: Baumwolle, Tabak und Zucker aus Übersee, Kupfer aus Russland und Quecksilber aus spanischer Produktion.[3] Andere Güter wie Wein, Wolle oder Eisenerz handelten sie nur sehr gelegentlich. Einige Agenten, wie z.B. die Triester Morpurgo & Parente oder Lionel Davidson in Mexiko City, waren stärker als andere in die Abwicklung von Handelsgeschäften involviert. Drittens mussten die Rothschilds gerade für ihre Edelmetall- und Warengeschäfte, die gemeinhin mit Schiffen transportiert wurden, hohe Versicherungssummen zahlen. Ein eigenes Engagement auf

---

[3] Zum Handel mit Quecksilber siehe vor allem die Fallstudie zu Lionel Davidson, Kapitel VI.2.

diesem Sektor bot sich an. 1824 gründete Nathan Rothschild mit einigen außerfamiliären Partnern die Alliance Assurance Company, die sich nach anfänglicher Skepsis des Publikums zu einem soliden und profitablen Unternehmen entwickelte; auch seine Brüder engagierten sich in diesem Sektor, zum Beispiel als Hauptteilhaber an der Kölner Rückversicherung 1852.[4]

Daneben war die Finanzierung des frühen Eisenbahnbaus ein wichtiges Geschäftsfeld zwar nicht des britischen Hauses, aber der französischen und der österreichischen Rothschilds. Die österreichische Nordbahn von Wien nach Mähren, vor allem profitabel um Rohstoffe zu transportieren, wurde 1839 begonnen und maßgeblich von Salomon von Rothschild finanziert. James de Rothschild war die treibende finanzielle Kraft hinter der Konstruktion des Chemin de Fer du Nord, der die industriellen Regionen des nördlichen Frankreichs und Belgiens und die Häfen des Ärmelkanals mit Paris verband und mit dessen Bau 1845 begonnen wurde. Gerade hier gibt es deutliche Forschungslücken, da sich die Literatur zum Eisenbahnbau im Europa des 19. Jahrhunderts bislang insgesamt zu wenig mit der Rolle privater Investoren befasst.[5]

---

[4] Zahlen und Informationen zur geschäftlichen Tätigkeit aus Ferguson, World's Banker, S. 283-96. Über die Alliance Assurance existiert nur eine wenig ergiebige Festschrift zu deren hundertjährigem Bestehen. Siehe William Schooling, Alliance Assurance, 1824-1924, London 1924.

[5] Ein Beispiel für die Verkennung der Wichtigkeit der Rothschilds ist die in anderen Bereichen sehr gelungene Studie von Allan Mitchell, The Great Train Race. Railway and the Franco-German Rivalry, 1815-1914, New York und Oxford 2000, welche die Entwicklung der Eisenbahn in Deutschland und Frankreich von den Befreiungskriegen bis zum Ersten Weltkrieg vergleichend darstellt.[5] Die Rothschilds tauchen bei ihm fast ausschließlich in stereotypisierter Form auf, etwa als Bank mit "unergründlichen Ressourcen, die selbst in magersten Zeiten Solvenz sicherte" oder als Familie mit "einem immer reichlich vorhandenen Angebot an männlichen Erben". Mitchell beachtet nicht die engen Verflechtungen der Finanziers oder die innerfamiliären Konflikte der Rothschilds um die Eisenbahnfinanzierung, weil er das Material des Rothschild Archives nicht konsultiert hat. Dabei hätte gerade für die Entwicklung der Eisenbahn in Frankreich, die auf staatlicher und privater Initiative basierte und die stark durch persönliche Konflikte und Friktionen charakterisiert gewesen ist, eine stärker personalisierte Sichtweise – die nicht nur die Rothschilds, sondern auch andere Investoren wie die Familie Pereire einbezieht – einen deutlichen Erkenntnisgewinn bringen können.

3.   Eheschließungen und generationeller Wandel

Bei der Auswahl von Ehepartnern der Rothschilds spielte, wie nicht nur
im Bürgertum des 19. Jahrhunderts üblich, weniger persönliche Zuneigung
als die sich daraus ergebenden familiären Verbindungen und geschäftlichen Möglichkeiten die herausragende Rolle. Von den fünf Töchtern Mayer Amschel Rothschilds heirateten die vier ältesten jeweils in bedeutende
Frankfurter Kaufmannsfamilien ein. Henriette, die Jüngste, heiratete Abraham Montefiore, einen höchst erfolgreichen Londoner Börsenmakler,
dessen Familie bereits mit dem Londoner Rothschild, Nathan, verwandt
war.[6] Nathan hatte Hannah geehelicht, die Tochter von Levi Barent Cohen, der nicht nur ein reicher Kaufmann, sondern auch eine zentrale Figur
in der Londoner jüdischen Gemeinde war, was Nathan bei dessen Niederlassung in der Stadt Eintritt in die entscheidenden jüdischen Kreise verschaffte.[7] Von den vier Brüdern Nathans heirateten drei, nämlich Amschel, Salomon und Carl, ihrerseits in drei bedeutende deutsch-jüdische
Kaufmannsdynastien ein, nämlich Hanau, Stern und Herz. Carl hatte sich,
nach längerer vergeblicher Suche in Berlin und Hamburg, für die Frankfur-
terin Adelheid Herz entschieden. James, der jüngste Bruder, ging eine
Verbindung mit seiner Nichte Betty ein, der Tochter seines Bruders Salomon. Er begründete damit einen Trend zur endogamen Heiratspolitik, der
sich in den folgenden Generationen fortsetzte. Von den dreizehn männlichen Nachkommen der fünf Rothschild Brüder heirateten neun ihre Cou-
sinen oder Nichten.[8] Erst zwei Generationen darauf kamen keine endogamen Heiraten mehr vor.
       Endogame Heiraten waren im 19. Jahrhundert keine Seltenheit und in-
nerhalb von vermögenden Familien, gerade des Bürgertums, besonders
zahlreich.[9] Jüdische Familien die sich ihren Glauben bewahren wollten,
waren zudem auf eine vergleichsweise kleine Anzahl an Heiratsfähigen und

---

[6] Lucien Wolf, Life of Sir Moses Montefiore, London 1885, S. 13-18.
[7] Melanie Aspey, ‚Mrs. Rothschild‘, in: Victor Gray / Melanie Aspey (Hrsg.), The Life and
Times of N. M. Rothschild, 1777-1836, London 1998, S. 58-67.
[8] Einer der Nachkommen starb im Alter von neunzehn Jahren und die drei übrigen heirateten in Kaufmannsfamilien ein, wovon zwei, Cohen und Montefiore bereits mit den
Rothschilds verwandt waren. Alle Informationen aus Rothschild Archive, London, ‚The
Rothschild Family Tree‘.
[9] David Sabean, ‚Die Ästhetik der Heiratsallianzen. Klassencodes und endogame Ehe-
schließung im Bürgertum des 19. Jahrhunderts‘, in: Josef Ehmer / Tamara K. Hareven /
Richard Wall (Hrsg.), Historische Familienforschung. Ergebnisse und Kontroversen,
Frankfurt und New York 1997, S. 157-170, hier S. 158-59.

–willigen beschränkt.[10]. In der biografischen und wirtschaftshistorischen Literatur zur Geschichte erfolgreicher Unternehmen wird oft und gern darauf hingewiesen, dass die Auswahl von Ehepartnern innerhalb der sie gründenden Familie eine entscheidende Rolle bei der Beschaffung von Kapital spielte. Dabei wird meist übersehen, dass auch der Faktor "Vertrauen" bei der Heiratspolitik eine herausragende Rolle spielen konnte. Durch Verwandtschaft zementierte Vertrauensverhältnisse, die auch im Netzwerk der Rothschild-Agenten eine gewichtige Rolle spielten, waren häufig besonders dauerhaft und boten eine gute Grundlage für sensible geschäftliche Beziehungen, wie zum Beispiel in vorindustrieller Zeit für die Abwicklung des bargeldlosen Zahlungsverkehrs.[11]

Dass auch Agenten der Rothschilds in die Heiratspolitik mit einbezogen wurde, zeigt das Beispiel Carl von Rothschilds, der auf der Suche nach einer Ehefrau zunächst während einer Geschäftsreise mögliche Kandidatinnen aus den Kreisen der Berliner jüdischen Gemeinde taxierte. Er urteilte aber, dass sich in sämtlichen interessanten Familien der preußischen Hauptstadt zu viele Konvertiten befanden.[12] Carl reiste weiter nach Hamburg, um dort die heiratsfähigen Töchter der Rothschildschen Agenten in Augenschein zu nehmen. Während seines Aufenthaltes in der Hansestadt schrieb Carl alle ein bis drei Tage an seine Brüder. In einigen seiner Briefe blieb das Heiratsthema unerwähnt, in anderen berichtete er nebenbei von seinen Erkundungen:

> Nun wegen der Heirats Angelegenheit, bin ich nur hier um zu sehen und gesehen zu werden, allein es fehlt an Courage sagst Du – und ich auch. Der von Halle hat 2 Töchter. Ich bin heute bei ihm zu Tisch. Was denkst Du davon oder dazu? Gestern kommt der Heine zu mir mit den Antrag wegen seiner Tochter. Seine Frau wäre mir so besonders gut, äußerst schmeichelhaft, allein ich sagte ihm, sie wäre krank, denn sie sagte es selbst. Ja es fehlte ihr bloß ein Mann. [...] Es wäre vielleicht gut hier für uns ein Haus.[13]

---

[10] Gleiches trifft beispielsweise auf Quäker zu, die ebenfalls arrangierte Heiraten innerhalb der eigenen Gruppe bevorzugten, um ihre Religion und die damit verbundene Wirtschaftsethik beim Betrieb ihrer Unternehmen nicht zu kompromittieren. Besonders deutlich wird dies am Beispiel der nordenglischen Familie Benson, später Partner im Bankhaus Kleinwort Benson. Siehe Wake, Kleinwort Benson, S. 24-25.

[11] Stefan Gorißen, ,Der Preis des Vertrauens. Unsicherheit, Institutionen und Rationalität im vorindustriellen Fernhandel', in: Ute Frevert (Hrsg.), Vertrauen. Historische Annäherungen, Bielefeld 2003, S. 98.

[12] RAL: XI/109/6, Carl von Rothschild, Berlin an seine Brüder, 28. Januar 1817.

[13] RAL: XI/109/6, Carl von Rothschild, Hamburg an seine Brüder, 26. Februar 1817. Die Diktion dieses und aller folgenden Briefe der Familienkorrespondenz ergibt sich aus der möglichst exakten Transkription des in hebräischen Zeichen geschriebenen Judendeutsch. Zur besseren Verständlichkeit ist die Interpunktion teilweise von mir hinzugefügt worden.

In einem weiteren Brief urteilte Carl, dass von Halles Tochter „der Konvenienz sehr gut" wäre, er sich aber mit seinen Brüder darüber abstimmen werde, denn „es ist vielleicht gut wenn einer hier her geht wohnen von uns" und zu diesem Zweck wäre eine Hamburgerin besser als eine Berlinerin, wo er eine nicht näher bestimmbare Kandidatin „nach Neigung" ins Auge gefasst habe, von der nur ein Onkel konvertiert sei.[14] Aber er war ganz eindeutig bereit, persönliche Präferenzen in den Hintergrund zu stellen, da er wenig später an seine Brüder, wohl vorrangig an den Ältesten, Amschel, schrieb:

> Wegen den Heiraten frage ich Dich an ob Du für gut findest einer von uns hier zu wohnen, da wir doch zum dritt in Frankfurt sind. Was denkst Du von von Halle seine Tochter. Der Heine seine ist krank. Klagt immer Kopfweh. Was ist Deine Meinung zwischen Herz und von Halle. Die Hauptsache was denkst Du wegen hier zu wohnen. Bei unser starken Umsatz sollte ich denken kann es nicht schaden, sondern nützen.[15]

Carl und seine Brüder sahen letzten Endes doch davon ab, eine permanente Präsenz in Hamburg aufzubauen, denn im Jahr darauf heiratete Carl die zehn Jahre jüngere, achtzehnjährige Adelheid Herz, deren Familie zwar ursprünglich aus Hamburg stammte, aber bereits seit geraumer Zeit in Frankfurt Geschäfte machte.

Vier der fünf Brüder hatten Kinder, nur Amschel, der Älteste, blieb kinderlos. Die übrigen hatten jeweils mehrere Söhne und Töchter. Die Rothschilds verfolgten stets die Politik, dass nur männliche Nachkommen in direkter Linie Partner in ihren Banken werden konnten.[16] Auch die Ehemänner der Töchter Mayer Amschels und alle weiteren angeheirateten Männer wurden nie in dieser Weise am Geschäft beteiligt. Das hatte zur Folge, dass in den nachfolgenden Generationen männliche Nachkommen, die für das Bankgeschäft geeignet befunden worden waren, zwischen den einzelnen Häusern ausgetauscht wurden, um sicherzustellen, dass immer genügend qualifizierter Nachwuchs für deren Betrieb zur Verfügung stand. Das Prinzip trug aber auch dazu bei, dass zwei der fünf Häuser ihre Arbeit aufgeben mussten. Zwar waren ebenfalls wirtschaftliche Überlegungen im Spiel, als Neapel 1861 und Frankfurt 1901 schlossen, doch mitentscheidend war, dass sich keine männlichen Rothschilds

---

[14] RAL: XI/109/6, Carl von Rothschild, Hamburg an seine Brüder, 4. März 1817.
[15] RAL: XI/109/6, Carl von Rothschild, Hamburg an seine Brüder, 7. März 1817.
[16] Erst in den 1960er Jahren wurden die ersten Partner in die Londoner Bank aufgenommen, die nicht zur Familie gehörten. Bis heute sind die Chefs der noch existierenden Banken in London und Paris männliche Rothschilds in direkter Nachfolge.

fanden, die willens und in der Lage gewesen wären, die Unternehmen weiter zu betreiben. Das Wiener Haus wurde nach dem Anschluss Österreichs an das Deutsche Reich 1938 zwangsweise geschlossen und „arisiert". Die Pariser Rothschild Bank wurde 1981 von der sozialistischen Regierung François Mitterand gegen Entschädigungszahlung nationalisiert, was Mitglieder der französischen Familie aber nicht daran hinderte, wenige Jahre später ein neues Haus mit anderer Spezialisierung zu eröffnen. Nur die Londoner Bank N M Rothschild & Sons existiert seit nunmehr fast zweihundert Jahren in ungebrochener Kontinuität. Als dort kürzlich David de Rothschild zum Chairman ernannt wurde, geschah das unter Anwendung eines traditionellen Prinzips. David ist ein Nachkomme von James de Rothschild und entstammt der französischen Linie.

Das hier primär untersuchte Londoner Haus wurde nach dem Tod Nathan Rothschilds 1836 von seinen vier Söhnen Lionel, Anthony, Nathaniel und Mayer weitergeführt, die ihrerseits drei britische Rothschild-Linien begründeten, welche aber alle in der Führung der Bank kooperierten. Nathaniel heiratete eine Tochter seines Onkels James und ging diesem in der Führung der französischen Bank zur Hand. Seine Nachkommen wurden zu einer der französischen Rothschild-Linien. Die drei britischen Rothschilds starben in rascher Folge: Mayer (1874), Anthony (1876) und Lionel (1879). Nur Lionel hatte Söhne, drei an der Zahl, von denen wiederum zwei männliche Nachkommen hatten, welche die Familie bis in die heutige, achte Generation fortführten. Das Ausscheiden von Lionel, Anthony und Mayer de Rothschild ist einer der untergeordneten Gründe dafür, die Studie zu den Geschäftsagenten nicht über 1870er Jahre hinauszuführen.

1855 war das *annum horribile* der Rothschilds, als in rascher Folge drei Brüder der Gründergeneration starben: Salomon, Amschel und Carl. Nunmehr war James, der jüngste der fünf Brüder, bis zu seinem Tod im Jahr 1868 das Oberhaupt der Gesamtfamilie, dessen Rat in allen wichtigen persönlichen und geschäftlichen Dingen eingeholt wurde. Seine Kinder beziehungsweise die Söhne Carls und Salomons führten die Häuser in Neapel (kurzfristig), Frankfurt und Wien weiter. Auch die Generation der Söhne und Neffen kooperierte eng miteinander, nicht nur durch einen regen innerfamiliären Briefverkehr, sondern im Zeitalter verbesserter Verkehrsmittel wie dem Dampfschiff und der Eisenbahn auch durch regelmäßige gegenseitige Besuche.

4.   Gesellschaftliche Anerkennung

An gesellschaftlicher Anerkennung mangelte es den Rothschilds in jüdischen Kreisen nie. Außerhalb mussten sie sich diese hart erarbeiten. Die frühen Briefe der fünf Brüder untereinander zeugen vielfach von der erfahrenen Ablehnung. Weil sie Juden waren, wurden sie zum Beispiel oft nicht zu Abendgesellschaften eingeladen oder zu Landpartien der besseren Kreise gebeten, mit denen sie in regelmäßiger geschäftlicher Verbindung standen. Sie reagierten darauf vergleichsweise gleichmütig, widmeten sich bevorzugt den Geschäften und vergrößerten ihr Vermögen so sehr, dass sie später selbst prunkvolle Feste geben konnten. Diejenigen, die die jüdischen Bankiers zuvor gemieden hatten, bemühten sich nun ihrerseits, auf die Gästeliste zu gelangen.

Die Rothschilds der Gründergeneration waren Kinder der Frankfurter Judengasse und konnten das Zeit ihres Lebens nicht verleugnen. Sie hatten wenig formale Bildung genossen und waren praktisch ausschließlich kaufmännisch geschult. Ihre Sprache war das in den Ohren von Nichtjuden bestenfalls „exotische", schlimmstenfalls „korrupte" Frankfurter Judendeutsch, dessen briefliche Verschriftlichung auch in zahlreichen Zitaten in dieser Studie dokumentiert ist. Englisch oder Französisch sprachen sie mit sehr starkem Akzent, dessen Verballhornung sich in zahlreichen Karikaturen und Flugschriften verewigt findet. Ihre Frauen, so sich das aus den Briefen ablesen lässt, waren wesentlich belesener und hatten, nicht zuletzt da sie nicht an den Geschäften beteiligt waren, die Muße, sich mit den schönen Künsten zu beschäftigen. Die folgenden Rothschild-Generationen genossen dagegen, auch wenn sie für die Geschäftsführung vorgesehen waren, stets eine sehr gute Allgemeinbildung, die ihnen Sicherheit für ihre Auftritte auf gesellschaftlichem Parkett gab, was auch für den geschäftlichen Erfolg unverzichtbar war. Dazu gehörte meist eine Tour durch fremde Länder gegen Ende der Jugendzeit, verbunden mit Aufenthalten in den Kontoren der anderen Rothschild Banken. Keiner der jungen Rothschilds lernte jedoch das Geschäft von der Pike auf, sondern sie stiegen stets auf Führungsebene ein.

Hatten sich die Rothschilds der Gründergeneration noch eher als Weltbürger und keiner Nation besonders zugehörig gefühlt, was für in voremanzipatorischer Zeit geborene Juden durchaus repräsentativ war, betrachtete sich ihre Söhne und Töchter bereits als Briten, Franzosen, Österreicher oder, im Falle des „Neapolitaners" Carl, Deutsche. Sie beherrschten aber jeweils die Sprachen der anderen Familienmitglieder und das Judendeutsche fließend und mischten sich vor allem durch endogame Heiraten international.

Für den Habsburgern geleistete geschäftlichen Dienste nach den Befreiungskriegen wurden die Rothschilds bereits im Jahr 1817 als Gesamtfamilie geadelt, was ihnen neben einem Wappen (fünf Pfeile) auch den Titel „Baron" (1822 nachgereicht) und das wichtige „von" beziehungsweise „de" in Frankreich und Großbritannien einbrachte. Lediglich Nathan Rothschild in London führte den Titel nie, weil er einerseits keinen Wert auf Auszeichnungen legte, andererseits der vergleichsweise inflationär vergebene österreichische Titel in seinem Adoptivland nicht recht anerkannt war. Von britischer Seite erhielt die Familie erst 1846 eine „Baronetcy", verbunden mit dem Titel „Sir" an Anthony de Rothschild, und schließlich 1885 den erblichen Adelstitel für einen Rothschild der dritten Generation, Nathaniel Mayer, 1st Lord Rothschild. Zahlreiche Familienmitglieder in allen Ländern erhielten Honorarkonsulate aus aller Herren Länder und wurden zudem mit Auszeichnungen überhäuft, wenn sie Staaten geschäftlich gefällig waren. Den meisten Familienmitgliedern bedeutete das nicht allzu viel, und auch die fünf zuerst geadelten Brüder machten sich in ihrer Korrespondenz teilweise lustig über die neue Ehre, verkannten jedoch nicht, dass ihnen diese geschäftlich neue Horizonte eröffnen würde.

5. Judentum

Die Rothschilds sind und waren gläubige Juden und ihr Judentum war ihnen stets wichtig. Mayer Amschel, der Gründer der Dynastie, hatte in jungen Jahren nach dem Wunsch seines Vater Rabbiner werden sollen, zog aber, als dieser starb, eine Ausbildung zum Kaufmann vor. Er ging regelmäßig zur Synagoge, aß koscher und heiligte den Sabbat, wie nahezu alle Juden des Frankfurter Ghettos in der voremanzipatorischen Zeit. Seine Söhne variierten in der Intensität ihres öffentlich dargestellten Jüdischseins, jedoch hielten sie alle unverrückbar an der jüdischen Identität fest. Amschel Mayer, der Älteste, war mit Sicherheit der strenggläubigste von allen, der seine etwas liberaleren Brüder bisweilen durch sein Insistieren auf ihrer Ansicht nach fades koscheres Essen verdross oder darauf bestand, dass Gäste während des Laubhüttenfestes mit ihm in einer Hütte im Garten übernachteten. Seine Brüder betrachteten die Speise- und Ruhegesetze ein wenig pragmatischer, nahmen aber zumindest hohe jüdische Feiertage sehr ernst.

Die „Könige der Juden" oder die „jüdische Königsfamilie" waren ein bevorzugtes Ziel antisemitischer Hetze. Aber nicht nur Fanatiker und Pamphletisten kühlten ihren Mut an den Rothschilds. Auch in Geschäften oder im gesellschaftlichen Umgang spürten die Rothschilds regelmäßig Ablehnung ob ihres Glaubens. Für die britischen Rothschilds war vor allem die Episode um Lionel de Rothschilds Aufnahme ins House of Commons ernüchternd. Bereits 1847 hatte er den Sitz für die City of London gewonnen, wurde jedoch nicht ins Parlament eingelassen, da er den Amtseid nicht auf „den wahren christlichen Glauben" schwören konnte. Erst nach viermaliger Wiederwahl und einer Änderung der Eidesformel gelang ihm 1858 als erstem Juden die Aufnahme.[17] Lionels Sohn, Nathaniel Mayer, wurde 1885 zum ersten jüdischen Peer Großbritanniens ernannt. Bereits in den 1860er Jahren hatten konservative Politiker wie Gladstone die Königin gebeten, Lionel de Rothschild ins House of Lords aufzunehmen, was diese unter Hinweis auf dessen jüdischen Glauben aber auch auf die „kaufmännische" Herkunft seines Vermögens abgelehnt hatte.

Ein wichtiges Element ihrer jüdischen Herkunft war die Wohltätigkeit der Rothschilds, die zwar bevorzugt, aber keineswegs exklusiv an jüdische Einrichtungen und Individuen ging. Die von der Familie europaweit gestifteten Hospitäler, Schulen, Bibliotheken u.a.m. sind ebenso zahlreich wie die individuell unterstützten Bedürftigen, unter denen sich beispielsweise auch viele Musiker und Maler befanden, die ihrerseits der Familie in ihren Werken huldigten.[18] Außerdem war die Familie meist ein erster Anlaufpunkt für Juden in Not, speziell im östlichen und südöstlichen Europa, wo die jüdische Minderheit bis ins frühe 20. Jahrhundert hinein immer wieder gewalttätigen Verfolgungen ausgesetzt war. Das begründet teilweise die Zurückhaltung der Rothschilds in Geschäften mit dem zaristischen Russland. Auch die Agenten wurden mitunter eingesetzt, um jüdische Positio-

---

[17] Für eine Analyse dieser Entwicklung im Kontext von gesellschaftlicher Ablehnung von Juden in Großbritannien im 19. Jahrhundert siehe Todd M. Endelman, The Jews of Britain, 1656 to 2000, Berkeley 2002, S. 97-110.

[18] Die Unterstützung der Rothschilds für den Staat Israel manifestierte sich unter anderen in der Finanzierung der Gebäude für das Parlament (1966) und den Obersten Gerichtshof (1992). Siehe Simon Schama, Two Rothschilds and the Land of Israel, London 1978, S. 323; Yosef Sharon, The Supreme Court Building, Jerusalem, Jerusalem 1993. Das Rothschild Archiv und Royal Holloway College, University of London führen derzeitig eine umfangreiche Studie zur Philanthropie der Rothschilds durch. Ein erstes publiziertes Ergebnis findet sich in Klaus Weber, Far-sighted Charity: Adolphe and Julie de Rothschild and their eye clinics in Paris and Geneva, in: The Rothschild Archive. Review of the Year, May 2004-April 2005, S. 42-48.

nen zu vertreten, was unter anderem in der Fallstudie zu Gerson von Bleichröder deutlich wird.[19]

---

[19] Siehe Kapitel VI.3.

IV. Entstehung, Entwicklung und Betrieb des Agentennetzwerks

Das Geschäfts- und Informationsnetzwerk der Londoner Rothschilds ist schwierig zu erfassen. Die folgenden Ausführungen basieren im Wesentlichen auf der Auswertung des Herzstückes des Rothschild-Archivs, dem Correspondence Department. Dieses ist wiederum unterteilt in Familienkorrespondenz, Hauptkorrespondenten, Korrespondenz mit Banken und Regierungen sowie übrige Korrespondenz. Was das Archiv als „Hauptkorrespondenten" bezeichnet, sind in dieser Studie die „Agenten". In dieser Kategorie finden sich auch die Briefwechsel mit bedeutenden Banken wie S. Bleichröder, Berlin, L. Behrens & Söhne, Hamburg oder M. M. Warburg, Hamburg, die aber allesamt als Handelshäuser bezeichnet werden, was sich auf ihre Ursprünge als „merchant bankers" zurückführen lässt.[1] Für diese Studie sind auch diese Bank- oder Handelshäuser „Agenten". Bei den in einem separaten Department als „Banken" bezeichneten Institutionen handelt es sich vorwiegend um Staatsbanken, wie die Banco de España oder Aktienbanken wie Crédit Lyonnais. Die Korrespondenz mit diesen Häusern beschränkte sich fast immer auf geschäftliche Routine.

Die Hauptkorrespondenten, die ganz überwiegend in Europa und Nord- und Südamerika ansässig waren, umfassen 142 verschiedene Bestände, deren Umfang von einigen wenigen Seiten bis zu etlichen Regalmetern reichen. Darunter befinden sich Korrespondenten innerhalb Großbritanniens, wie z.B. Jacques Myers & Co. aus Liverpool, der zur Mitte des 19. Jahrhunderts dort als Rothschild-Agent Wechsel diskontierte und Waren wie Baumwolle, Tabak oder Getreide aus Nord- und Mittelamerika annahm. Myers und praktisch alle anderen britischen Agenten sowie eine größere Anzahl der übrigen Korrespondenten beschränkten sich darauf, ihre Geschäfte brieflich zu dokumentieren und fügten allenfalls gelegentlich einige persönliche Worte oder politische Informationen an, falls diese direkten Einfluss auf die Geschäfte hatten. Eine tief greifende Analyse dieses Materials wäre aus wirtschaftshistorischer Sicht zweifellos sehr, für die Zwecke dieser Arbeit allerdings nur wenig ertragreich. Jedoch erscheint es sinnvoll, auch diese Agenten in eine allgemeinere Beschreibung des Netzwerkes einzubeziehen, um zu verdeutlichen, welchen Umfang und Ausdehnung die Agententätigkeit für die Rothschilds hatte.

---

[1] Siehe dazu: Stanley Chapman, The Rise of Merchant Banking, London 1984, S. 1-15.

In der Analyse wird auch festgestellt, welche Agenten neben rein geschäftlichen Daten regelmäßig Informationen lieferten, die entweder politischer
Natur waren oder gesellschaftliche Zustände und kulturelle Ereignisse
oder Eigenarten betrafen.

Da das Netzwerk nicht statisch, sondern durch den Gang der Geschäfte oder wegen der Biografien der Korrespondenten einem beständigen
Wandel unterworfen war, wird die Beschreibung in Form einer Be-
standsaufnahme zu drei verschiedenen Zeitpunkten durchgeführt: 1825,
1850 und 1875. Das erste und letzte Stichjahr sind willkürlich ausgewählt,
abgesehen davon, dass sie auf gesamteuropäischer Ebene nicht in besonderen Krisenjahren liegen. Sie dokumentieren Gestalt und Entwicklung
des Netzes in Vierteljahrhundertschritten. Das Jahr 1850 ist bewusst einbezogen worden, um die Situation unmittelbar vor der routinemäßigen
Verwendung des elektrischen Telegrafen reflektieren zu können. Wie bei
allen Stichjahren muss dabei immer das Risiko einkalkuliert werden, bedeutende Korrespondenten, die gerade kurz zuvor aufgehört oder kurz
danach angefangen haben zu schreiben, unbeachtet zu lassen. Wo möglich, werden solche Sonderfälle aber in die Betrachtung mit einbezogen.
Eine Analyse des Netzwerks im ersten Viertel des 19. Jahrhunderts geht
der Untersuchung des ersten Stichjahres voran.[2]

1. Die Frühzeit des Netzwerks

Das Informations- und Geschäftsnetzwerk der Rothschilds begann sich
während der letzten Jahre der napoleonischen Herrschaft über Westeuropa zu entwickeln. Bevor Fremde in wesentlichem Umfang mit den Rothschilds korrespondierten, existierte bereits ein veritables Familiennetzwerk, verankert zwischen den Fixpunkten Frankfurt – als Sitz der Firma
Mayer Amschel Rothschild – und Manchester (1798-1808) bzw. London
(seit 1808) – als Sitz Nathan Mayer Rothschilds. Der erste Agent der
Rothschilds war ein Rothschild, denn Nathan ging zunächst nach Manchester, um für seinen Vater dort Geschäfte mit bedruckten Tuchen zu
tätigen, ohne auf teure Mittelsmänner angewiesen zu sein. Hatte sich Nathan auf seiner Visitenkarte in Manchester noch als „Manufacturer" aus-
gewiesen, bezeichnete er sich spätestens nach seiner Übersiedlung nach

---

[2] Wenn nicht anders kenntlich gemacht, basieren die folgenden Ausführungen auf der
Durchsicht des gesamten im gedruckten Archivführer des Rothschild Archivs als „Major
Correspondents" bezeichneten Bestandes. Die Signaturen der Einzelbestände sind teil-
weise etwas verstreut, finden sich aber ganz überwiegend unter RAL: XI/38/--.

London als „Banker".[3] Diese Transition war durchaus typisch für die
britischen Merchant Banker. Für die Mehrzahl dieser Häuser lässt sich nur
ein symbolisches, nicht aber ein tätigkeitsrelevantes Gründungsjahr ermitteln, da sich Handels- und Kreditgeschäft traditionell überlagerten.[4] Bereits in Manchester, vor allem aber seit er nach London gekommen war,
erhielt Nathan regelmäßigen Besuch von seinen Brüdern Salomon und
Carl, die während der Hochzeit der französischen Besetzung Europas eine
rege Reisetätigkeit entfalteten, und ihrerseits als Agenten des Vaters an
verschiedenen Plätzen temporär residierten. James, der jüngste, 1792 geborene Bruder, schloss sich diesem unsteten Leben für einige Jahre an,
nur Amschel, der Älteste, blieb ganz überwiegend bei seinem Vater in
Frankfurt und übernahm nach dessen Tod 1812 die Führung des Geschäfts. In der Anfangszeit bewegte sich die Kommunikation von N M
Rothschild somit innerhalb eines multiplexen und recht symmetrischen
Familiennetzwerks, dessen Akteure intim auf verschiedenen Ebenen miteinander bekannt waren. Dies änderte sich während der Endphase der
Befreiungskriege.

Die ersten dokumentierten dauerhaften geschäftlichen Kontakte der
Familie zu Agenten ergaben sich im Zusammenhang mit der Kontinentalsperre und den anti-napoleonischen Koalitionskriegen. Die frühesten
Agentschaften finden sich daher auch nicht von ungefähr im niederländisch-flandrischen Raum. Neben Jean Osy & Sohn in Rotterdam (Korrespondenz seit 1810), Moses Ezechiels & Söhne am gleichen Ort (1815) und
Morel & Sohn in Dünkirchen (1811), waren die Amsterdamer Firmen
Braunsberg & Co. (1809) und vor allem Gebrüder Beyfus (1807) die ersten Fixpunkte eines im Entstehen begriffenen, dominant uniplexen Netzwerks.[5] Ein Ableger der Rotterdamer Osys, J. J. R. Osy,[6] schrieb von 1814
an regelmäßig aus Antwerpen. Alle diese Agenten waren wenig spezialisiert, konnten das angesichts der unsicheren wirtschaftlichen Lage während der Kontinentalsperre auch schlecht sein. Sie zogen und diskontier-

---

[3] Über die Zeit Nathan Rothschilds in Manchester ist nur wenig bekannt. Siehe Bill Wil-
liams, ‚Nathan Rothschild in Manchester', in: Victor Gray / Melanie Aspey (Hrsg.), The
Life and Times of N. M. Rothschild, 1777-1836, London 1998, S. 34-41; Ferguson,
World's Banker, S. 51-53.

[4] Eine kurze Darstellung der Entwicklungsphase des Merchant Banking findet sich in
Chapman, Rise of Merchant Banking, S. 1-9.

[5] RAL: XI/38/193, Jean Osy & Sohn, Rotterdam an N M Rothschild, 1810-1842; RAL:
XI/38/98-104, M. Ezechiels & Söhne, Rotterdam an N M Rothschild, 1815-1822; RAL:
XI/38/180, Morel & Son, Dünkirchen an N M Rotschild, 1811, 1814-1815; RAL:
XI/38/55-58, Braunsberg & Co, Amsterdam an N M Rothschild, 1809-1830; RAL:
XI/38/52, Gebrüder Beyfus, Amsterdam an N M Rothschild, 1807-1820.

[6] RAL: XI/38/194-198, J. J. R. Osy, Antwerpen an N M Rothschild, 1814-1826.

ten Wechsel für die Rothschilds, tätigten Überweisungen und empfingen bzw. verschifften Güter verschiedener Art für sie. Eine wichtige Tätigkeit bestand in der kontinuierlichen Beobachtung und regelmäßigen Übermittlung der Börsenkurse an ihren Plätzen. Zu diesem Zweck benutzen vor allem die frühen Agenten meist gedruckte Formulare, in denen die wichtigsten Werte vorgegeben waren. Außerdem betätigten sich bereits diese Agenten manchmal als Zulieferer für Konsumgüter oder – im weitesten Sinne – Luxusartikel, wie Porzellan oder Kleidung, was viele Rothschild-Agenten späterer Jahrzehnte in noch wesentlich stärkerem Maße taten.[7]

Siegmund Leopold und Meyer Beyfus waren von den Genannten die wichtigsten Agenten, gemessen an der Korrespondenzfrequenz. Die beiden Brüder waren Dank ihrer Heiraten mit Babette (1808) bzw. Julie (1811) Rothschild, Töchtern Mayer Amschels, Teil der Familie geworden. Sie schrieben, anders als die auf Englisch, Französisch und Deutsch korrespondierenden Braunsberg, Osy und Morel ausschließlich auf Deutsch und fügten ihren Briefen oftmals längere persönliche Postskripte auf Judendeutsch an, was ihre besondere Intimität mit den Rothschilds unterstreicht. Solche Akteure trugen dazu bei, dass das Netzwerk in dieser überschaubaren Frühzeit zunächst noch relativ symmetrisch blieb, auch wenn die Rothschilds angeheiratete Verwandte niemals in Entscheidungsprozesse einbezogen. Die Gebrüder Beyfus waren auch die einzigen ganz frühen Agenten, die es sich zur Aufgabe machten, politische Dinge in ihre Geschäftskorrespondenz einfließen zu lassen. Allerdings beschränkten sie sich dabei auf die Gegebenheiten, die sehr direkten Einfluss auf die Geschäfte nahmen. 1807 beklagten sie beispielsweise, dass selbst Schiffe unter der Flagge „kleiner Staaten" im Hafen von Amsterdam festgehalten würden und dass „Englische Güter" stark nachgefragt seien. Die Niederlande hatten unter der Kontinentalsperre ganz besonders zu leiden, und der bereits im späten 18. Jahrhundert begonnene wirtschaftliche Verfall des Landes beschleunigte sich während des französischen Intermezzos nur noch. Der Seehandel kam fast völlig zum Erliegen; 1812 wurde selbst die Seefischerei verboten, was blieb, war überwiegend der Handel mit Kontrabande.[8]

---

[7] Es darf nicht vergessen werden, dass hier primär die Korrespondenz der Agenten mit dem Londoner Haus analysiert wird. Zumindest bis zum Tode Mayer Amschel Rothschilds 1812 dürfte das Frankfurter Haus für viele der hier Genannten der primäre Adressat gewesen sein. Leider sind die dorthin geschickten Briefe heute nicht mehr auffindbar.

[8] Horst Lademacher, Geschichte der Niederlande. Politik – Verfassung – Wirtschaft, Darmstadt 1983, S. 220-21. Speziell zur Kontinentalsperre und ihren Auswirkungen auf niederländischen und deutschen Seehandel: Frauke Röhlk, Schiffahrt und Handel zwischen Hamburg den Niederlanden in der zweiten Hälfte des 18. und zu Beginn des 19. Jahrhunderts, (VSWG Beiheft 60, Teil 1), Wiesbaden 1973, S. 21-29.

Neben Braunsberg und den Gebrüdern Beyfus etablierten sich in der allgemeinen politischen und wirtschaftlichen Aufbruchstimmung vier weitere Korrespondenten der Rothschilds im postnapoleonischen Amsterdam. Coudere & Brants und W. Benjamin Isaac de Jongh & Sohn agierten seit der Gründung des Königreichs der Niederlande im Sommer 1814, Frans von Henkelom & Sohn seit 1817 in der niederländischen Kapitale.[9] Besonders interessant aber ist die Figur Mayer Davidsons, der sich bereits früh im Jahr 1814, also noch vor der endgültigen Niederlage Napoleons, in Amsterdam niedergelassen hatte. Er war Nathan Rothschilds angeheirateter Schwager und damit wie die Beyfus Brüder ein Familienmitglied. Auch er korrespondierte auf Judendeutsch. Davidsons besonderes Augenmerk galt der Finanzierung der britischen Invasionstruppen unter Wellington, welche die Franzosen über die spanische Halbinsel angriffen und nach Norden vorrückten.

Nach der Niederlage Napoleons schob sich eine andere Stadt in den Vordergrund und dominierte, neben den genannten Orten, das frühe Agentennetzwerk. Die Hansestadt Hamburg, 1806-1814 von französischen Truppen besetzt und ebenfalls durch die Kontinentalsperre wirtschaftlich schwer angeschlagen, zählte in den ersten Jahren nach der Befreiung nicht weniger als neun Rothschild-Agenten. Im benachbarten, allerdings dänischen Altona befand sich mit der sehr reichen Firma Georg Friedrich Baur ein weiterer Korrespondent, der neben dem Wechselgeschäft für den stetigen Informationsfluss über die Altonaer Börsenkurse nach London sorgte.[10] Nach dem Fall der Kontinentalsperre floss neben der traditionellen britischen Kolonialware die qualitativ gute und verhältnismäßig preiswerte Güterproduktion der ersten industriellen Nation reichlich auf den konsumentwöhnten Kontinent. Vor allem die Liberalisierung der britischen Handelspolitik in den 1820er Jahren führte zu verstärkten kommerziellen Kontakten mit den deutschen Staaten. Hamburg wurde einer der bevorzugten Plätze für englische Agenturen und Firmenniederlassungen und stand in regem wirtschaftlichen Kontakt mit Londoner Kaufleuten und Bankiers.[11] Das Kommunikationsnetzwerk hatte sich den Erfordernissen des Marktes rasch angepasst.

---

9 RAL: XI/38/67-68, Coudere & Brants, Amsterdam an N M Rothschild, 1814-1825; RAL: XI/38/155-157, Benjamin Isaac de Jong & Söhne, Amsterdam an N M Rothschild, 1814-1828; RAL: XI/38/145, Frans von Henkelom & Zoon, Amsterdam an N M Rothschild, 1817-1821.

10 RAL: XI/38/43, J. H. & G. F. Baur, Altona an N. M. Rothschild, 1815-1817, 1819-1820, 1826-1829, 1835-1843.

11 Gerhard Ahrens, ‚Von der Franzosenzeit bis zur Verabschiedung der neuen Verfassung, 1806-1860‘, in: Werner Jochmann / Hans-Dieter Loose (Hrsg.), Hamburg. Geschichte der Stadt und ihrer Bewohner, Hamburg 1982, S. 415-90, hier S. 442-43. Eine detaillierte

Vier der im Hamburger Raum ansässigen Agenten waren Nichtjuden: Martin Jenisch, ebenfalls Senator der Hansestadt, Franz M. Mutzenbecher, der Deutsch-Engländer David Parish und der schon genannte Georg Friedrich Baur.[12] Nur die Firma M. J. Jenisch wurde ein etablierter Korrespondent der Rothschilds und befasste sich über das Wechselgeschäft hinaus jahrzehntelang mit einer Reihe anderer Geschäfte. Mutzenbecher und Parish standen nur relativ kurz im Kontakt mit den Rothschilds. Baur beschränkte sich in seinem langjährigen Kontakt auf die – wichtige – Übermittlung von Börsenkursen. Die übrigen sechs Agenten waren Juden und die wiederum unter diesen für die Rothschilds wirklich bedeutenden Kontaktpersonen der frühen Restaurationszeit im norddeutschen Raum standen im Who is Who? der jüdischen Gemeinde Hamburgs ganz oben.

Direkt nach der Befreiung der Stadt nahm das Bankhaus Heckscher & Co. geschäftliche Beziehungen mit den Rothschilds auf. Ein Kompagnon von dessen Besitzer und Leiter, Marcus Abraham Heckscher, war Salomon Heine,[13] der vor allem durch seine Stiftungen und Spenden das jüdische öffentliche Leben der Stadt in der ersten Hälfte des 19. Jahrhunderts dominierte. Heckscher war Rothschilds Gewährsmann in Hamburg bis 1819, als Heine die Bank ganz übernahm und zu einer Firma von europäischem Rang machte.[14] Heine wurde der dominante Korrespondent, dem es in seiner Bank auch oblag, ein Konto im Namen N M Rothschilds zu führen. Seine Firma handelte, wie zuvor Heckscher, für die Rothschilds an der Hamburger Börse. Wie Heckscher und Heine, hatte auch Wolf Elias von Halle den Grundstock seines Vermögens unter den schwierigen Handels- und Finanzbedingungen der Franzosenzeit gelegt.[15] Die Rothschilds

Analyse der englisch-hamburgischen Handelsbeziehungen in dieser Zeit bietet Otto-Ernst Krawehl, Hamburgs Schiffs- und Warenverkehr mit England und den englischen Kolonien, 1814-1860, Köln und Wien 1977. Für die Liberalisierung des Handels siehe S. 59-86.

[12] RAL: XI/38/152-154, M. J. Jenisch an N M Rothschild, 1815-1841; RAL: XI/38/182, F. M. Mutzenbecher an N M Rothschild, 1818-1820; RAL: XI/38/201, Parish, Agie & Co an N M Rothschild, 1819-1822.

[13] Harry (Heinrich) Heine war ein Neffe Salomon Heines. Der Onkel hatte ihm 1816 eine Stelle bei Heckscher & Co. verschafft, die er mit wenig Enthusiasmus und Erfolg versah. Auch das 1818 von Salomon Heine für ihn eingerichtete Tuchwarengeschäft für englische Stoffe konnte den Neffen nicht davon abhalten, Hamburg im Jahr darauf zwecks Aufnahme des Jurastudiums in Richtung Bonn zu verlassen.

[14] RAL: XI/38/132, Heckscher & Co. an N M Rothschild, 1814-1819; RAL: XI/38/133-44, Salomon Heine an N M Rothschild, 1819-1866. Zur Person Salomon Heines siehe Werner E. Mosse, ‚Drei Juden in der Wirtschaft Hamburgs: Heine – Ballin – Warburg‘, in: Arno Herzig (Hrsg.), Die Juden in Hamburg, 1590 bis 1990, Hamburg 1991, S. 431-446, hier S. 431-33.

[15] Daniela Tiggemann, ‚Familiensolidarität, Leistung und Luxus. Familien der Hamburger jüdischen Oberschicht im 19. Jahrhundert‘, in: Arno Herzig (Hrsg.), Die Juden in Hamburg, 1590 bis 1990, Hamburg 1991, S. 419-30, hier S. 419-20.

unterhielten kaum direkte Geschäftsbeziehungen mit der Firma von Halle, nutzten aber deren Expertise für die Übermittlung von Wechselkursen und Berichte über die Marktlage verschiedener Handelsgüter. Hamburg war zwar für die Firmen N M Rothschild bzw. M. A. Rothschild hauptsächlich wegen des Geld- und Kapitalverkehrs interessant, aber sowohl das Londoner als auch das Frankfurter Haus betätigten sich ebenfalls profitabel im über die Hansestadt abgewickelten Warenhandel. Das Bankhaus M. M. Warburg unterhielt nur relativ spärliche frühe Kontakte zu den Rothschilds und war erst nach der Reichsgründung deren wichtigster Geschäftspartner in Hamburg. Wahrscheinlich kamen die Warburgs, zusammen mit anderen Häusern der Hansestadt, vor allem über den Edelmetallhandel mit N M Rothschild in Verbindung. Die wenigen erhaltenen frühen Briefe sagen darüber hinaus aber nicht viel über die anfänglichen Geschäftsbeziehungen aus.[16] Letzter im Bund der jüdischen Finanzoligarchen des frühen 19. Jahrhunderts war der vormalige Kattunhändler Isaac Hesse, der bereits 1777 die Hesse-Newman Handelsbank in Hamburg gegründet hatte.[17] Wie fast alle Vorgenannten engagierte sich auch Isaac Hesse als Wechselmakler für N M Rothschild und übersandte Börsennotierungen und Berichte über die Entwicklung verschiedener Märkte nach London.[18] Hamburg ist ein besonders geeigneter Platz, um die Dichte und interne Symmetrie des Netzes zu erkunden. Salomon Heine war in gewisser Weise leitender Repräsentant der Rothschilds vor Ort. Er und die übrigen Agenten wurden überwiegend in Geschäften bemüht auf die sie spezialisiert waren. Aber weder Heine noch die Anderen waren den Rothschilds besonders intim verbunden. In der Restaurationszeit begann das Netz somit, nicht nur größer, sondern auch erheblich asymmetrischer zu werden. Dabei ist allerdings zu beachten, dass die hamburgischen Akteure des Netzes untereinander wiederum multiplexe Beziehungen pflegten, denn sie waren innerhalb der lokalen Deutsch-Israelitischen Gemeinde vielfältig miteinander verbunden, nicht zuletzt durch das ausdifferenzierte jüdische Wohlfahrtswesen der Stadt.[19]

---

[16] RAL: XI/90/0-26, M. M. Warburg an N M Rothschild, 1815-1918. Ron Chernow, The Warburgs. A Family Saga, London 1993, S. 18. Chernow postuliert darüber hinaus, ohne dies zu belegen, dass Abraham Warburg die Beziehung zu den Rothschilds so wichtig nahm, dass er speziell vorgedrucktes Papier für Nachrichten an diese benutzte (S. 18). Kaum einer der Agenten unterschätzte die Bedeutung des Kontaktes zu den Rothschilds, besonderes Papier aus Hamburg findet sich indessen im Rothschild Archiv nicht.

[17] Eine kurze Geschichte der Bank findet sich unter:
  http://www.diw-hamburg.de/hesse.htm.

[18] RAL: XI/38/147, Isaac Hesse an N M Rothschild, 1814-1819.

[19] Zu den sozialen Beziehungen in dieser Sphäre siehe Rainer Liedtke, Jewish Welfare in Hamburg and Manchester, c.1850-1914, Oxford 1998.

Weder die Korrespondenz mit den jüdischen noch den nichtjüdischen
Agenten ging wesentlich über Geschäftliches hinaus. Marcus Abraham
Heckscher war noch am ehesten geneigt, seinen Briefen einige politische
Kommentare zuzufügen, aber auch er tat das nur sporadisch und wenn,
dann in Judendeutsch.[20] Politische Berichte aus dem Hamburg der Restaurationszeit zu erfahren, das sich wieder in die Rolle der möglichst neutra-
len Handelsstadt begab, besaßen ohnehin keinen besonderen Wert. Es
war nur wichtig zu wissen, dass Finanzgeschäfte und Handel nicht durch
äußere Einflüsse gestört wurden. Man beschränkte sich auf das Geschäftliche. Auch die durchaus vorhandenen persönliche Beziehungen zwischen
den Hamburger Agenten und der Rothschild Familie, bezeugt durch die
im vorangegangenen Kapitel beschriebenen Bemühungen Carl von Rothschilds, 1817 unter den Töchtern der Hamburger Agenten eine Ehefrau
zu finden, waren geschäftlich motiviert und wenig intim.

Aber in dieser frühen Phase waren politische Berichte, abgesehen von
den wichtigen Informationen über die Situation während der französischen Blockadepolitik, noch kaum Teil des Rothschildschen Informationsnetzwerks. Dies erklärt sich aber auch daraus, dass die Familie und vor
allem das Londoner Haus in den Jahren nach 1814 erst dabei waren, sich
zu einer Wirtschaftsmacht ersten Ranges zu entwickeln. So konnten rivali-
sierende Bankhäuser wie Barings oder Bethmann N M Rothschild zunächst ausstechen, wenn es darum ging, die französischen Reparations-
zahlungen durch Kredite zu finanzieren.[21] Erst in den späten 1810er Jahren schufen die Rothschilds, nicht zuletzt durch eine taktisch kluge Kre-
dit- und Anleihepolitik, die Preußen, Russland und die Habsburger Monarchie einschloss, die Grundlage für ihre spätere Stellung als wichtigstes
Bankhaus der Welt. Informationszuträger waren daher nicht so zahlreich
und willig wie in späteren Jahren. Die Leitfunktion des Londoner Bankhauses im Netzwerk begann sich erst langsam auszuprägen.

Amsterdam und Hamburg, zwei auch untereinander wirtschaftlich eng
verflochtene Seehandelsstädte,[22] waren die bedeutendsten Standorte von
Rothschild-Agenten in der Frühphase des Informationsnetzwerks. Die
dort positionierten sechzehn Agenten machten zusammen mit den drei
weiteren genannten Firmen des flandrisch-niederländischen Raumes das
Geschäfts- und Informationsnetzwerk der Rothschilds in Europa vor

---

[20] Von den übrigen jüdischen Agenten bediente sich nur Levin Hertz bisweilen dieses
Vertrautheit signalisierenden Idioms. Die anderen schrieben, wie auch ihre nichtjüdischen
Konkurrenten, Deutsch oder, zu einem geringeren Teil, Englisch.
[21] Ferguson, World's Banker, S. 124.
[22] Amsterdam war im 18. Jahrhundert der wichtigste Handelspartner im Seeverkehr mit
Hamburg und verlor diese Rolle erst nach den Befreiungskriegen an England. Siehe
Röhlk, Schiffahrt und Handel, S. 30-31, 187.

1820 aus. Abgesehen davon scheinen es die Londoner Rothschilds in dieser Zeit nur mit einem weiteren Agenten zu tun gehabt zu haben: der Firma Samuel, Phillips & Co aus Rio de Janeiro, dort gegründet 1808. Warum war gerade Brasilien zu dieser Zeit so interessant für N M Rothschild? Nach der französischen Besetzung Portugals 1807 wurde Rio vorübergehend Hauptstadt des portugiesischen Weltreichs.[23] Samuel & Phillips kamen, wie zahlreiche weitere ausländische Geschäftsleute, mit dem König und der Regierung ins Land. Einer der Partner, Moses Samuel, war mit Nathan Rothschild verwandt, da sein älterer Bruder eine Schwester von Nathans Frau geheiratet hatte. Von 1812 an betätigte sich die Firma vor allem als Goldlieferant aus den brasilianischen Minen direkt an Nathan Rothschild in London, der das Edelmetall benötigte, um die Bezahlung der auf dem Kontinent stationierten britischen Truppen zu arrangieren. Nathan bezahlte die Lieferungen mit Wechseln ausgestellt auf britische und portugiesische Kaufleute in Rio.[24]

2. Das Netzwerk um 1825

In der ersten Hälfte der 1820er Jahre vergrößerte sich das Agentennetzwerk der Rothschilds geradezu explosionsartig. Waren bis 1820 nur einige wenige Nordseeanrainer die Fixpunkte des Netzwerks gewesen, zeigt die Momentaufnahme aus dem Jahr 1825, dass zum einen weitere Nordseestützpunkte dazu kamen, zum anderen aber ein starker Ausbau des Netzes nach Süden und – weniger massiv – nach Osten erfolgte. Zu den alten und teilweise weiteren Agenten in Amsterdam, Rotterdam, Antwerpen, Hamburg und Altona – Dünkirchen war aufgegeben worden – gesellten sich Korrespondenten in Le Havre (Mercier & Sauttine), Brüssel (H. J. & A. J. Overman), und Bremen (Friedrich Delius). Keine dieser Firma stand allerdings in sehr dauerhaftem Kontakt mit den Rothschilds.

Wichtiger als diese Konsolidierung des Nordseeraumes erscheint die Expansion nach Frankreich, auf die Iberische Halbinsel und vor allem nach Italien. Die Analyse des Stichjahrs 1825 zeigt, dass sich die Rothschilds seit den frühen 1820er Jahren zu einer wirklich europäisch operierenden Firma mit großen Interessen am westlichen Mittelmeerraum ent-

---

[23] Walther L. Bernecker / Horst Pietschmann, Geschichte Portugals, München 2001, S. 71-72.

[24] Im Detail informiert über diese Operation Roderick J. Barman, ‚Nathan Mayer Rothschild and Brazil. The Role of Samuel Phillips & Co.‘, in The Rothschild Archive Trust (Hrsg.), The Rothschild Archive. Review of the Year April 2002 – March 2003, S. 38-45.

wickelt hatten. In der Bourbonenmonarchie, die auch nach der endgültigen Niederlage Napoleons wirtschaftlich immer noch sehr potent war,
waren die Rothschilds inzwischen durch James de Rothschild mit einem
eigenen Haus vertreten. Zwecks Geschäften in den südlicheren Landestei-
len korrespondierte das Londoner Haus darüber hinaus mit Lyon (Lovis
Pons & Co), Marseille (Bruat, Daniels & Co.) und Bordeaux (D. Portal &
Co). Keines dieser Häuser lieferte Informationen, die über routinemäßige
Wechselgeschäfte oder die Mitteilung von Börsenkursen hinaus gingen.
Wenn in London Informationen über Frankreich benötigt wurden, war
das Pariser Rothschild-Haus ohnehin die erste Quelle, somit erübrigte sich
ein intimerer Kontakt Londons zu weiteren französischen Agenten.

In Spanien und Portugal waren die geschäftlichen Interessen der Rothschilds zu dieser Zeit noch überschaubar. Während Nathan Rothschild
der portugiesischen Krone 1823 einen Kredit von 1,5 Millionen Pfund
Sterling gegen Sicherheiten aus deren Einkünften aus Brasilien gewährt
hatte, waren er und die anderen Rothschilds in ihrer Einschätzung spanischer Bonität deutlich skeptischer. Sie verweigerten der wiederhergestell-
ten Monarchie von 1824 einen dringend benötigten Kredit mit der Be-
gründung, dass deren Kolonialreich sich im Verfall befände und der spanische Staat selbst dem Bankrott nahe sei.[25] Geschäftliche Beziehungen
unterhielt das Londoner Rothschild-Haus dennoch mit Agenten in Lissa-
bon (Launcy Guilot & Co.), Barcelona (Durand & Co.) und Cadiz (Loner-
gan & Co.) aber sie waren nicht oder wenigstens nicht dringend auf deren
Einschätzungen der politischen Lage angewiesen, was auch die nicht sehr
regelmäßige Korrespondenz bezeugt, die nie über Routinegeschäfte hinaus ging. Nicht anders sah es mit zwei Agenten – R. Anderson und Dugu-
id & Co – im britischen Gibraltar aus. Letzterer vertrat Rothschild hin
und wieder in Handelsgeschäften mit Silbermünzen und lieferte nebenbei
die Kurse der Börse von Malaga nach London.[26]

Auf der politisch fragmentierten italienischen Halbinsel hatten die
Rothschilds wesentlich stärkere geschäftliche Interessen. Diese konzentrierten sich in der ersten Hälfte des 19. Jahrhunderts auf das Königreich
der Zwei Sizilien. Bereits 1821 hatte Carl de Rothschild in Neapel einen
Kredit für die Regierung Ferdinand II. arrangiert, um die Kosten der österreichischen Okkupation bestreiten zu können. In der Folge ließ sich
Carl in der Stadt nieder und etablierte dort eine Rothschild-Bank, die 1822
und 1824, zusammen mit dem Londoner Rothschild-Haus, zwei weitere
Anleihen im Wert von jeweils zweieinhalb Millionen Pfund Sterling an das

---

[25] Ferguson, World's Banker, S. 141-42.
[26] Belegt z.B. in RAL: XI/112/18A, R. Anderson, Gibraltar an N M Rothschild, 12. September 1825.

Königreich vergab. 1825 wurde Carl offizieller Hofbankier der dortigen Regierung.

Was für James in Frankreich galt, traf auch auf den italienischen Raum zu. Obwohl Carl sich aufgrund von anderen Geschäften nicht permanent in Neapel aufhielt, war er die wichtigste Informationsquelle, wenn es um politische Einschätzungen ging, was seine sehr regelmäßige Korrespondenz nach London bezeugt. Darin berief sich Carl routinemäßig auf ihm übermittelte Nachrichten anderer Rothschild-Agenten in italienischen Landen.[27] Insofern diente Neapel als Informationsfilter auch für das Londoner Haus. Die Analyse der Agenten im Stichjahr 1825 verdeutlicht das, denn die Korrespondenz von sieben in Italien ansässigen Korrespondenten enthält praktisch keine über das rein Geschäftliche hinausgehenden Details. Die Agenten in Florenz (Cesare Lampronti & Co.; Raphael Bonfil), Mailand (Mirabaud & Co.), Livorno (Isaja Arbib; George Guebhard & Co.), Genua (Ulrich Bansa & Bandeuf) und Rom (Schultheis) bildeten eine heterogene Gruppe von Juden und Nichtjuden, die größtenteils auf Französisch korrespondierten, was schon allein demonstriert, dass sie nicht durch die Entscheidungsträger der Londoner Bank, sondern überwiegend nur im Kontor Beachtung fanden. Einzubeziehen ist hier auch der Agent Borland im habsburgischen Triest, einem vor allem in späteren Jahren für die Handelsgeschäfte der Rothschilds wichtigen Seehafen. Wie die italienischen Agenten tätigte Borland überwiegend Wechselgeschäfte für die Rothschilds und beobachtete die Börse. Allerdings gab er auch Prognosen über die wirtschaftliche Situation ab, so zum Beispiel wenn er berichtete, die Getreideernte in Italien und im osmanischen Reich sei so reichhaltig ausgefallen, dass die Preise in Triest auf nie dagewesene Tiefstände gefallen seien.[28] Solche persönlichen Berichte waren bei den Agenten des westlichen Mittelmeerraums, jedenfalls zu dieser Zeit, noch kaum zu finden.

Schließlich breitete sich das Netzwerk in den frühen 1820er Jahren auch von der Kanalküste nach Osten aus. In den deutschen Ländern waren sowohl traditionelle Handelsstädte und Verkehrsknotenpunkte wie Köln (A. Schaaffhausen) und Leipzig (Reichenbach & Co.) als auch politische, an der Frühindustrialisierung beteiligte Machtzentren wie Berlin (Gebrüder Schickler; Rother) und Dresden (Michael & Karl Kaskel; Bassenge & Co.) im Netzwerk vertreten. Noch weiter östlich wurden die Rothschilds in Riga (Hielbig & Co.) und der russischen Hauptstadt St. Petersburg (F. C. Gasser) vertreten. Mit einer Ausnahme besaßen alle

---

[27] Die vom neapolitanischen Rothschild-Haus empfangene Korrespondenz ist nicht erhalten.

[28] RAL: XI/38/53, I. Borland, Triest an N M Rothschild, 2. August 1825.

genannten Agenten selbst Handels- oder Bankhäuser und waren insofern in erster Linie Geschäftspartner der Londoner Rothschilds. Friedrich Gasser war ein Angestellter der Frankfurter Rothschilds, der zunächst kurzfristig die Interessen der Familie – die sich zu dieser Zeit kaum nach Häusern trennen ließ – in Berlin vertrat und 1818 nach St. Petersburg geschickt wurde. Er etablierte sich dort für den Rest seines Geschäftslebens als Rothschild-Agent. Gasser war somit einer der ersten Agenten, die von den Rothschilds – wenn auch in diesem Fall vom Frankfurter Haus – an einen bestimmten Ort entsandt wurden.

Auch die überseeischen Interessen der Rothschilds wuchsen in den frühen 1820er Jahren stark. Die außereuropäischen korrespondierenden Agenturen des Jahres 1825 konzentrierten sich weiter auf den süd- und mittelamerikanischen Raum (Rio de Janeiro; Bahia; Valparaiso; Havanna). Auch der einzige nordamerikanische Agent, ansässig in New Orleans (W. Nott & Co.), versah vorrangig Handels- und keine Finanzgeschäfte für die Rothschilds. Baumwolle, Zucker, Tabak und Silber waren die Güter, mit denen die Rothschilds transatlantischen Handel betrieben.

Abschließend müssen drei Agenten betrachtet werden, die eine besondere Position in der Momentaufnahme des Netzwerks von 1825 einnahmen. N. A. Austen & Son in Ramsgate,[29] John Marsh in Dover und William Cullen in Calais.[30] Diese drei Firmen betätigten sich als „forwarding agents". Ihre Aufgabe war es, Briefe, Pakete und nicht zuletzt Menschen zwischen dem Kontinent und Großbritannien zu bewegen. Austen & Son und John Marsh scheinen keineswegs exklusiv für Rothschild gearbeitet zu haben; Cullen allerdings stand ausschließlich in den Diensten des Londoner Hauses und der Familie insgesamt. Darüber hinaus kam William Cullen aus einer Familie, die bereits während der Kontinentalsperre von Folkstone aus für die Rothschilds Kurierdienste im Kanalverkehr versahen.[31] Diese Agenten verdienten an jeder Passage von Personen, Gütern und Nachrichten eine Kommission und kümmerten sich im Gegenzug um Zoll- und Passformalitäten, das Chartern und Beladen von Schiffen und vor allem darum, dass der Anschluss zwischen See- und Landbeförderung reibungslos vonstatten ging. Waren Passagiere involviert, arrangierten sie

---

[29] Von dieser Firma sind für das Jahr 1825 lediglich zwei Briefe erhalten, was dokumentiert, dass Ramsgate, anders als Dover, keine besondere Bedeutung im Kommunikationsnetzwerk hatte.
[30] RAL: XI/112/18A, N. A. Austen & Son an N M Rothschild, 1824-1825; RAL: XI/38/173B, John Marsh, Dover an N M Rothschild, 1821-1830 ; RAL: XI/38/69-71, W. Cullen, Calais an N M Rothschild, 1820-1828; 1830-1837; RAL: XI/112/18A, N. A. Austen & Son an N M Rothschild, undatiert [1825].
[31] RAL: T66, Manuscript by Michael B. Cullen, The Cullen's Family Association with the de Rothschilds, 1989.

ebenfalls notwendige Zwischenübernachtungen und Verpflegung. Dieser
Typ von Agenten engagierte sich selbst nicht in Geschäften und war auch
nicht für die Weitergabe politischer Informationen geeignet. Ihre Effizienz entschied allerdings bisweilen über das Gelingen oder Scheitern von
Geschäften, wie in der Darstellung ihrer Tätigkeit noch zu zeigen sein
wird.

In den 1820er Jahren war das Netzwerk der Rothschilds noch stark auf
Familienkorrespondenz angewiesen, um über wesentliche politische Entscheidungen zu kommunizieren. Familienmitglieder hatten sich in wichtigen politischen Zentren (neben London vor allem Paris und Wien) instal-
liert. Zu bedeutenden Geschäften reisten sie selbst an. Das zunehmende
Geschäftsvolumen und eine immer stärkere Diversifikation Rothschildscher Geschäftsinteressen sorgten jedoch dafür, dass immer mehr Aufgaben außerhalb der Familie delegiert werden mussten und in den 1830er
und 1840er Jahren einige weitere wichtige Agenten hinzukamen, die nicht
nur Geschäfte tätigten, sondern auch politische Informationen lieferten.
Im Europa der Restauration ließ sich viel Geld verdienen, und jegliche
politische Instabilität war dabei hinderlich. Über den Zustand Europas
genau informiert zu sein und Veränderungen möglichst antizipieren zu
können, war für die Rothschilds lebenswichtig. Zwischen Waterloo und
1848 liehen die Rothschilds Geld an nahezu alle europäischen und einige
außereuropäische Staaten.[32] Unruhen, Revolutionen oder gar kriegerische
Auseinandersetzungen konnten zwar teilweise neue Investitionsmöglichkeiten eröffnen, prinzipiell aber gefährdeten sie bestehende Geschäfte und
waren daher aus Sicht der Rothschilds möglichst zu vermeiden. Sowohl in
Spanien als auch auf der politisch fragmentierten italienischen Halbinsel
flammten aber einige Jahre nach dem Wiener Kongress immer wieder
Unruhen auf, die die Finanzmärkte in Aufregung versetzten. Ängstliche
Investoren in Staatsanleihen wurden bisweilen schon durch leise Anzei-
chen von Instabilität dazu gebracht, ihre Bonds zu verkaufen.[33] Wer über
viele Quellen verfügte, die mögliche politische Veränderungen schnell
wahrnehmen konnten, war gegenüber seinen Geschäftskonkurrenten sehr
im Vorteil.

Das Netzwerk verdichtete sich deutlich zwischen den 1830er und
1840er Jahren; es wurde zudem immer asymmetrischer. Das Londoner
Haus und teilweise die anderen Rothschild-Häuser nahmen eine immer
deutlichere Leitfunktion ein. Die Entwicklung folgte den geschäftlichen
Interessen und der sich verändernden wirtschaftlichen Bedeutung der
europäischen bzw. teils schon der überseeischen Gebiete, war aber insge-

---

32 Eine Auflistung der Gesamtsummen findet sich in Ferguson, World's Banker, S. 209.
33 Ferguson, World's Banker, S. 136-37.

samt betrachtet kaum geplant. Erst langsam entwickelte sich der Typus
des direkt von den Rothschilds entsandten Agenten. Auffallend ist, dass
bis in die frühen 1830er Jahre noch nicht wirklich von besonders wichtigen Schaltstellen im Netz die Rede sein konnte.

3.   Das Netzwerk um 1850

Das folgende Vierteljahrhundert bis zum Stichjahr 1850 zeigte somit eine
Konsolidierung des Netzwerks, vor allem in qualitativer Hinsicht. Wesentliche die Standorte von Agenten betreffende Erweiterungen fanden nicht
statt. Einige Personen bzw. Firmen verschwanden, andere kamen neu
dazu, wobei allerdings oftmals die örtliche Kontinuität gewahrt blieb.
Während die Rothschilds immer noch mit vielen Agenturen Geschäfte
machten und von diesen Informationen bezogen, war ebenfalls das Her-
vortreten einiger Schlüsselagenten charakteristisch für die Zeit des europäischen Vormärzes.

   In Europa kamen fünf neue Agentenstandorte hinzu: Madrid (Weisweiller & Bauer), Sevilla (Ansoategui), Nizza (Avigdor), Prag (Lamel) und
Stockholm (Michaelson & Benedick); in Übersee Mexiko Stadt[34] (Davidson; de Drusina) und San Francisco (Davidson & May).[35] Die Ausrichtung
und Gewichtung des europäischen Netzwerks, das ansonsten im Vergleich
mit 1825 relativ unverändert fortbestand, wurde dadurch nicht wesentlich
verändert. In Nord- und Mittelamerika, wo auch ältere Agenturen weiter
Bestand hatten, trugen die Rothschilds veränderten geschäftlichen Möglichkeiten Rechnung, indem sie sich am mexikanischen Silber- und
Quecksilbergeschäft beteiligten und jemanden in der Zeit des kalifornir-
schen Goldrausches vor Ort haben wollten.

   Interessant im Vergleich zu 1825 ist vor allem, dass nunmehr eine ganze Reihe von Agenten viele über das Geschäftliche hinausgehende Informationen nach London übermittelten. In Hamburg, das für die Roth-

---

[34] Siehe dazu die Fallstudie, Kapitel VI.2.
[35] Außerdem erhielten die Londoner Rothschilds Agentenkorrespondenz aus Lima, Kal-
kutta, Hobart und Melbourne. In Lima befand sich eine Niederlassung des Londoner
Handelshauses Huth & Gruning, das stark im peruanischen Quecksilberhandel engagiert
war. Der südamerikanische Agent war natürlich dem britischen Stammhaus gegenüber
verantwortlich, nicht den Rothschilds, mit denen er aber dennoch direkt Geschäfte betrieb. Der indische und die australischen Kontakte ergaben sich über Angehörige der mit
den Rothschilds verwandten Londoner Bankiersfamilie Montefiore. In allen Fällen kann
hier nicht von eigentlichen Agenten, sondern allenfalls Gelegenheitskorrespondenten die
Rede sein.

schilds nicht nur als Handelsstadt, sondern auch als Börsenplatz große Bedeutung besaß,[36] hatten sich zwei der ursprünglichen Agenten gehalten. M. M. Warburg & Co. und Salomon Heine befassten sich noch immer mit der routinemäßigen Geschäftskorrespondenz, akzeptieren Wechsel auf Rothschild und handelten für das Londoner Haus an der Hamburger Börse. Dazu gekommen war seit 1839 die Firma L. Behrens und Söhne, die zwar auch diesen Tätigkeiten nachgingen, jedoch darüber hinaus – wenn auch nicht sehr regelmäßig – politische Analysen lieferten. Meist waren solche Stimmungsberichte mit den Börsennachrichten gekoppelt, auf die sie ja auch unmittelbar Einfluss nahmen.[37] In der Mitte des Jahrhunderts schrieben alle drei Hamburger Agenten, auf Deutsch, mindestens einen und höchstens drei Briefe pro Woche nach London. Dieses Korrespondenzvolumen war keineswegs außergewöhnlich für Agenten und verdeutlicht, dass viele der Briefe allein schon aus Gründen der Zeitökonomie ausschließlich im Kontor von N M Rothschild Beachtung fanden. Wenn Agenten außergewöhnlich interessante geschäftliche und vor allem politische Neuigkeiten hatten, markierten sie ihre Briefe im allgemeinen als „privat" oder adressierten sie direkt an einen der Partner des Londoner Hauses.

Wie Hamburg war auch der andere traditionelle Eckpfeiler Rothschildscher Geschäftsinteressen in Kontinentaleuropa, Amsterdam, immer noch zur Jahrhundertmitte unter den Agenturen vertreten, allerdings dramatisch reduziert. Alle ursprünglichen Korrespondenten in der holländischen Hauptstadt hatten ihre Geschäfte mittlerweile aufgegeben bzw. sich anderswo angesiedelt. An ihre Stelle war die Firma S. B. Sichel getreten. Der Frankfurter Kaufmann Bernhard Jehuda Sichel, hatte bereits 1802, Isabella, genannt Betty, die zweitälteste Tochter Mayer Amschel Rothschilds, geheiratet und war somit ein Schwager ihrer fünf Brüder. Das Paar lebte zunächst in einem Haus neben dem „Grünen Schild", der Rothschildschen Residenz in der Judengasse. Bernhard Jehuda war lediglich von 1837-1838 in Amsterdam ansässig und ganz offensichtlich weniger erfolgreich als sein Bruder Joseph Salomon Sichel, der die Rothschilds von 1827 bis 1853 in der holländischen Metropole repräsentierte. In der internen Rothschildschen Familienkorrespondenz aus der ersten Hälfte des 19. Jahrhunderts finden sich zahlreiche, nicht immer schmeichelhafte Erwäh-

[36] Hamburg hatte sich aufgrund seiner Bedeutung als Handels- und Hafenplatz bereits im 18. Jahrhundert zu einem Geldmarkt ersten Ranges entwickelt. Dazu ausführlicher Karl Heinrich Kaufhold, ‚Der Übergang zu Fonds- und Wechselbörsen vom ausgehenden 17. Jahrhundert bis zum ausgehenden 18. Jahrhundert', in: Hans Pohl (Hrsg.), Deutsche Börsengeschichte, Frankfurt am Main 1992, S. 79-132, hier S. 110-13.
[37] RAL: XI/38/0-49, L. Behrens & Söhne, Hamburg an N M Rothschild, 183-1918.

nungen der Familie Sichel. Einerseits wurden diverse Sichels für Kurier-
und Botendienste eingesetzt, andererseits musste diese Verwandtschaft
einige Mal aus finanziell misslichen Lagen befreit werden. Die Korrespondenz der Amsterdamer Sichels enthält neben Briefen in deutscher und
englischer Sprache auch persönliche Briefe der Brüder Bernhard Jehuda
und Joseph Salomon in Judendeutsch. Wie alle eingeheirateten Kaufleute
oder Bankiers, waren die Sichels zwar in die Geschäfte der Rothschilds
eingebunden und wurden auch bevorzugt behandelt. Allerdings erhielten
sie, getreu der Maxime des Patriarchen Mayer Amschel, niemals Entschei-
dungskompetenz über die Geschäfte eines Rothschild-Hauses.[38] Solche
Tendenzen des Netzwerks zu symmetrischen Beziehungen blieben insofern ohne besondere Auswirkung auf dessen Zentralität.

Drei sehr wesentliche und für diese Untersuchung besonders interessante Agenten hatten vor allem für die mittleren Dekaden des 19. Jahrhunderts eine durch Art und Umfang ihrer Schreiben herausgehobene
Funktion: Weisweiler & Bauer in Madrid,[39] Morpurgo & Parente in Triest[40] und S. Bleichröder in Berlin.[41] Der Standort Madrid wurde Mitte der
1830er Jahre sehr wichtig für die Rothschilds, da die Bank die spanische
Monarchie mit Krediten alimentierte und als Sicherheit dafür die Rechte
an der Ausbeutung der Quecksilberminen von Almaden übertragen bekam, damals den mit Abstand wichtigsten Vorkommen weltweit.[42] Madrid
war zudem ein herausragender Dreh- und Angelpunkt des europäischen
Handels mit Mittel- und Südamerika und Daniel Weisweiler, vormals ein
Angestellter des Frankfurter Rothschild-Hauses, kümmerte sich nicht nur
um die Handels- und Rohstoffgeschäfte der Rothschilds, sondern lieferte
auch bedeutsame politische Informationen aus der spanischen Hauptstadt.

---

[38] Ferguson, World's Banker, S. 77.
[39] RAL: XI/110/0-10, Weisweiler & Bauer, Madrid an N M Rothschild, 1837-1879 und
RAL: XI/92/0-5, Weisweiler & Bauer, Madrid an N M Rothschild, 1881-1892. Weisweiller und sein späterer Partner Bauer wären ob ihrer Bedeutung für das Rothschildsche
Informationsnetzwerk eine interessante Fallstudie wert. Jedoch können sie keine zentrale
Rolle in dieser Arbeit spielen, weil Weisweillers auf Deutsch geschriebene „persönliche"
Berichte, die neben den eher geschäftlich orientierten französischen Kontorbriefen ver-
fasst wurden, aufgrund des Papierzustands in weiten Teilen völlig unleserlich sind. Aus-
serdem korrespondierte Weisweiler nicht primär mit dem Londoner, sondern mit dem
Pariser Rothschild-Haus. Eine spanischsprachige Studie, die vor allem Weisweiler in den
Blick nimmt und vorwiegend auf den französischen Briefen und lokalen Madrider Quellen basiert ist Alfonso de Otazu, Los Rothschild y sus socios en España, Madrid 1987.
[40] RAL: XI/79/0-3, Morpurgo & Parente, Triest an N M Rothschild. 1837-1879.
[41] RAL: XI/63/0-24 und XI/64/0-1, S. Bleichröder, Berlin an N M Rothschild, 1831-
1918.
[42] Siehe dazu auch die Fallstudie des mexikanischen Agenten Lionel Davidson, Kapitel
VI.2.

Er beschrieb vor allem die Entwicklungen des Bürgerkriegs um die Thronfolge.[43]

Triest war bereits seit dem späten 14. Jahrhundert eine administrative Einheit des Habsburger Reiches geworden, in erster Linie, um venezianischer Dominanz zu begegnen. Mitte des 18. Jahrhunderts wurde es Freihafen und eine direkt von Wien aus administrierte Provinz der Erblande. Wegen seiner strategischen Lage zwischen der italienischen Halbinsel, Zentraleuropa und dem Balkan entwickelte sich Triest in der zweiten Hälfte des 18. Jahrhunderts zum wichtigsten Hafen der Habsburger und einem regional bedeutenden Wirtschafts- und Handelszentrum, wenn es auch weltwirtschaftlich betrachtet keine besonders wichtige Rolle einnahm.[44] Für die Rothschilds war Triest als Einfuhrhafen vor allem für amerikanische Produkte wie Baumwolle oder Zucker von Bedeutung. Ihre dortigen Agenten zwischen 1837-1879, Morpurgo & Parente, kamen aus zwei der ältesten und einflussreichsten jüdischen Familien der Stadt. Sie schrieben mit großer Regelmäßigkeit etwa zwei bis drei Mal in der Woche nach London und lieferten dabei auch Berichte, die über Einzelgeschäfte hinaus gingen, zum Beispiel Marktanalysen für bestimmte Produkte, aber auch den Handel beeinflussende politische Informationen, vor allem in Krisenzeiten.[45]

Die Firma S. Bleichröder in Berlin hatte bereits seit den frühen 1830er Jahren regelmäßigen Kontakt mit den Rothschilds.[46] Ihre umfangreiche Korrespondenz ist in zwei Bestände untergliedert. Von 1831 bis 1918 wurde eine generelle Geschäftskorrespondenz geführt, die der Gründer des Bankhauses, Samuel Bleichröder, begonnen hatte. Daneben existiert der Bestand der privaten Geschäftskorrespondenz von 1850-1893, die von dessen Sohn und Nachfolger, Gerson, geführt wurde. Primärer Adressat von Gersons Briefen war zunächst James de Rothschild in Paris. Nach dessen Tod im Jahr 1868 wandte sich Bleichröder überwiegend an Lionel de Rothschild und dessen Söhne in London. Die Bank S. Bleichröder stieg

---

[43] Ausführlich dazu Charles J. Esdaile, Spain in the Liberal Age. From Constitution to Civil War, 1808-1939, Oxford 2000, S. 63-122.

[44] Karl Bachinger, ‚Das Verkehrswesen‘, in: Alois Brusatti, Die Habsburgermonarchie, 1848-1918, Bd. 1. Die wirtschaftliche Entwicklung, Wien 1973, S. 278-322, hier S. 312-15. Lois C. Dubin, The Port Jews of Habsburg Trieste. Absolutist Politics and Enlightenment Culture, Stanford 1999, S. 10-12.

[45] Im Stichjahr 1850 findet sich beispielsweise eine ausführliche englische alphabetische Auflistung aller Handelsgüter die in diesem Jahr nach und von Triest ein- und ausgeführt worden waren. Siehe RAL: XI/79/1A, Morpurgo & Parente, Triest an N M Rothschild, undatiert (vermutlich Mitte September 1850).

[46] Fritz Stern, Gold und Eisen. Bismarck und sein Bankier Bleichröder, Frankfurt 1978, S. 27.

aus einfachen Anfängen als Geldwechselstube zu Beginn des 19. Jahrhunderts zu einem der bedeutendsten Geldinstitute Deutschlands auf. Im Kontakt mit den Rothschilds dominierte neben Börsengeschäften die Auflage von Anleihen. Außerdem schrieb Gerson von Bleichröder[47] mit großer Regelmäßigkeit über politische Zustände und Entwicklungen. Berlins Bedeutung als Handels- und Finanzplatz hatte im Laufe des 19. Jahrhunderts permanent zugenommen. Es war für die Rothschilds, welche die Etablierung eines eigenen Hauses in der preußischen Hauptstadt zwar mehrfach erwogen, aber niemals durchführten, sehr wichtig, politische Informationen aus diesem mitteleuropäischen Machtzentrum durch einen zuverlässigen und gut verbundenen Agenten zu erhalten.

Herausragende geschäftliche Interessen und die sich verändernde politische Landschaft Europas hatten dazu geführt, dass sich erstmals einige Agenten mit Leitfunktionen im Netzwerk herausbildeten. Das spanische Quecksilber, die geostrategische Lage Triests und der Aufstieg Preußens in Deutschland hatten dafür gesorgt, dass Madrid, Triest und Berlin – wo die Rothschilds jeweils nicht persönlich präsent waren – Standorte von Agenten wurden, deren Informationen besonders wichtig waren. Nach wie vor ergab sich dieser Wandel aber aus veränderten Bedingungen und wurde nicht primär durch strategische Entscheidungen des Londoner Rothschild-Hauses forciert. Bei all dem erhöhte sich die Dichte des Kommunikationsnetzwerks in den mittleren Dekaden des Jahrhunderts nicht wesentlich, jedenfalls nicht, wenn die Zahl der Korrespondenten zugrunde gelegt wird. Die Verdichtung war qualitativ.

4.   Das Netzwerk um 1875

Die Untersuchung der Agentenkorrespondenz des Stichjahres 1875 verdeutlicht vor allem, dass sich das Informationsnetzwerk der Rothschilds nach der Jahrhundertmitte deutlich verkleinert hat. Ein von Stichjahren unabhängiger Blick auf die Gesamtkorrespondenz zeigt, dass speziell in den späten 1850er und frühen 1860er Jahren eine ganze Reihe von Korrespondenten wegfielen. Die wichtigen Agenten in Madrid, Triest und Berlin existierten immer noch, und auch Behrens & Söhne sowie M. M. Warburg in Hamburg standen weiterhin im Kontakt, aber eine Vielzahl von weniger bedeutenden und hauptsächlich mit rein wirtschaftlichen Transaktionen befassten Agenten auf der iberischen Halbinsel, in Italien

---

[47] Bleichröder wurde 1872 als erster preußischer Jude geadelt.

aber auch in West- und Zentraleuropa hatten aufgehört zu existieren bzw. mit den Rothschilds zu kommunizieren. Der Blick ins östliche Europa zeigt, dass die Agentschaft in St. Petersburg mit dem geschäftlichen Rückzug Friedrich Gassers 1860 vorübergehend aufgegeben und später durch E. M. Meyer & Co wesentlich oberflächlicher vertreten wurde. Anders als Gasser, war Meyer kein Vertrauter der Rothschilds und kümmerte sich lediglich um die Abwicklung von Routinegeschäften für deren Konto.[48] Ebenso uniform ökonomisch korrespondierte die neu als Agent hinzu gekommenen Firma S. A. Fraenkel in Warschau, die sich zwischen 1865-1879 lediglich mit dem Wechselgeschäft für die Rothschilds befasste.[49]

Das in der ersten Hälfte des Jahrhunderts noch nicht als Standort von Agenten in Erscheinung getretene Brüssel wurde seit 1853 und bis zum Ersten Weltkrieg von S. Lambert repräsentiert.[50] Samuel Lambert, bereits seit 1844 in Antwerpen für die Rothschilds tätig, errichtete eine später von seinem Sohn Léon fortgeführte Agentschaft in Brüssel, den Nukleus für die 1875 gegründete Banque Bruxelles Lambert. Diese Agenten hielten naturgemäß einen engeren Kontakt zum französischen Rothschild-Haus, vor allem um dessen Interessen in der Eisenbahnfinanzierung zu unterstützen. In Köln hatte die Agentur von Schaaffhausen 1848 aufgehört zu bestehen; erst 1870 wurden die Interessen der Rothschilds dort wieder repräsentiert, nämlich durch Schaaffhausens langjährigen Konkurrenten Salomon Oppenheim. Diese Firma vertrat die Rothschilds bis 1905 in der Domstadt in den üblichen Handels- und Finanzgeschäften.[51]

In Übersee wurden die Rothschilds 1875 nur noch in San Francisco durch einen eigenen Agenten vertreten, und auch diese Repräsentanz, Davidson & Berri, kam zwei Jahre später mit dem Tod Benjamin Davidsons zu einem Ende. Bis dahin hatten diese langjährigen Agenten an der amerikanischen Westküste sich vordringlich um die Verschiffung von dort gewonnen Edelmetallen und das Quecksilbergeschäft in Kalifornien gekümmert, was aber in den 1870er Jahren langsam zum Erliegen kam.[52]

Warum nahm die Zahl der Agenten in der zweiten Hälfte des 19. Jahrhunderts ab? Warum blieben im letzten Viertel des Jahrhunderts nur noch einige wenige, zumeist sehr regelmäßig und ausführlich korrespondieren Gewährsmänner übrig? Die Verkleinerung des Netzwerkes kann nicht mit einer verringerten Intensität der Geschäftstätigkeit N M Rothschilds er-

---

[48] RAL: XI/38/176-177, E. M. Meyer & Co, St. Petersburg, an N M Rothschild, 1868-1886.
[49] RAL: XI/38/111, S. A. Fraenkel, Warschau an N M Rothschild, 1865-1879.
[50] RAL: XI/77/0-19, S. Lambert, Brüssel an N M Rothschild, 1853-1918.
[51] RAL: XI/81/0-3, Oppenheim Family, Köln an N M Rothschild, 1870-1905.
[52] RAL: XI/38/85-87, Davidson & Berri, San Francisco an N M Rothschild, 1865-1877.

klärt werden. 1875 besaß die Firma ein Kapital von 5,9 Millionen Pfund Sterling, etwa dreieinhalb Mal mehr als ihre beiden größten Konkurrenten auf dem Londoner Finanzmarkt, J. S. Morgan (1,8 Millionen) und Baring Brothers (1,63 Millionen). Im Finanzjahr 1896-97 hatte sich das Rothschildsche Kapital auf gut sieben Millionen Pfund erhöht, während J. S. Morgan bei etwas über zwei Millionen lag und Baring Brothers nur noch gut eine Millionen hinter ihrem Namen stehen hatten.[53] Auch die Profite von N M Rothschild, relativ zu ihrem Kapital lassen nicht erkennen, dass die zweite Hälfte des 19. Jahrhunderts von besonderer Vorsicht in Geschäften geprägt war. In der Dekade 1830-39 betrug der Profit 5,9 Prozent des Kapitals, 1850-59 4,9 Prozent und 1870-79 9,8 Prozent. Danach nahmen die Profite, relativ zum Kapital, langsam ab, was aber, zieht man vergleichende Zahlen anderer Londoner Banken heran, durchaus ein allgemeiner Trend war.[54]

Während N M Rothschild also auch in der zweiten Jahrhunderthälfte sehr profitabel operierte, änderte sich die Struktur des Bankenwesens in Europa, vor allem seit den 1870er Jahren, bedeutend. Aktienbanken und Nationalbanken übernahmen viele Funktionen, die vormals überwiegend von Privatbanken bzw. Merchant Banks ausgeführt worden waren. Die wissenschaftliche Literatur ist sich uneins, ob das letzte Viertel des 19. Jahrhunderts den „Verfall" des Merchant Banking sah oder ob lediglich eine Bedeutungsverschiebung einsetzte.[55]

Um die verringerte Agententätigkeit zu verstehen, muss über die finanztechnischen Gründe hinaus geblickt werden. Die Kommunikationsmethoden hatten sich seit der Jahrhundertmitte radikal verändert, was vor allem mit der Durchsetzung des elektrischen Telegrafen und dem zeitgleichen Aufkommen der Nachrichtenagenturen zu tun hat, die unter anderen Börsenkurse übermittelten. Die Rothschilds, wie auch andere Banken, waren aufgrund dessen nur noch sehr bedingt auf die Übermittlung von Börsendaten durch eigene, zuverlässige Agenten angewiesen. Viele jener Agenten, die bis in die 1850er Jahre neben der Durchführung von Routinegeschäften hauptsächlich unentbehrlich waren, weil sie die aktuellen Kurse ihres Börsenplatzes nach London übermittelten, stellten ihre Arbeit

---

[53] Ferguson, World's Banker, S. 808; Kathleen Burk, Morgan Grenfell, 1838-1988. The Biography of a Merchant Bank, Oxford 1989, S. 264. Philip Ziegler, The Sixth Great Power. Barings 1762-1829, London 1988, S. 374-76.

[54] Ferguson, World's Banker, S. 809.

[55] Die erste Position vertritt z.B. Marcello de Cecco, Money and Empire. The International Gold Standard, 1890-1914, Oxford 1974, während Chapman, Rise of Merchant Banking, der Ansicht ist, dass die Londoner Merchant Banker in den Dekaden vor dem Ersten Weltkrieg durchaus dem Druck der großen Aktienbanken durch Diversifizierung entgegentraten (S. 173).

im Laufe der 1850er und 60er Jahre ein. Es verblieben ganz überwiegend in jenen Zentren ansässige Agenten, die für die Geschäftstätigkeit der Rothschilds besonders wichtig oder für Einsichten in politische Entwicklungen unerlässlich waren. Diese Agenten berichteten eben nicht nur über Geschäftsabschlüsse und Kursgewinne, sondern versuchten ihren Londoner Auftraggebern möglichst nützliche Hintergrundinformationen zu liefern, die diese in die Lage versetzten, Geschäftsabläufe zu steuern und vor allem gegen politische Veränderungen abzusichern. Die schon früher zu beobachtende Verdichtung des Netzwerks setzte sich also seit der Mitte des Jahrhunderts verstärkt fort, wohingegen die Zahl der Agenten insgesamt abnahm. Technische Neuerungen und die Spezialisierung im Bankgewerbe bedingten diesen Wandel.

5.   Intensität der Kontakte

Für das Verständnis des Funktionierens des Informationsnetzes ist auch die Frage von Bedeutung, wie intensiv die Kontakte zwischen den Rothschilds und ihren Agenten waren. Hier werden wiederum die drei Stichjahre vergleichend betrachtet. Es ist leicht bestimmbar, in welchen Abständen die Agenten nach London schrieben. Wie oft oder selten dagegen sie von ihren Auftraggebern mit Briefen bedacht wurden, lässt sich – mit wenigen Ausnahmen – nur aus Äußerungen aus den Briefen der Agenten selbst entnehmen. Klar ist, dass die Rothschilds wesentlich mehr Korrespondenz erhielten als sie selbst verfassten beziehungsweise verfassen ließen. Die Bedeutung eines Agenten lässt sich auch nur bedingt an der Frequenz seiner Korrespondenz festmachen. Briefe mit Börsenkursen mussten so regelmäßig wie möglich verschickt werden, um ihre Funktion zu erfüllen, den Empfänger lückenlos au courant zu halten. Insofern sind die meist mit hoher Frequenz versandten Routinebriefe der zahlreichen nicht speziell mit den Rothschilds verbundenen und erst recht nicht exklusiv für sie arbeitenden Agenten vor allem aus der Vormärzzeit kein Indiz für eine herausgehobene Stellung dieser Gewährsmänner. Allerdings war es wichtig, dass die Kurse stimmten, denn gerade hier konnte eine Fehlinformation gravierende Folgen haben. Es machte ebenfalls Sinn, von mehreren Agenten die Kurse der gleichen Börse geschickt zu bekommen, da Brieflaufzeiten variierten und Briefe auch ganz verloren gehen konnten.

Im allgemeinen schrieben die meisten Agenten dieses Typus ein bis drei Mal pro Woche nach London. Die Analyse der gesamten Agentenkorrespondenz von 1825 zeigt, dass alle Hamburger und Amsterdamer

Agenten, die mehr als nur Wechselgeschäfte für die Rothschilds tätigten, diese Frequenz einhielten. Auffällig ist zudem, dass auch der Triester A-gent Borland ein bis zwei Mal in der Woche schrieb, was die besondere Bedeutung dieses Hafens als Entrepôt für den Rothschildschen Waren-verkehr herausstreicht. Die italienischen Agenten Arbib (Livorno), Appelt (Neapel) und Bonnet (Neapel) schrieben etwa alle zwei Wochen nach London. Diese niedrigere Frequenz erklärt sich nicht nur aus der geringe-ren Bedeutung ihrer Plätze im Rothschildschen Handels- und Finanz-netzwerk, sondern auch durch die größere Entfernung und die damit ver-bundenen hohen Kosten und lange Übermittlungsdauer von Korrespon-denz. Die übrigen oben genannten europäischen Agenten aus der Früh-phase des Netzwerks hatten unregelmäßiger und seltener Kontakt mit London. Die überseeischen Korrespondenten, wie z.B. Nott & Co. oder Shiff in New Orleans, die Naylor Brothers in Rio de Janeiro, Gray in Ha-vanna oder Huth in Valparaiso schrieben ebenfalls höchst regelmäßig nach London, was in ihren Fällen etwa alle zwei Monate hieß. Öfter als das ergab sich, bedingt durch die Frequenz der transatlantischen Post-schiffe, gar keine Möglichkeit in Kontakt zu treten. Mit Abstand die schreibfreudigsten Repräsentanten waren jedoch die „forwarding agents" Cullen in Calais und Marsh in Dover, die teilweise mehrmals täglich nach London schrieben.

Im Stichjahr 1850 hatte sich die Frequenz der Korrespondenz nicht wesentlich verändert. Die drei Hamburger Agenten, Heine, Warburg und Behrens meldeten sich regelmäßig ein bis drei Mal in der Woche. Sichel, der einzige noch in Amsterdam verbliebene Korrespondent, schrieb nahe-zu täglich nach London. In Triest hatte zwar die Agentschaft gewechselt, aber auch Morpurgo & Parente wandten sich durchschnittlich zwei Mal in der Woche an die Londoner Rothschilds. Ein Sonderfall ist der gegenüber 1825 neu hinzu gekommene Agent S. Bleichröder in Berlin. Diese Firma führte sowohl eine Geschäfts- als auch eine private Geschäftskorrespon-denz mit den Rothschilds. Bereits 1850 gingen alle zwei bis vier Tage rein geschäftliche Briefe nach London. Die privatere Korrespondenz allerdings war an James de Rothschild in Paris adressiert und fand teilweise den Weg von dort nach London.[56] Erst nach dessen Tod 1868 wurde London auch der Adressat der privaten Berichte Gerson von Bleichröders, der 1850 nur Teilhaber der von seinem Vater Samuel geleiteten Bank war. Die gegen-über 1825 ebenfalls neuen, wichtigen Agenten Friedrich Gasser in St. Petersburg und Daniel Weisweiler in Madrid schrieben ebenfalls ein bis drei Mal pro Woche nach London. Die übrigen europäischen Agenten

---

[56] Diese Briefe sind eine der Grundlagen der Studie Stern, Gold und Eisen.

korrespondierten eher unregelmäßig, die überseeischen Agenten immer noch äußerst regelmäßig, meist so oft es der Schiffspostverkehr gestattete.

Auch im geschrumpften Netzwerk von 1875 änderte sich die Frequenz der Korrespondenz kaum, wenn überhaupt verstärkte sie sich noch. Die Hamburger Behrens und Warburg schrieben nahezu täglich, ebenso Bleichröder aus Berlin. Weisweiller aus Madrid nahm immer noch zwei bis drei Mal wöchentlich Kontakt mit London auf, Meyer in St. Petersburg und Fraenkel in Warschau alle ein bis zwei Wochen, die wenigen übrigen Agenten eher unregelmäßig. Neu war allerdings, dass nahezu alle Agenten neben der Briefkorrespondenz auch mehr oder weniger viele Telegramme schickten.

Wie gingen die Rothschilds mit der sie erreichenden Informationsflut um? Es darf nicht vergessen werden, dass alle Familienmitglieder zusätzlich zur Agentenkorrespondenz auch eine äußerst regelmäßige Familienkorrespondenz führten, meist zu geschäftlichen, gelegentlich zu privaten Zwecken, wobei sich beides vor allem in den Briefen bis in die frühen 1850er Jahre, also bis zum zeitnahen Tod von drei Brüdern, sehr stark mischte. Nach dem Tod des Londoner Firmengründers Nathan Mayer Rothschild 1836 führten dessen Söhne Lionel, Anthony, Nathaniel und Mayer nicht nur die Geschäfte, sondern auch die Familienkorrespondenz, in die sie bereits vorher eingebunden waren, mit unverminderter Intensität fort. Typischerweise schrieb jedes am Geschäft beteiligte Familienmitglied mehrere Briefe wöchentlich an Verwandte, die außerdem oft an weitere Familienmitglieder andernorts weitergereicht, also auch mehrfach gelesen wurden.

Generell wanderten Agentenberichte zunächst ins Kontor von N M Rothschild. Dort arbeitete eine international orientierte Gruppe von Angestellten und Schreibern, die mit den verschiedenen Sprachen der Briefe umgehen konnte.[57] Ging der Inhalt über die Abwicklung von Routinegeschäften hinaus, wurde Agentenkorrespondenz an die Rothschilds selbst weitergeleitet. Das erschließt sich daraus, dass sich in der familiären Geschäftskorrespondenz zahlreiche Hinweise auf Agentenberichte finden. Wollte ein Agent sicherstellen, dass eine bestimmte Nachricht auf jeden Fall von den Rothschilds selbst, nicht aber von Kontoristen gelesen wurde, so markierte er den Brief als „privat“. Teilweise wurden solche Briefe auch extra versiegelt zur normalen Korrespondenz gegeben. Ein typisches Beispiel für den Inhalt solcher Kommunikation ist ein Brief des Amster-

---

[57] Zur Mitte des 19. Jahrhunderts hatten die Rothschilds zwischen vierzig und fünfundvierzig dieser hochspezialisierten und -qualifizierten Kräfte in ihren Diensten. Siehe Chapman, Merchant Banking, S. 13.

damer Bankiers Braunsberg von 1825, in dem dieser dankt, bei der Auflage einer Anleihe berücksichtigt worden zu sein:

> Dear Sir,
> We feel extremely obliged for your confidential Communication about a new Brazilian
> Loan being shortly to take place under your management and in Bonds similar to tho-
> se of the Prussians Loans, and should it become an object of [...] activity between us
> as you allow us to consider it, you may be assured of our utmost endeavours to pro-
> mote your views to your greatest advantage.[58]

Diese vertrauliche Information konnte selbstverständlich nicht in den
Kontoren der beiden Häuser bekannt gemacht werden. Hätten unberück-
sichtigte Bankhäuser vorzeitig von der Anleihe erfahren, hätten sie sich im
besten Fall übergangen gefühlt, im schlimmsten Fall versucht, die Aktion
zu stören.

Aus der innerfamiliären Korrespondenz ist ersichtlich, dass zumindest in
der ersten Hälfte des 19. Jahrhunderts alle Rothschilds sich mehr oder
minder ausschließlich dem Geschäft widmeten und schlicht sehr viel arbeiteten. Büroarbeit wurde meist nur durch Besuche bei oder von Ge-
schäftspartnern oder Politikern unterbrochen, die ebenfalls rein geschäftlichen Zwecken dienten. Auch Abendgesellschaften wurden im allgemeinen nicht zum Vergnügen aufgesucht, und lediglich Kuraufenthalte, bevorzugt in deutschen Bädern, unterbrachen für viele Mitglieder der Familie die geschäftliche Routine. Auch unter Berücksichtigung dieser Arbeits-
ethik war die Menge der erhaltenen Korrespondenz gewaltig. Zwei Umstände trugen zu ihrer Bewältigung bei. Zum einen die Einbindung von
Nachkommen in die Geschäfte, sobald diese die nötige Reife dazu hatten.
Zum anderen die Tatsache, dass die Rothschilds wesentlich mehr Briefe
von ihren Agenten empfingen als sie an diese schrieben. Das erschließt
sich vor allem aus regelmäßig vorgetragenen Klagen vieler Agenten, man
möge sie doch regelmäßiger mit Korrespondenz bedenken. Schlüssig dokumentieren lässt sich das in dem Briefwechsel mit Gerson von Bleichröder, aus dem die Schreiben an den Agenten erhalten sind. Überschlägig
lässt sich kalkulieren, dass Bleichröder etwa vier bis fünf Mal häufiger an
die Rothschilds schrieb als umgekehrt. Hier findet sich ein deutlicher Beweis für die überragende Leitfunktion, die die Rothschilds in ihrem a-
symmetrischen Kommunikationsnetzwerk einnahmen.

---

[58] RAL: XI/38/57B, Braunsberg & Co., Amsterdam an N M Rothschild, 14. Januar 1825.

6. Verwendete Sprachen

In den Agentenberichten nach London überwog etwa bis in 1830er Jahre klar die deutsche Sprache. In späteren Jahrzehnten wurde Englisch wichtiger, aber selbst 1875 schrieben beispielsweise alle Hamburger Agenten und Bleichröder in Berlin, Fraenkel in Warschau und Meyer in St. Petersburg ausschließlich auf Deutsch. Französisch war das bevorzugte Idiom einiger südeuropäischer Agenten. Weisweillers Angestellte benutzten Französisch, in seinen privaten Briefen nach London bevorzugte der Madrider Agent, der selbst Deutscher war, jedoch seine Muttersprache. Schließlich kam auch der „französische" Rothschild, an den die Mehrzahl seiner Briefe ging, aus Frankfurt. Wie schon erwähnt, bedienten sich viele jüdische Korrespondenten bis in die 1820er Jahre wenigstens partiell des Judendeutschen, der Sprache, in der auch die Rothschilds der zweiten und größtenteils der dritten Generation schriftlich miteinander verkehrten und welche die Analyse der Geschichte der Familie im 19. Jahrhundert so schwierig macht. Nach den 1830er Jahren finden sich kaum noch Agentenbriefe in diesem Idiom, mit einer gewichtigen Ausnahme. Gerson von Bleichröder schrieb zwar grundsätzlich auf Deutsch, streute in seine Briefe jedoch des öfteren einzelne Begriffe in hebräischen Zeichen, also auf Judendeutsch, ein. Meistens war es nicht oder nur mit Schwierigkeiten möglich, den Sinn der Briefe zu erkennen, wenn man diese Begriffe nicht entziffern konnte. Hier ein typisches Beispiel von 1870; unterstrichene Worte in hebräischen Zeichen:

> Hochgeehrter Herr Baron,
> [...] Morgen oder übermorgen werde ich genauer informiert sein wie Bismarck sich der russischen Note gegenüber zu verhalten gedenkt. Heute wird mir gesagt, daß er zu der Frage noch Neutralität beobachten würde. In diesem Falle, wird man in Russland außerordentlich mäßig sein. Von Versailles gehen wiederholte Berichte ein, daß Paris nur noch 10 Tage sich halten kann und wäre es ein großes Glück für die Bevölkerung, wenn man nicht bis aufs Äußerste warte [...].[59]

Da Bleichröder hebräische Zeichen nur unregelmäßig verwandte und teilweise in unmittelbar nachfolgenden Briefe genau die selben Begriffe in lateinischer Schrift aufführte, kann allerdings nicht argumentiert werden, dass er dies aus Gründen der Geheimhaltung tat. Vielmehr ist davon auszugehen, dass Bleichröder, wie auch die Agenten des frühen 19. Jahrhunderts, das Idiom einbrachte, um seine besondere Vertrautheit und Nähe

---

[59] RAL: XI/64/0, Gerson von Bleichröder, Berlin an Lionel de Rothschild, 20. November 1870.

zu den Rothschilds zu unterstreichen. Lionel de Rothschild, der Adressat des hier zitierten Briefes, hatte seit frühester Jugend Briefe in Judendeutsch geschrieben und solche bis in die späten 1860er Jahre auch von seinem Pariser Onkel James erhalten.[60]

7.   Technischer Informationstransfer und Kosten

Ein Informationsnetzwerk kann nur effektiv funktionieren, wenn die ausgetauschten Nachrichten mit einer ihren Wert erhaltenden Geschwindigkeit befördert werden. Im folgenden wird dargestellt, wie die Briefe der Agenten beziehungsweise der Rothschilds transportiert wurden und wie lange die Kontaktaufnahme zwischen verschiedenen Orten dauerte.

In den ersten Dekaden des 19. Jahrhundert bestimmte, wie in den Jahrhunderten zuvor, eine Kombination aus der Qualität der Straßen, der Richtung und Stärke des Windes und der Leistungsfähigkeit von Menschen und Pferden die Geschwindigkeit und Zuverlässigkeit von brieflicher Korrespondenz. Erst das Dampfboot, die Eisenbahn und vor allem der elektrische Telegraf trugen zu einer wesentlichen Beschleunigung des Nachrichtenaustausches bei. In der Literatur zu den Rothschilds ist häufig davon die Rede, dass die Familie über einen Informationsvorsprung ihren Geschäftskonkurrenten gegenüber verfügt habe, da sie über ein besonders effizientes eigenes Kuriersystem verfügte. Nahezu alle Autoren, die sich in den letzten zwei Jahrhunderten über die Rothschilds äußerten, haben behauptet, dass die Kuriere der Rothschilds die schnellsten und zuverlässigsten in ganz Europa waren.[61] Allerdings findet sich nirgends ein der quellenkritischen Betrachtung standhaltender Beleg für die Existenz eines solchen Systems. Eine genaue Betrachtung der Details der Briefbeförderung zeigt, dass die Rothschilds keineswegs ein geschlossenes Kuriersystem besaßen, sondern sich verschiedener Wege des Informationstransfers bedienten, die durchaus nicht immer effizient und zuverlässig waren.

---

[60] Die Analyse der gesamten Agentenkorrespondenz zeigt deutlich, dass nur einige wenige Agenten Judendeutsch verwendeten, und meist auch nur in ausgewählten Briefen. Stanley Chapman, in seiner autoritativen Studie über Merchant Bankers, behauptet dagegen, dass die Rothschilds mit jüdischen Korrespondenten generell auf „Jiddisch" kommunizierten. Siehe Chapman, Rise of Merchant Banking, S. 18.

[61] Eine neuere und, wie die meisten Bücher über die Rothschilds, bestenfalls populärwissenschaftlich orientierte Studie, die pauschal behauptet, dass die Familie über Markttrends, Preise und politische Ereignisse wegen ihrer effizienten Kuriere besser informiert war als ihre Konkurrenten ist Derek Wilson, Rothschild. A Story of Wealth and Power, London 1994, S. 11.

Selbstverständlich verfügten die Rothschilds über eigene Kuriere, die bei den jeweiligen Häusern fest angestellt waren.[62] Kuriere beförderten nicht nur Briefe, sondern dienten auch als Begleitung für den Transport von Wertgegenständen und vor allem von Edelmetallen. Allerdings findet sich im Rothschild Archiv kein Bestand, der die Arbeit dieser Personen gesondert dokumentieren würde. Aus der Agenten- und Familienkorrespondenz lässt sich jedoch zweifelsfrei ablesen, dass Korrespondenz für die Rothschilds und von ihnen – egal wo in Europa ansässig – ebenfalls und sehr wahrscheinlich sogar überwiegend durch eine ganze Reihe fremder Kuriere und, ganz banal, vor allem durch die Post transportiert wurde. Agenten äußerten sich verhältnismäßig wenig über die benutzten Kommunikationswege; die meisten Informationen darüber finden sich in der familieninternen Korrespondenz.[63]

Wenn behauptet wird, dass die Rothschilds aufgrund ihrer Kuriere besser informiert waren als andere, muss gefragt werden, wer denn schlechter informiert war. Das könnten einerseits andere Kaufleute und Bankiers gewesen sein, was sich schlecht überprüfen lässt, andererseits könnte ein Vergleich mit den Informationszugängen von Regierungen gezogen werden. Die britische Regierung unterhielt einen eigenen Kurierdienst, den King's (oder Queen's) Messenger Service. Dieser hatte seine mittelalterlichen Ursprünge in verschiedenen Botendiensten für die Krone und konstituierte sich 1772 formell als Corps of the King's Foreign Service Messengers.[64] Allerdings war dieser Dienst äußerst unzureichend und schlecht organisiert. Der britische Außenminister George Canning, der auf den Service angewiesen war, beklagte sich 1824 bitter über dessen Qualität: „The English Messengers, such as they now are, are the ridicule

---

[62] In der Londoner Times von 1825 findet sich beispielsweise die namentliche Nennung eines Rothschild Kuriers, der gerade die Überfahrt nach Calais hinter sich gebracht hatte: „Mr Maggag, confidential courier of Mr. Rothschild, was also passenger, on his way to Naples. Mr Maggaw is the courier who made the journey from Naples to London, not long ago, in eleven days." The Times, 4. Januar 1825, S. 2.

[63] Es existiert keine wirklich brauchbare wissenschaftliche oder selbst populärwissenschaftliche Literatur über Kuriere und reitende Boten im 19. Jahrhundert. Erkenntnisse über deren Tätigkeit und Bedeutung lassen sich lediglich über vereinzelte Äußerungen in Studien zur Verkehrs- und Kommunikationsgeschichte finden. Für das Mittelalter und die frühe Neuzeit findet sich eine ganze Reihe von Studien über Boten und Kuriere. Siehe zum Beispiel, auch für weiterführende Literaturhinweise, Klaus Gerteis, ‚Reisen, Boten, Posten: Korrespondenz in Mittelalter und Früher Neuzeit', in: Hans Pohl (Hrsg.), Die Bedeutung der Kommunikation für Wirtschaft und Gesellschaft, Stuttgart 1989, S. 19-36. Für die frühe Neuzeit jetzt vor allem: Wolfgang Behringer, Im Zeichen des Merkur. Reichspost und Kommunikationsrevolution in der Frühen Neuzeit, Göttingen 2003, S. 56-59, 80-83 und passim.

[64] V. Wheeler-Holohan, The History of the King's Messengers, London 1935, S. 1-26.

of the whole Continent, and are an impediment to the King's Services in foreign Lands." Canning forderte eine Neuordnung, in der ältere und schwächliche Boten pensioniert und eine strikte Trennung zwischen Boten des Inlandes und für den Kontinent eingeführt werden sollte. Letztere müssten über die nötigen Sprachkenntnisse und die körperlichen Fähigkeiten verfügen, ihre strapaziösen Reisen zu überstehen.[65] Die erschreckende Ineffizienz der Messengers belegt eine Statistik nach der zwischen 1796 und 1821 dreißig angestellte Kuriere im Jahresdurchschnitt lediglich 34 Botenritte ins Ausland unternahmen. Selbst für das Friedensjahr 1814 sind nur 80 Ritte verzeichnet.[66]

Durch die Reform von 1824 wurden von dreißig Boten elf pensioniert und nur sieben als geeignet für die Arbeit im Ausland angesehen und im Amt belassen; später wurden elf weitere Boten ausschließlich für das Außenministerium angestellt. Diese achtzehn Personen bildeten also von 1824 an den ausländischen Kurierdienst für die britische Regierung.[67] In der Folge besserten sich die Zustände, doch Meldungen über die Unzuverlässigkeit individueller Kuriere, die ihre Spesenkonten gewaltig überzogen oder illegitime Nebeneinkünfte hatten, rissen im Verlauf des 19. Jahrhunderts nicht ab.[68] Insofern war es für private Kurierdienste nicht wirklich schwierig, das staatlich organisierte Pendant auszustechen.

Dringende Nachrichten schickten die Rothschilds mit Kurieren, von denen einige des öfteren namentlich benannt werden. Allerdings verließen sie und auch die Agenten sich keineswegs immer auf eigene Leute, sondern nutzten auch von anderen Geschäftsleuten bezahlte und von Regierungen angestellte beziehungsweise angeheuerte Dienstleister. James de Rothschild in Paris gab 1816 an, ein Schreiben seines Bruders Nathan schnell beantworten zu können, da „ein bekannter Kurier nach Calais geht".[69] Anselm, der Sohn von Salomon von Rothschild, der 1831 einige Monate die Geschäfte der Familie in Berlin vertrat, bemerkte in einem Brief an seinen britischen Onkel Nathan, dass er dessen Brief durch den preußischen Kurier, also einen Bediensteten der Krone, erhalten habe.[70] Auch offerierte man wichtigen Persönlichkeiten Beförderungsmöglichkei-

---

[65] PRO: FO 96/117, ‚Present State of the Corps of Messengers, 3. März 1824'; ‚Proposal of Canning, Foreign Secretary, to the other Secretaries of State'.

[66] Wheeler-Holohan, King's Messengers, S. 52.

[67] PRO: FO 96/117„New Establishment of the Corps of King's Messengers, attending the Offices of the Secretaries of State', 30. Juni 1824'.

[68] Beispiele dafür finden sich in Wheeler-Holohan, King's Messengers, S. 54-104.

[69] RAL: XI/109/7, James de Rothschild, Paris an Nathan Rothschild, 12. September 1816.

[70] RAL: XI/109/19/4/44, Anselm de Rothschild, Berlin an Nathan Rothschild, 22. März 1831.

ten, so zum Beispiel als James de Rothschild seinem Bruder Nathan riet, er möge den in London weilenden preußischen General von Bülow benachrichtigen, bevor er einen „Express", also eine direkten Reiter nach Paris abschicke.[71] Zahlreiche weitere Belege für die Verwendung firmenfremden Personals für die Nachrichtenübermittlung existieren.

Der Hauptgrund für dieses Vorgehen liegt in den Kosten für spezielle Kuriere. So wie heute DHL oder Federal Express von Firmen aufgrund der Preise für Kuriergut nur in dringenden Fällen benutzt werden, konnten auch die Rothschilds und ihre Agenten sich nicht immer Kuriere leisten. "Indessen lieber Nathan lieb kost ein jeder Kurier 500 Franken und ist drüben nichts Neues, so ist besser wir sparen das Geld und erhalten die Briefe mit der Post so wie ein jeder andere."[72] Dieser Ermahnung zur Kostenreduktion ging 1817 von James de Rothschild an seinen Londoner Bruder. 500 Franken entsprachen zu dieser Zeit ziemlich genau zwanzig britischen Pfund. Eben diese Summe nannte Amschel von Rothschild in Frankfurt im Jahr zuvor, als er angesichts einer wichtigen Nachricht den Nichteinsatz eines Kuriers rügte und meinte: „Man muss in die Zeiten nicht auf £20 sehen."[73] Auch der 1817 temporär in Paris weilende Salomon von Rothschild bestätigte, daß zwei Kuriere jede Woche zwischen 800 und 1,000 Franken kosten und riet seinen Brüdern „wenn nicht was sehr Gutes im Kurs vorfällt, sind Kuriere überflüssig".[74] Offensichtlich war ein Kurier von Frankfurt nach Paris noch teurer als von London in die französische Hauptstadt, ohne jedoch einen wesentlichen Zeitvorteil zu bringen, denn Amschel von Rothschild bemerkte 1817: „Ein Kurier kostet mich 1,000 Franken mit der reitende Post 200 Franken und bei der wiederum geht die Post egal."[75] Angesichts dieser Preise war James de Rothschilds Äußerung verständlich, der sich 1818 freute, dass „zwar ein preußischer Kurier gerade fortgeht [...] und spare die 1000 Franken."[76] Die genannten Beträge waren im übrigen nicht die Gehälter für Kuriere, sondern die Summe, die ihre Reise inklusive aller Spesen für Pferde, Unterbringung, Verpflegung und Wegzölle kostete.

---

[71] RAL: XI/109/4, James de Rothschild, Paris an Nathan Rothschild, 17. Juni 1814.

[72] RAL: XI/109/7, James de Rothschild, Paris an Nathan Rothschild, 26. Mai 1817.

[73] RAL: XI/109/5B, Amschel von Rothschild, Frankfurt an seine Brüder, 27. Oktober 1816.

[74] RAL: XI/109/7, Salomon de Rothschild, London an Nathan Rothschild, 27. August 1817.

[75] RAL: XI/109/6, Amschel von Rothschild, Frankfurt an James de Rothschild, Paris, 20. Februar 1817.

[76] Offenbar bezog sich James auf einen nach Berlin zu schickenden Brief. RAL: XI/108/0, James de Rothschild, Paris, an Nathan Rothschild, 18. April 1818.

Auch ein Disput um die Entlohnung eines Edelmetalle begleitenden Kuriers von 1817 verdeutlicht die Ausgaben. Der Chef des Frankfurter Hauses, Amschel von Rothschild, schrieb an seinen Pariser Bruder James:

> Der Ulff ist zurück gekommen von Warschau. Hat seine Rechnung über gegeben wo
> ihm noch 33 Thaler heraus kommt. Nun mußt du wissen, daß es in Winter keine an-
> genehme Reise ist für Juden auf den offenen Wagen. Gontard[77] zeigte ich die Rech-
> nung. Nun lieber Bruder hat Gontard in Paris[78] voraus mit Ulff abgemacht 3 Gulden
> ein Tag während die Sachsenhäuser[79] nur 1,30 Gulden bekommen. Ich gestehe Dir
> ich als Jude rechne ein Tag 3 Gulden ist 21 Gulden die Woche, das 6 Wochen hat er
> erst 100 Gulden.[80] Soll alsdann etwas verdienen. Wenn einer mit eine halbe Millionen
> Thaler reist, nur an ein [...][81] wenn er zuzahlt und stehlen will hat er solches. Kann
> überhaupt den Ulff brauchen. [...] Wie er hinaus kommt sagt Gontard, sage er mir ein
> Mal warum soll ein Kleiderhändler Jude 3 Gulden bekommen während mein Sachsen-
> heimer nur 1,30 Gulden bekommen. [...] Ich bekümmere mich nichts über den Vor-
> fall, denn mir kennen ja sehr gut die Menschen. Allein Ulff sagt er reist nicht mehr.
> Ob das sein Trinkgeld wäre für die Strapaze. Mit solche Menschen muss man Geduld
> haben. Im ganzen brauchen unsere Reisende sehr viel. Mir haben nun den gänzlichen
> Auszug. Haben mir 145,000 Vorjahr gebraucht, wo der Reise Fond 56,000 Gulden
> sich beläuft.[82]

Der Kurier Ulff wurde zwar besser entlohnt als andere Kuriere, erhielt
aber als Angestellter der Rothschilds immer noch deutlich weniger als
beispielsweise ein Estafettenreiter. Aus dem Schreiben ist außerdem ersichtlich, dass es Amschel Rothschild darauf ankam, zufriedene Mitarbeiter zu haben und dass er bedauerte, dass die Motivation Ulffs durch die
Affäre offenbar gelitten hatte. Der Anteil der Reisespesen von über einem
Drittel an den Gesamtauslagen des Frankfurter Hauses sollte auch in der
näheren Zukunft konstant bleiben.

In den nächsten fünfzehn Jahren erhöhten sich die Kosten für Kuriere
nicht wesentlich. James de Rothschild verwies seinen Bruder bezüglich
einer Rede des französischen Königs von 1831 auf die britische Presse.

---

[77] Dabei handelte es sich entweder um Franz oder um Jacob Friedrich Gontard, die Partner des Frankfurter Bankhauses Jacob Friedrich Gontard & Söhne, das zwischen 1815
und 1818 zusammen mit den Rothschilds den Bankhäusern Bethmann, Mühlens und
Brentano die Entschädigungszahlungen des besiegten Frankreichs an die verschiedenen
europäischen Mächte abwickelte. In diesem Zusammenhang erfolgte auch die Reise des
Rothschild Kuriers Ulff nach Warschau. Siehe Thomas Weichel, Gontard & MetallBank.
Die Banken der Frankfurter Familien Gontard und Merton, Stuttgart 2000, S. 71-72
[78] Wiederum entweder Franz oder Jacob Friedrich Gontard, denn die Gontards hatten,
wie die Rothschilds, auch ein Haus in Paris eröffnet.
[79] Kuriere aus Sachsenhausen bei Frankfurt.
[80] Gemeint war vermutlich der Reingewinn des Kuriers, abzüglich verauslagter Spesen.
[81] unleserlich
[82] RAL: XI/109/6, Amschel von Rothschild, Frankfurt an James de Rothschild, Paris, 27.
Januar 1817.

„Du siehst es dort guter Nathan lieb in der Zeitung und will meine £25 per Kurier sparen."[83] Trotz aller Sparsamkeit waren die Ausgaben der Rothschilds für Kuriere sehr beträchtlich. Gesamtzahlen lassen sich nur für das Frankfurter Haus aus der Korrespondenz erschließen. Da dieses jedoch nicht mehr oder weniger kommunizierte als die anderen vier, eventuell mit Ausnahme Neapels, dürften die genannten Summen durchaus repräsentativ sein. Die gesamten Unterhaltskosten des Frankfurter Hauses betrugen im Jahr 1831 überschlägig 330,000 Gulden, was die Gehälter der Angestellten, aber auch die teilweise sehr hohen Bewirtungskosten für Geschäftspartner und Dignitäten einschloss. Davon wurden 130,000 Gulden, also wiederum über ein Drittel, allein für Kuriere aufgewendet.[84] Zwölf Frankfurter Gulden waren zu dieser Zeit etwa ein Pfund Sterling wert. Geht man davon aus, dass Kuriere in die nähere europäische Umgebung etwa 300 bis 600 Gulden kosteten, so bediente sich allein das Frankfurter Haus zwischen zwei- und dreihundert Mal pro Jahr dieser schnellsten Beförderungsmethode für Nachrichten. Das schließt sämtliche ausgehenden Briefe ein, also an Familienmitglieder, mit denen teilweise mehrmals täglich kommuniziert wurde, an Agenten und Geschäftspartner und an Regierungen und Herrscher. Eine vorsichtige Schätzung kommt somit zu dem Schluss, dass nicht mehr als zehn bis zwanzig Prozent aller Briefe von Kurieren transportiert wurden. Da Kuriere in der Korrespondenz von Agenten wesentlich weniger erwähnt werden als in den Briefen der Rothschilds untereinander, scheint sicher, dass Agenten diese teure Beförderungsmethode noch seltener in Anspruch nahmen.

Diese privaten, teilweise bei den Rothschilds angestellten Kuriere, waren nicht billig. Die den King's Messengers des britischen Außenamtes gezahlten Beträge verdeutlichen aber, dass ihre Preise durchaus im Rahmen lagen. Eine Spesentabelle von 1824 nennt 51 Pfund für Paris, 105 Pfund für Frankfurt und 178 Pfund für Berlin als Vorschüsse für die königlichen Reiter, was, anders als bei kommerziellen Kurieren, die Rückreise mit einschloss. Dass der Kontakt mit dem Osmanischen Reich zu jener Zeit nicht allzu häufig zustande kam, lag wahrscheinlich an den Kurierspesen von 551 Pfund, der höchsten in der Tabelle genannten Summe.[85]

---

[83] RAL: XI/109/21/1/16, James de Rothschild, Paris, an Nathan Rothschild, 20. April 1831.

[84] RAL: XI/109/18/6/36, Amschel von Rothschild, Frankfurt an James und Anthony de Rothschild, Paris, 2. Februar 1831; XI/109/24/1/65, Amschel von Rothschild, Frankfurt an seine Brüder, undatiert [Spätjahr 1831].

[85] PRO: FO96/117, ‚Advances to Messengers on Foreign Journies, 1824'.

Abschließend zum Kurierwesen muss noch bemerkt werden, dass der
Einsatz dieser schnellsten Beförderungsmöglichkeit auch mit Nachteilen
verbunden war. Erhielt ein Geschäftsmann oder ein Politiker einen Kurier, blieb dies in den räumlich überschaubaren Handels- und Machtzentren von Konkurrenten nicht unbemerkt und bot stets Anlass zu Spekulationen. Für London lässt sich belegen, dass die Ankunft von Kurieren,
nicht nur für die Rothschilds, sogar regelmäßig durch die Zeitung publik
gemacht wurde. In einigen Fällen schrieb *The Times* sogar etwas über den
vermuteten oder tatsächlichen Inhalt der Depeschen; im folgenden Fall
ohne direkten Bezug zu einem Geschäft:

> Mr. Rothschild has received an express from St. Petersburgh, stating that the Baron,
> his brother, had been seriously indisposed, and that his life was despaired of; but on
> the departure of the courier, the physicians had announced him to be out of danger.[86]

Auch die Bewegungen der Kuriere des britischen Außenministeriums
wurden in der Sparte „Nachrichten", meist an exponierter Stelle, notiert.
Das nachfolgende Beispiel ist repräsentativ für eine solche Notiz:

> On Wednesday, Mr. Mates, the King's Messenger, arrived at the Foreign-office, in
> Downing-street, with despatches from St. Petersburgh, which place he left on the 23d
> of February. We understand the Messenger would have arrived two days sooner, but
> was detained at Calais by the tempestuous weather.[87]

Die private Geschäftskorrespondenz der Rothschilds ist voll von Mutmaßungen über die Nachrichten, die Kuriere für andere brachten. Ebenso
versuchten Bankiers sicher herauszulesen, was der Einsatz eines Kuriers
über Entscheidungen der Rothschilds aussagte. Vor diesem Hintergrund
ist Amschel von Rothschilds Anweisung an seinen Bruder James verständlich: „Wenn Du mir Kurier schickst sage ihm er möchte sein Kurier Kleid
in der Stadt ausziehen. Es gibt in der kleinen Stadt Frankfurt gleich Auf-
sehen und alle Briefe sind dadurch gefallen."[88] Carl von Rothschild wies
seine Brüder 1826 an, dass sie ihren zu ihm nach Neapel geschickten Kurieren einschärfen sollten, bei eventuellen Zwischenaufenthalten in Rom
ihre Pässe erst unmittelbar vor der Weiterfahrt nach Süden validieren zu
lassen, da ansonsten die Konkurrenz weit im voraus wüsste, dass das neapolitanische Haus Kuriere erhalte.[89] Andererseits war es aber auch zumin-

---

[86] The Times, 19. September 1822, S. 2.
[87] The Times, 15. März 1822, S. 3
[88] RAL: XI/109/8, Amschel von Rothschild, Frankfurt an James de Rothschild, Paris, 25.
November 1817.
[89] RAL: XI/109/11/3/40, Carl von Rothschild, Neapel an seine Brüder, 14. November
1826.

dest teilweise gängige Praxis, nicht nur das Eintreffen von Kurieren, sondern auch den Inhalt der erhaltenen Nachrichten publik zu machen, wenn dies opportun erschien. Die Times berichtete 1822 in ihrem Editorial:

> On the 25th in the morning the house of Rothschild, jun.,[90] received an express from Paris. An extraordinary bustle was noticed in the transactions with paper currency: the tickets of the lottery[91] of Rothschild immediately fell 3 per cent: all the other Austrian paper fell in proportion. The house of Rothschild having, contrary to its usual custom, observed profound silence on the contents of the despatches which it has received, the most singular reports were in circulation on Change[92]; and, the magistrates of Frankfort not having contradicted them, it was generally believed by the merchants that the courier had brought news of the commencement of hostilities between the Russians and the Turks. On the same day (the 25th) the house of Rothschild despatched couriers to different capitals.[93]

Darüber hinaus war nicht auf jeden Kurier Verlass, was zum Beispiel ein Brief von Anselm von Rothschild in Berlin an seinen Onkel Amschel in Frankfurt dokumentiert.

> Nun lieber Onkel so eben kommen Deine Briefe per Estafette[94] an. Recht sehr freut es mich, daß die Renten aufgeschlagen ist, allein die Nachricht war schon hier bekannt. Gott weiß wer die Kuriere erhielt. Ich vermute unsere Kuriere von Paris nehmen Kurse für andere mit. James muss seinen Kurieren einschärfen, daß sie nicht Kurse für andere mitnehmen. Ich vermute es.[95]

Die Art des Informationstransports war mithin nicht maßgeblich dafür, dass die Rothschilds gut informiert waren. Ihre Beförderungsmethoden

---

[90] Die Bezeichnung „Junior" was im allgemeinen nicht gebräuchlich für N M Rothschild und konnte sich nur auf die falsche Annahme gründen, dass London in einer untergeordneten Funktion zum Frankfurter Stammhaus stand.

[91] Gemeint sind Wertpapiere die nach den Regeln einer Lotterie ausbezahlt werden (lottery bonds). Während der Laufzeit des Papiers werden regelmäßige Ziehungen abgehalten. Der ausbezahlte Wert des Papiers liegt gewöhnlich über dem eines Bonds mit festem Wert und Einlösedatum aber der Investor geht das Risiko ein, dass sein Papier überhaupt nicht gezogen wird.

[92] Englische Umgangssprache für „Stock Exchange"

[93] The Times, 4. April 1822. Einige Tage später rückte ein weiterer Artikel diese Meldung, die sich auf den zwischen Russland und dem Ottomanischen Reich schwelenden Konflikt um die Unabhängigkeit Griechenlands bezog, in das richtige Licht: „The Hamburgh mail, arrived yesterday, brought a letter from Frankfort dated March 27, which alludes to the rumours of war between Russia and the Porte in the following terms: - ‚All the reports that were in circulation here yesterday appear to have been nothing more than new inventions of the speculators in Government securities: immense sums were lost.'" The Times, 10. April 1822, S. 2.

[94] Für eine Definition siehe die nachfolgenden Ausführungen.

[95] RAL: XI/109/19/4/40, Anselm von Rothschild, Berlin an Amschel von Rothschild, Frankfurt, 14. März 1831.

unterschieden sich nicht wesentlich von denen der Konkurrenz und gaben
auch häufiger Anlass zu Klagen. Es bleibt jedoch festzuhalten, dass die
Übermittlung von Nachrichten im vortelegrafischen Zeitalter äußerst
kostspielig war und das Budget der Bank stark belastete.

8.   Informationsgeschwindigkeit

Kuriere wurden immer dann eingesetzt, wenn es wichtig erschien, einen
Informationsvorsprung vor geschäftlichen Konkurrenten zu haben. Aber
im wesentlichen bedienten sich die Rothschilds untereinander und auch
ihre Agenten der Post, um Nachrichten auszutauschen. Die Post im Europa des 19. Jahrhunderts, zumal in dessen erster Hälfte, war noch unterschiedlich und fragmentarisch organisiert. Während es in Großbritannien
und Frankreich schon im 17. Jahrhundert ein einheitliches nationales
Fahrpostwesen gab, also Beförderungen in Kutschen statt durch Reiter
(Personenposten), verhinderte die politisch-administrativen Verhältnisse
und die Rivalitäten zwischen verschiedenen Postanstalten in den deutschen Ländern den Aufbau eines uniformen Netzes.[96] Ursprünglich diente
die Post ausschließlich der Beförderung von Briefen, kleiner und leichter
Pakete oder Geldsendungen, da nur die durch Reiter mitgenommen werden konnten. Etwa zur Mitte des 17. Jahrhunderts begann auch die Beförderung von „Commercien", also schwererer Sendungen und, zunächst nur
als Nebenprodukt, Personen durch Postkutschen. Das frühe 19. Jahrhundert leitete eine neue Epoche des Postreiseverkehrs ein, vor allem in Zentraleuropa. Die Länder des Deutschen Bundes führten nach dem Wiener
Kongress, auf Initiative Preußens, das Schnell- oder Eilpostsystem ein,
durch das auch Personen erstmals mit größerer Geschwindigkeit befördert
werden konnten.[97] Die Reitposten nahmen in ihrer Zahl und Bedeutung
zwischen 1815 und den 1860er Jahren stetig ab, waren aber zumindest bis
zur Einrichtung eines leistungsfähigen Eisenbahnsystems in der zweiten
Hälfte des 19. Jahrhunderts immer noch die schnellste Möglichkeit, Nachrichten zu transportieren. Alle Posten hielten sich an fest vorgegebene
Strecken und Abfahrtszeiten. Ihnen waren durch zeitliche Vorgaben und
Taktungen des Pferdewechsels an den Poststationen der Ablauf der Reise

---

[96] Hermann Glaser, ‚Die Überwindung des Raumes. Beseelte Erfahrung', in: Hermann
Glaser / Thomas Werner, Die Post in ihrer Zeit. Eine Kulturgeschichte menschlicher
Kommunikation, Heidelberg 1990, S. 77-189, hier S. 92.
[97] Klaus Beyrer, ‚Eilwagen und Schnellpost', in Idem, Zeit der Postkutschen. Drei Jahrhunderte Reisen, 1600-1900, Karlsruhe 1992, S. 189-96.

streng vorgeschrieben. In den Staaten des Deutschen Bundes gab es 1819 insgesamt 382 Poststrecken. Das Kursbuch von 1841 verzeichnete 1385 Strecken, wobei aber viele davon mehrfach durch verschiedene Arten der Post bedient wurden.[98]

Zwischen den von den Rothschilds bewohnten Orten und nahezu allen Standorten ihrer Agenten existierten regelmäßige Postverbindungen, allerdings variierte die Frequenz teilweise gewaltig. Bei der Übermittlung von Nachrichten und deren Aktualität musste auch stets bedacht werden, wann wieder eine Post abging, wollte man nicht den wesentlich teureren privaten Kurier in Anspruch nehmen. Die in den Briefen genannten postalischen Beförderungsmethoden variierten von reitender Post über Schnellpost bis hin zur normalen Fahrpost, je nach Dringlichkeit der Nachrichten. Besonders häufig benutzt wurden die so genannten Estafetten, Reitposten die nicht nach Plan verkehrten und deshalb in den Kursbüchern erst gar nicht verzeichnet waren. Deren Reitgeschwindigkeit lag nicht höher als die der planmäßigen Reitposten, da sie sich derselben Menschen und Pferde bedienten. Der Vorteil war, dass sie jederzeit abgehen konnten und unterwegs auch nicht gegebenenfalls auf Anschlussposten warten mussten. Selbstverständlich waren die Estafetten dafür teurer, aber immer noch preiswerter als ein privater Kurier.[99] Daß sie jedoch langsamer waren und daß die so verlorene Zeit bisweilen Wettbewerbsnachteile mit sich brachte, belegt das oben genannte Zitat von Anselm von Rothschilds von 1831.[100] Die Zeitersparnis gegenüber der regulären Post verdeutlicht dagegen ein Schreiben Carl von Rothschilds aus dem Jahr davor:

---

[98] Herbert Leclerc, ,Post- und Personenbeförderung in Preußen zur Zeit des Deutschen Bundes', in: Wolfgang Lotz (Hrsg.), Deutsche Postgeschichte. Essays und Bilder, Berlin 1989, S. 171-188.

[99] Legt man die Gebühren für eine Estafette in Preußen zugrunde (vgl. Leclerc, ,Post- und Personenbeförderung', S. 174), so kostete die Übermittlung einer Nachricht von Frankfurt nach Paris wahrscheinlich nicht mehr als einhundert Gulden, also etwa ein Drittel bis ein Fünftel der Summe, die ein Kurier verlangt hätte. Aufgrund der verschiedenen Währungen, der sich teilweise rapide ändernden Tarife und der nicht für jeden Zeitraum gleichförmig zur Verfügung stehenden Zahlen gestaltet sich eine präzisere Berechnung schwierig.

[100] Diese Definition in Leclerk, ,Post- und Personenbeförderung', S. 174. Dort findet sich auch die Behauptung, dass Estafetten angesichts der hohen Kosten nur selten und dann meistens im staatlichen Auftrag verkehrten. Angesichts der über Jahrzehnte anhaltenden hohen Regelmäßigkeit mit der die Rothschilds sich dieser bedienten und auch auf die Benutzung solcher durch Geschäftskonkurrenten hinwiesen, muss die Exklusivität dieses Beförderungsmittel zumindest auf den Kreis der Bankiers und Großkaufleute ausgeweitet werden.

Schicke uns immer Stafetten, wenn es differiert in die Renten und wenn wir es Salomon per Stafett schicken sollen. Weil wir sie ½ Tag früher fort schicken können,
kommen bei Tag in Wien an, denn die Post kommt Abend, Stafett Mittag.[101]

Eine ganze Reihe von Faktoren beeinflusste die Laufzeit von Briefen. Wo
Schiffsverkehr involviert war, konnte die Windstärke und –richtung tage-
lange Verzögerungen bedeuten, zumindest bis in den 1830er Jahren vermehrt Dampfboote auf verschiedenen Strecken eingesetzt wurden.[102] Die
Amsterdamer Agenten Coudere & Brants beklagten 1825, dass der konstant schlechte Wind den Empfang von Briefen aus Großbritannien „seit
geraumer Zeit" unmöglich mache.[103] Ein besonderes Problem für die
Kommunikation und den Handel mit Nordosteuropa war, dass Seewege
im Winter zufroren. Benjamin Davidson, kurzfristig Rothschild-Agent in
St. Petersburg im Jahr 1847, erläuterte in einem während der Anreise
dorthin verfassten Brief aus Riga, dass alle im Baltikum auf die Öffnung
der Passage warteten, da sich erst danach die Preise für Getreide wesentlich verändern würden.[104] Eine Reederei aus Hull, dem wichtigsten britischen Seehafen für Ostseeverkehr, schickte im März 1850 eine gedruckte
Werbeanzeige an N M Rothschild, in der darauf hingewiesen wurde, dass
das Dampfschiff Victoria die erste Gelegenheit der Saison sein wird, Post
auf dem direkten Seeweg nach St. Petersburg zu schicken. Abhängig vom
Eis sei zu hoffen, dass das Schiff im späten April oder frühen Mai abreisen könne.[105]

Wichtig für die Geschwindigkeit der Nachrichtenübertragung per Post
oder Kurier war vor allem das Vorhandensein und die Beschaffenheit von
Straßen. In Frankreich setzte bereits gegen Ende des 19. Jahrhunderts ein
planmäßiger Chausseenbau ein, der die Reisezeiten vor allem der Postkutschen erheblich verringerte. In den deutschen Ländern wurde der Chaus-
seebau erst nach den Befreiungskriegen wesentlich vorangetrieben und die
Qualität der gebauten Straßen und ihre Widerstandsfähigkeit gegen sich

---

[101] RAL: XI/109/16/7/23, Carl von Rothschild, Frankfurt an James de Rothschild, Paris,
18. Dezember 1830.

[102] Das erste kommerziell eingesetzte Dampfboot zur Kanalüberquerung, die Rob Roy,
wurde 1820 von der französischen Regierung in Dienst gestellt. Zwei Jahre später wurden
zwei Dampfboote von einer in Dover ansässigen Firma eingesetzt, um die britische Post
nach dem Kontinent zu befördern. Es dauerte aber noch einige Jahre, bis sich die
Dampfboote   generell   gegen   die   Segelschiffe   durchsetzen   konnten.   Siehe
http://www.theotherside.co.uk/tm-heritage/background/ferries.htm

[103] RAL: XI/38/68 Coudere & Brants, Amsterdam, an N M Rothschild, 1. April 1825.

[104] RAL: XI/38/81B, Benjamin Davidson, St. Petersburg an N M Rothschild, 7. März
1847.

[105] RAL: XI/114/11A, Brownlow, Pearson & Co., Hull an N M Rothschild, 19. März
1850.

ändernde Wetterbedingungen seit den 1830er Jahren vor allem durch
sorgfältiges Verdichten der Oberfläche mittels Walzen entscheidend verbessert.[106] Eine Untersuchung der Verhältnisse in Österreich-Ungarn
kommt zu dem Schluss, dass die Durchschnittsgeschwindigkeit auf den
Straßen sich aufgrund einer Vielzahl von Innovationen in der ersten Hälfte des 19. Jahrhunderts mehr als verdoppelte. Als Gründe werden glattere
Straßenoberflächen und leichtere Wagen besonders hervorgehoben.[107]
Neben besseren Straßen war seit der Jahrhundertmitte aber vor allem der
Einsatz der Eisenbahn zur Postbeförderung ein wesentlicher Grund dafür,
daß Nachrichten deutlich schneller transportiert werden konnten als noch
am Beginn der Restaurationszeit. In Großbritannien wurde erstmals 1838
auf der Strecke London – Birmingham Post transportiert, in Deutschland
im Jahr 1848 in einigen von Heidelberg abgehenden Zügen. Erst in den
1860er Jahren hatte die Eisenbahn allerdings endgültig die Kutsche in der
Beförderung der Post über längere Distanzen völlig verdrängt.[108]

Wie lange dauerte es, bis die Korrespondenz der Agenten aus ihren
verschiedenen Standorten in London eintrafen und wie veränderte sich
diese Laufzeit im 19. Jahrhundert? Die Laufzeit einer Vielzahl von Agentenbriefen lässt sich durch den Vergleich des Abfassungsdatums beziehungsweise Poststempels und des Eingangsstempels des Kontors von N
M Rothschild in London ermitteln. Zu einem geringeren Teil enthalten
Briefe ebenfalls einen zweiten Londoner Stempel, der das Datum der Beantwortung des betreffenden Briefes bezeichnet. Ein solcher Stempel
weist ebenfalls darauf hin, dass es sich bei dem Schriftstück um eine Routinekorrespondenz zwischen den Kontoren handelte. Die genannten Zahlen sind jeweils Durchschnittswerte, die sowohl im Sommer wie im Winter
geschriebene Briefe berücksichtigen, und sie beziehen sich, soweit nicht
anders vermerkt, auf mit der normalen Post und nicht per Kurier geschickte Briefe.

Die Analyse der Agentenkorrespondenz des Stichjahrs 1825 zeigt, dass
nur die Verbindungen mit den Häfen der Nordseeküste Briefwechsel zu-
ließ, die regelmäßig Beratungen über einzelne Geschäfte ermöglichte. Die
Amsterdamer Agenten schickten Briefe innerhalb von drei oder maximal
vier Tagen nach London. Die Rothschild Repräsentanten in Hamburg

---

106 Martin Scharfe, ‚Straße und Chaussee. Zur Geschichte der Wegsamkeit‘, in: Klaus
Beyrer, Zeit der Postkutschen. Drei Jahrhunderte Reisen, 1600-1900, Karlsruhe 1992, S.
137-49.
107 Roman Sandgruber, Ökonomie und Politik. Österreichische Wirtschaftsgeschichte
vom Mittelalter bis zur Gegenwart, Wien 1995, S. 200-201.
108 Thomas Werner, ‚Die Post – ein Netzwerk. Systeme der Vermittlung‘, in Hermann
Glaser / Thomas Werner, Die Post in ihrer Zeit. Eine Kulturgeschichte menschlicher
Kommunikation, Heidelberg 1990, S. 8-78, hier S. 39.

benötigten dazu schon im Durchschnitt sechs Tage. Viele Briefe aus der Hansestadt gingen nicht direkt per Schiff nach London, sondern zunächst auf dem Landweg nach Helvoetsluys, nahe Rotterdam. Ein Brief von M. J. Jenisch wurde von Hamburg aus direkt mit dem Dampfboot nach London geschickt, was etwa zwei Tage Laufzeit einsparte. Zusätzlich ging eine Kopie des Briefes den normalen Weg via Rotterdam.[109] Überhaupt war es durchaus üblich, dass Agenten auch Routinebriefe in ihren Kontoren kopieren und über einen zweiten Weg abschicken ließen, um die sichere Ankunft der Information zu gewährleisten.

Weiter östlich gelegene deutsche Standorte wie Berlin, Dresden oder Leipzig lagen postalisch neun bis elf Tage von London entfernt. Briefe aus dem Luftlinie gut 1,800 Kilometer von London entfernt liegenden Riga erreichten die britische Hauptstadt binnen zwei Wochen. Die Korrespondenten der norditalienischen Städte Mailand, Genua oder Florenz, obwohl wesentlich weniger weit entfernt (ca. 1,300 Kilometer), benötigten ebenfalls rund zwei Wochen, teilweise einige Tage länger, um mit London in Verbindung zu treten, was einerseits den Alpen, andererseits vielleicht auch den Straßenverhältnissen auf der italienischen Halbinsel geschuldet war. Das habsburgische Triest war angesichts der Entfernung auch nicht schlechter angebunden, da Briefe von dort im allgemeinen 16 Tage unterwegs waren. Es ist ermittelt worden, dass die Postwagen zur Mitte des 18. Jahrhunderts etwa eine Woche für die steigungsreiche Strecke von Triest nach Wien brauchten.[110] Die reitende Post dürfte etwas schneller und die Straßen im 19. Jahrhundert besser ausgebaut gewesen sein, so dass sich die Strecke vermutlich in vier bis fünf Tagen bewältigen ließ. Von Wien aus benötigte die Post nach London etwa zwölf Tage. Am längsten dauerte der Briefverkehr 1825 mit den Agenten in Gibraltar. Unter drei Wochen Laufzeit ließen sich Briefe von dort offenbar nicht nach Großbritannien befördern. Dabei wurde nicht der Seeweg durch den Atlantik, sondern stets der offensichtlich beschwerliche und nicht ganz risikolose Landweg über Spanien bis zum Hafen von Bayonne gewählt. Die Gefahren des Baskenlandes dokumentiert die folgende Zeitungsmeldung:

---

[109] Zum Beispiel RAL: XI/38/153, M. J. Jenisch, Hamburg an N M Rothschild, 2. September 1825.

[110] Andreas Helmedach, Das Verkehrssystem als Modernisierungsfaktor. Straßen, Post, Fuhrwesen und Reisen nach Triest und Fiume vom Beginn des 18. Jahrhunderts bis zum Eisenbahnzeitalter, München 2002, S. 227. Interessant ist auch die von Helmedach zitierte Berechnung des preußischen Postmeisters Heinrich von Stephan aus der Mitte des 19. Jahrhunderts. Von Stephan gab an, dass ein reitender Briefposten oder fahrender Schnellposten bis 1875 in Preußen durchschnittlich 35 Minuten für die preußische Meile (7,532 Kilometer) auf chaussierten Straßen gebraucht habe. Ibid. S. 215.

A courier despatched by Mr. Rothschild for Madrid, has been robbed by a banditti at Arretchaballeta, in Guipuscoa, and obliged to return to Bayonne. The courier who left Bayonne on the 20th for Spain was also stopped and his despatches burnt.[111]

In ganz anderen Dimensionen musste bei der Nachrichtenübertragung zwischen London und Mittel- und Südamerika gedacht werden. Die Agenten der brasilianischen Standorte Rio de Janeiro und Bahia benötigten relativ konstant zwei Monate, um Mitteilungen nach Großbritannien zu senden. Briefe aus New Orleans, wo zwei Agenten ansässig waren, konnten mitunter in sechs Wochen in London sein, teilweise benötigten sie aber auch weit über zwei Monate. Dies lag daran, dass der Schiffsverkehr wetterbedingt keine festen Zeiten garantieren konnte. Fiel ein Schiff ganz aus, verzögerte sich die Übertragung gleich um mehrere Wochen.

Zur Jahrhundertmitte gestalteten sich die überseeischen Kontakte ein wenig schneller und zuverlässiger, da zu dieser Zeit bereits vermehrt Dampf- statt Segelschiffe für die Transatlantikpassage eingesetzt wurden.[112] Innerhalb Europas hatte sich die Schnelligkeit der brieflichen Informationsübertragung dagegen wesentlich verbessert. Die Analyse der Agentenkorrespondenz von 1850 zeigt, dass Amsterdam nur noch zwei, Hamburg drei bis maximal vier Brieftage von London entfernt lagen. Interessanterweise ging die Korrespondenz von diesen beiden Plätzen nicht direkt auf die Insel, sondern zunächst nach Ostende, von wo es ein regelmäßig verkehrendes Dampfboot direkt nach London – nicht nach Dover – gab.[113] Ein Brief des Hamburger Bankiers Salomon Heine an N M Rothschild aus dem Jahr 1848 erwähnt, „das Dampfboot mit der Post [...] ist bis Glückstadt gekommen, von wo die Briefe per Eisenbahn befördert und noch diesen Abend hier erwartet werden." Das Boot konnte aufgrund der vereisten Elbe nicht direkt nach Hamburg kommen.[114] Da auch Heine zu dieser Zeit die Post immer über Ostende erhielt, ist anzunehmen, dass es sich dabei nicht um ein direktes Dampfboot nach London, sondern

---

[111] The Times, 4. Januar 1823, S. 2.

[112] Bereits 1819 hatte die „Savannah" die erste kombinierte Dampf- und Segel-Atlantiküberquerung binnen 26 Tagen geschafft. 1833 und 1838 gelang den ersten reinen Dampfschiffen diese Passage. Weitere Details zur Entwicklung der Dampfschifffahrt: Wilhelm Treue, ‚Neue Verkehrsmittel im 19. und 20. Jahrhundert. Dampf-Schiff und -Eisenbahn, Fahrrad, Automobil, Luftfahrzeuge', in: Hans Pohl, Die Bedeutung der Kommunikation für Wirtschaft und Gesellschaft, Stuttgart 1989, S. 321-57, hier S. 322-34.

[113] Die 1850er Jahre sahen auch erhebliche Verbesserungen in der Technologie der Dampfschiffahrt, vor allem die Ersetzung der hölzernen Schaufelräder durch metallene Schiffsschrauben. Für eine detaillierte Geschichte der Dampfschiffahrt im 19. Jahrhundert siehe <http://31.1911encyclopedia.org/S/ST/STEAMSHIP_LINES.htm>

[114] RAL: XI/38/142B, Salomon Heine, Hamburg an N M Rothschild, 18. Februar 1848.

eine Gelegenheit der Weiterbeförderung für die Post von einem kontinentalen Hafen aus handelte.

Auch die Post aus anderen deutschen Städten, wie z.B. Dresden, ging über Ostende und benötigte nur noch sechs bis acht Tage, etwa drei Tage schneller als noch fünfundzwanzig Jahre zuvor. In Berlin aufgegebene Post war drei bis vier Tage später in London, was vor allem durch die einige Jahre zuvor eröffnete durchgängige Bahnverbindung der preußischen Hauptstadt mit Aachen bedingt war. Die Bedeutung der Eisenbahn – und guter Straßenverhältnisse – für die Geschwindigkeit des Nachrichtentransports zu dieser Zeit unterstreicht die zur Kontaktaufnahme mit dem St. Petersburger Agenten nötige Dauer. Die damalige russische Hauptstadt liegt nur wenig mehr als doppelt so weit entfernt von London wie Berlin, aber Briefe von dort benötigten rund sechzehn Tage.[115] Dagegen waren Meldungen aus den oberitalienischen Städten, aus Triest oder Madrid binnen einer Woche in London zu haben. Kompliziert blieb lediglich noch der Briefverkehr mit Skandinavien. Die Agenten Michaelson & Benedick in Stockholm sandten ihre Depeschen zunächst nach Deutschland, teilweise über Berlin, teilweise über Hamburg, was eine zweite Seeüberbrückung nötig machte und die Post mindestens zehn Tage unterwegs sein ließ.

Die Agentenkorrespondenz des Stichjahres 1875 lässt eine Bestimmung der Brieflaufzeiten kaum noch zu, da auf nahezu keinem der Schreiben mehr Eingangsstempel zu finden sind. Einige Briefe des Kölner Bankhauses Oppenheim sind hier Ausnahmen; sie verdeutlichen, dass die Korrespondenz aus der Domstadt durchschnittlich zwei Tage bis London benötigte. Sicherlich ermöglichten noch bessere Straßen, eine technisch verbesserte und vor allem auf wesentlich mehr Strecken verkehrende Eisenbahn und eine effizienter organisierte Post eine noch schnellere Beförderung der Briefe. Entscheidender war allerdings, dass die verbliebenen Agenten des Jahres 1875 bei sämtlichen dringenden Meldungen oder Anfragen nach Entscheidungen auf den Telegrafen zurückgreifen und so die Übertragung von Nachrichten auf einige Stunden reduzieren konnten. Die Analyse des Stichjahres 1875 verdeutlicht, dass sämtliche Agenten regen Gebrauch von dieser Möglichkeit machten.

Waren die Rothschilds, zumindest bis in die 1850er Jahre, aufgrund der Schnelligkeit ihrer Kuriere besser informiert als andere Kaufleute oder sogar als Regierungen? Äußerungen in der familiären Geschäftskorrespondenz scheinen das zu verneinen, da dort vielfach auf Unzulänglichkeiten der Kurierdienstes oder die Wahl einer zu langsamen Übertragungs-

---

[115] Siehe auch die Fallstudie zu Benjamin Davidson für einen Einblick in die Schwierigkeiten des Transportes nach Russland auf dem Landweg zur Mitte des 19. Jahrhunderts.

methode eingegangen wird. So beklagte sich James de Rothschild 1817 in London:

> Diese Minute erhalte ich Dein geschätztes Schreiben vom 11ten. Weiß gar nicht wo der Kurier stecken ist geblieben. Er sagt wegen der Herzogin von Orleans. Gott weiß was er gemacht. Indessen hat die ganze Welt schon ihre Briefe bekommen und folglich sind die Kursen bekannt, denn wäre das nicht gewesen so hätte viel London gekauft.[116]

In Frankfurt bemerkte Amschel von Rothschild 1831: „Mit Vergnügen empfange Deine Estafette [...] und schade, der Homberger hat früher seine Estafette um einige Stunden. Es ist um die Ehre, daß die Menschen machen sich groß."[117] Hatte der älteste der fünf Rothschild Brüder diesen Umstand noch toleriert, war er nur einen Tag später erbost über einen Informationsrückstand:

> Eure Estafette über Hamburg kommt leider später wie die andere. Dieses kostet mich heute Geld, weil mir österreicher Kommission hatten und hätten solche von uns genommen. Adieu. Dein Bruder der ärgerlich ist, weil unsere Stafetten und unsere Brief später wie die ganze Welt ihre kommen.[118]

Im gleichen Jahr beschwerte sich Amschel erneut beim Chef des Pariser Rothschild-Hauses, dass er aufgrund zu spät eintreffender Kuriere seinen Konkurrenten gegenüber im Nachteil sei: „Willst du aber die Homberger nicht zu groß machen, mußt Du so handeln, daß ich den Kurier mit ihnen egal habe."[119] Es konnte sein, dass ein Geschäft verpasst wurde, weil die Post einem Kurier vorgezogen wurde. Das war zum Beispiel der Fall, als James de Rothschild seinen Brüder Amschel und Salomon vorwarf, sie hätten genau dadurch zwei Tage verschenkt. Hätten Sie einen Kurier geschickt, wäre es möglich gewesen, auch die Meinung des Londoner Bruders Nathan für eine wichtige geschäftliche Entscheidung einzuholen, in der Großbritannien die Hauptrolle spielte.[120] Allerdings konnte das genaue Gegenteil der Fall sein, denn spezielle Kuriere waren nicht immer schneller als die Post, wie Amschel von Rothschild bemerkte: „Es war gut

---

[116] RAL: XI/109/6, James de Rothschild, Paris an Nathan Rothschild, 14. April 1817.

[117] RAL: XI/109/18/6/8, Amschel von Rothschild, Frankfurt an James de Rothschild, Paris, 6. Januar 1831.

[118] RAL: XI/109/18/6/10, Amschel von Rothschild, Frankfurt an James de Rothschild, Paris, 7. Januar 1831.

[119] RAL: XI/109/23/5/25, Amschel von Rothschild, Frankfurt an James de Rothschild, Paris, 26. Mai 1831.

[120] RAL: XI/109/5/5/29, James de Rothschild, Paris and Salomon von Rothschild, Wien und Amschel von Rothschild, Frankfurt, 20. Dezember 1829.

Ihr per Post geschrieben habt, weil den Apponyi[121] sein Kurier 15 Stunden später als Post angekommen ist. Darum ist gut die Post nicht zu vernegligieren, wenn auch ein fremder Kurier geht."[122]

Kuriere konnten auch mehr oder weniger sinnvoll sein, je nachdem was sie genau transportierten. James de Rothschild schrieb 1816 an seinen Londoner Bruder Nathan, dieser möge genau überlegen, bevor er einen Kurier schicke. Meldungen über An- oder Verkaufswünsche an der Börse, die ein am Mittag des vergangenen Tages eingetroffener Kurier gebracht habe, seien die Extraausgabe wert, nicht jedoch eingeschlossene Rimessen, die niemand in Paris akzeptieren würde, bevor nicht die reguläre Post von London in der Stadt sei, und die sei erst am Morgen des Folgetags gekommen.[123] Carl von Rothschild ermahnte seinen Bruder James im Jahr darauf, er möge keine französischen Zeitungen mit der Post nach Frankfurt schicken. Lediglich wenn sie gelegentlich per Kurier kämen, wäre es interessant sie zu haben, da nur dies einen Informationsvorsprung brächte.[124] Auch Amschel von Rothschild wollte 1827 keine englischen Zeitungen mehr per Post von seinem Bruder Nathan erhalten, da er solche in Frankfurt „erst acht Tage später als die ganze Welt" empfange und sie außerdem jeweils elf Gulden Porto kosten.[125]

Alle diese Beispiele, die sich noch wesentlich vermehren ließen, sollen nicht darüber hinweg sehen lassen, dass es auch durchaus Situationen gab, in denen rasches Handeln und ein schneller Kurier einen deutlichen Informationsvorsprung ergeben konnte. Ein gutes Beispiel dafür ist ein Schreiben von Salomon von Rothschild aus Wien an James in Paris. Auf der Basis von Informationen, die er direkt von Metternich erhalten hatte, versicherte er seinem Bruder, dass Österreich keinen Krieg mit Frankreich zu haben, sondern lediglich eine Bestätigung des von ihm kontrollierten Territoriums, inklusive der italienischen Besitzungen, wünsche. Für James de Rothschild war es von großer Bedeutung, die Kriegswahrscheinlichkeit einschätzen zu können, da er unmittelbar vor der Entscheidung stand, sich an einer großen französischen Staatsanleihe zu beteiligen oder nicht. Salomon wusste, dass er seinen Bruder schnell informieren musste:

---

[121] Graf Anton Apponyi, österreichischer Botschafter in Paris.
[122] RAL: XI/109/18/6/34, Amschel von Rothschild, Frankfurt an James de Rothschild, Paris, undatiert, vermutlich früher Februar 1831.
[123] RAL: XI/109/5, James de Rothschild, Paris an Nathan Rothschild, 30. März 1816.
[124] RAL: XI/109/7, Carl von Rothschild, Frankfurt an James de Rothschild, Paris, 8. Mai 1817.
[125] RAL: XI/109/11/6/43, Amschel von Rothschild, Frankfurt an Nathan Rothschild, 20. April 1831.

Ich schicke Dir derhalben einen reitenden Kurier von Straßburg aus. Bist Du erstens um 48 oder 36 Stunden zum wenigstens früher von allem unterrichtet [...]. Und da das Anleihen den 19ten April voran geht, hast Du den 14 schon von mir alles. Weißt auch, daß in die erste zwei Monat die Bundes Truppen nicht nach dem Luxemburgische marschieren werden, was Casimir Périer[126] wünscht.[127]

In der Rothschild Mythologie nehmen Brieftauben einen besonderen Platz ein. Die Legende besagt, dass Nathan Rothschild als erster in London über den Ausgang der Schlacht von Waterloo informiert war, da er die Nachricht durch eine direkt vom Schlachtfeld geschickte Brieftaube erhielt. Aufgrund dessen konnte er angeblich durch Verkäufe von britischen Staatspapieren an der Börse eine Panik auslösen, da alle Welt glaubte, Rothschild wusste bereits, dass Napoleon gesiegt habe. Von Rothschild gedungene Mittelsmänner hätten die fast wertlosen Papieren gleich wieder aufgekauft und als die Nachricht vom Sieg der Koalitionstruppen eintraf, schnellte deren Wert wieder rapide nach oben.[128] Abgesehen davon, dass diese Börsenaktion nicht stattgefunden hat, ist es bis heute nicht völlig klar, wie Nathan Rothschild die Nachricht aus Waterloo erhalten hat. Es ist wahrscheinlich, dass ein im Auftrag der Rothschilds reitender Kurier um etwa einen Tag eher in London ankam, als der Bote, der die Regierung zu benachrichtigen hatte, was angesichts der oben geschilderten Ineffizienz des King's Messenger Corps nicht wirklich verwundern kann. Nathan Rothschild wandte sich sofort mit seiner Nachricht an die Regierung, jedoch wurde ihm zunächst kein Glauben geschenkt.[129]

Selbstverständlich wurden Brieftauben von den Rothschilds wie auch von anderen Geschäftsleuten und Regierungen zum Nachrichtentransport genutzt, da sie vor der Etablierung des elektrischen Telegrafen den schnellstmöglichen Transfer von – sehr kurzen – Nachrichten auf fest vorgegebenen Routen erlaubten. Auch Julius Reuter, der Gründer der Nachrichtenagentur, bediente sich dieser Vögel, als er noch in Aachen ansässig war, um Informationen aus Brüssel zu erhalten. Die Brieftauben wurden jeden Tag per Zug nach Brüssel gebracht, von wo sie mit Nachrichten versehen den Weg zurück nach Aachen fanden.[130] Für Geschäftsleute konnten die Vögel nicht zuletzt für eine schnelle Übertragung der

---

126 Casimir Périer (1777-1832) war unter der Regentschaft von König Louis Philippe Justizminister und Präsident der Kammer der Deputierten.
127 RAL: XI/109/22/5/7, Salomon von Rothschild, Wien an James de Rothschild, Paris, 8. April 1831.
128 Herbert H. Kaplan, Nathan Mayer Rothschild and the Creation of a Dynasty. The Critical Years, 1806-1816, Stanford 2006, s. 144-47 weißt schlüssig nach, dass die Rothschilds im Anschluss an die Schlacht von Waterloo keine außergewöhnlichen Profite gemacht haben.
129 Ferguson, World's Banker, S. 102-107.
130 Read, Power of News, S. 11-12.

Börsenkurse von Bedeutung sein. In einem nicht genauer zu datierenden
Brief aus der Mitte der 1840er Jahre erläuterte Nathaniel de Rothschild
aus Paris seinen Londoner Brüdern:

> A B in our pigeon dispatches means: buy stock, the news is good.
> C D in our pigeon dispatches means: sell stock, the news is bad.
> I hope our feathered messenger will have brought you in due time our good prices.[131]

Dass die Rothschilds Brieftauben offenbar regelmäßig einsetzten und
auch dafür bekannt waren, verdeutlicht ein Schreiben von Sir George
Grey, dem britischen Innenminister, an Lionel de Rothschild. Einer von
Greys Jagdaufsehern hatte eine Taube abgeschossen, die Zeichen unter
ihren Flügeln trug. Er bat Rothschild um Aufklärung, ob diese eine Relevanz für die Finanzmärkte haben.[132] In den Quellen des Rothschild Archivs finden sich allerdings nur wenige Hinweise auf die Bedeutung von
Brieftauben für die Nachrichtenübermittlung. Es kann daher davon ausgegangen werden, dass diese nur eine von vielen Übertragungsmethoden
waren. Mit dem Aufkommen des Telegrafen wurden sie für diese Aufgabe
bedeutungslos.

Welche Auswirkungen hatte die Laufzeit von Briefen auf die Arbeit
von Agenten? Ein Agent der – den Hin- und Rückweg der Post zusam-
mengerechnet – mehrere Wochen benötigte, um Instruktionen von seinen
Auftraggebern einzuholen, musste zwangsläufig autonomer und selbstver-
antwortlicher handeln als einer, der zur Mitte des Jahrhunderts innerhalb
weniger Tage, oder einige Jahre später, innerhalb einiger Stunden, Anweisungen aus London besorgen konnte. Die verbesserten Kommunikationsmethoden trugen, wie oben erwähnt, zur Verkleinerung des Agentennetzwerks bei. Die Zentralität des Netzwerks wurde größer und seine
Symmetrie geringer, je effizienter die Methoden der Nachrichtenübermittlung waren. Dazu kommt, dass aufgrund des Telegrafen viele Entscheidungen zu Routinegeschäften zeitgerecht in London gefällt und dann
direkt ins Ausland weitergeleitet werden konnten, ohne einen Agenten vor
Ort zu bemühen, der eventuell noch eigene Entscheidungen treffen oder
Korrekturen anbringen musste, wie zu der Zeit, als eine lange Spanne
zwischen der Ausgabe von Anordnungen und deren Exekution an entfernten Plätzen lag.

---

[131] RAL: T/7/144, Nathaniel de Rotschild, Paris an seine Brüder, London, undatiert, zirka
1846.
[132] RAL: T/6/250, Sir George Grey, Whitehall, an Lionel de Rothschild, 27. Juli 1848.

Ein gutes Beispiel für die Notwendigkeit autonomer Entscheidungen vor Einführung des Telegrafen, auch zu wichtigen Geschäften, findet sich in einem Schreiben von Carl von Rothschild, der 1817 in Berlin arbeitete:

> Wegen die französische Obligationen lieber Salomon schreibst Du ich soll sie schnappen zu 85 % und wenn wir um 12 % bekommen wäre auch nicht zu teuer. Ich soll erst nach Paris darüber anfragen. Du mußt wissen von hier nach Paris geht ein Brief 9 Tag und 9 Tag her macht 18, ist gar zu lang.[133]

Die pure Übertragungsgeschwindigkeit war zwar bedeutsam, aber nicht der allein entscheidende Faktor für einen Informationsvorsprung. Wichtiger noch war die Qualität der Nachricht, die von der effizienten Arbeit des Nachrichtenbeschaffers und der Zuverlässigkeit der von ihm benutzten Quellen abhing. Und zu allererst musste ein Agent überhaupt erst erkennen, welche Nachrichten für seine Auftraggeber von Interesse waren und wie schnell deren Übertragung erfolgen musste, um bei Ankunft immer noch von Wert zu sein. Die Arbeit der Agenten vor Ort wird im folgenden Kapitel und in den Fallbeispielen näher beleuchtet.

Hier sollen, bevor die bahnbrechende Einführung des elektrischen Telegrafen diskutiert wird, noch einige Erläuterungen zur Arbeit der „forwarding agents„ an der Kanalküste gemacht werden, da diese hinsichtlich Schnelligkeit und Effizienz eine besonders exponierte Stellung im Informationsnetz innehatten.

9. „Forwarding Agents"

Die in Dover und Calais ansässigen Agenten Marsh und Cullen waren wichtige Schnittstellen des Informationsnetzwerks. Selbst nicht in Geschäfte involviert, betätigten sich als reine Dienstleister, um einen möglichst schnellen und reibungslosen Transfer von Nachrichten, Gütern und gelegentlich Personen über den Ärmelkanal zu gewährleisten. Ihre Briefe an die Londoner Rothschilds in englischer Sprache zeichneten sich durch extreme Regelmäßigkeit und Knappheit aus. Teilweise erhielt das Londoner Bankhaus mehrmals täglich Nachrichten aus Dover und Calais, wobei Cullens Briefe über Marsh befördert wurden. Die beiden Agenten meldeten jeweils den Eingang und Abgang von Kurieren, gegebenenfalls inklusive der Information, ob diese Edelmetalllieferungen begleiteten. Sie teil-

---

[133] RAL: XI/109/7, Carl von Rothschild, Berlin an Salomon von Rothschild, Frankfurt, 4. November 1817.

ten mit, mit welchen Schiffen und um wieviel Uhr diese übergesetzt haben und wie und wann sie auf dem Landweg weitergeleitet worden sind. Auch wenn erwartete Briefe oder Pakete nicht ankamen, war das eine Nachricht wert, um in London Dispositionen treffen zu können. Die Firma Cullen – geführt von William Cullen mit Unterstützung seines Vaters und mindestens drei seiner Brüder – beschränkte sich nicht nur auf Aufgaben im Hafen, sondern betrieb auch eigene Fährschiffe. Die Brüder betätigten sich als Kuriere an Familienmitglieder und Agenten auf dem Festland. Ein typischer Brief William Cullens verdeutlicht das Ausmaß seiner Tätigkeit:

> I am happy to inform you that the King George Captain Vay arrived here yesterday morning. Ten Boxes containing £100,000 in Guineas Mar R. No 41 @ 50, also five Boxes Markd OR No. 1 @ 5 containing Gold bars for Mr J.J.R. Osy of Antwerp. I have therefore agreeable to your request forwarded the Guineas to Paris in charge of one of your brother's couriers, the five Boxes of Bars I have forwarded to Mr. J.J.R. Osy in charge of my Brother John, hoping you will approve of the same.[134]

Auf diese Weise wusste Nathan Rothschild exakt welche seiner Sendungen Calais erreicht hatten und auch, dass beispielsweise ein Kurier eine der Sendungen nach Paris brachte, was ihn in die Lage versetzte, deren Ankunft zu berechnen. Am gleichen Tag schrieb John Marsh von Dover nach London: „There is Landed the Spanish Ambassador this afternoon. He leaves for London tomorrow morning."[135] Das verdeutlicht eine weitere Aufgabe der „forwarding agents". Durch ihre Tätigkeit hatten sie einen genauen Überblick über die Aktivitäten in den Häfen, durch die sehr viele Personen und Lieferungen im britisch-kontinentalen Verkehr gingen. Teilweise konnten die so gewonnenen Informationen den Rothschilds einen Informationsvorsprung verschaffen, denn falls Nathan in London Schlüsse aus der Ankunft des besagten Botschafters ziehen konnte oder diesen gar zu treffen beabsichtigte, war es von großem Wert, über dessen Ankunft einen Tag im voraus informiert zu sein. Die Durchsicht der Korrespondenz von Marsh allein für den Monat März 1825 bringt folgende Informationen dieser Art ans Licht: „There were two Messengers landed last Evening for the Foreign Office." (2. März); There is a Spanish Courier Landed and Left for London since Post last evening." (17. März); There where two Tons of Silver left here this morning for Calais for Fouldes[136] of Paris." (19. März); There is Landed some Gentl. with Despatches from Viannia (sic) for the Foreign Office." (28. März).

---

[134] RAL: XI/38/70A, William Cullen, Calais an N M Rothschild, 1. Februar 1825.
[135] RAL: XI/38/173B, John Marsh, Dover an N M Rothschild, 1. Februar 1825.
[136] Gemeint ist das Pariser Bankhaus der Gebrüder Fould, im 19. Jahrhundert ein großer Konkurrent der Rothschilds auf dem französischen Kapitalmarkt.

Es darf allerdings nicht außer acht gelassen werden, dass auch Geschäftskonkurrenten Informationen dieser Art aus den Kanalhäfen bezogen.
Darüber hinaus wurden größere Anlandungen auch in der Londoner Presse vermerkt. 1820 zum Beispiel informierte „The Times": „The house of
Messrs. Rothschild and Co. received on Monday, from the continent, two
waggon loads of silver, nearly eight tons weight."[137]
    Nicht zuletzt angesichts dessen war auch die Geschwindigkeit der Wei-
terleitung von Nachrichten und Dingen von Bedeutung. Diese war durchaus beeindruckend, wie ein mit einer Reihe von Transportmittel durchge-
führter Transfer von Wertpapieren dokumentiert. Cullen schrieb im April
1825 nach London:

> The enclosed parcel I have this moment received Express from Paris and I lose no
> time in forwarding the same to you hoping you will receive the same in good time
> tomorrow morning. I am advised from Paris to expect 5 parcels of Bonds, which I am
> desired to forward to you with the dispatch, but the bonds are not arrived with this
> dispatch. Therefore I think it possible they may arrive this night by the diligence[138] in
> which case I will forward them to you by that conveyance in charge of some confi-
> dential person and if too late for the London steam, I will forward them to you by
> way of Dover hoping you will receive them safe."[139]

Das Dampfboot, hier direkt zwischen London und Calais fahrend, war zu
dieser Zeit noch eine verhältnismäßig neue Transportmöglichkeit, welche
die Passage über den Kanal vom Wind weitgehend unabhängig machte.[140]
Da aber sowohl Cullen als auch Marsh permanent Nachrichten über die
Wind- und Wetterlage lieferten, kann davon ausgegangen werden, dass
zumindest zu diesem Zeitpunkt der überwiegende Teil der Korrespondenz noch per Segelschiff transportiert wurde. Nebenbei waren die „forwarding agents" auch für die Durchleitung von Passagieren verantwortlich:

> Madame Rothschild left this for Paris at 6 o'clock this morning, and your son under
> Jeffrey's[141] care left this for Dover this day at one o'clock, and Mr. Worms[142] took

---

137 The Times, 26. Januar 1820.
138 Eine besondere Form einer Kutsche.
139 RAL: XI/38/70A, William Cullen, Calais an N M Rothschild, 19. April 1825.
140 Dampfboote fuhren am Ende der Napoleonischen Kriege vorwiegend auf den großen
Flüssen Europas. Erst Mitte der 1820er Jahre wurden auch vermehrt kurze Distanzen auf
offenen Meeren überbrückt. Siehe Basil Greenhill, ‚Steam before the Screw', in: Robert
Gardiner (Hrsg.), The Advent of Steam. The Merchant Steamship before 1900, London
1993, S. 7-27, hier S. 13-15. Die erste experimentelle Kanalüberquerung unter Dampf
gelang 1816 der britischen „Defiance", die gleich rheinaufwärts bis nach Köln fuhr. Siehe
Treue, ‚Neue Verkehrsmittel', S. 323.
141 Gemeint ist Jeffrey Cullen, ein Bruder Williams.

charge of the exchange papers which I received this morning. They were all well at leaving this.[143]

Auch wichtige Informationen die Behandlung der Post betreffend konnten von diesen Relaisstationen aus schnellstmöglich weitergeleitet werden.

I now beg to inform you that all dispatches from England, by a new order from the Minister of the Interior, must be opened here by the Mayor and the contents copied, which copies are forwarded to the Minister of the Interior. I have written to your Brother in Paris respecting it, for him to get a special order for these dispatches to pass without being opened, and hope soon to receive the order.[144]

Diese Information musste Nathan Rothschild umgehend veranlassen, vorsichtig in seiner Kommunikation mit dem Kontinent zu sein. Nur vier Tage später gab es allerdings bereits wieder Entwarnung.

I am happy to inform you that yesterday an order arrived by Telegraph from Paris[145] to the Mayor informing him that no more dispatches are to be opened on their arrival from England but that he is to allow them to proceed to their destination.[146]

Die Kosten für die „forwarding agents" waren nicht unbeträchtlich, amortisierten sich jedoch schnell, wenn deren Bedeutung bedacht wird. Die Briefe von Cullen und Marsh geben wenig Auskunft über deren Tarife. Von der Firma N. A. Austin & Son, die 1825 kurzfristig für die Rothschilds als Agent im Hafen Ramsgate tätig war, existiert jedoch eine detaillierte Auflistung der Kosten, die die Durchleitung von James de Rothschild auf dessen Durchreise von Paris nach London verursachte:

---

[142] Vermutlich handelte es hierbei um Benedikt Moses Worms, den Mann von Nathans Schwester Jeanette.
[143] RAL: XI/38/70A, William Cullen, Calais an N M Rothschild, 25. April 1825.
[144] RAL: XI/38/70A, William Cullen, Calais an N M Rothschild, 3. März 1825.
[145] Gemeint ist hier der optische Telegraf.
[146] RAL: XI/38/70A, William Cullen, Calais an N M Rothschild, 7. März 1825.

Paid Mrs. Bear, Albion Hotel, including Waiters	27.12.3[147]
Duties at Customs	6.4.11
Fowlers' Coach and Horses	25.6
Commission of the Albion	3.0
Drawing up and cleaning carriages	1.4
Men loading carriages	0.5
Use of Peer cranes landing carriages	4.11
Officers of Customs and others, extra allowance examining Luggage in over hours	2.2
Cash to Jam. Rothschild Esq.	50.0
	121.1.2
Commission	0.12.1
	121.13.3[148]

Die verlangte Kommission von etwas über zwölf Shilling erscheint angesichts der Gesamtsumme und der involvierten Dienstleistungen sehr moderat. Außerdem verdeutlicht die Aufstellung eine weitere Funktion der „forwarding agents", die auch Cullen und Marsh häufig ausübten. Sie versorgten durchreisende Personen, die mit Rothschildschen Kreditbriefen ausgestattet waren, mit der für die Weiterreise nötigen Landeswährung.

Ein wesentlicher Unterschied zwischen Cullen und Marsh war, dass letzterer nur das Allernotwendigste in einem sehr schlechten und unpersönlichen Englisch nach London weitergab, während Cullens Briefe einen engeren, teilweise persönlichen Kontakt zu den Rothschilds erkennen lassen. Eine kurze Familiengeschichte der Cullens, die seit dem 17. Jahrhundert als Seeleute in Dover ansässig waren, verdeutlicht, dass diese bereits 1807 Kontakt mit Nathan Rothschild hatten und in dessen Auftrag einen regelmäßigen Schiffsverkehr über den Kanal von Dover nach Calais aufrecht erhielten. Während die meisten Söhne des Patriarchen Richard Cullen diesen Service ausbauten, waren mindestens zwei seiner Nachkommen, nämlich Hunt und Thomas, für N M Rothschild viele Jahre als Kuriere tätig. Sieben Cullens der dritten Generation haben im Laufe des 19. Jahrhunderts wenigstens zeitweise als Angestellte von N M Rothschild direkt im Londoner Bankhaus gearbeitet.[149] Bei den Cullens handelt es sich um eine der diversen „Agentendynastien", die über viele Jahre für die Rothschilds tätig waren und in welche die Rothschilds unbedingtes Vertrauen hatten, da zumindest den Männern im kontinentalen Kurierdienst sehr große Quantitäten Edelmetalle zum Transport anvertraut wurden. Und die Cullens wussten, dass ihre besondere Beziehung zur reichsten

---

[147] Lies 27 Pfund, 12 Shilling, 3 Pence.
[148] RAL: XI/112/18A, N. A. Austen & Son, Ramsgate and N M Rothschild, 20. April 1825.
[149] Michael B. Cullen, The Cullen's Family Association with the de Rothschilds, Manuskript RAL, 1989.

Familie ihrer Zeit gepflegt werden musste. Michael Cullen schrieb 1825 aus Calais an Nathan Rothschild: „I shall this evening forward to you by the London Steam a small basket containing asparagus which I hope you will approve of."[150]

10.   Elektrische Telegrafie und Nachrichtenagenturen

Im Jahr 1850 schrieb James de Rothschild aus Paris an seine Londoner Neffen: „Der Telegraph ruiniert die Geschäften."[151] Im Jahr darauf präzisierte er: „Die Geschäften gute Neffen sind rein ruiniert mit den Telegraphen, wo jeder die Nachrichten hat."[152] Beide Zitate stehen ohne weitere Erläuterungen isoliert in den jeweiligen Briefen. Die Äußerungen lassen erkennen, dass die Rothschilds eine Proliferation von Nachrichten als nachteilig empfanden, da sie die bis zu diesem Zeitpunkt zur Verfügung stehenden Übertragungsmethoden effizient eingesetzt hatten und, wenn nicht vordringlich durch die Schnelligkeit der Kuriere, so doch sicherlich durch die Anzahl und strategische Verteilung ihrer Häuser und ihrer Agenten, sowie die Effizienz ihrer „forwarding agents" sicherlich teilweise einen Informationsvorsprung genossen.

Die optische Telegrafie hatte sich in Frankreich bereits zu Revolutionszeiten entwickelt und innerhalb weniger Jahre etabliert. Die erste Linie von Paris nach Lille wurde bereits im Sommer 1794 fertig gestellt und überbrückte eine Distanz von 225 Kilometern. Während der Napoleonischen Zeit wurde das System stark ausgebaut und auf dem Höhepunkt seiner Ausdehnung 1845 waren 29 Städte „optisch" mit Paris verbunden. Vor allem Großbritannien und Schweden übernahmen diese Technologie sehr schnell. Erst nach 1815 interessierte sich auch Preußen stark für den optischen Telegrafen, doch es dauerte bis in die Mitte der 1830er Jahre, bis eine durchgängige Verbindung von Berlin über Köln nach Koblenz bestand. In allen Ländern war diese Form der Nachrichtenübertragung ausschließlich dem Staat vorbehalten, der sie im wesentlichen zu militärischen Zwecken nutze.[153] Natürlich interessierten sich auch Geschäftsleute

---

[150] RAL: XI/38/70A, William Cullen, Calais an N M Rothschild, 3. April 1825.
[151] RAL: XI/109/75, James de Rothschild, Paris an N M Rothschild, 2. April 1850.
[152] RAL: XI/109/78, James de Rothschild, Paris an N M Rothschild, 8. April 1851.
[153] Eine Quelle deutet darauf hin, dass die Rothschilds durch ihre Kontakte zu französischen Offiziellen zumindest gelegentlich die Möglichkeiten hatten, den optischen Telegrafen zu nutzen. Amschel von Rothschild schrieb 1831 an seinen Bruder James in Paris, dass er Kurierspesen hinausgeworfen hätte, „weil der französische Gesandte gesagt hat, er bis Metz ein Kurier schickt und von da mit den Telegraph anzeigen ließe." Siehe RAL:

für die Technologie, doch petitionierte die Berliner Kaufmannschaft 1835 vergeblich, um die Freigabe des Telegrafen wenigstens für die Bekanntgabe der Börsenkurse zu erreichen. Lediglich außerhalb Preußens kam es, zwischen Hamburg und Cuxhaven, 1836 zum erfolgreichen Betrieb einer kommerziell genutzten Anlage, welche die Ankunft von Schiffen im Hamburger Hafen etliche Stunden zuvor ankündigen konnte. Mit dem Aufkommen des elektromagnetischen Telegrafen verschwanden die optischen Strecken innerhalb weniger Jahre.[154] Wegen seiner stark eingeschränkten Nutzung und aufgrund der Tatsache, dass nur verhältnismäßig wenige und kaum nationenübergreifende Linien existierten, war der optische Telegraf für Bankiers und Kaufleute kaum von Interesse. Ganz anders verhielt es sich mit der elektrischen Telegrafie, die praktisch von Anfang an kommerziell genutzt wurde, da die Betreiber und Investoren in einigen Ländern Privatpersonen waren, die sehr große Summen in diese neue Technologie gesteckt hatten und auf deren rasche Amortisation drängten.

Bereits in den 1840er Jahren waren in Europa und Nordamerika die ersten kommerziell nutzbaren Telegrafenleitungen, zunächst entlang von Bahnlinien, eingerichtet worden. Am Ende des Jahrzehnts waren Großbritannien, Deutschland, der Osten der Vereinigten Staaten und, weniger dicht, Frankreich mit rudimentären Telegrafennetzen ausgestattet. Österreich und Italien folgten nur wenig später. Berlin war 1849 beispielsweise mit Dresden (über Halle), Aachen (über Köln), Hamburg und Stettin telegrafisch verbunden. Im Jahr darauf wurde München, vom dem aus sich bereits ein eigenes Netz im süddeutsch-österreichischen Raum zu entwickeln begann, eingebunden.[155] Im Unterschied zum optischen Telegrafen kam es auch sehr bald zu nationenübergreifenden Linien. 1850 entstand die Österreichisch-Deutsche Telegraphen Union, der sich die meisten deutschen Staaten und die Niederlande anschlossen. Frankreich unterzeichnete in den frühen 1850er Jahren eine Reihe von Kooperationsverträgen mit den meisten seiner Nachbarn, aus denen 1855 die Westeuropäische Telegraphen Union hervorging.[156]

XI/109/23/4/72, Amschel von Rothschild, Frankfurt an James de Rothschild, Paris, 15. September 1831.

[154] Michael Reuter, Telekommunikation. Aus der Geschichte in die Zukunft, Heidelberg 1990, S. 21-30.

[155] Reuter, Telekommunikation, S. 57-62.

[156] Daniel R. Headrick, The Invisible Weapon. Telecommunications and International Politics, 1851-1945, New York und Oxford 1991, S. 12-13.

Gleichzeitig mit den Telegrafennetzen entstanden in verschiedenen europäischen Ländern miteinander konkurrierende Nachrichtenagenturen.[157] 1848-49 etablierten sich zwei Pioniere dieses Geschäfts an den beiden Enden einer preußischen Telegrafenlinie. Bernhard Wolf in Berlin und Julius Reuter in Aachen. Von Aachen nach Brüssel schickte Reuter die aus Berlin erhaltenen Nachrichten per Brieftaube weiter. Als im Frühjahr 1851 das belgische und preußische Telegrafennetz zusammengefügt wurden, gab es für einen Zwischenhändler wie Reuter nichts mehr zu tun. Er ging nach London und eröffnete ein Büro in Fußweite der Londoner Börse, kurz bevor im November 1851 Großbritannien erstmals durch ein Unterseekabel dauerhaft telegrafisch mit dem Kontinent verbunden wurde. Neben der Belieferung von Zeitungen war eine der frühesten Funktionen der Nachrichtenagenturen die Übermittlung von Börsenkursen. Julius Reuter hatte einen Exklusivvertrag mit der Londoner Börse abgeschlossen und lieferte gegen eine feste Summe zwei Mal täglich den Händlern in London und Paris die Eröffnungs- und Schlusskurse des jeweils anderen Platzes. Reuters spezialisierte sich außerdem recht bald darauf, sowohl die Kurse als auch Prognosen des europäischen Getreidemarktes zu kommunizieren und auch Geschäftsabschlüsse in dieser Branche per Telegraf zu vermitteln.[158]

Bereits während seiner Tätigkeit in Aachen hatte Reuter versucht, seine Dienste exklusiv den Rothschilds anzubieten.

> Wir nehmen uns hiermit die Freiheit, Ihnen folgenden Vorschlag zu machen. Seit dem 1. Januar d. J. haben wir am hiesigen Platze einen regelmäßigen Depeschen-Dienst eingerichtet mittels welchem wir die neuesten Nachrichten und Kurse aus Paris und London nach Deutschland einerseits und die Kurse der Berliner und Wiener Börse nach Frankreich u. England andererseits versenden.
> Durch die starke Benutzung des elektrischen Telegraphen von Seiten des Publikums kommt es nicht selten vor, daß die Depeschen ihren Dienst ganz verfehlen. [...] Dieser Umstand hat uns veranlaßt, eine außerordentliche Beförderung einzuführen, welche in der Schnelligkeit noch nicht übertroffen worden ist. Wir können Ihnen die Kurse der Berliner Börse von heute und die der Wiener Börse von gestern schon Morgens früh zwischen 10-11 Uhr nach London liefern. [...]
> In London haben wir bis heute noch keine Verbindung angeknüpft, und wenden uns zuerst und ausschließlich an Sie, weil wir voraussetzen, daß Ihnen unser Antrag nicht unwillkommen sein dürfte.[159]

---

[157] Havas, die erste Nachrichtenagentur überhaupt, war bereits 1835 in Paris gegründet worden. Zu dieser Zeit existierte bereits in sehr ausgereifter Form die Technik der optischen Telegrafie. Derer konnte sich Havas aber aufgrund staatlicher Reglementierungen nicht bedienen. Siehe Jianming He, Die Nachrichtenagenturen in Deutschland. Geschichte und Gegenwart, Frankfurt 1996, S. 50.

[158] Read, Power of News, S. 10-16.

[159] RAL: 125/5A, Julius Reuter, Aachen an N M Rothschild, 27. April 1850.

Die Rothschilds gingen nicht auf dieses Angebot ein, wohl nicht zuletzt weil klar war, dass ein solches Monopol kaum aufrecht zu erhalten sein würde. Der Telegraf und die Arbeit der Agenturen sollte nur wenig später den Informationstransfer, vor allem im geschäftlichen Bereich, revolutionieren. Die ältesten erhaltenen Telegrammbücher von Reuters vom August 1852 zeigen, dass die Firma überwiegend Nachrichten über Börsenbewegungen und den Getreidemarkt an verschiedene Abnehmer in London und anderen europäischen Städten abgab. Die erste belegte Nutzung der Nachrichtenagentur durch Rothschilds stammt vom 13. September 1852. N M Rothschild schrieb an Salomon von Rothschild in Wien, dass er die Börse nicht zu stark nach oben treiben solle. Das Telegramm bat um umgehende Antwort an Rothschild über Julius Reuter.[160] Geschäftsleute wie Rothschild konnten zu dieser Zeit noch nicht selbständig Telegramme versenden, da die Nutzung des Telegrafen mit großen Schwierigkeiten verbunden war. Vor allem das Fehlen von internationalen Standards machte die korrekte Übertragung von Nachrichten über Landesgrenzen hinweg zu einem technischen und logistischen Abenteuer, dem nur Firmen wie Reuters gewachsen waren.[161]

Julius Reuter bemühte sich 1854 abermals, die Rothschilds, dieses Mal das Pariser Haus, als Exklusivkunden zu gewinnen. Er schrieb an die „Herrn Gebrüder v. Rothschild", dass er ihnen unter Angabe der Absendezeit an einem Morgen drei Telegramme zu verschiedenen Zeitpunkten zugeschickt habe, die die Fluktuation der Börsenkurse dokumentierten und fügte hinzu:

> Ich bin fest überzeugt, daß niemand in Paris diese Course so schleunigst gehabt hat oder haben konnte denn durch meine Wirkungen stehe ich in directer Verbindung mit dem Telegraphen und ebenso mit der Stock Exchange so daß keine Minute verloren geht. Es wäre mir angenehm zu wissen, ob ich mit diesen Depeschensendungen fortfahren soll und werde ich alsdann so frei sein Ihnen meine Bedingungen mitzuteilen.[162]

Es ließ sich nicht ermitteln, ob die Pariser Rothschilds auf Reuters Offerte eingegangen sind. Klar ist dagegen, dass N M Rothschilds, wie alle anderen Bankhäuser in London, nicht auf die Dienste der Agentur verzichten konnten. Das Konto der Firma bei Reuters von 1865 verzeichnet eine Gesamtsumme von 364 Pfund und 13 Shilling, allerdings nur für die Versendung beziehungsweise den Empfang von außerordentlichen Nachrich-

---

160 Ein Faksimile des Telegramms ist abgedruckt in Read, Power of News, S. 17.
161 Ibid., S. 18.
162 RAL; 125/5B, Julius Reuter, London an De Rothschild Freres, Paris, 19. Juni 1854.

ten, überwiegend aus Paris. Dazu kamen monatlich sechzig Pfund für die Subskription der allgemeinen Reuters Nachrichten, so daß NMR in diesem Jahr Reuters insgesamt rund tausend Pfund Sterling zu zahlen hatte.[163] Ausgehend von den zuvor genannten Kosten für international operierende Kuriere, hatte eine deutliche Verbilligung des schnellstmöglichen Informationstransfers stattgefunden.

Dass die Rothschilds Reuters immer noch sehr teuer fanden, belegt allerdings folgender Briefwechsel. Julius Reuter persönlich schrieb 1865 an N M Rothschild, dass er der Firma nunmehr seit zwei Jahren die wichtigsten geschäftlichen und politischen Nachrichten aus Amerika, Indien, China etc. hat zukommen lassen, ohne dafür in irgend einer Form bezahlt worden zu sein. Solle der Service fortgesetzt werden, müsse er dafür 500 Pfund Sterling per annum berechnen.[164] Die lapidare Antwort der Rothschilds darauf war, dass sie bedauerten, Reuter keine 500 Pfund pro Jahr zahlen zu können, da seine Nachrichten keineswegs soviel wert seien.[165]

Der Telegraf beschleunigte Informationen nicht nur gewaltig, er führte auch zu einer Homogenisierung und Zentralisierung von Politik und Wirtschaft. Informationen erreichten alle, die es sich finanziell leisten konnten, gleichzeitig. Geschäftliche Entscheidungen konnten schnell in jenen Zentren getroffen werden, in denen Neuigkeiten konzentriert ankamen, was traditionelle kommerzielle Standorte wie London noch stärker in ihrer Bedeutung wachsen ließ.[166] Für die Geschäfte N M Rothschilds war dieser Umstand förderlich, aber sie mussten auch damit leben, dass ihre Konkurrenten nunmehr über allgemein zugängliche Nachrichten ebenso schnell verfügten wie sie selbst.

Trotz der von James de Rothschild anfänglich geäußerten Aversion gegen die neue Übertragungsmethode konnten die Rothschilds, wie auch ihre Agenten, selbstverständlich nicht auf den Telegrafen verzichten. Von den späteren 1850er Jahren an wurde es zu einer Selbstverständlichkeit, dass die Familienmitglieder untereinander wie auch die Agenten in Korrespondenz mit den einzelnen Häusern sich des Telegrafen bedienten. Börsenkurse wurden auf diese Art und Weise nicht mehr verbreitet, da sie sich – ebenfalls telegrafisch avisiert – für alle Interessierten leicht erreichbar aus der Tagespresse oder direkt an Börsen entnehmen ließen. In der zweiten Hälfte des Jahrhunderts ging es meist um konkrete Geschäfte, die

---

[163] Reuters Archives London: LN 430, General Ledger, Reuters Telegram Co. Ltd., S. 191, 195.
[164] RAL: Rfam/C/12/38, Julius Reuter, London an N M Rothschild, 3. März 1865.
[165] RAL: XI/148/169, N M Rothschild an Julius Reuter, London, 7. März 1865.
[166] Jorma Ahvenainen, ‚The Role of Telegraphs in the 19th Century Revolution of Communications', in: Michael North (Hrsg.), Kommunikationsrevolutionen. Die neuen Medien des 16. und 19. Jahrhunderts, Köln 1995, S. 73-80, hier S. 79-80.

abzuschließen dringend genug war, um auf diese immer noch sehr teure Methode des Informationstransfers zurückzugreifen.[167] Die Briefpost blieb die mit Abstand wichtigste Methode der Kommunikation. Überseeische Agenten konnten erst seit 1866, als das erste dauerhaft funktionierende transatlantische Kabel in Betrieb genommen wurde,[168] schneller mit London kommunizieren. Wichtige Berichte z.B. der mexikanischen Agenten gingen zunächst an die Ostküste der Vereinigten Staaten, um von dort aus per Telegraf nach London weitergeleitet zu werden. Spätestens seit dem Beginn der internationalen Seeverkabelung unter Vorherrschaft der größten Kolonialmacht Großbritannien – die weiteren Erdteile wurden ihrer wirtschaftlichen Bedeutung gemäß sukzessive angeschlossen, Indien zuerst – entwickelte sich das Finanz- und Handelszentrum Londons, wo alle Kabelstränge zusammentrafen, zum zentralen Nachrichtenbüro der Welt.[169]

Welche Auswirkungen hatte das Aufkommen der elektrischen Telegrafie auf die Arbeit der Agenten? Wie bereits erwähnt reduzierte sich das Netzwerk der Informationszuträger in den 1850er und 1860er Jahren bedeutend. Das hing ganz überwiegend direkt mit den neuen Kommunikationsmöglichkeiten zusammen. Viele Routineinformationen, zu deren Erlangung zuvor ein strategisch über Europa verteiltes Netz von Zuträgern benötigt wurde, ließen sich nunmehr aus Presse- und Börsennachrichten entnehmen, wobei es nicht zu verhindern war, dass diese allgemein zugänglich waren. In der Konsequenz wurden Agenten weniger autonom, da es nunmehr möglich war, ihnen ohne besondere Zeitverzögerung und nur verbunden mit einer besonderen Ausgabe Instruktionen auch zu Details zu geben. Auf der anderen Seite konnten sich Agenten der Zustimmung

---

[167] Schon bald nach der Einführung des Telegrafen diskutierten die meisten Kongresse zur Harmonisierung des Systems vordringlich die Preisgestaltung. Vor allem Kaufleute verlangten permanent Verbilligungen in den Tarifen, um eine größere Menge von Informationen erhalten zu können. Vgl. Ahvenainen, ‚Role of Telegraphs‘, S. 78-80.

[168] Vgl. dazu ausführlich John S. Gordon, A Thread Across the Ocean, New York 2002. Anfangs waren allerdings die Kosten der transatlantischen Telegrammübermittlung extrem hoch. Eine nur aus einem einzigen Wort bestehende Nachricht von England in die Vereinigten Staaten kostete zwanzig britische Pfund. 1908 waren die Kosten pro Wort auf zwei Shilling gefallen, und es konnten dank verbesserter Technologie etwa fünf Mal so viele Telegramme pro Minute versendet werden wie vierzig Jahre zuvor. Siehe Wake, Kleinwort Benson, S. 172.

[169] Cornelius Neutsch, ‚Erste „Nervenstränge des Erdballs“. Interkontinentale Seekabelverbindungen vor dem Ersten Weltkrieg‘, in: Hans-Jürgen Teuteberg / Cornelius Neutsch (Hrsg.), Vom Flügeltelegraphen zum Internet. Geschichte der modernen Telekommunikation, Stuttgart 1998, S. 47-66, hier S. 50-52; Robert Boyce, ‚Submarine Cables as a Factor in Britain's Ascendency as a World Power‘, in: Michael North (Hrsg.), Kommunikationsrevolutionen. Die neuen Medien des 16. und 19. Jahrhunderts, Köln 1995, S. 81-99.

ihrer Auftraggeber versichern, bevor sie Entscheidungen trafen. Schließlich hieß das für Agenten, dass es für sie um so wichtiger wurde, Informationen zu sammeln, die nicht allgemein zugänglich waren, sondern aus
speziellen Quellen stammten. Auch die persönliche Interpretation von
Ereignissen und Entwicklungen erhielt durch die Informationsbeschleuni-
gung einen größeren Wert, da die pure Novität beziehungsweise ihre
schnelle Übertragung nicht mehr per se als nützlicher Dienst galt. Insofern wurden die Qualitäten der einzelnen Agenten immer wichtiger. Gesellschaftlich gut vernetzte Individuen, wie etwas Bleichröder, gewannen
stark an Bedeutung. An der Zentralität und Asymmetrie des Informationsnetzwerks änderte der technische Fortschritt jedoch wenig. Die Beförderungsmethoden veränderten also auch die Beziehungen zwischen Agenten und Auftraggebern, worauf im folgenden Kapitel noch näher einzugehen sein wird.

11.   Sicherheit und Geheimhaltung

Wie sicher war die Kommunikation der Rothschilds mit ihren Agenten
oder auch die Korrespondenz der Familienmitglieder untereinander? Die
Beantwortung dieser Frage schließt einen Blick auf das Briefgeheimnis
sowie Bemühungen zur Kodierung und Verschlüsselung von Nachrichten
ein. Ebenso muss erörtert werden, welche Rolle das Judendeutsch als
„Geheimsprache" hatte.

Im Europa des 19. Jahrhunderts wurde das Briefgeheimnis unterschiedlich gehandhabt. Im allgemeinen kann davon ausgegangen werden,
dass vor allem der über die deutschen Länder einschließlich Österreich
gehende Briefverkehr einer Kontrolle von staatlicher Seite unterlag. In
Preußen gab es eine institutionelle Verbindung zwischen politischer Polizei und Postverwaltung, und Funktionäre der politischen Polizei tauchten
immer wieder in den Reihen der Beamten des Postdienstes auf. Carl
Friedrich Ferdinand von Nagler, der Chef des Nachrichtenbüros im preußischen Außenministerium, baute zwischen 1820 und 1840 einen gut
funktionierenden Nachrichtendienst auf, der das ganze preußische Post-
wesen mit ihm persönlich rechenschaftspflichtigen Spitzeln durchsetzte.
Auch der bayerische Staat unter Montgelas hatte Postlogen an den Kno-
tenpunkten der mit dem Ausland korrespondierenden Postkurse eingerichtet, die Briefe abfingen und auswerteten.[170] Die von Thurn und Taxis

---

[170] Ernst Rudolf Huber, Nationalstaat und Verfassungsstaat. Studien zur Geschichte der
modernen Staatsidee, Stuttgart 1965, S. 153-55; Wolfram Siemann, „Deutschlands Ruhe,

betriebene Reichspost, die sich in einem vielfältigen Abhängigkeitsver-
hältnis von Wiener Kaiserhaus befand, übernahm selbstverständlich auch
Überwachungsdienste.[171] In Wien unterstand die Geheime Ziffernkanzlei,
die für das Abfangen und die Auswertung von privater Korrespondenz
zuständig war, direkt dem Kaiser. Das Außen- und Polizeiministerium
konnte ebenfalls spezifizieren, welcher Briefverkehr zu überwachen war.
Österreichische Abfangstationen existierten innerhalb und außerhalb des
Territoriums, und Postangestellte anderer Ländern standen teilweise in
habsburgischen Diensten. Metternich selbst hielt den österreichischen
Briefabfangdienst für den besten der Welt.[172]

In Großbritannien wurde Briefspionage nicht so systematisch betrieben wie auf dem Kontinent. Die hohen Wellen, welche die so genannte
Mazzini Affäre 1844 schlug, zeigte jedoch auf, dass auch im Mutterland
der Demokratie Brieföffnungen durchaus zur normalen Regierungspraxis
gehörten. Die Post des italienischen Revolutionär Guiseppe Mazzini war
in dessen Londoner Exil auf Betreiben der österreichischen Regierung
und nach der Ausstellung einer Ermächtigung des um Amtshilfe gebete-
nen britischen Innenministers im Postamt geöffnet und gelesen, die Informationen nach Wien weitergegeben worden. Mazzini blieb das nicht
lange verborgen, und als er damit an die Öffentlichkeit ging, machte die
allgemeine Empörung einen parlamentarischen Untersuchungsausschuss
nötig. Dieser befand, dass alle britischen Regierungen bislang in vielen
Einzelfällen Ermächtigungen ausgestellt hatten, die Post politischer Gegner, aber auch ausländischer Diplomaten oder Konsuln in einem speziellen „Inner Office" der Royal Mail zu öffnen. Diese Institution wurde umgehend aufgelöst und die Praxis nach 1844 nur noch sehr gelegentlich
betrieben, jedoch nie komplett aufgegeben.[173] Immerhin betraf die britische Briefspionage nur verhältnismäßig streng definierte Einzelfälle in der
politischen Sphäre und scheint nie auf Geschäftskorrespondenz ausgeweitet worden zu sein. Mit der nahezu totalen Überwachung Metternichscher

---

Sicherheit und Ordnung". Die Anfänge der politischen Polizei, 1806-1866, Tübingen
1985, S. 127-28.

[171] Wolfgang Behringer, Thurn und Taxis. Die Geschichte ihrer Post und ihrer Unternehmen, München und Zürich, 1990, S. 118-19

[172] Donald E. Emerson, Metternich and the Political Police. Security and Subversion in
the Hapsburg Monarchy, 1815-1830, The Hague 1968, S. 43-46.

[173] Im Detail dazu: F. B. Smith, ‚British Post Office Espionage', Historical Studies, 14
(1970), S. 189-203. Speziell zur Rolle des Innenministers, James Graham, in der Affäre
und der Praxis der Brieföffnung siehe A. P. Donajgrodzki, ‚Sir James Graham at the
Home Office', Historical Journal, 20 (1977), S. 97-120, hier S. 114-19. Die Meinungen der
empörten britischen Öffentlichkeit spiegelt wider ein Editorial in The Times, 1. Juli 1844,
S. 4. Der Report der Untersuchungskommission ist abgedruckt in The Times, 8. August,
1844, S. 6.

Prägung war das nicht zu vergleichen. Das österreichische und vielleicht das russische „Schwarze Kabinett" konkurrierten miteinander um die perfekteste und umfassendste Kontrolle der durch ihre Territorien laufenden Korrespondenz.[174]

Rothschild-Agenten berichteten nur sporadisch über das Problem, dass ihre Briefe von anderen gelesen werden könnten. Die Rothschilds untereinander erwähnten in ihrer Korrespondenz dafür regelmäßig die Problematik von geöffneten Briefen und gaben sich gegenseitig Ratschläge, wie dies nach Möglichkeit vermieden werden konnte. Amschel von Rothschild schrieb 1816 aus Frankfurt an seinen Bruder James in Paris:

> Dein angenehmes Schreiben vom 18. habe ich erhalten. Leider war der Brief laut Extra Kuvert offen und verklebt. Daß solches in Paris war, daß zeigt der Kurfürst sein Brief war auch offen. Da mir mit Gottes Hilfe nichts von Politik und bloß von Geschäfte schreiben liegt mir und Dir Gott Lob nichts daran. muss Dich aber bitten es könnte jemand, ein Bankier lesen auf Dein Hut zu sein. [...] Das geklebte Kuvert sehe zu regulieren. Schicke mir lieber Kurier wenn Du was von Wichtigkeit in Geschäften hast.[175]

Amschel äußerte demnach den Verdacht, dass seine Korrespondenz in Frankreich geöffnet wurde, da auch der einliegende Brief des Kurfürsten von Hessen gelesen worden sei. Offensichtlich unterlagen per Kurier geschickte Briefe weit weniger der Kontrolle durch den Staat. Es gab noch andere Möglichkeiten, Öffnungen unwahrscheinlicher zu machen, wie ein Brief von Amschel aus dem Folgejahr zeigt:

> Ich lieber Bruder habe Eure angenehme Briefe bekommen. Der Brief von 3 mit Einschluß an Sammelmüller war offen, das heißt ist mit Pap zugemacht gewesen. Du bist ein recht kluger Mann, dass Du Deine Briefe privat dünn gehen lässt, denn die dünne Briefe werden nie aufgemacht.[176]

Auch die Laufzeit eines Briefes konnte davon abhängen, ob er kontrolliert wurde oder nicht. Amschel von Rothschild schrieb Ende der 1820er Jahre an seinen Bruder Salomon in Wien: „Was Du mir wegen Estafetten sagst, hast du recht. Versichere Dich, daß die was man schickt, gehen geschwinder als direkte, weil ein Kaufmann seine Estafette für nichts wichtig gehalten wird."[177]

---

[174] Mattelart, Kommunikation ohne Grenzen, S. 16-18.
[175] RAL: XI/109/5, Amschel von Rothschild, Frankfurt an James de Rothschild, Paris, 24. Dezember 1816.
[176] RAL: XI/109/7, Amschel von Rothschild, Frankfurt an Salomon von Rothschild und James de Rothschild, Paris, 8. Juli 1817.
[177] RAL: XI/109/11/7/38, Amschel von Rothschild, Frankfurt an Salomon von Rothschild, Wien, undatiert, ca. 1828.

Die Kontrollen waren für Briefe politischen Inhalts gedacht. Da sich in der Rothschildschen Korrespondenz das Geschäftliche sehr häufig mit politischen Nachrichten, auch solchen brisanterer Natur, mischte, galt das Gesagte nur beschränkt für die brieflichen Kontakte der Familienmitglieder untereinander. Ein besonders neuralgischer Punkt für den Briefverkehr war das Metternichsche Wien. Der dort ansässige Salomon von Rothschild erteilte seinen Brüdern in Bezug auf die Übermittlung von Details zu einer geschäftlichen Transaktion 1831 folgenden Ratschlag, der auch eine wahrscheinlich zutreffende Selbsteinschätzung der eigenen Bedeutung beinhaltete:

> Schreibe mir's mit sicherer Gelegenheit deutlicher, oder laß es Goldschmidtchen[178] deutlicher schreiben, aber nicht mit der Post, da hier größtenteils alles geöffnet wird und abgeschrieben, besonders in die jetzige Zeiten. Und da werden unsere Briefe am wenigsten geschont, weil man sie für viel wichtiger hält als andere Briefe die die Kaufleute hier erhalten.[179]

Einige Monate später wurde Salomon in einem Brief an seinen Londoner Bruder Nathan noch spezifischer. Sein Schreiben zeigt auch, dass es gefährlich sein konnte, wenn vertrauliche Inhalte von Briefen bekannt wurden:

> Nun lieber Nathan ist es ein Glück, daß unser Bruder Amschel Dein englischen Brief in die Metalliques hinein gelegt hatte, weil alle meine Briefe und meine Stafette geöffnet werden. Gentz[180] der so eben von mir geht, hat mir alles mitgeteilt, was meine Briefe enthalten, die von der Geheimer Polizei abgeschrieben worden sind, bis auf den englischen, welcher in Dein Obligation gelegen hat. Hätte der Fürst Metternich auch diesen zu lesen bekommen, worin Du schreibst, daß der Fürst Metternich gerne alles alarmiert, hätte mir großen Verdruß machen können. Es ist kein Stil und kein Brief wo man so was übers Land schreibt. [...] Ein Betrüger, aber kein Nathan Rothschild der Ehre besitzt, und nicht sich mit seine ganze Familie zu komplimentieren,[181] besonders wo man ein Haus in Wien hat und zwei Brüder österreichische General Konsul sind, schreibt man nicht, daß der Fürst Metternich nur die Welt alarmieren will, meschugge macht.[182]

---

[178] Vermutlich war dies entweder Amschel Jacob oder Leopold Jacob Goldschmidt, beide entfernt mit den Rothschilds verwandte Angestellte der Frankfurter Bank und später eigenständige Bankiers. Siehe Alexander Dietz, Stammbuch der Frankfurter Juden, Frankfurt, 1907, S. 150-51.

[179] RAL: XI/109/18/5/22, Salomon von Rothschild, Wien an seine Brüder, 19. März 1831.

[180] Metternichs Sekretär, der politische Theoretiker Friedrich von Gentz (1764–1832).

[181] Vermutlich wollte Salomon hier „kompromittieren" sagen.

[182] RAL: XI/109/23/8/11, Salomon von Rothschild, Wien an Nathan Rothschild, 21. Juli 1831.

Salomon von Rothschild hatte eine ganz besonders enge Beziehung zu
Metternich und Friedrich Gentz, auf die noch später einzugehen sein
wird. Ihm war selbstverständlich sehr daran gelegen, dass ihm Metternich
als Geschäftspartner und Informationsquelle erhalten blieb, was seinen
Ärger über den Leichtsinn seines Bruders Nathan besonders erklärlich
macht. Aber der zitierte Briefe verdeutlicht noch etwas anderes. Salomon
bezog sich auf Nathans englischen, also in lateinischer Schrift verfassten
Brief. Die von der österreichischen Geheimpolizei gelesenen waren die
Briefe in judendeutscher Sprache, also in hebräischen Zeichen. Es ist in
der Literatur zu den Rothschilds oft behauptet worden, dass die Verwendung dieser Schrift ebenfalls zur Geheimhaltung ihres Nachrichtentransfers beigetragen habe.[183] Zwar stellt das handschriftliche Judendeutsch der
Rothschilds Historiker, die keine hebräische Handschrift lesen können,
heute vor ernsthafte Probleme, aber Metternichs Geheimpolizei hatte mit
der Entzifferung dieser Briefe offenbar keine Schwierigkeiten. Eine in den
1930er Jahren verfasste hochinteressante Beschreibung des Arbeitsalltags
in der Geheimen Ziffernkanzlei erläutert, dass das Personal dort sprach-
lich besonders geschult war:

> Neben einer Reihe von orientalischen Sprachen waren fast alle europäischen Sprachen
> in dem Ausmaß vertreten, als der Kanzleidienst es erforderte. Sobald der Mangel einer
> Sprache irgendwie fühlbar wurde, forderte der Kanzleidirektor einen besonders
> sprachbegabten Offizial [...] oder einen solchen, der eine verwandte Sprache bereits
> konnte, auf, sie zu erlernen. Er erhielt von der Kanzlei zu diesem Zweck die erforder-
> lichen Behelfe, die notwendigen Lehrstunden wurden ihm vergütet [...].[184]

Sämtliche ankommende und abgehende Wiener Post wurde in die Ziffernkanzlei gebracht und dort stichprobenartig geöffnet, gelesen und gegebenenfalls abgeschrieben. Im Durchschnitt wurden so täglich achtzig

---

[183] Dieser Irrtum wird bis heute kolportiert. Eine populärwissenschaftliche Online-
Rezension der BBC von Ferguson, The World's Banker, behauptete 1998: „But the code
used in their letters, [...] has only recently been cracked by historians. The brothers wrote
in Judendeutsch [...]". <http://news.bbc.co.uk/1/hi/uk/50997.stm>

[184] Franz Stix, ‚Zur Geschichte und Organisation der Wiener Geheimen Ziffernkanzlei.
Von ihren Anfängen bis zum Jahre 1848', Mitteilungen der Österreichischen Instituts für
Geschichtsforschung, 51 (1937), S. 131-160, hier S. 140. Bereits im 18. Jahrhundert
wurde „Hebräisch" als eine der Sprachen erwähnt, die in der Ziffernkanzlei beherrscht
wurden. Harald Hubatschke, ‚Die amtliche Organisation der geheimen Briefüberwachung
und des diplomatischen Chiffrendienstes in Österreich. Von den Anfängen bis etwa
1870', in: Mitteilungen der Österreichischen Instituts für Geschichtsforschung, 83 (1975),
S. 353-413, hier S. 486. Damit dürften Lesekenntnisse der hebräischen Schrift gemeint
gewesen sein, da Juden niemals biblisches Hebräisch zur schriftlichen oder mündlichen
Kommunikation verwandten und höchstens hebräische Ausdrücke in jiddische oder
judendeutsche Texte einstreuten.

bis hundert Briefe „behandelt" und in ihrem Lauf nicht länger als drei Stunden aufgehalten.[185] Angesichts dieser Effizienz und Sprachgewandtheit ist Carl von Rothschilds Einschätzung, vorgetragen in einem 1814 verfassten Brief an seinen Bruder Salomon – damals noch nicht in Wien ansässig – mit Vorsicht zu betrachten: „Ich kann mit die Rechnungen nicht fertig werden, um so mehr die wo es Dein Fach nicht ist, und dadurch daß die Menschen unsere jüdische Briefe nicht lesen sind sie nicht eingeweiht genau in die Geschäften."[186] Amschel von Rothschild riet seinen Brüder James und seinem Neffen Lionel 1830 zur Vorsicht:

> Dein Estafette von Saarbrücken haben mir zwei Stunden [später] wie die andere Welt. Ursach, der Nagler[187] hat ein gewissen Dentlen welcher bei mir Schreiber war. Dieser kann No. 1 Jüdisch, liest vielleicht oder vielleicht[188] unsere Brief und schickt erst seine Brief fort, nachher unsere. So geht es hin und her. Mir haben dich gebeten die Kuriere eine Station weiter zu schicken bis Hamburg und ihm anzubefehlen keine fremde Brief mit zu nehmen.[189]

Bei der Vielzahl jüdischer Bankiers und Geschäftsleute, die bis zur Mitte des 19. Jahrhunderts zumindest gelegentlich Briefe in judendeutscher Sprache verfassten, dürfte Dentlen nicht der einzige Schreiber gewesen sein, der die hebräischen Zeichen schreiben und lesen konnte.

Ein weiteres Detail betreffend die Geheimhaltung von Briefen verdient Beachtung. Die Ziffernkanzlei und wahrscheinlich diverse andere „Schwarze Kabinette" verfügten auch über Kopien der wichtigsten Siegel von Regierungen und Fürstenhäusern.[190] Die Siegel der Rothschilds scheinen sich in den Sammlungen befunden zu haben. Amschel von Rothschild bestätigte in einer Korrespondenz mit dem Pariser Haus 1830, dass ein Briefsiegel unversehrt gewesen sei, und das obwohl „unsere Petschaften leider bei alle Gouvernements vorrätig sind".[191]

Eine alternative Möglichkeit, Kommunikationsinhalte zu verschleiern war und ist die Codierung. Metternichs Ziffernkanzlei und geheime Polizeien überall in Europa befassten sich auch mit dem Dechiffrieren von

---

[185] Ibid., S. 138-39.
[186] RAL: XI/109/5, Carl von Rothschild, Frankfurt, an Salomon von Rothschild, vermutlich Paris, 23. August 1814.
[187] Carl Ferdinand Friedrich von Nagler (1770-1846), preußischer Generalpostmeister.
[188] Die Wortwiederholung ergibt sich, weil im Original das erste „vielleicht" das Hebräische „efscher" ist und Amschel dies hier gewissermaßen „übersetzt".
[189] RAL: XI/109/16/7/19, Amschel von Rothschild, Frankfurt an James de Rothschild und Lionel de Rothschild, Paris, 23. November 1830.
[190] Stix, Geschichte, S. 138.
[191] RAL: XI/109/16/7/16, Amschel von Rothschild, Frankfurt an Jacob de Rothschild, Paris, 1. November [keine Jahresangabe, wahrscheinlich 1830].

Korrespondenz. Die Agenten der Rothschilds benutzten im allgemeinen keine Chiffren, allerdings waren die Familienmitglieder es gewohnt, in ihren frühen judendeutschen Briefwechsel entscheidende Begriffe durch möglichst unverfängliche Codeworte wiederzugeben, die eventuell Geschäftskonkurrenten, sicherlich aber nicht Geheimdienste täuschen konnten. „Rabbi Moses" beispielsweise stand für „Gold", Metternich war der „Onkel", der eher kleine und korpulente Nathan Rothschild wurde als „Langbein" bezeichnet. Die Cullens benutzten in ihren Schreiben nach London regelmäßig Codewörter: „ I send you by the coach tonight a basket of fine whitings which seem to be fine fish and hope you receive them as fresh as they are. P.S. I have no more baskets so cannot send no more fish."[192] Ein anderer Cullen, Hunt, der in den klandestinen Transport von kontinentalen Goldmünzen nach Großbritannien während der antinapoleonischen Kriege involviert war, schrieb an Nathan:

> This will inform you that yesterday I got here from Amsterdam having been there with our friend Davidson and have delivered him six children out of eight; the other two babes the steward of the packet brought here through a mistake, but have since got them at my house, and I only wait for Mr D's orders to know what I am to do with them.[193]

Wofür „Fisch" und „Körbe" standen, bleibt spekulativ. Mit „Kindern" waren vermutlich britische Goldbarren gemeint, die auf dem Kontinent zu Münzen geschmolzen werden sollten.

Mindestens noch einer der Agenten, der Berliner Bankier Gerson von Bleichröder, verwendete eine mit den Rothschilds abgesprochene Codierung. Da es scheint, dass dies auf Initiative der Rothschilds zustande kam, lässt sich auch spekulieren, dass die Rothschilds Arrangements dieser Art mit weiteren Agenten getroffen haben. Nathaniel de Rothschild schrieb 1879 nach Berlin:

> Ich sende Ihnen diese Zeilen, um Ihnen zu sagen, daß Ihnen unser Courier Little dieser Tage einen Schlüssel für private Depeschen bringen wird, dessen Sie sich freundlichst in Zukunft bedienen wollen. Ich bitte Sie ferner etwa hinzufügende Worte & Namen in die noch offenen Ziffern einzufüllen und mir Mitteilung davon zu machen.[194]

Bleichröder und Rothschilds benutzten den Zahlenschlüssel in erster Linie für Telegramme, die sie dankenswerterweise auch gleich nach Erhalt de-

---

[192] RAL: XI/T3/41, Richard Cullen, Folkstone an Nathan Rothschild, 12. April 1813.
[193] RAL: XI/T3/41, Hunt Cullen, Helvoetsluys an Nathan Rothschild, 26. Januar 1814.
[194] HBL: Bleichröder Collection I, VIII.2.25, Nathaniel de Rothschild, London an Gerson von Bleichröder, Berlin, 8. November 1879.

chiffrierten und so dem Historiker zugänglich machten. Auch hier kann angenommen werden, dass dieses System einer staatlichen Spionageorganisation keinen wirklichen Widerstand hätte leisten können, aber zumindest gut geeignet war, unzuverlässige Schreiber, Telegrafisten und Boten von der Weitergabe sensibler Informationen abzuhalten.[195] Wie die Fallstudie zu Bleichröder noch zeigen wird, waren gerade die in den 1870er Jahren zwischen London und Berlin ausgetauschten geschäftlichen und vor allem politischen Informationen tatsächlich bisweilen äußerst brisant, was diese besondere Vorsicht erklärlich macht. Metternichs Ziffernkanzlei schloss 1848, und obwohl allerorten in Europa Geheimpolizeien weiter aktiv waren, verlor die Überwachung des Briefverkehrs in der zweiten Hälfte des 19. Jahrhunderts rapide an Bedeutung. Auch in Preußen büßte die Brieföffnung mit der Demission von Naglers 1846 ihre zentrale Funktion in polizeilichen Methoden ein. Das hing teilweise mit einer stärkeren Verankerung von Grundrechten, einschließlich des Briefgeheimnisses zusammen, lag aber im wesentlichen an der stetigen Zunahme des Korrespondenzvolumens und der Beschleunigung des Briefverkehrs durch die Eisenbahn.[196]

Das Informationsnetzwerk der Rothschilds hatte sich nicht nach einem Masterplan entwickelt, sondern sich stets den wirtschaftlichen und politischen Veränderungen Europas beziehungsweise der Welt auf der einen und den variablen Geschäftsinteressen der Rothschilds selbst auf der anderen Seite angepasst. Es bestand aus einer größeren Anzahl von Agenten, die selbst Bankiers oder Inhaber von Handelshäusern waren und die zu den Rothschilds Kontakte knüpften, um mit diesen Geschäfte zu machen und aus einer kleineren Zahl von Agenten, die von den Rothschilds selbst an bestimmte Plätze entsandt worden waren, um dort für sie tätig zu sein. Vor allem Veränderungen in den Medien und Methoden der Kommunikation transformierten die Dichte und Struktur des Netzwerks in der zweiten Hälfte des Jahrhunderts, als diverse Agenten wegfielen, die mit den Rothschilds nur als einem unter vielen Klienten zusammengearbeitet hat-

[195] Die frühen Techniken der Codierung für mit dem elektrischen Telegrafen übermittelte Nachrichten erörtert Gerald Sammet, ‚Der verschlüsselte Raum. Die Kryptographie und ihre telegrafischen Vorbilder im Zeitalter der Industrialisierung', in: Klaus Beyrer (Hrsg.), Streng Geheim. Die Welt der verschlüsselten Kommunikation, Heidelberg 1999, S. 88-111.
[196] Huber, Nationalstaat, S. 155. Emil König, Schwarze Kabinette, Berlin und Leipzig 1899, S. 10, zitiert nach Hans-Christian Täubrich, ‚Wissen ist Macht. Der heimliche Griff nach Brief und Siegel', in: Klaus Beyrer / Hans-Christian Täubrich (Hrsg.), Der Brief. Eine Kulturgeschichte der schriftlichen Kommunikation, Frankfurt am Main 1996, S. 46-53, hier S. 50.

ten und vordringlich solche bestehen blieben, die sie auch mit bedeutenden politischen Informationen versorgten. Individuell, qualitativ hochwer-
tig arbeitende Informationszuträger an bedeutenden Standorten wurden
wichtiger; die überragende Leitfunktion von N M Rothschild selbst wurde
dadurch nicht beeinträchtigt. Das Netzwerk zeigte sich von Ausfällen von
Agenten, z.B. weil Firmendynastien ausstarben, nicht beeindruckt. Veränderungen im Geschäftsgebaren oder auf der persönlichen Ebene wurden
rasch adaptiert. Auch Generationenwechsel in der Londoner Firmenführung hatten keine beobachtbaren positiven oder negativen Auswirkungen
auf die Gestalt des Netzwerks. Kooperationen oder gar Konkurrenz zwischen einzelnen Rothschild Agenten ließen sich im Untersuchungszeit-
raum praktisch nicht beobachten. Lediglich die "Forwarding Agents", die
selbst ohne geschäftliche Funktion waren, vernetzten einige Agenten ab
und an untereinander.

Die Analyse der Kommunikationsmethoden hat aufgezeigt, dass die
Rothschilds viel Geld in die effiziente Weiterleitung von Informationen
investierten und aufgrund der Dichte und hohen Frequenz ihrer Kontakte
– nicht nur durch ihre Agenten, sondern auch durch strategisch platzierte
Familienmitglieder – im allgemeinen gut informiert waren. Sie besaßen
allerdings keineswegs, wie die Literatur vielfach behauptet hat, über ein
autarkes und anderen enorm überlegenes System für den Transfer von
Nachrichten. Ebenso wenig wie ihre geschäftlichen Konkurrenten, verfügten die Rothschilds über Mittel, die ihre Korrespondenz jederzeit hätte
geheim und unkontrolliert halten können. Diese Erkenntnisse über das
praktische Funktionieren des Netzes sind der eine wichtige Baustein zu
dessen Verständnis. Der andere sind Einsichten in die eigentliche Arbeit
der Agenten und ihre Beziehungen zu den Rothschilds, worauf im folgenden Kapitel näher eingegangen wird.

V. Auftraggeber und Informationszuträger: Die Beziehungen zwischen den Rothschilds und ihren Agenten

In diesem Kapitel soll analysiert werden, welche Beziehungen zwischen den Rothschilds und ihren Agenten bestanden. Dazu gehören die Fragen, wie Agenten überhaupt Agenten wurden, welcher Art die durch sie beschafften Informationen waren und wie sie an diese gelangten. Darüber hinaus ist zu erörtern, wie sich der Kontakt der Agenten mit den Rothschilds gestaltete, wie sie für Ihre Tätigkeit entlohnt wurden und was ihre Briefe über ihre Beziehungen mit den Rothschilds aussagen. Basierten die Beziehungen auf der Befolgung von Anweisungen durch die Auftraggeber oder wurde von Agenten kreatives Handeln verlangt? Zusätzlich soll ein Blick auf die kombinierte Agenten- und Familienkorrespondenz des Jahres 1848 zeigen, wie das Kommunikationsnetzwerk in Krisenzeiten funktionierte und welche besonderen Informationen die Rothschilds über den Verlauf der Revolution in Europa erhielten.

Die zentrale Kategorie der folgenden Untersuchung ist „Vertrauen", ein viel benutzter, schwierig definierbarer und wenig eindeutiger Begriff.[1] Vertrauen ist weit reichender als das bloße Sich-verlassen-können auf einen Mitmenschen. In der Geschäftswelt des 19. Jahrhunderts mit ihren vergleichsweise eingeschränkten Kommunikationsmöglichkeiten und Informationsmechanismen war Vertrauen, noch viel mehr als heute, das alles entscheidende soziale Kapital. Nur wer durch sein Verhalten und seine Unternehmungen bezeugt hatte, dass er Vertrauen verdiente, war kreditwürdig. Wer keinen oder nur wenig Kredit hatte, konnte in den Zeiten der Wechselgeschäfte nicht oder nur sehr eingeschränkt agieren. Die private Korrespondenz der fünf Rothschild Brüder und ihrer Nachkommen ist voll von Anfragen und Beurteilungen über die Kredit- und Vertrauenswürdigkeit einzelner Personen. Dabei kam es nicht nur darauf an, dass ein Bankier oder Kaufmann für eine bestimmte Summe „gut" war, sondern auch, dass dessen Geschäftsgebaren bislang noch keinen Anlass zu einem Vertrauensverlust gegeben hatte. Dabei fand der Begriff „Vertrauen" explizit Eingang in die Korrespondenz. Wer das Vertrauen der Rothschilds

---

[1] Zur Begrifflichkeit und deren historischer Anwendung: Ute Frevert, ‚Vertrauen – Eine historische Spurensuche', in: Idem. (Hrsg.), Vertrauen. Historische Annäherungen, Bielefeld 2003.

einmal enttäuscht hatte, musste damit rechnen, nicht mehr von ihnen bedient zu werden. Das hatte nichts damit zu tun, dass ein Geschäftspartner hart oder sogar zum Nachteil der Rothschilds verhandelte, oder ein Geschäft letztendlich scheitern ließ. Solange dies aus plausiblen ökonomischen Gründen geschah, zog es keinen Vertrauensverlust nach sich. Wurde aber im nachhinein klar, dass jemand beispielsweise nur zum Schein verhandelt hatte, um mit dem Namen Rothschild einen Preis in die Höhe zu treiben, wurde das soziale Kapital des Vertrauens unweigerlich entzogen.

„Kredit" war in der Welt der Banken und Kaufleute nahezu synonym mit „Vertrauen". Vor allem in der vormodernen Geschäftswelt gehörten zum „Kredit" auch die Beachtung von Sitten und Gebräuchen sowie die Einhaltung bestimmter Verhaltensmuster, so daß „Kredit" auch soziale Reputation heißen konnte. Die persönlichen Beziehungen zwischen einzelnen Kaufleuten und Bankiers – also wer mit wem Geschäfte machte und von wem man aufgrund dessen für kreditwürdig gehalten wurde – waren ein unverzichtbarer Bestandteil des Vertrauens in die Leistungsfähigkeit des Einzelnen.[2] Im Falle eines Agenten war bereits das Bestehen einer geschäftlichen Beziehung zu einem bedeutenden Handelshaus ein wichtiges Element von dessen „Kredit".

Wichtiger noch als Vertrauen in das Gebaren von Geschäftspartner und in deren Kreditwürdigkeit war und ist für Unternehmen aller Art, dass die eigenen Mitarbeiter vertrauenswürdig handeln. So hatten beispielsweise Kontoristen in vorindustriellen Handelsunternehmen eine ganz besondere Vertrauensstellung inne, da sie die Rechnungsbücher führten und über sämtliche Geschäfte im Detail informiert waren.[3] Die mit der Korrespondenz betrauten Angestellten der Londoner Merchant Banks des 19. Jahrhunderts waren im allgemeinen hochgebildet, international erfahren und vor allem extrem gut bezahlt, um sich ihrer Loyalität möglichst sicher sein zu können.[4] Je weiter entfernt sich ein Angestellter aufhielt, je schwieriger wurde es, ihn zu kontrollieren und um so mehr Vertrauen musste ihm entgegengebracht werden.[5] Die dabei zwangsläufig entstehende Unsicher-

---

[2] Stefan Gorißen, ‚Der Preis des Vertrauens. Unsicherheit, Institutionen und Rationalität im vorindustriellen Fernhandel', in: Ibid, S. 90-118, hier S. 113.

[3] Gorißen, ‚Preis des Vertrauens', S. 93. Eine Studie über Kaufmannsfamilien in der frühen Neuzeit beschreibt, dass die Bediensteten in den Handelshäusern meist wie Familienangehörige behandelt wurden und mit den Prinzipalen auch unter einem Dach wohnten, da man sich ihrer unbedingten Loyalität versichern musste, denn ein Missbrauch ihrer Kenntnisse des Geschäfts konnte zu dessen Ruin führen. Siehe Klaus Weber, Deutsche Kaufleute im Atlantikhandel 1680-1830. Unternehmen und Familien in Hamburg, Cadiz und Bordeaux, München 2004, S. 266.

[4] Chapman, Merchant Banking, S. 13.

[5] In der Geschichte der Rothschilds ist für die 1790er Jahre ein besonders schwerer Fall von Vertrauensmissbrauch durch einen Angestellten dokumentiert, der dem Frankfurter

heit wird in den Wirtschaftswissenschaften als „agency problem" bezeichnet.[6] Die Effizienz ökonomischer Transaktionen ist um so größer und ihre Kosten sind um so geringer, je mehr Vertrauen zwischen den Beteiligten herrscht.[7] Vor allem in zwei Dingen musste Agenten vertraut werden: zum einen, dass sie sich nicht selbst zum Schaden ihrer Auftraggeber bereicherten; zum anderen, dass sie Informationen exklusiv an ihre Auftraggeber und nicht an Konkurrenten weitergaben. Wie im folgenden zu zeigen sein wird, spielte „Vertrauen" in allen Bereichen, in denen die Rothschilds mit ihren Agenten interagierten, eine zentrale Rolle.

1.   Auswahl

Wie wurde man ein Agent der Rothschilds? Dazu gab es verschiedene Möglichkeiten. Besitzer von Bank- oder Handelshäusern gerieten über ihre Geschäft in Kontakt mit den Rothschilds, indem sie beispielsweise Wechsel für diese diskontierten, Börsengeschäfte machten oder Waren an- und verkauften. Wie alle anderen international operierenden Geschäftsleute benötigten auch die Rothschilds Partner an weiter entfernt liegenden Plätzen. War die Kooperation längerfristig, lieferten diese Partner teilweise auch politische Informationen, vor allem wenn sie sich direkt auf die Geschäfte bezogen. Es kam durchaus vor, dass sich Geschäftsleute selbst als Agenten ins Gespräch brachten. M. J. von Halle wollte 1825 als Versicherungsagent für die Alliance Insurance Company, die im Jahr zuvor unter maßgeblicher Beteiligung Nathan Rothschilds gegründet worden war, tätig werden. Aus seinem Brief geht hervor, dass dieser von Halle sehr wahrscheinlich nichts mit Rothschilds kurzzeitigen Hamburger Agenten, dem Bankhaus Von Halle & Söhne, zu tun hatte. Er wandte sich zunächst an Salomon von Rothschild und bat diesen, den hier auszugsweise zitierten englischen Brief an Nathan zu schicken:

Haus über mehrere Jahre hinweg kontinuierlich Silbermünzen stahl, für deren Transport er zuständig war. Seine Überführung und das nachfolgende Gerichtsverfahren sind dokumentiert in: Amos Elon, Der Erste Rothschild. Biographie eines Frankfurter Juden, Reinbek bei Hamburg 1996, S. 105-111.

6 John W. Pratt / Richard J. Zeckhauser, ‚Principals and Agents: An Overview', in Idem, Principals and Agents. The Structure of Business, Boston 1985, S. 1-35, hier S. 2-4.

7 Eine ausführlichere Diskussion des wirtschaftswissenschaftlichen Konzepts der Transaktionskosten im Hinblick auf Vertrauen und Vertrauenswürdigkeit aus soziologischer Sicht findet sich in Robert D. Putnam, Bowling Alone. The Collapse and Revival of American Community, New York 2000, S. 134-37.

Our place has ever since been the focus of the greatest part of orders for insurance, in Germany and the Northern Europe, as well against fire as for marine risks, and therefore an institution like that of the Alliance, headed by such names and supported by such powerful means, will, I have no doubt, find in Hamburgh [sic] materials enough to work upon. [...] As to my individual means to act as agent, respecting capacity as well as probity you may inquire, Sir, with your friends here, Mr Jenisch, Mr. Heine, or any other respectable house, not having myself the pleasure of being personally acquainted with you. I am established here since 30 years, have acquired experience enough in matters of insurance and enjoy the confidence of my co-citizens, having been member and president of several public offices. [...] You may also inquire, in case I am not known to you, with my brother in law and old friend, Mr. Stieglitz, Chief partner of Stieglitz & Co. at St. Petersburgh [sic]. [8]

Es war nicht zu ermitteln, ob Nathan Rothschild dem Ersuchen Halles nachkam. Anders lag der Fall beim Amsterdamer Maklerunternehmen Cohen Wessels. Offenbar hatte der Inhaber Nathan 1825 in London besucht, und von ihm den Rat erhalten, sich von seinem Geschäftspartner, einem Mr. Levey, zu trennen. Nun erinnerte er Nathan in einem sehr eigenwilligen Englisch:

I am happy to say [I] have here good credit, as well to buy and sell in time also in premises to draw or to give, theirfore [sic] I hope you will do according as you promised the last time I and my dear wife were in England, which is when I am separated you would honor me with some of your commission and take the liberty to forward you the prices of different funds according to your market. [9]

Cohen Wessels schloss seinen Brief, in dem auch bereits einige Informationen über den Amsterdamer Finanzmarkt übersandte, mit weitschweifigen Grüßen an Nathan und seine Familie. Nachdem er wenig später einen weiteren Brief ähnlichen Inhalts geschickt hatte, schien Nathan seinen Wünschen entsprochen zu haben. Er antwortete nach London, dass er sich freue, dass der Chef des Londoner Hauses ihn mit einigen Kommissionen beehren werde und hoffe, daß beide zusammen viele Geschäfte zu Nathans Zufriedenheit tätigen werden. [10] Jedoch ist aus den weiteren Briefen Cohen Wessels ersichtlich, dass er nie recht zufrieden mit dem Volumen der Geschäfte war und die Rothschilds regelmäßig drängte, ihn doch mehr zu berücksichtigen.

Ein weiteres Beispiel für ein solches Ersuchen findet sich außerhalb des eigentlichen Untersuchungszeitraums. Henry Lynch, ein britischer Geschäftsmann, der sich in Rio de Janeiro etabliert hatte, schrieb 1919 nach London:

[8] RAL: XI/112/19, M.J. Von Halle, Hamburg an Nathan Rothschild, 3. Januar 1825.
[9] RAL: XI/112/18B, S. T. Cohen Wessels, Amsterdam an N M Rothschild, 8. Juli 1825.
[10] RAL: XI/112/18B, Cohen Wessels, Amsterdam an N M Rothschild, 15. Juli 1815.

> Needless to say it will afford me great pleasure to write you regularly concerning Brazilian finance and commerce, and I would suggest, if it meets with your approval, sending you a monthly letter with intermediary letters as special circumstances may require, supplemented by telegraphic information when anything of particular importance or urgency arises.[11]

Lynch, von dem nicht bekannt ist, welcher Tätigkeit er in Brasilien nachging, bot hier also nicht an, Geschäfte für die Rothschilds zu tätigen, sondern diente sich an, geschäftliche und politische Informationen in einer von ihm vorgeschlagenen Regelmäßigkeit zu liefern. Lynch fügte gleich die ersten Informationen über Brasiliens politische Situation an; es scheint allerdings, dass die Rothschilds nicht auf sein Angebot eingegangen sind. Eine solche Agententätigkeit wäre auch sehr untypisch für die Rothschilds gewesen. Keine der hier untersuchten Personen beschränkte sich auf die Akquisition und Weitergabe von Informationen. Alle waren, entweder in eigenem Namen oder direkt für die Rothschilds, in verschiedenen Wirtschafts- und Finanzsektoren engagiert und lieferten politische Erkenntnisse im Rahmen ihrer geschäftlichen Tätigkeit.

Die große Mehrheit der frühen Agenten im Nordsee- und Mittelmeerraum waren solche selbständigen Geschäftsleute. Hatten sie sich als zuverlässig erwiesen, wurde sie auch als Informationszuträger genutzt. Die Zuverlässigkeit dieser Korrespondenten war Gegenstand einer durch die Rothschilds intern geführten Diskussion. Wenn ein Agent von einem der Familienmitglieder als vertrauenswürdig eingeschätzt wurde, nahmen auch die übrigen Informationen von diesem an. Zusätzliche politische Berichte ergaben sich oft über Börsenkurse. Die meisten Agenten beobachteten die Bewegungen der Börse und gaben die Daten routinemäßig nach London weiter. Dabei war es ganz natürlich, dass sie auch Einschätzungen über die zukünftige Entwicklung des Marktes vornahmen, welche wiederum stark von politischen Gegebenheiten abhingen. In einigen Fällen verselbständigten sich politische Analysen und wurden auch unabhängig von Börsenbewegungen gemacht, meist jedoch wurde vor allem die Interdependenz zwischen Geschäft und Politik hervorgehoben. Politische Analysen nahmen die Mehrzahl der Agenten nur situationsabhängig vor. War eine politische Situation gegeben, die einen Einfluss auf die Geschäfte hatte, wurde diese für die Rothschilds beschrieben und bewertet. Lag nichts Besonderes vor, was auf den Ausgang von Geschäften hätte einwirken können, wurde auch nicht darüber berichtet. Ständige politische Analysen von der Art wie sie Lynch aus dem Brasilien des 20. Jahrhunderts anbot, waren die Aus-

---

[11] RAL: XI/111/147a, Henry Lynch, Rio de Janeiro an N M Rothschild, 24. Januar 1919.

nahme in der Agententätigkeit. Gerson von Bleichröder in Berlin war vielleicht der einzige Agent, der sich bemühte, den Rothschilds einen kontinuierlichen Überblick über das politische Geschehen in seiner Heimat zu
geben, wie die Fallstudie noch zeigen wird.

Anhand der Korrespondenz selbst ist in dem meisten Fällen schwierig
zu bestimmen, von wem es ursprünglich ausging, dass Geschäftspartner
auch Informationen über das rein Geschäftliche hinaus lieferten. In den
seltensten Fällen lässt sich nachweisen, dass die Rothschilds selbst um
etwa politische Einschätzungen gebeten haben. Meist scheint es so gewesen zu sein, dass die Agenten in einer Art vorauseilender Pflichterfüllung
Informationen anboten, von denen sie annahmen, dass diese die Rothschilds interessieren könnten.

Die Agenten im engeren Sinne, die im direkten Auftrag der Rothschilds
handelten und – zumindest ursprünglich – keine eigenen Geschäfte tätigten, wurden von den Rothschilds nach verschiedenen Kriterien ausgewählt. Die wichtigste Voraussetzung für eine Agententätigkeit war, das
Vertrauen der Rothschilds zu besitzen. Entsandte Agenten konnten sich
dieses auf zweierlei Art erwerben: durch Verwandtschaft mit der Familie
oder durch eine längere berufliche Tätigkeit in einem der Rothschild-
Häuser.

Der wahrscheinlich erste Agent dieser Art war Mayer Davidson. Er
stammte aus Deutschland, siedelte sich aber bereits Anfang des 19. Jahrhunderts in Großbritannien an, wo er Nathan Rothschild kennen gelernt
haben muss, als dieser 1808 nach London zog. Aus einem Brief, in dem
Davidson 1815 um die Naturalisierung als britischer Staatsbürger nach-
suchte, ist ersichtlich, dass er zu diesem Zeitpunkt dreißig Jahre alt und
zwölf Jahre zuvor ins Land gekommen war.[12] 1816 heiratete Davidson
Jessy, eine Schwester von Nathans Frau Hannah aus der sehr vermögenden und einflussreichen Londoner jüdischen Familie Barent Cohen. Offensichtlich genoss Davidson bei Nathan Rothschild extrem großes Vertrauen, da er während der Spätphase der anti-napoleonischen Kriege maßgeblich daran beteiligt war, auf dem Kontinent Gold und französische
Goldmünzen für den Unterhalt der britischen Kontinentalarmee aufzukaufen. Nathan Rothschild hatte im Januar 1814 den Auftrag von John
Charles Herries erhalten, dem Commissary General der britischen Armee,
bis zu 600.000 Pfund Sterling in französischem Gold auf dem Kontinent
zu sammeln und an Kapitäne britischer Schiffe zu übergeben. In der Folge
ging Nathan nicht nur beim Generalbeauftragten, sondern auch bei Premierminister Lord Liverpool ein und aus. Neben der Kommission von

---

[12] RAL: XI/112/20, Mayer Davidson, London an J. C. Herries, London, 15. Dezember
1815.

zwei Prozent der Gesamtsumme waren es die daraus resultierenden politischen Verbindungen, die diesen ersten offiziellen Regierungsauftrag für das britische Rothschild-Haus so wichtig machten.[13]

Nathan Rothschild spannte seine ganze internationale Familie in die Aufgabe ein und schickte Mayer Davidson nach Amsterdam, um die Aktion zu koordinieren. Von dort aus reiste der Agent bei Bedarf in andere europäische Länder und immer wieder zurück nach London. Er führte einen regen Briefwechsel mit Nathan sowie den anderen Rothschilds, die auf der Suche nach Gold und Möglichkeiten, dieses in passende Münzen zu prägen, beständig in Europa umherreisten. Davidson war somit eine Schaltstelle von maximaler Bedeutung, da vom Erfolg oder Misserfolg seiner und der Rothschild Arbeit mittelbar auch die Schlagkraft der britischen und anderer Koalitionstruppen abhing. Nathan Rothschild schickte zu Beginn der Operation 25.000 Pfund Sterling in Wechseln an Davidson, die der Agent auf einem Konto für die britische Regierung deponieren sollte, um mit diesem Geld möglichst viele Napoleons d'or aufzukaufen. Gleichzeitig brachte Davidson Goldbarren mit nach Amsterdam, um daraus französische Münzen schmelzen zu lassen. In der Folge schickte Nathan beständig britische Wechsel nach Amsterdam, und Davidson koordinierte Münzkäufe in ganz Nordwesteuropa.[14] Die Schaltstelle Davidson war allerdings untypisch für das Netzwerk, vor allem in dieser frühen Phase. Der Agent war auch nur vorübergehen in einer derart herausgehobenen Position tätig und nahm nach Abschluss der Geschäfte keine besondere Funktion mehr im Netz ein.

Warum wurde N M Rothschild, eine gerade einmal sechs Jahre in London ansässige und durch einen jüdischen Einwanderer geleitete Bank, mit dieser für Großbritannien so lebenswichtigen Transaktion beauftragt und nicht einer der etablierten britischen Merchant Banker wie beispielsweise Barings? Die Antwort darauf findet sich in dem bereits zur damaligen Zeit relativ gut entwickelten Rothschild-Netzwerk von internationalen geschäftlichen Kontakten über in diversen nordwesteuropäischen Standorten verteilte Agenten und den auch der britischen Regierung bekannten familiären Verflechtungen der Rothschilds. Sie übergaben die Aufgabe also nicht einer britischen Bank, sondern einem international agierenden und vernetzten Finanzier.[15]

---

[13] Ferguson, World's Banker, S. 94-96.
[14] RAL: XI/82/7/3/1, Nathan Rothschild an Mayer Davidson, Amsterdam, 14. Januar 1814; RAL: XI/82/7/3/2, Nathan Rothschild an Mayer Davidson, Amsterdam, 18. Januar 1814.
[15] Eine ausführliche Darstellung der geschilderten Finanzoperation findet sich in Kaplan, Nathan Mayer Rothschild, S. 99-177.

Mayer Davidson blieb bis zu seinem Tod 1846 in den Diensten der Rothschilds. Er hinterließ drei Söhne, Lionel, Nathaniel und Benjamin. Allein schon die Wahl der Vornamen der beiden Älteren lässt seine starke Verbindung zu den Rothschilds erkennen, denn so hießen auch zwei der Söhne Nathans. Alle drei Söhne waren an unterschiedlichen Orten für die Rothschilds als Agenten tätig; Benjamin und Lionel sind in dieser Arbeit Fallstudien gewidmet. Eine solche Agentendynastie zu beschäftigen war nichts ungewöhnliches für die Rothschilds. Das andere Extrembeispiel sind die im vorangegangenen Kapitel erwähnten Cullens, die "forwarding agents" von der Kanalküste. Auch von deren Nachkommen fanden viele eine Anstellung in der Rothschild-Bank. Selbst im 20. Jahrhundert arbeiteten noch viele Cullens als Pförtner und Hausdiener in der Bank in New Court. Diese waren, nach Aussage eines Zeitzeugens, "der Firma absolut ergeben".[16]

Die Davidsons sind das klassische Beispiel für ehemalige Rothschild Angestellte, die später zu wichtigen Agenten wurden. Andere Agenten, die zuvor für eines der Rothschild-Häuser gearbeitet hatten, waren Daniel Weisweiller in Madrid und August Belmont in New York, beide vormals Sekretäre im Frankfurter Stammhaus. Weisweiller hatte einige Jahre vor Beginn seiner Tätigkeit in Madrid im Jahr 1837 auch Edelmetalltransporte der Rothschilds durch Europa begleitet.[17] Auch Friedrich Gasser, der 1818 nach St. Petersburg geschickt wurde, hatte zuvor für Mayer Amschel Rothschild & Söhne in der Mainmetropole gearbeitet. Er war vor seinem russischen Posten einige Monate als Rothschild-Repräsentant allein in Berlin gewesen. Bereits zu dieser Zeit hatten die Rothschilds ein durchaus ambivalentes Verhältnis zu ihm, hielten aber scheinbar unbeirrt an ihm fest.[18] Bereits 1816 erörterten die Rothschilds in ihrer privaten Geschäftskorrespondenz, dass es sinnvoll sei, einen Vertrauensmann in St. Petersburg zu haben. James de Rothschild merkte an, dass aktuell das Hamburger Haus Heckscher, mit dem man ebenfalls geschäftlich in Verbindung stand, alle russischen Geschäfte mache. „Wenn jemand von uns in Petersburg wäre, so hätten wir solche, indessen man kann nicht überall sein."[19] Nur einige Wochen später argumentierte Carl von Rothschild aus Frank-

---

[16] RAL: 000/921, Herbert Elton, The Best Club in London, Manuskript, undatiert, ca. 1930.

[17] Dies belegt eine Erwähnung in der Familienkorrespondenz, nach der „der junge Weisweiller" mit 22,000 Louis d'or nach Berlin geschickt worden sei. RAL: XI/109/16/7/11, Amschel von Rothschild, Frankfurt an James de Rothschild, Paris, 19. Oktober 1830.

[18] Das Verhältnis blieb gespannt, auch während der langen Jahre Gassers in St. Petersburg. Siehe dazu die Fallstudie zu Benjamin Davidson, S. ???.

[19] RAL: XI/109/5, James de Rothschild, Paris an seine Brüder, 30. Mai 1816.

furt: "Wenn die Geschäften[20] in Petersburg vergeben werden, müsste wirklich jemand nach Petersburg. Gasser hat in Berlin nichts zu tun. Könnte er nicht den Kurier machen und sich einstweilen erkundigen?"[21]

Friedrich Gasser hielt sich 1816 und 1817 alternierend in Frankfurt und Berlin auf, je nach Bedarf der Rothschilds. Carl, der im Herbst 1816 eine längere Zeit geschäftlich in Berlin verbringen musste, hatte seinen Bruder Amschel, den Chef des Frankfurter Hauses, mehrfach darum gebeten, Gasser für Schreibarbeiten dahin mitnehmen zu können. Dass dieser mehr als ein einfacher Schreiber war, zeigt folgende Äußerung: „Es tut mir leid, daß den Gasser nicht bei mir habe und wäre gut Du schickest mir noch, weil da muss Vorstellungen und allerlei Schreiberei machen, und man mit ihm was ausreden kann."[22] Als seinem Wunsch entsprochen wurde und Gasser in Berlin war, änderte Carl allerdings schnell seine Meinung:

> Der Gasser helft mir hier nicht viel. Ist nicht gern fleißig. Habe noch immer den anderen Mensch, und wegen den Anleihen hätte vielleicht besser gehandelt wenn er nicht hier wäre. Man stellt sich die Menschen anders vor, und hat auf andere mehr Vertrauen als auf sich."[23]

Als Carl Berlin drei Monate später Richtung Hamburg verlassen hatte, nicht zuletzt, um in der Hansestadt auf Brautschau zu gehen, machte er eine sehr interessante Bemerkung über den dort zurückgebliebenen Gasser: "Der Gasser hat in Berlin zwar gar nichts zu tun, ich will ihm aber doch noch etwas da lassen. Nächstens nehme zwar ein anderer Sekretär mit, wenn wieder reise, weil er mir zu groß ist."[24] Dies verdeutlicht, dass Gasser schon zu dieser Zeit aus seiner Funktion als Schreiber hinausgewachsen war. Die Rothschilds hatten zu ihm ein zwiespältiges Verhältnis, da sie offenbar seine geschäftliche Kompetenz schätzten, ihm aber gleichzeitig vorwarfen, zu unabhängig und eigensinnig zu sein.

Doch Gasser blieb bei den Rothschilds angestellt und behielt offensichtlich vor allem auf Carl einen beachtlichen Einfluss. Zwar warnte ihn sein Bruder Salomon, er solle Gasser nicht alle Details in den Geschäften zeigen, doch Carl meinte nur, dass Gasser "kein schlechter Mensch" sei.[25] Im gleichen Jahr jedoch beschwerte er sich über den Angestellten, dass dieser ihm einen falschen Rat gegeben hatte und insofern mit Schuld daran trüge,

---

[20] Gemeint war eine russische Staatsanleihe.

[21] RAL: XI/109/5, Carl von Rothschild, Frankfurt an James de Rothschild, Paris, 13. Juli 1816.

[22] RAL: XI/109/5, Carl von Rothschild, Berlin an seine Brüder, 29. Oktober 1816.

[23] RAL: XI/109/5, Carl von Rothschild, Berlin an Amschel von Rothschild, Frankfurt, November 1816 [nicht genauer datiert].

[24] RAL: XI/109/9, Carl von Rothschild, Hamburg an seine Brüder, 26. Januar 1817.

[25] RAL: XI/109/6, Carl von Rothschild, Hamburg, an seine Brüder, 15. Februar 1817.

dass ein Geschäft nicht gelang.[26] Schließlich beschloss Carl, im Einvernehmen mit seinen Brüdern, Gasser doch nicht als Schreiber im Frankfurter Haus zu belassen, sondern ihn für die schon lange genährte Idee einzusetzen, einen Agenten in St. Petersburg zu haben. Carl selbst wollte nicht
in der russischen Hauptstadt präsent sein, denn er teilte seinen Brüder mit:
"Nach Petersburg habe ich keine Neigung zu reisen. Ist mir zu entfernt
und der Gegenstand nicht konsequent und noch andere Ursachen wegen.
Ich werde den Gasser hinschicken, welches in drei Monat wenn es ge-
schieht auch noch Zeit ist."[27] Gasser nahm seine Position 1818 ein und
blieb bis zu seinem Ruhestand 1860 in St. Petersburg. Allerdings waren die
Rothschilds auch später mit ihm nie wirklich zufrieden, wie aus der Fallstudie des Agenten Benjamin Davidson zu ersehen ist.[28]

Vertrauen brachten die Rothschilds vor allem Leuten entgegen, die
schon lange für sie arbeiteten. Carl von Rothschild riet in einem Brief von
1827 davon ab, aufgrund von Abwesenheit eine Vollmacht für eine geschäftliche Transaktion einem anderen Bankier anzuvertrauen. Stattdessen
solle lieber "ein bei uns aufgezogener junger Mensch, wo man sich doch
eher verlassen kann" damit betraut werden. "Ist besser als wildfremde
Menschen zu trauen."[29] Ähnlich äußerte sich James de Rothschild 1849 zu
den Londoner Rothschilds über einen gewissen May,[30] der von 1850 bis
1863 Agent in San Francisco war. Er empfahl ihnen May, der zuvor längere Zeit im Frankfurter Stammhaus tätig gewesen war, da dieser "ein kleines
Kerlchen [...] geschickt und ein Frankfurter Jude" sei. "Ich habe immer zu
diesen Leuten großes Zutrauen."[31] Dabei kam es James in seiner Beurteilung wohl weniger auf den Glauben Mays als auf dessen Herkunft aus der
Intimität der Frankfurter jüdischen Gemeinde an.

---

[26] RAL: XI/109/8, Carl von Rothschild, Frankfurt an seine Brüder, 18. Oktober 1817.
[27] RAL: XI/109/8, Carl von Rothschild, Berlin an seine Brüder, November 1817 [nicht
genauer datiert].
[28] Siehe Kapitel VI.1.
[29] RAL: XI/109/11/6/13, Carl von Rothschild, Neapel an seine Brüder und Anselm von
Rothschild, 7. April 1827.
[30] Der Vornamen Mays ist durch keine Quelle zu ermitteln gewesen.
[31] RAL: XI/109/74, James de Rothschild, Paris an seine Neffen, London, 21. Februar
1850.

2. Verwandtschaft

Mayer Davidson, der sich im Comptoir von N M Rothschild hochgearbeitet hatte und der erste direkt entsandte europäische Agent wurde, war zusätzlich mit der Familie Rothschild verwandt, was seine Vertrauenswürdigkeit nur noch unterstrich. Es ist auffällig, dass viele der Agenten entweder vor oder während ihrer Tätigkeit in die weitläufige Familie Rothschild einheirateten.[32] Von den Frankfurter Goldschmidts, über mehrere Verbindungen mit den Rothschilds bereits im 18. Jahrhundert verwandt,[33] arbeiteten einige als Sekretäre und Kuriere im Stammhaus. Seit 1821 war Moritz Goldschmidt der Hauptbuchhalter Salomon Rothschilds in Wien und stieg schnell zum Senior-Associé der Wiener Rothschild-Bank auf, eine Position die er über fünfzig Jahre ausfüllte. Seine Söhne Julius (Wien), Jacob (Frankfurt) und Alexander (Paris) waren ebenfalls in verschiedenen Rothschild Kontoren beschäftigt. Moritz Goldschmidt genoss das besondere Vertrauen Salomons, dessen Geschäfte er während der häufigen Abwesenheiten des Prinzipals in der Art eines Agenten weiterführte.[34] David Goldschmidt, ein Nachkomme der Frankfurter Goldschmidts, dessen Verwandtschaftsverhältnis nicht genau bestimmbar ist, hatte zunächst im Stammhaus gearbeitet und wurde 1874 Agent in Amsterdam. Von dort korrespondierte er auf Deutsch ganz überwiegend mit N M Rothschild in London.[35] Salomon von Rothschild hatte 1831 über die Goldschmidts folgendes zu sagen:

---

[32] Die folgenden Informationen basieren weitgehend auf einer Rekonstruktion verwandtschaftlicher Verhältnisse diverser Rothschild-Agenten, durchgeführt mit Hilfe eines im Rothschild Archiv vorhandenen und von einer Reihe von Archivaren sukzessiv erstellte Namensindex [RAL: Reference file: Glossary of Names], der die Familienbeziehungen diverser mit den Rothschilds in Kontakt stehenden Individuen rekonstruiert und in Form von kommentierten Stammbäumen abbildet.

[33] Maximilian Goldschmidt war der Verwalter des deutschen Rothschildschen Vermögens nach Schließung des Frankfurter Hauses im Jahr 1901. Er hatte 1878 Minna geheiratet, die Tochter des letzten "deutschen" Rothschilds, Wilhelm Carl. Der Patriarch der Familie, Salomon Benedikt Goldschmidt, war ein Zuckerbäcker in der Frankfurter Judengasse, der 1812 starb, also im selben Jahr wie der Begründer der Rothschild Dynastie, Mayer Amschel. Zu den familiären Verflechtungen der Goldschmidts – in späteren Generationen auch mit anderen Mitgliedern der deutsch-jüdischen Wirtschaftselite – siehe Werner E. Mosse, The German Jewish Economic Elite, Oxford 1989, S. 167-71.

[34] Siehe auch Fritz Stern, Gold und Eisen. Bismarck und sein Bankier Bleichröder, Frankfurt am Main 1978, S. 87.

[35] Die Agentur wurde wenig später zusammen mit Nathaniel Davidson geführt. Siehe den ausführlichen Korrespondenzbestand unter RAL: XI/38/120-123, D. L. Goldschmidt & N. Davidson, Amsterdam.

So schicke ich durch den Goldschmidt[36] 30,000 zurück. Der Goldschmidt hat mich
zugleich hier gebeten, um an Dich und unser Bruder Kalman[37] zu empfehlen, wenn er
nichts just zu reisen hat ihm im Comptoir zu beschäftigen, wogegen ich gewiß nichts
habe, da es brave ehrliche Kinder und Verwandten sind so man sich auf ihre Aufrich-
tigkeit, Verschwiegenheit, Anhänglichkeit und Ehrlichkeit verlassen kann.[38]

Diese Beurteilung von Verwandtschaft als Auswahlkriterium für Angestellte ist repräsentativ für alle Rothschilds. Über die Tätigkeit der mit den
Frankfurter Rothschilds verwandten Gebrüder Sichel in Amsterdam ist
bereits im vorangegangen Kapitel berichtet worden. Aber die wirtschaftliche Bedeutung Amsterdams sank in der ersten Hälfte des 19. Jahrhunderts
deutlich, während Hamburg als Finanz- und Handelsplatz nach den napoleonischen Kriegen stetig an Gewicht zunahm. Eine ganze Reihe von A-
genten agierte in der Hansestadt für die Rothschilds, allerdings war keiner
mit ihnen verwandt. Vor diesem Hintergrund muss der folgende Kom-
mentar Amschel von Rothschilds betrachtet werden:

Der gute Warburg[39] ist in Hamburg leider gestorben. Weiß nicht wer sein Geschäft
fort führt.[40] Es wäre mir lieber gewesen, wenn die Sichel in Hamburg wären etabliert
gewesen. Das ist ein Platz wo man kann was verrichten, als in Amsterdam wo was mir
ihnen nicht schicken können kein Luft für kein Kreuzer machen und auch nichts trassieren.[41]

Andererseits ging Amschel mit den Sichels durchaus kritisch um, denn er
machte im weiteren Verlauf seines Briefes nicht allein die Kargheit des
Amsterdamer Finanzplatzes für ihre Ineffizienz verantwortlich. „Sind zwei
männliche Geschlechte. Können kein Kind bekommen und freilich tun
uns unsere Korrespondenten kein Dienst."[42] Auch James de Rothschild
ging mit den Sichels wiederholt ins Gericht, bezog sich aber immerhin auf
individuelle Fehler und Unzulänglichkeiten. Beispielsweise vertraute er

---

[36] Gemeint ist Julius Goldschmidt, Moritz' Sohn.

[37] Der hebräische Name von Carl von Rothschild.

[38] RAL: XI/109/18/5/23, Salomon von Rothschild, Wien an seine Brüder, 23. März 1831.

[39] Gemeint ist Moses Marcus Warburg (1763-1830), der zusammen mit seinem Bruder
Gerson im frühen 19. Jahrhundert aus dem Pfandleih- und Geldwechselgeschäft seines
Vaters Gumprich Warburg eine Bank gemacht hatte. Chernow, The Warburgs, S. 5-7.

[40] Gerson Warburg war bereits vier Jahre zuvor verstorben. Das Geschäft wurde von
Abraham (Aby) S. Warburg weitergeführt, der im Jahr zuvor Sara geheiratet hatte, Tochter
und einziges Kind von Moses Marcus Warburg. Aby war ein Cousin zweiten Grades von
Sara. Ibid., S. 7.

[41] RAL: XI/109/16/7/38, Amschel von Rothschild, Frankfurt an James de Rothschild,
Paris, undatiert, zirka Dezember 1830.

[42] Ibid. Dabei war Amschel von Rothschild der einzige der fünf Söhne Mayer Amschel
Rothschilds der selbst kinderlos blieb. Jeder seiner vier Brüder hatte mindestens einen
Sohn, der das Geschäft weiterführte.

seinem Bruder Nathan 1831 an, dass er von Sichel nicht korrekt über Währungskurse in Amsterdam informiert worden sei: „Der Sichel ist ein Esel. Ich kann nicht erfahren wie viele 10 Gulden [Stücke] ich für eine Mark Gold bekomme."[43]

Werner E. Mosse hat in seinen maßgeblichen Arbeiten zur deutsch-jüdischen Wirtschaftselite ein idealtypisches Dreigenerationenmodell entwickelt, um die persönlichen Beziehungen und sozialen Kontakte und damit nicht zuletzt die Heiratsstrategien und Verwandtschaftsverhältnisse dieser Gruppe zu charakterisieren. Nach Mosse entstand diese Elite in einer „Protogeneration", die ethnisch, sozial und kulturell sehr homogen war, generell endogam heiratete und die ökonomische Basis für ein Vermögen legte. Auf sie folgte eine Generation der „großen Erfolgstypen",[44] die immer noch endogame Heiraten vorzogen, sich aber kulturell in Richtung der Gesamtgesellschaft bewegten. Schließlich seien da deren Kinder, die „Erben", die sich – mit einem großen Vermögen im Hintergrund – oftmals kulturell und auch religiös aus dem jüdischen Umfeld lösten und eine Fülle von Heiratsstrategien im jüdischen wie nichtjüdischen Raum verfolgten. Zwei Gruppen nimmt Mosse explizit von diesem Idealtypus aus: die Nachfahren von Hofjuden und solche Individuen und ihre Familien, die als „Rothschild Protéges" begonnen hatten.[45]

Mosses Aussage lässt sich in Bezug auf enge Verwandte der Rothschilds zweifelsohne bestätigen. Diese vereinigten vielfach die Charakteristika der ersten und zweiten Generation miteinander oder übersprangen die zweite Generation ganz einfach. Aber auch auf einige Rothschild-Agenten trifft diese Aussage zu, und zwar – das ist das eigentlich Interessante – durchaus unabhängig davon, ob sie mit den Rothschilds verwandt waren oder nicht. Teilweise war die Verwandtschaft auch nicht der ausschlaggebende Grund für die Auswahl beziehungsweise Anstellung eines Agenten, sondern sie ergab sich erst, nachdem dieser eine Zeit lang für die Rothschilds gearbeitet hatte.

Das beste Beispiel für einen solchen Protége der Rothschilds ist der Madrider Agent Daniel Weisweiller.[46] Sein Vater war ein Zeitgenosse Mayer Amschel Rothschilds, stammte wie dieser aus der Frankfurter Judengasse und arbeitete dort als Geldwechsler.[47] Seine Mutter war eine geborene

---

43 RAL: XI/109/24/2/16, James de Rothschild, Paris an Nathan Rothschild, 5. November 1831.
44 Meine Übersetzung von Mosses „great achievers".
45 Mosse, German-Jewish Economic Elite, S. 161-63.
46 Weisweillers Geburtsdatum ist nicht zu ermitteln. Er starb 1893.
47 Daniel Weisweillers Urgroßmutter, Sorle, war zudem eine Cousine von Mayer Amschel Rothschild. Die Bedeutung von Verwandtschaftsverhältnissen in der Judengasse des 18. und frühen 19. Jahrhunderts mag zwar nicht unerheblich gewesen sein, darf andererseits

Goldschmidt, ebenfalls weitläufig mit den Rothschilds verwandt. Weisweiller hatte sich als Schreiber und später Sekretär im Frankfurter Stammhaus hochgearbeitet und wurde 1837 nach Madrid geschickt. 1842 heiratete er Adelaïde, eine Tochter von John Helbert und Adelaïde Cohen. Die
älteste Schwester ihrer Mutter, Hannah, hatte Nathan Rothschild geheiratet.[48] Weisweiller hatte damit also selbst in die Rothschild Familie eingeheiratet, indem er eine Großnichte des Gründers des britischen Hauses zur
Frau genommen hatte. Zunächst war ihm übrigens die Heirat mit Justina,
einer Schwester Adelaïdes angetragen worden, was er aber abgelehnt hatte.[49]

Die Agenten waren nicht nur teilweise mit den Rothschilds verwandt,
sondern auch untereinander. Die erstaunlich dichten Verbindungen zwischen den Familien Weisweiller, Bauer (beide Madrid) und Morpurgo,
Landauer (beide Triest), demonstrieren dies. Ignaz Salomon Bauer (1827-
1895) betrieb von 1853 an Stelle Daniel Weisweillers die Madrider Agentur
der Rothschilds. Seine Mutter war Fanny Landauer, eine Tante des Rothschild-Agenten in Triest, Gustav Landauer[50]. Landauer wiederum war ein
Partner in der Firma der längerfristigen Triester Rothschild-Agenten Morpurgo & Parente und verheiratet mit Rosalie Bauer, einer Tante Ignaz
Bauers. Der Kreis schloss sich 1864, als Ignaz Bauer Ida Morpurgo, eine
Tochter des Triester Firmenchefs heiratete. Die Heirat fand in Triest statt,
und die Hochzeitsreise ging nach London. James de Rothschild hatte im
übrigen eine Verbindung der beiden Agentendynastien angeregt, denn er
kannte Bauer schon länger. Dieser hatte in den Jahren zuvor als „Repräsentant" – in welcher Funktion genau ist nicht zu bestimmen – des französischen Rothschilds in Italien gearbeitet. Bauer war ungarischer Herkunft,
geboren in Budapest. Er sprach und schrieb fünf Sprachen, allerdings
musste er Spanisch erst in Madrid lernen,[51] was wiederum verdeutlicht,
dass Agenten nicht unbedingt vor Antritt ihrer Tätigkeit perfekt zum Umfeld passen mussten, sondern dass persönliche Bekanntschaft und unter

---

aber, angesichts der äußerst limitierten Heiratsmöglichkeiten, auch nicht überbewertet
werden. Für eine Einblick in die Lebensverhältnisse im Frankfurter Ghetto und die dadurch bedingte Intimität der Einwohner untereinander siehe Elon, Der erste Rothschild,
S. 11-62.
[48] Zur Genealogie der Familien Barent-Cohen und Montefiore siehe
http://www.geocities.com/athens/oracle/9784/montefio.html [Stand 22.08.03]
[49] Die gescheiterte Verbindung mit Justina Cohen mag auch an deren Erscheinung gelegen
haben, denn diese trug familienintern den Beinamen „Miss Squinty" (to squint = die
Augen zusammenkneifen).
[50] Weitere Informationen über Gustav Landauer im Teil zu 1848.
[51] Informationen über Bauer in Alfonso de Otazu, Los Rothschild y sus socios en España,
Madrid 1987, S. 445-46.

Beweis gestellte Zuverlässigkeit viel eher ausschlaggebend für ihre Auswahl war.

Hier endeten die Verflechtungen der vier Agenten aber keineswegs. In
der nächsten Generation heiratete Gustavo, ein Sohn der in Spanien hei-
misch gewordenen Ignaz Bauer und Ida Morpurgo, Rosalia Landauer, eine
Enkelin des Agenten Joseph Landauer. David Weisweiller, ein Bruder des
Madrider Agenten, ehelichte Pauline Morpurgo, eine Tochter Salomon
Morpurgos aus Triest, und ihr Bruder, Giacchino Morpurgo, verband sich
mit Davids Schwester, Rudolfine. Es würde zu weit führen, sämtliche ehelichen Verbindungen zwischen den vier Familien aufzuführen. Zusätzlich
heirateten die Weisweillers auch in die Frankfurter Familie Goldschmidt
ein, aus deren Mitte verschiedene Angestellte und ein Amsterdamer Agent
der Rothschilds kamen.

Finanzieller Erfolg und sozialer Aufstieg ermöglichten teils in der zweiten, spätestens in der dritten Generation auch Verbindungen dieser „Agen-
tenfamilien" mit anderen Dynastien wie den Sassoons. Ein Bruder Daniel
Weisweillers, Gustave,[52] heiratete Lydia, die Tochter Sir Edward Sassoons.
Die Mutter der Braut wiederum war Aline, Enkelin James de Rothschilds.
Die Sassoons, ursprünglich aus dem Iran stammend, waren in der Mitte
des 19. Jahrhunderts nach England gekommen, um dort als Merchant
Banker in der City zu großem Reichtum zu kommen, gehörten aber, wie
die Rothschilds, bereits im späten 19. Jahrhundert zu einem zu nicht ge-
ringem Teil aus Juden bestehenden, intimen gesellschaftlichen Zirkel des
Prince of Wales, des späteren Edward VII.[53]

Zu den direkt mit den Rothschilds verwandten Agenten gehörte auch
der Brüsseler Agent Léon Lambert (1851-1919), wobei sich die Verwandtschaft aber auch hier erst lange nachdem er Agent geworden war ergab.
Léon, der Sohn des Gründers der Brüsseler Agentur, Samuel Lambert, war
bereits in Belgien geadelt worden, als er 1882 als Baron Lambert Zoë Lu-
cie Betty heiratete, eine Enkelin von Gustave de Rothschild, dem zweitältesten Sohn des Begründers des französischen Rothschild Hauses. Diese
von den Rothschilds entsandten Agenten praktizierten also, analog zu der
von Mosse beschriebenen klassischen Verwandtenheirat, teilweise eine
soziale Endogamie, um ihren Status als Vertraute und Geschäftspartner
der Rothschilds zu festigen. Männer wie Weisweiller, Bauer, Goldschmidt
oder Mayer Davidson kamen aus einfachen Verhältnissen und „überspran-

---

52 Hier findet sich ein gutes Beispiel für die Wahl von Kindsnamen auffällig vieler Agenten. „Gustave" war ebenfalls der Name des zweitältesten Sohnes von James de Rothschild. Auf die Namensgebung der Söhne Mayer Davidsons ist bereits hingewiesen worden.
53 Endelman, Jews of Britain, S. 93, 155-56.

gen", folgt man dem oben skizzierten Model der drei Generationen, die zweite Stufe, um sich aufgrund ihres geschäftlichen Kontaktes und späterer familiärer Beziehungen zu den Rothschilds als Teil der Wirtschaftselite zu etablieren. Gasser in St. Petersburg oder Belmont in New York reichte es offenbar, mit den Rothschilds geschäftliche verbunden zu sein, um sich aus einfachen Anfängen sehr beachtliche Vermögen erarbeiten zu können. Werner Mosse hat speziell die deutsch-jüdische Seite dieser Elite untersucht, die Agenten waren aber international tätig. Auffällig ist dabei, dass eine große Anzahl von ihnen deutsche Wurzeln hatte,[54] unabhängig von ihrem Einsatzort. Dies lässt sich nur durch dadurch erklären, dass nicht nur der in Frankfurt verbliebene Amschel von Rothschild, sondern auch seine in die Fremde gegangenen Brüder bevorzugt Individuen Vertrauen schenkten, die aus dem Kulturkreis ihrer Jugend und der Jahre ihrer frühen geschäftlichen Erfahrungen stammten.

Verwandtschaftliche Beziehungen zementierten geschäftliche Beziehungen und erzeugten Vertrauen. Sie konnten aber auch zu einer Last werden, denn die Probleme von Verwandten wurden automatisch die Probleme der im Licht der Öffentlichkeit stehenden Rothschilds. Diese konnten es sich allein aus Gründen ihres öffentlichen Ansehens nicht leisten, einem Verwandten in finanzieller Not nicht unter die Arme zu greifen. Ein Vorfall dieser Art, der seinerzeit auch für ein größeres Medieninteresse gesorgt hatte, betraf die Triester Agentur Morpurgo & Parente, die in den 1880er und 1890er Jahren unter der Leitung von Achille Perugia stand, dessen Tochter Marie 1881 Leopold de Rothschild, einen Enkel Nathan Rothschilds, geheiratet hatte. Das Bankhaus ging 1891 durch nie ganz geklärte Umstände spektakulär bankrott und die „Affäre Perugia" zog sich einige Wochen lang durch die Medien. Dabei wurde in jedem Artikel ausführlich erwähnt, dass Perugia ein enger Verwandter der Rothschilds sei, die ihn schließlich aus seinen finanziellen Nöten erlöst hätten.[55]
Dennoch dokumentieren die Briefe der Rothschild Brüder aus der ersten Hälfte des 19. Jahrhunderts mit Nachdruck, dass verwandte Kaufleute oder Bankiers zwar mitunter finanzielle Risiken darstellten, jedoch wurde auch weniger erfolgreichen Verwandten stets ein hohes Maß an Vertrauen entgegengebracht, wenn es beispielsweise um die Übermittlung von Nachrichten oder die Geheimhaltung von geschäftlichen Operationen ging. Die große Bedeutung verwandtschaftlicher Beziehungen für geschäftliche Netzwerke wird auch in einer neuen Studie über deutsche Kaufleute im

---

[54] Dies traf zu auf: Mayer Davidson (Amsterdam/London), Friedrich Gasser (St. Petersburg), Daniel Weisweiller und G. Bauer (Madrid), die Goldschmidts (Wien und diverse Standorte), August Belmont (New York).
[55] Siehe dazu RAL: Presscuttings 000/92.

Atlantikhandel des 17. bis 19. Jahrhunderts hervorgehoben. Die durchgehend familiären Strukturen der untersuchten Unternehmen belegen, dass Verwandtschaft am ehesten geeignet war, die über ganz Westeuropa verteilten Unternehmensfilialen über einen langen Zeitraum am Leben und in enger Verbindung miteinander zu halten.[56]

3.   Bezahlung

In der Agentenkorrespondenz finden sich nur einige vereinzelte Hinweise darauf, dass Agenten für ihre Tätigkeit direkt von den Rothschilds bezahlt wurden. Geschäftspartner, die ebenfalls Agentendienste versahen, erhielten ohnehin keine Entschädigung für ihre zusätzlichen Leistungen. Aber auch entsandte Agenten scheinen nicht immer direkt entlohnt worden zu sein, zumindest nicht so, dass sie davon allein hätten leben können. Vielmehr profitierten viele davon, dass sie für die Rothschilds Geschäfte machten und somit in ihr Informations- und Einflussnetzwerk eingebunden waren. Diese Infrastruktur nutzten sie für Geschäfte auf eigene Rechnung aus. Mayer Davidson beispielsweise bat die Rothschilds, während er für sie auf dem Kontinent Gold zusammenkaufte, 70.000 Omnium[57] Aktien aus seinem Eigentum abzustoßen. 35.000 zum Preis von 16 %, die andere Hälfte nur dann, wenn ihr Preis 17 % erreichen sollte. Für das erhaltene Geld sollten die Rothschilds für ihn 20.000 Stück Staatspapiere erwerben.[58] Aber nicht nur Agenten im Ausland, sondern selbst Angestellte in den verschiedenen Rothschild-Häusern machten ihre eigenen Geschäfte, was generell im 19. Jahrhundert selbst für den einfachsten Schreiber im Kontor eines Handels- oder Bankhauses durchaus akzeptabel war. Von den dabei zustande kommenden Kontakte und gesammelten Erfahrungen der Angestellten konnte letztlich auch der Arbeitgeber profitieren, vorausgesetzt seine Mitarbeiter waren ihm gegenüber offen und ehrlich.[59]

---

[56] Weber, Deutsche Kaufleute, S. 259-70, vor allem S. 262.

[57] Mit Omnium ist die Mischung von Aktienpakten gemeint, die in ihrer Gesamtheit eine Staatsanleihe ausmachen.

[58] RAL: T29/239, Mayer Davidson, Amsterdam an N M Rothschild, 23. Dezember 1815.

[59] Jehanne Wake, Kleinwort Benson. The History of two Families in Banking, Oxford 1997, S. 68. Ein prominentes Beispiel außerhalb der Sphäre der Rothschilds ist Alexander Friedrich Kleinwort, der Gründer des Bankhauses Kleinwort (von 1960 an Kleinwort Benson, heute als Dresdner Kleinwort Wasserstein die Investmentbank der Dresdner Bank und damit Teil der Allianz Gruppe). Dieser arbeitete 1840 als Kopist im Kontor des Großhandelshauses der Drake Brothers in Havanna und schrieb nach Hause, er hoffe,

Friedrich Gasser verdiente bereits, während er die Rothschilds in Berlin repräsentierte, durch eigene Geschäfte, aber auch durch Kommissionen auf von Rothschild getätigte Transaktionen bedeutende Summen. Carl von Rothschild listete den Verdienst des Agenten in einem Schreiben an seine Brüder wie folgt auf:

> Er hat bekommen 600 Gulden von der Seehandlung Courtage für die Hälfte von die 1200 Gulden und von den Umsatz von die 335,000 Gulden, macht auch 160 Gulden, und von mir 150 Gulden und 1 Ring. Hat also eine gute Reise gemacht und hat seine Dose[60] verkauft für 25 Louis d'or. Ist mir lieb die Menschen verdienen. Ist zwar ein Offizieller[61], allein halte ihm für drei, und jeder Mensch hat Fehler.[62]

Carl drückte hier also wieder eine Wertschätzung für Gasser aus, obwohl dieser sich nicht wie ein Untergebener verhalte. Sein Schreiben verdeutlicht auch, dass diese hohen Einkünfte eines Agenten, nicht zuletzt durch Nebenverdienste und Prämien, von den Rothschilds durchaus goutiert wurde, da es ihnen daran lag, gute Leute in ihren Diensten zu halten und ihre Motivation und Loyalität nicht zu gefährden. Das unterstreicht auch eine Gasser betreffende Äußerung von Amschel von Rothschild:

> Den Gasser kannst Du einst mit nehmen nach Petersburg. Ist ein [...][63] Subjekt. Habe ihm lassen hier 400 Thaler verdienen. Hat Courtage von der Seehandlung von den London wo zurück gekauft habe bekommen. Dies bringt Freundschaft und es ist besser ich lasse ihm offen verdienen als durch Stehlerei. muss ihm lassen verdienen, denn man kann nicht ohne Menschen die Geschäfte machen.[64]

Die meisten Agenten gingen täglich mit hohen Summen um und hatten auch einen Einblick in die Verdienste der Rothschilds. Um zu vermeiden, dass angesichts dieser Umstände Neid und Missgunst aufkam oder dass sich die Agenten gar dazu verleitet fühlten, Geschäfte unter der Hand oder Betrügereien anzufangen, war es wichtig, sie nicht nur zu kontrollieren, sondern ihnen auch eine angemessene Entlohnung entweder direkt zukommen zu lassen oder – was wesentlich häufiger der Fall gewesen zu sein schien – ihnen Nebengeschäfte zu gestatten und auch über diese informiert zu sein. Heimliche Geschäfte und illegitime Nebenverdienste ihrer weltweit operierenden Agenten waren das wohl größte Problem der inter-

---

dass seine Prinzipale ihm keine Steine in den Weg legen werden, wenn er selbst händlerisch tätig werden würde. (S. 74).
[60] Gemeint ist eine Schnupftabakdose.
[61] Übersetzung des hebräischen Begriffs.
[62] RAL: XI/109/9, Carl von Rothschild, Berlin an seine Brüder, 10. Februar 1817.
[63] unleserlich
[64] RAL: XI/109/5A, Amschel von Rothschild, Frankfurt an James de Rothschild, Paris, undatiert, zirka Spätjahr 1816.

nationalen Handelsgesellschaften des 17. und 18. Jahrhunderts. Die nieder-
ländische Vereingde Oost-Indische Compagnie, die British East India
Company oder die Hudson's Bay Company beispielsweise klagten unisono
über unzuverlässige Agenten, die hauptsächlich in die eigene Tasche wirt-
schafteten.[65]

Mayer Davidson machte eigene Geschäfte, während er 1816 von Nathan Rothschild für einige Monate nach Frankfurt geschickt worden war,
um bei der Anfertigung der Bilanzen des Stammhauses behilflich zu sein.
Er schrieb an James de Rothschild in Paris, dass er 5.000 Pfund Sterling –
eine sehr beachtliche Summe – auf den französischen Bankier Davillier
trassiert habe. Er bat James um Weiterleitung eines Briefes an Davillier, in
dem er die Anweisung gab, von dieser Summe 3.000 Pfund auf London zu
trassieren und merkte außerdem an, dass James doch darauf sehen möge,
dass Davillier ihm einen guten Kurs mache.[66] Dabei ist zu beachten, dass
Davidson keineswegs selbst primär ein Geschäftsmann, sondern lediglich
ein Agent in Diensten der Rothschilds war, der zu dieser Zeit, wie er selbst
versicherte, mit "kopfbrechenden Rechnungen" in Frankfurt beschäftigt
war. Geschäfte wie dieses machte er nebenbei. Die genannte Summe zeigt,
dass Davidson damals bereits über ein beachtliches Privatvermögen verfügte. Bestätigt wird dies durch einen Brief aus dem Folgejahr, in dem
Salomon von Rothschild seinen Bruder Nathan anregte, er möge von seinem Anteil an einem Geschäft über 110.000 französische Renten doch
auch einen Teil an Davidson abgeben.[67]

Die Agenten, die eher als Korrespondenten beziehungsweise Geschäftsleute zu bezeichnen sind, profitierten einerseits von ihren Kontakten zu den Rothschilds. Andererseits erhielten sie für ihre Geschäfte eine
Kommission. Ein typisches Beispiel für den Bereich Warengeschäfte bietet
ein mit den Gebrüdern Naylor in Rio de Janeiro abgeschlossenes Kaffee-
geschäft, offenbar für den kontinentaleuropäischen Markt. Diese hatten
den Kaffee auf dem lokalen Markt angekauft, verpackt und für die Verla-
dung aufs Schiff gesorgt, das den Kaffee nach Hamburg bringen sollte.
Das Geschäft hatte einen Gesamtwert von 6.483 Pfund Sterling, wovon
allein 5.620 auf die 400 Säcke Kaffee entfielen. Die Gebrüder Naylor be-
rechneten für ihre Dienste fünf Prozent Kommission, also 324 Pfund.[68]

---

[65] Ann M. Carlos / Stephen Nicholas, ‚Agency Problems in Early Chartered Companies.
The Case of the Hudson's Bay Company', Journal of Economic History, 50 (1990), S.
853-75, vor allem S. 856-57.

[66] RAL: XI/109/4/2, Mayer Davidson, Frankfurt an James de Rothschild, Paris, 24. Februar 1816.

[67] RAL: XI/109/7, Salomon von Rothschild, Paris an Nathan Rothschild, 12. May 1817.

[68] RAL: XI/112/60A, Naylor Brothers, Rio de Janeiro an N M Rothschild, 5. August
1825.

Aber neben dem normalen Kommissionsgeschäft existierten weitere unübersehbare Vorteile aus einer Tätigkeit für die Rothschilds. Üblicherweise waren die von den Rothschilds aufgelegten Staatsanleihen, ganz gleich für welchen Staat, mehrfach überzeichnet. In der Familienkorrespondenz finden sich zahlreiche durchaus verzweifelte Briefe, in den verschiedene Rothschilds meldeten, dass sie bereits auf das Gerücht einer neuen Staatsanleihe unter ihrer Führung hin so viele Anfragen von Interessenten bekämen, dass es unmöglich sei, allen Wünschen gerecht zu werden. Dass konnte auch zu Feindschaften führen. Es ist eindeutig, dass Agenten und Korrespondenten bei Staatsanleihen bevorzugt berücksichtigt wurden. Als eine bedeutende französische Anleihe für das gerade installierte Regime Louis Philippes auf den Markt gebracht werden sollte, führte James de Rothschild aus:

> Wir geben es heute Abend heraus. Man hatte gefordert 42 Millionen und wir geben 22 Millionen. Das macht auf unser Teil 19 Millionen zirka und wahrscheinlich gebe zwei Millionen Franken an alle unsere Korrespondenten, das macht 21 Millionen, so bleiben uns 14 Millionen.[69]

Im Verhältnis zu der Summe, welche die Rothschilds für sich behielten und die sie mit den anderen an der Anleihe beteiligten großen Bankhäusern teilten, waren diese zwei Millionen gewiss nicht viel, aber für ein kleineres Handelshaus oder gar ein Individuum konnte auch eine kleinere Summe einen durchaus beachtlichen Gewinn abwerfen.

Die Praxis der bevorzugten Anleihevergabe zeigt beispielhaft ein Brief des Bankhauses Braunsberg & Co. aus Amsterdam:

> We feel extremely obliged for your confidential Communication about a new Brazilian Loan being shortly to take place under your management and in Bonds similar to those of the Prussian Loans, and should it become an object of [...][70] activity between us as you allow us to consider it, you may be assured of our utmost endeavours to promote your views to your greatest advantage.[71]

---

[69] RAL: XI/109/24/2/42, James de Rothschild, Paris an Nathan Rothschild, 26. Dezember 1831.
[70] Unleserlich.
[71] RAL: XI/38/57B, Braunsberg & Co., Amsterdam an N M Rothschild, 14. Januar 1825. Es handelte sich um die zweite Platzierung im Wert von zwei Millionen Pfund einer zuerst Anfang 1824 aufgelegten Anleihe. Siehe Barman, ‚Nathan Mayer Rothschild and Brasil‘, S. 41. The Times kommentierte die zweite Tranche dieser Anleihe von durchaus zweifelhafter Solidität, indem sie darauf hinwies, dass Nathan Rothschilds „remarkable success in raising the credit of some of the European Governments by his contracts for loans in England" die beste Garantie dafür sei, dass „the Government securities of Brazil will, under his auspices, bear as high quoatations in the money-market as those of any of the

Der bereits eingangs zitierte Lynch aus Rio de Janeiro verlangte, als er sich im frühen 20. Jahrhundert als Agent anbot, übrigens kein vorher ausgehandeltes Gehalt. Er schrieb: "May I be allowed to leave the question of remuneration entirely to your discretion and whatever you decide to do at the end of each year will be quite satisfactory to me."[72]

4.   Juden und Nichtjuden

Die Rothschilds waren fest in ihrem jüdischen Glauben verwurzelt. Wie wichtig war es ihnen, dass ihre Mitarbeiter und Agenten Juden waren? Brachten sie Glaubensgenossen unter Umständen mehr Vertrauen entgegen? Die Quellen machen zu diesen Fragen durchaus widersprüchliche Aussagen. Aus einem Schreiben aus der Familienkorrespondenz lässt sich entnehmen, dass im frühen 19. Jahrhundert die Angestellten des Frankfurter Hauses – "alle unsere brave Leute", wie Carl von Rothschild sich ausdrückte – Katholiken waren. Die Liste schloss auch Friedrich Gasser ein, der die Rothschilds später für über vierzig Jahre in St. Petersburg vertrat.[73]

Bei der Auswahl von Agenten vertrat Carl von Rothschild die Ansicht, es sei "immer gut auf jedem Platz auch ein Nichtjuden für Korrespondent zu haben."[74] Er machte diese Aussage im Zusammenhang mit einem Geschäft mit dem christlichen Hamburger Haus M. J. Jenisch, das zu seiner vollen Zufriedenheit ausgeführt worden sei. Alle übrigen Hamburger Agenten zu dieser Zeit waren Juden. Andererseits mokierte sich Amschel von Rothschild, der von allen seinen Brüder mit Abstand strenggläubigste Jude, über den katholischen Gasser in Russland angesichts eines fehlgeschlagenen Geschäfts: "Guter Bruder wir haben kein Mensch in Petersburg, und Gasser seine Bekanntschaft ist wie ein Goyim,[75] und treibt nichts durch.[76] Damit kritisierte Amschel auf der einen Seite Gassers mangelnde Durchsetzungsfähigkeit, unabhängig von dessen Glauben. Aber gleichzeitig bemängelte er, dass der Agent in St. Petersburg nicht "wie ein

---

continental States – und empfahl das Papier damit indirekt zum Kauf. Siehe The Times, 12. Januar 1825, S. 2.

[72] RAL: XI/111/147a, Henry Lynch, Rio de Janeiro an N M Rothschild, 24. Januar 1919.

[73] RAL: XI/109/8, Carl von Rothschild, Berlin an M. A. Rothschild & Söhne, Frankfurt und Gebrüder von Rothschild, Paris, 18. Oktober 1817.

[74] RAL: XI/XI/109/6, Carl von Rothschild, Hamburg an seine Brüder, 16. Februar 1817.

[75] Jiddisch für "Nichtjude".

[76] RAL: XI/109/21/9/3, Amschel von Rothschild, Frankfurt an Nathan Rothschild, 3. Juni 1831.

Jude" eingebunden sei. Da es zu dieser Zeit mangels Residenzrechten keine jüdischen Geschäftsleute in der russischen Hauptstadt gab, lässt diese Äußerung nur den Schluss zu, dass Amschel der Ansicht war, dass jüdische Vertrauensleute generell besser in geschäftliche Netzwerke eingebunden seien als Nichtjuden. Die Bemerkung muss vor dem Hintergrund gesehen werden, dass Amschel Zeit seines Lebens niemals das Frankfurter jüdische Milieu, in dem seine Familie die alles dominierende Rolle spielte, verlassen hat.

Ethnizität ist ein sehr zuverlässiges, weil nicht oder nur mit Schwierigkeiten veränderbares Merkmal.[77] Insofern ist es für Vertrauensbildung besonders geeignet, weil Angehörige derselben Ethnie, oder im Falle der Juden einer ethnisch-religiösen Gruppe, sich in einem gemeinsamen historischen Handlungsumfeld bewegten, ähnlichen Zwängen unterlagen und vergleichbare Chancen hatten. Viele Agenten der Rothschilds waren Juden, aber längst nicht alle. Aus den Quellen ist kein Fall ersichtlich, wo bewusst Kontakt zu einem Geschäftsmann gesucht oder absichtsvoll ein Agent für eine Aufgabe ausgewählt wurde, nur weil er jüdischen Glaubens war. Entscheidend für die Häufung jüdischer Personen, die mit den Rothschilds in geschäftlicher Beziehung standen, war wohl eher die ethnisch-religiöse Zusammensetzung der Kaufmannschaft und vor allem des Bankenwesens im 19. Jahrhundert, in dem Juden stark überproportional vertreten waren.

Ging es allerdings um die Heiratspolitik der Rothschilds und der mit ihnen eng verwandten Familien wie den Montefiores oder den Cohens in London, wurde ganz bewusst eine jüdische Exklusivität gewahrt, einerseits um den Glauben nicht in Frage zu stellen, andererseits, um – zumindest in den ersten zwei Generationen – nach Möglichkeit Verbindungen zwischen Rothschilds herbeizuführen. Es wäre undenkbar gewesen, dass ein nichtjüdischer Agent wie Friedrich Gasser in dieses Familiennetzwerk hätte einheiraten können. Der jüdische Daniel Weisweiller dagegen hatte diese Möglichkeit, nachdem er sozial aufgestiegen war. Wie problematisch die Familie Heiraten mit Nichtjuden sah, musste Nathan Rothschilds zweitälteste Tochter, Hannah Mayer, 1838 erkennen. Da sie sich nicht von einer Liebesheirat mit Henry Fitzroy abbringen ließ, verstieß sie die Familie und nahm erst nach einer über zehnjährigen Pause vorsichtig wieder Kontakt mit ihr auf. Die Beziehungen wurden aber nie wieder vollkommen hergestellt. Fitzroy war der Sohn von Lord Southampton, einem geadelten Großkaufmann deutscher Herkunft, und damit sozial höchst akzeptabel. Allerdings war er auch Christ und Hannah Mayer ließ sich vor der Hochzeit taufen.[78]

---

[77] Frederik Barth (Hrsg.), Ethnic Groups and Boundaries, Boston 1969, S. 15
[78] Ferguson, World's Banker, S. 437-43.

Juden waren nicht die einzigen, die über dichtgeknüpfte Handels- und Beziehungsnetze verfügten, welche durch religiöse Exklusivität gekennzeichnet waren. Ein anderes Beispiel sind die Quäker, die vor allem im Norden Englands im 18. und 19. Jahrhundert zahlreiche einflussreiche und oft miteinander verbundene Handels- und Industriedynastien hervorgebracht haben, wie beispielsweise die Bensons, Rathbones oder Reynolds. Diese verband nicht nur der gemeinsame Glaube, sondern auch eine durch ihre spezielle Wirtschaftsethik gekennzeichnete geschäftliche Praxis.[79]

5. Führung

Die Rothschilds erwarteten von ihren Agenten und Korrespondenten unbedingte Loyalität. War es ihnen ebenfalls wichtig, dass sich Agenten streng an die Anweisungen aus London hielten beziehungsweise mit wichtigeren Entscheidungen warteten, bis die Chefs sich dazu geäußerten hatten, oder legten sie Wert darauf, dass Agenten auch unabhängig agieren und eigene kreative Ideen entwickelten? Die Beziehungen gestalteten sich von Agent zu Agent unterschiedlich, abhängig von dessen Stellung und Grad der Vertrautheit beziehungsweise Bekanntschaft mit den Rothschilds und nicht zuletzt von dessen physischer Distanz von London. Aber trotzdem lassen sich einige generelle Trends aufzeigen, die verdeutlichen, dass, wer Aufgaben an Agenten delegierte, ihnen auch einen gewissen Handlungsspielraum zu deren Erfüllung anvertrauen musste.

Mayer Davidson, der mit seinem angeheirateten Schwager Nathan Rothschild lange Zeit eng zusammengearbeitet hatte und dann von diesem nach Amsterdam geschickt wurde, wahrte stets einen formalgeschäftsmäßigen und äußerst höflichen Umgangston in seinen Briefen nach London. Obwohl er aufgrund der geringen Distanz schnell um Instruktionen einkommen konnte, agierte Davidson in vielen Fällen durchaus nach eigenem Ermessen und scheute sich auch nicht, Nathan Rothschild zu kritisieren beziehungsweise dessen Entscheidungen anzuzweifeln, wenn es ihm angemessen erschien. Außerdem schlug er eigenständig geschäftliche Variationen vor:

---

[79] Siehe dazu allgemein: Maurice William Kirby, Men of Business and Politics: The Rise and Fall of the Quaker Peace Dynasty of North East England 1700-1943, Manchester 1984.

Man erwartet, dass Russland die rückständige Zinsen auf ihre Obligationen zahlen wird. Die Coupons kann man noch immer zu 52 kaufen. Wenn diese gezahlt werden, so kommen diese Coupons auf pari. Hier ist also noch was zu verdienen. Wenn Sie also Zutrauen in diese Sache haben, so belieben Sie zu melden, ob hierin etwas für Sie unternehmen soll. Freilich zum gegenwärtigen Kurs dafür zu trassieren ist nicht sehr vorteilhaft. Es bleibt aber dennoch eine gute Spekulation, wenn Sie nämlich der Meinung sind, dass Russland ehrlich genug ist, um die rückständige Zinsen zu zahlen.[80]

Hier schlug Davidson also eine Art Nebengeschäft vor, forderte aber Nathans Plazet für dessen Ausführung an. Wesentlich forscher äußerte sich Davidson in einem wenig später geschriebenen Brief:

Mit dem Dukaten schlagen geht es aber hier langsam. Es sind so viele Leute welche Dukaten brauchen und es ist nur eine Münz hier und dies ist eine holländische Münz wo man nicht genau darauf rechnen kann. Sie müssen daher gütigst darauf sehen, wenn Herries[81] Gold her schicken will, um Dukaten machen zu lassen, daß es beizeitig arriviert, weil sonst nicht darauf zu rechnen ist. [...] Heute ist die Post von 5 dieses angekommen. Sind aber ohne Brief von Ihnen. Gott weiß wie unangenehm dieses ist. Ob Sie die Po[82] abschicken oder nicht, so hätten Sie doch einige Zeilen mit dem Paket[83] schreiben können. Diese Jahrzeit gibt's keine schnellere Gelegenheit als das Paket.[84]

Davidson gab Nathan damit nicht nur direkte Anweisungen, um Geschäfte nicht zu gefährden, er beschwerte sich auch unverblümt, dass dieser es versäumt hatte, rechtzeitig Instruktionen zu schicken. Noch deutlicher in seiner Kritik an Nathan wurde Davidson zwei Wochen später:

Ihr Haus ist sehr unzufrieden über Ihre große Rimessen und melden, ich sollte Ihnen schreiben. Ich glaube ich habe Ihnen oft genug meine Bemerkungen gemacht, dass Sie viel zu viel [...][85] kaufen. Sie verderben sich selbst Ihren Handel und hätten viel verloren, wenn wir nicht immer zurück remittiert hätten obgleich mit Verlust. Es wäre aber weit schlechter hätten wir es nicht getan. Bei den großen Operationen welche Sie gegenwärtig für Gov.[86] haben, sollten Sie für sich selbst nur wenig oder gar nichts handeln, außer wenn Nützen dabei ist.[87]

---

[80] RAL: XI/109/0/1, Mayer Davidson, Amsterdam an Nathan Rothschild, 20. Mai 1814.
[81] Der britische Commissary General, John C. Herries, in dessen Auftrag die Rothschilds das Gold auf dem Kontinent zusammenkauften.
[82] Ein von den Cullen geführtes und N M Rothschild gechartetes Schiff für den Transfer über den Kanal.
[83] Das regelmäßige Postpaketboot zwischen Großbritannien und Holland.
[84] RAL: XI/109/0/1, Mayer Davidson, Amsterdam an Nathan Rothschild, 8. Juli 1814.
[85] unleserlich
[86] Gemeint ist die britische Regierung.
[87] RAL: XI/109/0/1, Mayer Davidson, Amsterdam an Nathan Rothschild, 22. Juli 1814.

Davidson schrieb diese Kritik in für seine Verhältnisse sehr emotionaler Weise und erteilte gleichzeitig klar und deutlich Anweisungen an Nathan Rothschild, ohne Höflichkeitsfloskeln zu benutzen.

Es ist zu berücksichtigen, dass Mayer Davidson eine besonders enge Beziehung zu Nathan Rothschild und der ganzen Rothschild-Familie hatte. Wie eng diese war, zeigt vor allem ein Brief Salomon von Rothschilds an Nathan, den Salomon offenbar in einem Zustand großer Erregung Davidson diktierte. Darin beschwerte er sich mit bitteren Worten über seiner Ansicht nach ungerechtfertigte Kritik Nathans an den geschäftlichen Entscheidungen seiner Brüder und schließt, dass er lieber tot sein möchte als noch weitere polemische Briefe aus London lesen zu müssen.[88] Es machte Salomon also nichts aus, dass Davidson den gesamten Inhalt dieses höchst persönlichen Schreibens kannte.

Aufgrund seiner engen Verbindung konnte sich Davidson unverholene Kritik an den Geschäftspraktiken der Rothschilds leisten. Es scheint, dass er 1814-15 um so deutlicher in seinen kritischen Anmerkungen und um so unabhängiger in seinen Entscheidungen wurde, je länger er in Amsterdam war und je vertrauter er mit dem für die Rothschilds so wichtigen Geschäft wurde. Ganz offensichtlich nahm ihm Nathan Rothschild das keineswegs übel, denn aus den Briefen der Brüder untereinander aus den Jahren 1814 und 1815 ist keinerlei Kritik an Davidson ersichtlich, und die guten Beziehungen blieben intakt. Im Gegenteil, seine gute Arbeit wurde stets gelobt. Und als Davidson zwei Jahre nach seinem Aufenthalt in Amsterdam längere Zeit im Frankfurter Stammhaus arbeitete, unterrichtete er beispielsweise James de Rothschild auch über den Gesundheitszustand der dort wohnenden Familienmitglieder und merkte in einem Brief an: "Ihre Mutter spricht oft von Ihnen. Ich esse alle Abend bei ihr, weil da ruhiger ist und ich gar Ruhe liebe."[89] Insofern kann argumentiert werden, dass Nathan Rothschild konstruktive Kritik wie auch erkennbar richtige eigenmächtige Entscheidungen seines Agenten willkommen hieß. Auch Carl von Rothschild schätzte den Agenten sehr. Er schrieb 1817 aus Berlin an Davidson, dass es ihm Vergnügen bereiten würde, wenn dieser ihm Besorgungen in seiner „alten Vaterstadt" auftragen würde.[90] Er schloss sein Schreiben mit guten

---

[88] RAL: XI/109/0, Salomon von Rothschild, Amsterdam an Nathan Rothschild, 24. Juni 1814.

[89] RAL: XI/109/4/2/1, Mayer Davidson, Frankfurt an James de Rothschild, Paris, 24. Februar 1816.

[90] Davidson stammte aus Berlin, wie ein Brief belegt, in dem er angab, mit James de Rothschild gemeinsam nach Berlin zu reisen, um dort seine Mutter zu besuchen, die er seit zwölf Jahren nicht gesehen habe. RAL: XI/109/1, Salomon von Rothschild, Amsterdam, an Nathan Rothschild, 18. Oktober 1814; Postskriptum von Lionel Davidson zu diesem Brief.

Wünschen an Davidsons Familie und alle gemeinsamen Verwandten in London.[91]

Die Rothschilds erwarteten von ihren Agenten, dass sie in der Lage waren eigenständig zu handeln, was sich angesichts der Distanzen und der Kommunikationsmöglichkeiten, gerade vor der elektrischen Telegrafie, auch gar nicht anders regeln ließ. Der Agent Gasser in St. Petersburg hatte 1849 James de Rothschild brieflich um Instruktionen zu Geschäften mit Baumwolle und Zucker gebeten und erhielt von diesem die Antwort, dass es seiner eigenen Ansicht überlassen bleiben solle, wie er die Geschäfte abhängig von der Entwicklung des Marktes reguliere.[92] Zwar waren die Rothschilds sehr wohl in der Lage, den Handel mit diesen Produkten insgesamt zu überblicken, hatten aber in die Besonderheiten sich stetig verändernder lokaler Märkte keinen Einblick und mussten sich daher zwangsläufig auf ihre dort vernetzten Agenten verlassen.

Viele Agenten gaben den Rothschild unaufgefordert Ratschläge und Hinweise. Daniel Weisweiller schrieb 1850 aus Madrid:

> In Betreff der Silber Mine, worüber H. Stopford Ihrem Londoner Hause den mir gut bekannten Status mitgetheilt hat, glaube ich, daß Sie am Besten thun werden, sich von dergleichen Geschäften entfernt zu halten, nachdem wir solch traurige Erfahrungen in solchen industriellen Unternehmungen gemacht haben, wo man in der Regel betrogen und bestohlen wird, wenn man sich nicht selbst an Ort und Stelle mit allen Details befassen kann. Ich kenne übrigens den H. Stopford persönlich und glaube nicht, daß er bisher mit diesen Unternehmungen glücklich gewesen ist.[93]

In der Tat waren Kenntnisse der lokalen Zustände und ortsüblichen Verhaltensweisen und Mentalitäten das größte Kapital der Agenten. Wie auch die im folgenden Kapitel dokumentierten Fallstudien belegen, erwarteten die Rothschilds, dass sich ihre Agenten am Ort selbst zurecht fanden und auch komplexere geschäftliche Zusammenhänge eigenständig überblickten. Es scheint, dass die Rothschilds dabei einsahen, dass die Dinge in anderen Ländern und Geschäftskulturen nicht immer so laufen konnten, wie sie es sich vorstellten, auch wenn einige Agenten sie bisweilen daran erinnern mussten. Eigeninitiative war immer gefragt; manchmal mussten zu forsche Agenten gebremst werden, wenn sie kreative, aber unsolide geschäftliche Propositionen machten. Die Korrespondenz der Agenten vermittelt nie den Eindruck, dass sich diese von den Rothschilds kontrolliert fühlten. Wäre dies versucht worden, wäre angesichts der Entfernungen und der beschränkten Kommunikationsmöglichkeiten auch kein effektives Arbei-

---

[91] RAL: XI/109/9, Carl von Rothschild, Berlin an Mayer Davidson, London, undatiert, zirka Oktober 1817.

[92] Die Information an Gasser ist ersichtlich aus RAL: XI/109/72, James de Rothschild, Turin an Anthony de Rothschild, Paris, 3. Oktober 1849.

[93] RAL: XI/91/B, Daniel Weisweiller, Madrid an N. M. Rothschild, 9. Juli 1850.

ten möglich gewesen. Die moderne Wirtschaftssoziologie bestätigt die Richtigkeit dieses Vorgehens. Angesichts der immer vorhandenen informationellen Asymmetrie zwischen Agenten und Prinzipalen – erstere wissen mehr über die Durchführung ihrer Aufgaben, letztere mehr über das zu erreichende Ziel – kann kein Geschäft so gut funktionieren, als wenn alle Informationen ohne Kompensation miteinander geteilt oder die Interessen von Agenten und Prinzipalen sich völlig decken würden.[94] Dieses Defizit wird auch als „agency loss" oder „agency cost" bezeichnet. Am erfolgreichsten ist der Auftraggeber, dem es gelingt dieses Defizit zu minimieren, indem er mit dem besten zu erreichenden Resultat zufrieden ist.[95] Ein möglichst vertrauensvolles Verhältnis zwischen Agenten und Auftraggebern, das die speziellen Kompetenzen des anderen berücksichtigt, ist damit die Grundvoraussetzung für den geschäftlichen Erfolg.

Änderte sich das Verhältnis zwischen Agenten und Auftraggebern von Generation zu Generation? Da kaum Briefe der Rothschilds an Agenten erhalten ist, ist die Frage nicht leicht zu beantworten. Aus den Berichten der Agenten nach London lassen sich keine wesentlichen generationell bedingten Veränderungen erkennen. Nathan Rothschild war für seine bärbeißige und ungeduldige Art bekannt und gefürchtet. Es mag sein, dass sich der Ton der Instruktionen an Agenten nach dessen Tod insgesamt besserte, aber es ist auch zu berücksichtigen, dass die Formulierung von Entscheidungen oft Sekretären und Schreibern überlassen blieb. Die Agenten legten gegenüber allen Rothschilds unabhängig von deren Alter und Position in den jeweiligen Bankhäusern stets ein höfliches und korrektes Verhalten an den Tag. Im Einzelfall wurde auch Unterwürfigkeit demonstriert, aber diese war kein hervorstechendes Charakteristikum in der Mehrzahl der Briefe.

Abschließend zu diesem Thema soll noch kurz eine gänzlich andere Ebene der Beziehungen zwischen den Rothschilds und ihren Agenten beleuchtet werden, die sich in Korrespondenzen offenbarte, die 1825 aus den Niederlanden in London eintrafen. Coudere & Brants aus Amsterdam schrieben:

> Hitherto we have not informed you of a Catastrophe which deserves undoubtedly the attention of all Europe and other parts of the World any ways in connection with Hol-

---

[94] Aus wirtschaftswissenschaftlicher Sicht dazu: Strong, Norman / Waterson, Michael, ‚Principals, Agents and Information', in: Roger Clarke / Tony McGuinness (Hrsg.), The Economics of the Firm, Oxford 1987, S. 18-41.

[95] Pratt / Zeckhauser, ‚Principals and Agents', S. 3. Eine nützliche theoretische Einordnung der „Agency Costs" findet sich in: Jensen, Michael C. / Meckling, William H., ‚Theory of the Firm. Managerial Behavior, Agency Costs and Ownership Structure', in: Journal of Financial Economics, 3 (1976), S. 305-60, bes. S. 312-330.

land, namely the great overflowing by the Sea from which our country was threatened
with entire devastation. We need not to tell you all the particulars of this Calamity,
which you will be informed of by the Newspapers. [...] Great subscriptions are opened
already in our chief towns, but such is the magnitude of the distress, that our joint
means are not sufficient to provide for this unfortunate and general loss and therefore
our deeply afflicted country needs call upon the help or other generous nations and of
which the English has always deserved the first rank. We know, Sir, from other in-
stances, that you in particular possess a feeling of good heart and for that reason we
cannot do better than to mention this Calamity to you.[96]

Auch A. Levyssohn aus Rotterdam apellierte an die bekannte Wohltätigkeit
Nathan Rothschilds, „whose character and benevolence stands so very
high in the civilised world and particularly in the mercantile countries".
Anders als das christliche Haus Coudere & Brants konnte der Jude Levyssohn ebenfalls argumentieren, dass eine Subskription Nathans für die gute
Sache nicht nur die Dankbarkeit seiner holländischen Landsleute, sondern
auch in „Gottes Segen" für den Spender resultieren würde.[97]
    Nathan Rothschild hatte aber anscheinend bereits vor diesen Briefen
gehandelt, denn Coudere & Brants erhielten ein privates Schreiben von
ihm, welches sie informierte, dass er bereits eine Spende geschickt habe.[98]
Die Wohltätigkeit der Rothschilds für jüdische wie nichtjüdische Anliegen
ist legendär und insofern ist diese Zahlung kaum der Rede wert.[99] Bemer-
kenswert ist aber, dass hier die Agenten ohne Hemmungen an Nathan
Rothschild herantraten und an seine humanitäre Verantwortung appellier-
ten. Ganz offensichtlich waren die Rothschilds nicht immer diejenigen, die
in Kontakten mit ihren Agenten Forderungen stellten.

6.   Konflikte

Die Beziehungen zwischen den Rothschilds und ihren Agenten gestalteten
sich nicht immer problemlos. Angesichts der Dichte und Dauer des Netzwerks waren die darin entstehenden Konflikte nicht von besonderer Bedeutung. Dennoch ist es interessant aufzuzeigen, welche Spannungen existierten und wie damit umgegangen wurde.

---

[96] RAL: XI/38/68, Coudere & Brants, Amsterdam an N M Rothschild, 15. Februar 1825.
[97] RAL: XI/112/60A, A. Levyssohn, Rotterdam an N M Rothschild, 22. Februar 1825.
[98] RAL: XI/38/68, Coudere & Brants, Amsterdam an N M Rothschild, 22. Februar 1825.
[99] Das Rothschild Archiv in London hat Anfang 2004 eine großangelegte Studie begonnen, die die jüdische Wohltätigkeit in Europa unter besonderer Berücksichtigung der
Rothschild-Familie dokumentieren soll und auf Material in einer Vielzahl von europäischen Archiven basieren wird.

Besonders interessant ist der Fall des Agenten May in San Francisco. Dieser wurde 1850 an die amerikanische Westküste beordert, um dort gemeinsam mit Benjamin Davidson die Interessen der Rothschilds zu vertreten. Davidson war bereits drei Jahre in San Francisco ansässig, als den Rothschilds Zweifel an seiner Effektivität kamen. "Der kleine Davidson macht ja gar nichts. £10,000 was ist das gegen den Geschäften die da gemacht werden?"[100] Diese von James de Rothschild vorgetragene Beschwerde veranlasste seine Londoner Neffen, über eine Ausweitung der Agentur in San Francisco nachzudenken und letztlich entschied man sich, Davidson May beizuordnen. James gab aber zu bedenken, May müsse "alles lesen und sehen können, sonst behandelt er [Davidson] ihm wie ein Schreiber und sein Dortsein nützt zu nichts und handelt alsdann für sich."[101] Dieses Arrangement fruchtete jedoch anscheinend nicht recht, denn bereits ein Jahr später war es wiederum James de Rothschild, der sich äußerst unzufrieden zeigte, da die beiden Agenten sich offenbar miteinander arrangiert und entschieden hatten, sich ein repräsentatives Haus zum Preis von $26.000 errichten zu lassen:

Ich sehe es muss jemand von uns dort hin gehen. Vorderhand rate May zurück kommen zu lassen, denn die Leute haben sich zu gut einverstanden, und wenn er nicht kommen will, werde an keinen Zutrauen mehr haben. Das sind feine Spitzbuben miteinander.[102]

James überließ es seinen Londoner Neffen, die die Agentur führten, über den Fall zu entscheiden, aber er gab dennoch deutliche Hinweise:

Ich bin schrecklich aufgebracht gegen diese Menschen, denn die große Risiko zu laufen ohne Profit und das Glück zu haben ein Haus bauen zu lassen und schön zu wohnen, wirklich eine Schande wie uns die Leute behandeln. Wir müssen sorgen, daß man das Haus auf unseren Namen setzt, denn sonst geht es wie mit Belmont[103], der nicht erlaubt, daß man die Bücher sieht.[104]

Die Londoner Rothschilds sahen das Problem offenbar weniger dramatisch als James. Obwohl dieser nochmals im Spätjahr 1851 anmerkte, daß er May schon längst zurückgerufen hätte, beließen sie beide Agenten an

---

[100] RAL: XI/109/74, James de Rothschild, Paris an seine Neffen, London, 5. März 1850.
[101] RAL: XI/109/74, James de Rothschild, Paris an seine Neffen, London, 6. März 1850.
[102] RAL: XI/109/78, James de Rothschild, Paris an seine Neffen, London, undatiert, zirka Frühjahr 1851.
[103] August Belmont, der Agent der Rothschilds in New York.
[104] RAL: XI/109/78, James de Rothschild, Paris an seine Neffen, London, undatiert, zirka Frühjahr 1851.

ihrem Platz. Es war May selbst, der über zehn Jahre später darum bat, seinen Posten verlassen zu können. Er schrieb nach London:

> Ich werde jeden Tag älter und bin jetzt in meinem 36sten Jahr und es ist Zeit für mich zu entscheiden, ob ich dieses einsame Leben weiter führen und den Rest meiner Tage weit entfernt von meiner Familie verbringen soll oder ob ich zurückkehren und mich zu Hause niederlassen soll. [...] Es ist wahr, dass die Position die Sie mir freundlicherweise gegeben haben und wofür ich ihnen ewig dankbar sein werde, zu meinem größten Vorteil war, aber [...] Ihre Interessen haben dadurch niemals im geringsten gelitten und [...] Ihr Geschäft musste immer vor allen anderen Dingen bedacht werden.[105]

Die Rothschilds entsprachen Mays Wunsch, denn dieser verließ San Francisco im Jahr darauf.[106] Der Konflikt vom Anfang der 1850er Jahre hatte sich offenbar beilegen lassen. Obwohl keine weiteren Details darüber zu ermitteln sind, kann davon ausgegangen werden, dass die Rothschilds, die zu dieser Zeit das Londoner Haus führten, Lionel, Anthony und Mayer, den Zorn ihres Onkels James auf die beiden amerikanischen Agenten nicht teilten und die Sache einfach auf sich beruhen ließen. Sie brachten dem Agenten also wesentlich mehr Vertrauen entgegen, wohl nicht zuletzt da sie realisierten, dass es kaum eine Alternative zu dieser Repräsentanz gab, wollte man sich geschäftlich im "wilden Kalifornien" engagieren. Selbst dort hin zu gehen, wie James empfohlen hatte, wäre keinem der britischen Rothschilds eingefallen.

Die Vereinigten Staaten waren das Problemkind der Rothschilds. Seit den 1820er Jahren engagierte sich N M Rothschild in kleinem Stil im anglo-amerikanischen Handelsgeschäft, vorwiegend in den Bereichen Baumwolle und Zucker. Aber keines der Rothschild-Häuser hat sich im 19. Jahrhundert aktiver um den amerikanischen Markt gekümmert, vor allem nicht um Finanzgeschäfte. Über die Ursachen dieser Vernachlässigung ist viel spekuliert worden. Ferguson argumentiert, dass die föderale Struktur des Landes, mit einer in ihrem Finanzvolumen strikt limitierten Zentralregierung und mit als Kreditoren vergleichsweise unabhängigen, aber auch unzuverlässigen Teilstaaten eine Involvierung in öffentliche Finanzen und Staatsanleihen in den Vereinigten Staaten zu riskant gemacht

---

[105] Brief von May, San Francisco an N M Rothschild, 18. Februar 1862, zitiert nach Ferguson, World's Banker, S. 577 [Meine Rückübersetzung aus dem Englischen; Original in Archives Nationales, Paris: 132 AQ 5463, IM69]
[106] Seit 1855 befand sich bereits Jeffrey Cullen, der seit seinem fünfzehnten Lebensjahr für die Rothschilds arbeitete und der aus der im vorangegangenen Kapitel beschriebenen Familie der „Forwarding Agents" von der britischen Kanalküste stammte, in San Francisco. Er übernahm wenig später zusammen mit Albert Gansl, einem früheren Angestellten des Frankfurter Hauses, die Agentur. Zur Tätigkeit dieser beiden Agenten siehe RAL: XI/38/114.

habe. Zudem sei das amerikanische Bankenwesen des 19. Jahrhunderts zu schwach gewesen, um Rothschilds einen starken lokalen Partner für Finanzgeschäfte anzubieten. Ebenfalls entscheidend war, dass kein Rothschild Bereitschaft zeigte, sich persönlich dort zu etablieren, nicht einmal an der im Verhältnis zu Kalifornien "europäischen" Ostküste.[107] Genau dort ergab sich allerdings ein interessanter Konflikt um einen Agenten, der eigentlich gar nicht als solcher vorgesehen war.

August Schönberg, geboren 1813 in Alzey, hatte als Fünfzehnjähriger eine Lehre im Frankfurter Bankhaus M. A. Rothschild & Söhne begonnen und sich dort zum Sekretär hochgearbeitet.[108] 1837 wurde er nach New York geschickt, um die Finanzierung der dortigen Rothschildschen Handelsgeschäfte in Ordnung zu bringen, die durch eine amerikanische Finanzkrise in Turbulenzen geraten waren. Anschließend sollte er weiter nach Havanna fahren, um die Interessen der Rothschilds am kubanisch-spanischen Handel auszubauen. Allerdings hatte Schönberg andere Pläne. Er änderte seinen Namen in Belmont, mietete sich ein Büro in der Wall Street und verkündete, von nun an Geschäfte als Agent der Rothschilds in New York machen zu wollen. Die Rothschilds waren ob dieser Eigenmächtigkeit höchst erbost, konnten aber aufgrund der Distanz und langwierigen Kommunikation nicht wirklich etwas dagegen tun, zumal Belmont bereits angefangen hatte, im Namen der Rothschilds Wechsel zu diskontieren. So machte man in London und auch in Paris – James de Rothschild hatte am meisten Interesse an einer stärkeren Rothschild-Präsenz in den Vereinigten Staaten – gute Miene zum bösen Spiel, obwohl es aus der Familienkorrespondenz klar ersichtlich ist, dass die Rothschilds ihrem Angestellten stark misstrauten.

Viele Jahre lang beschwerten sich die Rothschilds über Belmont, nannten ihn "unzuverlässig" und "einen Esel", erhöhten aber gleichzeitig sein Kreditlimit und zahlten ihm sogar ein direktes Gehalt von 500 Pfund Sterling jährlich.[109] Lionel Davidson, der spätere Agent der Rothschilds in Mexiko Stadt, wurde 1839 nach New York geschickt, um Belmont auf die Finger zu sehen, ohne dass dies einen besonderen Effekt gehabt hätte. Belmont konvertierte 1841, da ihm der christliche Glaube deutliche Standortvorteile in der New Yorker Gesellschaft und Geschäftswelt seiner Zeit garantierte. Außerdem hatte er damit begonnen, sich in der Demokrati-

---

[107] Ferguson, World's Banker, S. 390-93.
[108] Katz, August Belmont, S. 1-5.
[109] RAL: XI/109/J/J38, James de Rothschild, Paris an seine Neffen, London, 10. März 1838; RAL: XI/T25/104/0/128, Nathaniel de Rothschild, Paris an seine Brüder, London, 20. November 1840; RAL: XI/109/J/J/41A, James de Rothschild, Paris an seine Neffen, London, 28. Juni 1842.

schen Partei zu engagieren und stieg dort sehr rasch zu einer führenden Persönlichkeit auf. Sein privates Vermögen vermochte Belmont ebenfalls rapide zu vermehren und durch seine Heirat mit Caroline Perry,[110] 1849 ein erstrangiges gesellschaftliches Ereignis in New York, hatte er es endgültig geschafft, sich sozial zu etablieren.[111]

Wie leichtfertig oder geradezu skrupellos Belmont seine Beziehung zu den Rothschilds ausnutzte, um sich politische Einflussnahme zu sichern wird aus einem Plan ersichtlich, den er 1853 James Buchanan unterbreitete. Buchanan war zu diesem Zeitpunkt ein führender Kopf der Demokratischen Partei der Vereinigten Staaten, wurde wenig später amerikanischer Botschafter in Großbritannien und war von 1857-61 Präsident. Die Vereinigten Staaten bemühten sich zur Jahrhundertmitte um die Akquisition Kubas, damals noch im Besitz Spaniens, das große Summen aufwenden musste, um die Insel zu halten. Belmont meinte, dass es ihm möglich sein würde, mit Hilfe seiner guten Beziehungen zu den britischen und französischen Rothschilds und einer Reihe anderer europäischer Bankhäuser, Spanien finanziell so stark unter Druck und seine Kreditwürdigkeit so sehr herabzusetzen, dass es letztlich dazu gezwungen sei, in Verkaufsverhandlungen mit den Vereinigten Staaten einzutreten. Belmont sah für sich selbst die Rolle des amerikanischen Botschafters in Neapel vor, um den Plan ausführen zu können. Der König der beiden Sizilien, so führte Belmont aus, sei ein Bruder der spanischen Königinmutter Maria Christina und stehe in intimen Kontakt mit dem spanischen Hof. Da er selbst zwanzig Jahre zuvor in Neapel residiert habe,[112] befand sich Belmont als am besten geeignet, um die Vereinigten Staaten dort zu repräsentieren, sich mit den "führenden Finanziers Europas" zu besprechen und den König zu beeinflussen. Buchanan brachte diesen Plan tatsächlich Präsident Franklin Pierce zu Gehör, allerdings ohne Belmont überhaupt zu nennen. Lediglich die wichtige Rolle der Rothschilds war ihm eine spezielle Erwähnung wert.[113]

War August Belmont ein Rothschild-Agent oder lediglich ein korrespondierender Geschäftspartner? Im Jahr 1848 war Belmont stark in die Zahlungen der amerikanischen Indemnisation an Mexiko involviert. Die

---

[110] Carolines Vater war Commodore Mattew Calbraith Perry, einer der führenden Marineoffiziere der Vereinigten Staaten, der 1852 eine Mission der Marine nach Japan kommandierte, die dieses Land für den amerikanischen Handel öffnete und die als Anfang der Hinwendung Japans nach Westen betrachtet wird.

[111] Katz, August Belmont, S. 1.

[112] Es kann davon ausgegangen werden, dass Belmont in Diensten der Frankfurter Rothschilds zwecks Kontaktpflege mit Carl von Rothschild einen oder mehrere kürzere Aufenthalte in Neapel hatte, er aber keinesfalls jemals dort ansässig war.

[113] Katz, August Belmont, S. 24-25.

Vereinigten Staaten mussten Mexiko 15 Millionen Dollar für abgetretenes Territorium zahlen und Belmont leistete darauf einen Vorschuss gegen Schatzbriefe. Auch der mexikanische Rothschild-Agent Davidson war in dieses Geschäft einbezogen, da es überwiegend mit in Mexiko abgebauten Silber finanziert wurde. Dies hatte zur Folge, dass weniger Edelmetall an die Rothschilds in Europa floss. Als Alphonse, der Sohn von James de Rothschild, 1848 nach New York kam, musste er Belmont geradezu dazu zwingen, Silber an die Londoner Rothschilds zu verschiffen, da N M Rothschild aufgrund der finanziellen Situation auf dem europäischen Kontinent nicht umhin kam, die anderen Häuser der Familie zu unterstützen. Alphonse bemerkte in einem Schreiben an seine Cousins in London, dass Belmont eine einzigartige Rolle spiele. Er sei sowohl abhängig als auch unabhängig von den Rothschilds und damit sowohl ein Agent wie auch ein Korrespondent.[114] Klarer in ihrer Bewertung waren die politischen Gegner Belmonts aus dem republikanischen Lager angesichts der Unterstützung Belmonts für George McClellans Kandidatur gegen Abraham Lincoln während des amerikanischen Bürgerkriegs. Belmont war zu diesem Zeitpunkt Sekretär der Demokraten. Die New York Times schrieb im Herbst 1864:

> Let us look at a few undeniable facts. The notorious undenied leader of the Democratic Party at [the] Chicago [convention] was the agent of the Rothschilds. Yes, the great Democratic party has fallen so low that it has to seek a leader in the agent of foreign Jew bankers.[115]

Noch drastischer drückte es ein anderer Proponent Lincolns während einer Wahlveranstaltung in Pennsylvania 1864 aus.

> The agent of the Rothschilds is the chief manager of the Democratic Party! [...] What a first rate Secretary for the treasury he would make, if Mr McClellan happened to be elected! [...] There is not a people or Government in Christendom in which the paws, or fangs, or claws of the Rothschilds are not plunged to the very heart of the treasury [...] and they would like to do the same here.[116]

Wären diesen Zeitgenossen Belmonts die tatsächlichen Ansichten der Rothschilds über ihren "Agenten" bekannt gewesen, wäre ihre Bewertung sicherlich grundlegend anders ausgefallen. Belmont hatte sich schon zu Beginn seines Aufenthaltes in den Vereinigten Staaten von den Rothschilds emanzipiert und nutzte die schwierigen Kontaktmöglichkeiten zwi-

---

[114] RAL: XI/109/69B/1, Alphonse de Rothschild, New York an seine Cousins, London, 5. Dezember 1848.
[115] Zitiert nach Katz, August Belmont, S. 144-45.
[116] Zitiert nach Ibid., S. 145.

schen seiner Wahlheimat und dem alten Kontinent aus, um primär seinen
eigenen Interessen nachzugehen, ohne dabei die Geschäfte seiner ehemaligen Chefs zu vergessen. Aufbauend auf der Reputation der Rothschilds
hatte sich der Agent, der keiner war, eine eigene geschäftliche Existenz
geschaffen, die er durch eine geschickte Heiratspolitik und sein politisches
Engagement absicherte, und so nahezu unangreifbar und – solange keiner
der Rothschilds selbst Bereitschaft zeigte, sich in den Vereinigten Staaten
niederzulassen – auch unverzichtbar war. Die Rothschilds beklagten sich
fortwährend über den auf Abwege geratenen ehemaligen Angestellten,
griffen aber nie hart durch, indem sie ihm ihre Geschäfte entzogen. Dieses
Verhalten war durchaus repräsentativ für Konfliktfälle zwischen den Rothschilds und ihren Agenten.

Auch von der Agentenseite her war man nicht immer mit den Rothschilds zufrieden. Im allgemeinen hielten sich Agenten und Korrespondenten mit Kritik an den Rothschilds extrem zurück. Selbst wenn ihnen klar
und deutlich Unrecht widerfahren war, hielten sich viele Agenten deutlich
zurück. Als Beispiel mag ein Brief des Amsterdamer Bankiers Braunsberg
dienen, der 1825 in äußerst gewundenen Phrasen darauf aufmerksam
machte, dass seine Firma schon seit geraumer Zeit auf eine Partie Obligationen aus London warte. N M Rothschild hatte mitgeteilt, dass die Papiere sehr wahrscheinlich mit einem bestimmten Postschiff abgehen werden.
Braunsberg hatte aber keine Bestätigung darüber erhalten und machte
nunmehr auf die folgende Problematik aufmerksam:

> To fulfil the considerable demands that are daily crowding upon us for Bonds, be-
> comes more and more awkward and distressing, and should we, by some circum-
> stances or other, not hear in a couple of days of Cap. Ladd's arrival at Rotterdam, we
> are really exposed, and not quite unreservedly too, to the reproach of irregularity in
> the fulfilment of our Engagements. We beg to recommend all this to your kind atten-
> tion, and have no doubt you will by every means in your power press on the departure
> of the Bonds wanting, as our Character and Respectability are very much concerned in
> being able shortly to clear all the demands that are made upon us, and which have
> now increased to such an extent that there is no saying what confusion may arise from
> their not being satisfied.[117]

Üblicherweise wurden Umstände dieser Art im Bankgewerbe zumindest
kühl oder in einem fordernden Ton vorgetragen und selten wurde vergessen, mit Konsequenzen für die unzuverlässige Partei zu drohen. Nicht so
hier. Braunsberg wählte die Worte für seine durchaus verzweifelte Mahnung sorgfältig aus und vermied es peinlichst genau, Rothschild in irgend
einer Form anzugreifen, obwohl die Situation für ihn potentiell existenzge-

---

[117] RAL: XI/38/57B, Braunsberg & Co, Amsterdam an N M Rothschild, London, 1.
Februar 1825.

fährdend war. Eine Bank, die Forderungen nicht nachkommen konnte, verlor zumindest Kredit und auch mitunter ihre Existenz, aber eine Geschäftsbeziehung mit den Rothschilds wurde nicht so leichtfertig aufs Spiel gesetzt. N M Rothschild hatte offenbar keine besondere Eile, die Bonds abzuschicken. Erst eine volle Woche nach seiner vorsichtigen Mahnung vermeldete Braunsberg deutlich erleichtert, dass er nunmehr eine Nachricht aus London habe, dass ein Schiff mit den Papieren abgegangen sei,[118] was ihn allerdings immer noch nicht in die Lage versetze, Forderungen an ihn zu erfüllen. Legt man den doppelten Postweg für diese Kommunikation zugrunde, so hatte es nochmals zwei bis drei Tage gedauert, bevor N M Rothschild überhaupt in dieser Sache aktiv geworden war.

Ebenfalls bezeichnend für die Behandlung von Konflikten mit Agenten ist ein in der Korrespondenz des Hamburger Bankiers Salomon Heine mit Nathan Rothschild dokumentierter Vorfall. Ein Zeitgenosse Salomon Heines schrieb in einer kurz nach dessen Tod 1844 publizierten Hagiographie des Bankiers, dass dessen Bankhaus "an Geltung und Credit an keinem Platz der Welt den Rothschilds, Barings [...] und ähnlichen" nachgestanden habe.[119] Salomon Heine, der sich nicht zuletzt durch enorme Spenden an wohltätige Einrichtungen ein hohes gesellschaftliches Ansehen in der Hansestadt erworben hatte, war der mit Abstand reichste Mann Hamburgs.[120] Im Umgang mit den Rothschilds zeigte er jedoch Demut, als es zu einem "Missverständnis" bezüglich der Führung eines gemeinsamen Kontos gekommen war.

> Ich weiß sehr gut, dass Ihnen nicht daran liegt Revanchen zu haben und es wäre Thorheit darüber ein Wort zu verlieren, denn ein Herr Rothschild braucht solche Kleinigkeiten nicht. Ich wollte Ihnen nur sagen, dass Sie bei mir gottlob ruhig sein können und ich die c/mta[121] nicht in Advanz kommen lassen werde. Wenn Sie meinen Brief lesen, so werden Sie finden, daß ich Recht habe und gewiß sind Ihre Bemerkungen aus Einwendungen aus [...][122] entstanden. [...] Ich habe nur den einzigen Zweck, dass wir gemeinschaftlich verdienen wollen.[123]

In der darauf folgenden Woche dankte Heine Nathan Rothschild dafür, dass dieser darüber nachdenke, ihn an einem Bergbau Geschäft in Wales zu beteiligen und gab seiner Hoffnung Ausdruck, dass dies auch geschehen möge, "da ich keine große Summe verlange von Freundschaft" und

---

[118] RAL: XI/38/57B, Braunsberg & Co, Amsterdam an N M Rothschild, London, 8. Februar 1825.
[119] Joseph Mendelssohn, Salomon Heine, Hamburg 1845, S. 8.
[120] Mosse, ‚Juden in der Wirtschaft Hamburgs', S. 432.
[121] Abkürzung für "Conto Meta", gemeinsames Konto
[122] unleserlich
[123] RAL: XI/38/136A, 28. Januar 1825.

"mit wenig zufrieden bin".[124] Hier bestätigt sich einmal mehr eindrucksvoll die übermächtige Leitfunktion, die die Rothschilds im Netzwerk einnahmen.

7.   Rothschilds als Agenten

Zum Informationsnetzwerk der Rothschilds gehörten nicht nur Geschäftspartner und entsandte Agenten, sondern auch Kontaktpersonen in
der politischen Sphäre. Allerdings war der Informationstransfer auf diesem
Gebiet keineswegs einseitig. Die Rothschilds betätigten sich ebenfalls als
Informationszuträger und –überbringer für politische Persönlichkeiten, in
deren eigene Finanzen oder deren staatliche Finanzangelegenheiten sie
meist ebenfalls involviert waren. Im Gegenzug erhielten sie privilegierte
politische Informationen, die sie wiederum zum geschäftlichen Vorteil
nutzen konnten. Die vielleicht fruchtbarste und interessanteste Kooperation dieser Art bestand zwischen dem österreichischen Staatskanzler Fürst
Metternich und Salomon von Rothschild, die hier exemplarisch näher beleuchtet wird.[125] Das im folgenden ausführlicher zitierte Schreiben des
Wiener Rothschild an seinen Pariser Bruder James von 1831 verdeutlicht
eindrucksvoll die Tragweite dieser Beziehung:

> Gestern Abend, kaum hat der Fürst die Abschrift von Dein Brief einige Stunden ge-
> habt, ließ mich der Fürst kommen zu sich und diktierte mir mehrere Stunden die be-
> gleitende [...][126] vor, was ich ohne Zeitverlust mit Kurier nach Paris schicken soll. Er
> sagte ich will morgen ein Kurier nach Frankfurt schicken. Können sie diese wichtige
> Depesche mitgeben aber Ihr Bruder Anselm[127] in Frankfurt soll ja gleich per Kurier
> nach Paris weiter an ihren Bruder James schicken, und schreiben sie der Staats Kanzlei
> die Kurier Spesen von Frankfurt nach Paris auf. Es liegt mir daran, daß diese wichtige
> Depesche wie ehender wie lieber ihr Bruder James erhalten soll und soll ja ihr Bruder
> James niemand in Paris, er mag Namen haben wie will, eine Mitteilung davon machen.
> Es muss und soll ganz ins geheim bleiben, zwischen mir und den Minister in Paris. [...]
> Nun sagte weiter der Fürst, sehen sie Salomon wie ich sie schätze und welches vollen
> Vertrauen ich in ihnen setze, so wie in ihren Redlichkeit, und sie und ihr James sollen
> sich den Verdienst mit den Erhaltung des Friedens in ihre Gefühle in ihren Familie bei
> ihren herrlichen Benehmen das Bewußtsein haben viel zu Erhaltung des Friedens mit

---

[124] RAL: XI/38/136A, 8. Februar 1825.
[125] Für die finanziellen Beziehungen zwischen Metternich und den Rothschilds, die sich in
verschiedenen günstigen Krediten manifestierten, siehe Ferguson, World's Banker, S. 168-
69.
[126] unleserlich
[127] Hier ist Amschel von Rothschild gemeint, dessen germanisierter Name „Anselm" war,
der sich aber nie selbst so nannte.

beigetragen zu haben. Sie erhalten von mir da was, was mehr als offiziell ist, die Politik vom österreichischen Kabinett ist, enthält und besteht, und daß das österreichische Kabinett nichts im Hinterschild führt und daß Österreich, wenn das französischen Ministerium das jetzige auch nichts im Hinterschild führt, so wie es beim Laffittischen Präsidium ja gewesen sein muss, Hand in Hand mit Frankreich gehen will, um den allgemeinen Frieden, Ruhe und Glückseligkeit für alle Völker herzustellen. Diese offizielle Erklärung lieber James von den Fürsten Metternich vom österreichischen Kabinett wird Dich beim Casimir Périer[128] und bei Louis Philippe in ein sehr großen Gewicht [setzen].[129]

Nach der Julirevolution in Paris und den Aufständen auf der italienischen Halbinsel waren die Beziehungen zwischen Frankreich und Österreich äußerst gespannt. Die Habsburger intervenierten in Italien und unterdrückten die Revolten, da sie ihre oberitalienischen Besitzungen in Gefahr sahen. Die italienischen Revolutionäre hofften (vergeblich) auf französische Unterstützung.[130] Mit dem genannten Schreiben wollte Metternich klarstellen, dass Österreich keine kriegerischen Absichten gegenüber Frankreich hegte. Offensichtlich fürchtete der Herr über die Geheime Ziffernkanzlei, dessen Spione überall in Europa tätig waren, dass seine eigene Nachricht nicht geheim bleiben konnte, wenn er sie durch die üblichen Kanäle schickte. Den Rothschilds aber traute er den zuverlässigen und diskreten Transport auf diesem informellen diplomatischen Kanal zu.[131] Diese konnten gleich dreifachen Nutzen daraus ziehen. Nicht nur war Salomon seinem treuen Informanten gefällig, und James, der eng mit dem gestürzten Regime Charles X. liiert gewesen war, konnte sich den neuen Machthabern Frankreichs andienen. Auch verfügten die Rothschild über die privilegierte Information, dass es mit zumindest relativ großer Wahrscheinlichkeit nicht zum Krieg kommen würde, was ihre Börsengeschäfte und Anleihepolitik leiten konnte.[132]

---

128 Pariser Bankier und zu dieser Zeit französischer Premierminister
129 RAL: XI/109/18/5/29, Salomon von Rothschild, Wien an James de Rothschild, Paris, 28. März 1831. Nur wenig später äußerte sich Metternich Salomon von Rothschild gegenüber etwas vorsichtiger, indem er zwar sagte, dass Österreich mit Sicherheit kein Krieg wolle, in Italien nur eingegriffen habe, um einen Flächenbrand zu verhindern und auch volles Vertrauen in Casimir Périer habe. Dies könne sich jedoch ändern, wenn es in Frankreich einen Regierungswechsel gäbe. RAL: XI/109/22/5/7, Salomon von Rothschild, Wien an James de Rothschild, Paris, 8. April 1831. Die rasche Folge dieser Briefe zeigt auch die Intensität des Kontaktes zwecks politischen Meinungsaustausches zwischen Metternich und Salomon von Rothschild.
130 David Thomson, Europe since Napoleon, Harmondsworth 1980, S. 170-71.
131 Für weitere, wenn auch nicht derartig wichtige Beispiele für Rothschildschen Informationstransfer zugunsten Metternichs siehe Siehe Ferguson, World's Banker, S. 168.
132 Eine Äußerung Amschel von Rothschilds verdeutlich aber auch, dass politische Informationen nicht alles waren, sondern die reale wirtschaftliche Entwicklung im Vordergrund stand. Er argumentierte am Ende des turbulenten Jahres 1830: „Metternich schwört mir

Die Beziehung zur beherrschenden politischen Figur der Restaurationszeit und des Vormärzes war für die Rothschilds informationstechnisch von kaum zu überschätzender Bedeutung. Aber Metternich konnte nicht alle politischen Entwicklungen zielsicher voraussagen, und insofern war es zumindest riskant, sich auf diese besonders starke Quelle bedingungslos zu verlassen. Ein Beispiel aus den späten 1820er Jahren mag das verdeutlichen. Die „Orientfrage" brachte 1827 starke Spannungen in das europäische Staatensystem. Der Freiheitskampf der Griechen gegen die osmanische Besatzung seit den frühen 1820er Jahren hatte durchaus Sympathien unter den europäischen Großmächten, wenn auch nicht aus altruistischen Motiven. Besonders das den Griechen religionsverwandte Russland unterstütze die Unabhängigkeit, nicht zuletzt da es ihm einen eigenen Vorstoß ins Mittelmeer ermöglichte. Großbritannien und Frankreich schlossen sich der Front der philhellenischen Unterstützer letztendlich an, um Russland das Feld nicht allein zu überlassen. In Europa ging die allgemeine Kriegsangst um, vor allem aufgrund der Unsicherheit darüber, wie sich die Großmächte endgültig in der Angelegenheit positionieren würden.[133] Da war es gerade für die Akteure auf den internationalen Finanzmärkten von großer Wichtigkeit, Planungssicherheit für die nächste Zukunft zu haben. Diesem Ziel kamen die Rothschilds dank ihrer Beziehung zu Metternich sehr nahe. Salomon vertraute seinen vier Brüdern Mitte April 1827 an:

> Ich habe heute über eine Stunde mit den Fürst [Metternich] über den Politischen gesprochen. Versichert mich an kein Krieg zu denken. Das einzige was in Publikum kommen wird, was auch nicht wahr ist, und nichts ist, daß England mit Russland uneinig wäre was die Papiere fallen machen könnte, aber der Grund ist, es ist Frieden und bleibt Frieden und England wird mit Russland, Österreich, Frankreich, Preußen, alle 5 Höfe gemeinschaftlich mit die Türken in eine gütliche Sprache sprechen, daß die griechische Sache ein Ende haben soll, und die Türken sollen von sich selbst Pazifikation vorschreiben. Wie er überzeugt ist, tun die Türken gerne was die 5 Mächte wünschen. Wenn es auf diese Art gemacht wird und wie er's vorgeschlagen hat und Russland selbst hat ihn auf seine Mitteilung von 1. März geantwortet, daß sie mit seine Meinung zufrieden sind, so wird es so Gott will in Frieden und Sicherheit alles ins Reine kommen und die einzige Ausgabe was die griechische türkische Geschichte kosten kann an alle Finanzen ist ein paar Dutzend Kuriers hin und her schicken, mehr als sonst. Hier meine liebe Brüder lieb, habt ihr abermal was der Fürst mich versichert [...] und der Fürst austst[134] mich nicht und sagt mir's wie es ist, und laßt euch also von niemand meschugge machen. Lieber Nathan lieb du hast ja die nämliche Worten gehört

---

halten Frieden. Allein was nützt, die Welt hat ihr Geld verloren und sobald kommen die Papiere nicht zu ihren alten Preis." RAL: XI/108/16/7/34, Amschel von Rothschild, Frankfurt an Nathan Rothschild, 26. Dezember 1830.

[133] Pavlos Tzermias, Neugriechische Geschichte. Eine Einführung, Tübingen und Basel ³1999, S. 86-88.

[134] Typisches Rothschild Vokabular: Verballhornende Germanisierung des englischen „out"; bedeutet so viel wie „betrügen".

vom Esterhazy, was der Fürst an ihm geschrieben hat. Es gibt kein Krieg. Nun sagt er mir es gibt gar nichts als wie ein starker Kurier Wechsel. Das ist alles.[135]

Es war nicht alles. Zwar einigten sich die drei Großmächte im Londoner Vertrag vom Juli 1827 auf eine „Vermittlerrolle" im griechisch-türkischen Konflikt, jedoch ging es ihnen dabei nicht primär um eine „gütliche Einigung" mit den Türken, sondern vor allem um die Bewahrung des machtpolitischen Status quo im Mittelmeerraum. Nur drei Monate später, im Oktober 1827, zerstörte in der Seeschlacht von Navarino eine kombinierte russisch-britisch-französische Streitmacht die türkische Flotte, die ihrerseits von Schiffen des ägyptischen Paschas Mehmet Ali unterstützt worden war, und trug so entscheidend zum erfolgreichen Ausgang des griechischen Freiheitskampfes bei. Es war also doch zum Krieg gekommen, jedoch handelte es sich um einen regional begrenzten kurzzeitigen Konflikt mit vergleichsweise geringem Einfluss auf die europäischen Finanzmärkte. Metternich hatte insofern Recht behalten, als er einem Konflikt der europäischen Großmächte untereinander eine deutliche Absage erteilt hatte, was sicherlich in finanztechnischer Hinsicht die entscheidende Information war. Ob der österreichische Kanzler den Bankiers nicht sein ganzes Wissen über die Situation anvertraut hatte, muss dahingestellt bleiben. In jedem Fall hatten die Rothschilds die richtige Entscheidung getroffen, als sie dessen Einschätzung folgten, und Salomons Vertrauen in die Redlichkeit Metternichs blieb ungebrochen.

Der Informationstransfer mit Metternich war aber wie gesagt keineswegs einseitig. Der Fürst erwartete auch, dass ihm die Rothschilds mit ihren verzweigten Kontakten, vor allem auf der Ebene der Chefs der jeweiligen Häuser, Informationen verschafften. In einem undatierten Brief, der kurz vor der oben angesprochenen Londoner Konferenz der Großmächte verfasst worden war, erläuterte Salomon von Rothschild seinen Brüdern, dass Metternich immer noch überzeugt sei, dass es nicht zum Krieg kommen würde. Viel würde aber abhängen vom Ausgang der Konferenz und im Besonderen vom Verhalten des britischen Premierminister, George Canning.[136] Salomon fuhr fort:

---

[135] RAL: XI/109/11/6/36, Salomon von Rothschild, Wien an seine Brüder, 17. April 1827.

[136] Canning wurde im April 1827 Premierminister und war bis dahin der britische Außenminister, der eine starke progriechische und damit auch prorussische Politik verfolgte. Er starb im Amt im August 1827, kurz nach dem Ende der Londoner Konferenz. Weitere biografische Details zu Canning bei Chris Cook, Britain in the Nineteenth Century, 1815-1914, London und New York 1999, S. 261.

Und der Fürst bittet mich, daß mir nun unser Bruder Nathan ja schreiben soll alle Tage, was er immer in Erfahrung von die Konferenzen bringt, weil doch unser Bruder
Nathan schreiben kann, aber Esterhazy[137] nicht alle Tage Kuriere schicken kann. [...]
Also lieber Nathan lieb Du sitzt jetzt an der Schüssel. Tue mich ja lieber Nathan lieb
von allem gut unterrichten, damit ich was sagen kann, wodurch man wiederum gesagt
bekommt.[138]

Frühzeitig über den Ausgang von politischen Konferenzen informiert zu
sein war selbstverständlich für alle Politiker und Geschäftsleute äußerst
hilfreich. Das zeigt auch der Nachrichtenfluss zwischen den Londoner
Rothschilds und ihrem Agenten Gerson von Bleichröder während des
Berliner Kongresses 1878, der in der Fallstudie zu Bleichröder ausführlich
dokumentiert wird.[139] Nicht nur Nathan Rothschild in London und Salomon von Rothschild in Wien suchten während der Krise um den griechisch-türkischen Konflikt im Sommer 1831 den direkten Kontakt zu
politischen Informationsquellen. James de Rothschild in Paris hatte direkten Zugang zum französischen Premierminister Périer, der ihm im August
1831 einen wichtigen Informationsvorsprung verschaffte, den er sofort an
seinen Bruder Nathan weitergab:

So eben lässt mich Périer rufen und sagt mir, daß er morgen wird in der Kammer eine
Rede halten, die die Papieren sehr steigen müßten machen, nämlich er ließe kommen
den österreichischen Gesandten und den preußischen und gefragt, ob er Périer für bestimmt deklarieren könnte, daß sie den Frieden wollen und Desarmieren wollen und
da solche ihn beauftragt haben es zu deklarieren, so wird er morgen diese Rede halten
und für bestimmt sagen, daß man nun auf den Frieden rechnen kann. Bei die französische Köpfe macht es drei Franken Steigen und wir fangen gewiß 61 Franken an, denn
Du wirst sehen die Leute machen sich meschugge auf der anderen Seite. Ich schicke
Dir dieses lieber guter Nathan lieb per Kurier, denn Du wirst bestimmt gut tun Stocks
zu kaufen.[140]

Hier zeigt sich in geradezu idealtypischer Weise die direkte Verbindung
zwischen politischer Information und geschäftlichem Nutzen. Bedingt
durch ihre internationale familiäre Vernetzung konnten die Rothschilds
diese Information, die sie einen Tag früher erhielten als ihre Konkurrenten, auch an verschiedenen Finanzplätzen nutzen, um an steigenden Kursen zu gewinnen.

---

[137] Prinz Paul Esterhazy, österreichischen Botschafter in London.
[138] RAL: XI/109/11/7/47-49, Salomon von Rothschild, Wien an seine Brüder, undatiert,
zirka Juni 1831.
[139] Siehe Kapital VI.6.
[140] RAL: XI/109/23/7/32, James de Rothschild, Paris an Nathan Rothschild, 14. August
1831.

8.   Agentenquellen

Die privilegierte Position der Rothschilds trug zur starken Asymmetrie ihres Informationsnetzwerks bei. Jedoch waren auch viele ihrer Agenten selbst bestens vernetzt und verkehrten in politischen wie wirtschaftlichen Zirkeln meist auf höchster Ebene. Jene Agenten, die selbst Bankiers waren oder größere Handelshäuser besaßen, hatten allein schon durch ihr Vermögen und die damit verbundene gesellschaftliche Position Kontakte zu maßgeblichen Stellen. Nicht jeder hatte Zugang zu Monarchen, Fürsten oder Regierungschefs, wie beispielsweise Gerson von Bleichröder in Berlin, aber auch auf der Ebene der Ministerialbürokraten oder einflussreicher Figuren bei Hof ließen sich interessante Informationen gewinnen. Im Gegenzug konnten „Informanten" davon ausgehen, dass sich ein Kontakt zu Repräsentanten der Rothschilds nicht zu ihrem finanziellen Nachteil auswirkte, wenn sie beispielsweise einen günstigen Kredit benötigten. Teilweise wurden solche Informationszuträger aber auch ganz direkt mit Bestechungsgeldern geködert. Die Rothschilds selbst, wie andere Bankiers auch, griffen routinemäßig zum Mittel der Bestechung, nicht nur wenn es um Informationen ging, sondern auch, um überhaupt an Geschäfte zu kommen oder deren Bedingungen für sie günstig zu gestalten. So erklärt sich Amschel von Rothschilds resignierte Feststellung bezüglich des Finanzrates Christian von Rother (1778-1849), der unter anderem Preußens Bevollmächtigter bei der Verteilung der von Frankreich zu entrichtenden Kriegsentschädigungen nach 1815 war: „Mein lieber Bruder, der Rother hat sein System, und mir lieber Bruder können im ganzen nichts da zu tun, weil mir den Rother kennen, und er ist kein Mann den man bestechen kann."[141] In der Familienkorrespondenz der Rothschilds wird mit großer Selbstverständlichkeit über die Bedürfnisse von Amtsträgern, „verdienen zu wollen", gesprochen und damit waren nicht Geschenke und Gefälligkeiten gemeint,[142] sondern Geldsummen von teilweise beachtlichem Ausmaß. Direkte Bestechung dürfte für Agenten wesentlich seltener das Mittel der Wahl gewesen sein, wenn es um die Akquisition von Informationen oder das Sichern eines Geschäftes ging. Der Name ihrer Auftraggeber und

---

141 RAL: XI/109/13/1/248, Amschel von Rothschild, Frankfurt an seine Brüder, 23. Dezember 1829.
142 Eine kürzlich erschienene Studie über Geschenke und Korruption im schweizerisch-oberdeutschen Raum an der Schwelle vom Mittelalter zur frühen Neuzeit hat aufgezeigt, dass Amtsträger „Geschenke" in Form von Gütern als selbstverständlichen und legitimen Nebenverdienst betrachteten. Bestechungsgelder zählten aber keineswegs zu diesen allgemein akzeptieren Zuwendungen. Siehe Valentin Groebner, Gefährliche Geschenke. Ritual, Politik und die Sprache der Korruption in der Eidgenossenschaft im späten Mittelalter und am Beginn der Neuzeit, Konstanz 2000, S. 104-11.

die Hoffnung Dritter, bei weiteren Geschäften entsprechend berücksichtigt zu werden, waren hier eher geeignet, Wege zu ebnen.

Aber auch die von den Rothschilds entsandten Agenten, die selbst fast immer aus einfachen Verhältnissen kamen, wurden im allgemeinen zu gesellschaftlich bedeutsamen Ereignissen und Anlässen eingeladen und konnten sich so Kontakt zu einflussreichen Informationsträgern verschaffen. Das ergab sich, weil sie im Namen der Rothschilds sprachen und viele Würdenträger oder „Gesellschaftslöwen" sich glücklich schätzten, die Familie über ihre Repräsentanten zu inkludieren oder ihnen gar direkt gefällig zu sein. Der hier in einer Fallstudie näher untersuchte Agent Benjamin Davidson, der 1847 nach St. Petersburg ging,[143] verdeutlicht diesen Mechanismus von repräsentiertem Einfluss besonders deutlich. Kaum war der junge Mann in der Stadt angekommen, hatte er bereits Zugang zu höchsten Regierungsstellen und wurde in die soziale Gemeinschaft der ausländischen Großkaufleute der Stadt integriert. Dabei sagte Davidson von sich selbst, dass seine Behandlung seinem gesellschaftlichen Rang vor der Tätigkeit für die Rothschilds keineswegs entsprach. Davidson musste allerdings die entsprechenden „soft skills" mitbringen, um in seiner neuen gesellschaftlichen Rolle zu bestehen. Das war sicherlich ein Auswahlkriterium für Agenten, denn die Lektüre der Quellen zeigt keinerlei Anlässe, bei denen Agenten sozial aus der Rolle gefallen wären und ihren Auftraggebern Probleme bereitet hätten.

Viele Agenten neigten dazu, die Quellen ihrer Informationen offen zu legen, nicht zuletzt um deren Seriosität zu betonen. Teilweise geschah dies aber auch, ohne dass ein konkreter Informationswert in der Nachricht vorhanden war. Der Rotterdamer Agent Levyssohn beispielsweise machte Nathan Rothschild darauf aufmerksam, dass er seinen Namen ins Gespräch für ein Geschäft gebracht habe, und nannte bei dieser Gelegenheit seine Kontakte, sicherlich nicht zuletzt, um Rothschild zu beeindrucken:

> Not being favoured with any of yours since your last of the 30th November, I have now to inform you that at a recent conversation I had with the Minister of the Colonial Department Mr. Elout[144] and also with the members of the Commercial company at the Hague, I took occasion to compliment your respected house in case of any business the company might have to transact in England, and particularly in the buying of Dollars for India, China, etc. which was taken particular notice of.[145]

Zu dieser Zeit standen den Rothschilds selbst bereits alle Türen zu den europäischen Kabinetten und Thronsälen offen. Allerdings hatten sie sich

---

[143] Siehe Kapitel VI.1.
[144] Der Name ist aufgrund der Handschrift Levyssohns nicht eindeutig identifizierbar.
[145] RAL: XI/112/60A, A. Levyssohn, Rotterdam an N M Rothschild, 22. Februar 1825.

dies erst erarbeiten müssen. Noch 1817 berichtete James de Rothschild aus Paris an seinen Bruder Nathan in London:

> Sehe nun zu so viel als möglich zu verkaufen, und recht viele Spekulanten zu schaffen, indem ich wirklich glaube es ist gut zu offerieren, denn wenn hier in der Regierung nicht alles so gut stünde, Laffitte bei welchem alle Ministers und alle Nachrichten weiß mit uns in Renten so tief wie man nur will hinein geht, denn er sagt wenn Parish sein 1/3 Teil nicht will, so übernimmt er es gleich. Er ist ein Mann der auch zu verlieren hat und mit wichtigen Personen halte gerne Partnerschaft. Wir erfahren alles was vorgeht und bekommen andere Geschäften dadurch.[146]

Jacques Laffitte (1767-1844), Partner im Bankhaus Pérégaux, Laffitte et Cie, war nicht nur einer der bedeutendsten Bankiers Frankreichs, sondern von 1814-1820 auch Gouverneur der Banque de France. Bereits zu diesem Zeitpunkt hatte er politische Ambitionen und war Abgeordneter für Bayonne, sowie nach der Julirevolution von 1830 sogar kurzfristig Premierminister. James de Rothschild konnte also mit Recht darauf hoffen, dass die politische Lage stabil war, wenn Laffitte sich für französische Staatspapiere interessierte. Die richtigen politischen Kontakte waren für die „Haute Banque" in ganz Europa lebenswichtig. Einige Jahre später hatte James selbst problemlos Zugang zu Ministern und Regierungschefs und konnte von Mutmaßungen dieser Art absehen. Aber dieser Brief belegt auch, dass die Rothschilds keineswegs die einzigen waren, die Quellen dieser Art anzapfen konnten. Keine andere Bankiersdynastie reichte nach den 1820er Jahren an die Bedeutung der Rothschilds heran, aber die anderen bedeutenden Finanzhäuser der Zeit hatten selbstverständlich ebenfalls Kontaktleute auf höchster Ebene.

9. Agenten deluxe

Agenten und Korrespondenten hatten Nebenfunktionen, die auf den ersten Blick nicht besonders erwähnenswert erscheinen, angesichts der Infrastruktur des 19. Jahrhunderts jedoch keineswegs unwichtig gewesen sind. Einerseits dienten sie als Relaisstationen für die Versorgung von durchreisenden Rothschilds oder im Auftrag der Rothschilds reisenden Personen. Auch Verwandte und Freunde der Familie auf Reisen konnten auf die Dienste der Agenten zählen. Mit „Versorgung" ist das gesamte logistische Spektrum von Reisen gemeint, einschließlich der Auszahlung von Geldmitteln in den verschiedenen Landeswährungen. Andererseits waren die

---

146 RAL: XI/109/0, James de Rothschild, Paris an Nathan Rothschild, 15. Oktober 1817.

Agenten ebenfalls dafür zuständig, zumindest gelegentlich landestypische Luxusgüter oder Kuriositäten für die Rothschilds zu besorgen. Dabei ist zu unterscheiden zwischen Geschenken, die in erster Linie gedacht waren, die guten Beziehungen zu den Rothschilds zu zementieren, und Dingen, die im Auftrag der Rothschilds besorgt wurden.

Freunde und wichtige geschäftlichen Verbindungen der Rothschilds reisten bequem durch Europa, da ihnen die Dienste der Agenten allerorten zur Verfügung standen. Die bessere Gesellschaft musste sich zwar auch Pässe und Visa beschaffen, aber wichtiger noch waren Kreditbriefe eines reputablen Bankhauses, die allerorten eine freundlichen Empfang sicherten.[147] Ein typisches Beispiel dafür war eine Reise von J. C. Herries, des ehemaligen britischen Commissary General, der den Rothschilds 1815 überhaupt erst die Tür zu Geschäften mit der britischen Regierung geöffnet hatte. Herries, inzwischen aufgestiegen zum Staatssekretär im Finanzministerium, instruierte – anders kann es kaum genannt werden – Nathan Rothschild wie folgt:

> I am going to the Continent for a few weeks on Monday next. I intend to go by Calais to Lille & Spa and from there to the Rhine. I do not think I shall go to Frankfurt, as I shall be anxious to lose no time in order to get as far as Strasbourg. My return will be by Paris and Rouen. I wish you would send me a credit for Brussels, Manheim [sic] & Strasbourg in case I should happen to be in want of Money – and also send me £500 by the bearer of this as, if he comes too late, that you will be so good as to send it me tomorrow morning. I shall leave town tomorrow at 4 o'Clock – till when I shall be glad to see you if you are coming this way or have anything to communicate to me.[148]

Einliegend in diesem Brief befinden sich zwei Listen, die offensichtlich im Rothschild Kontor angefertigt worden sind. Die eine enthält die von Herries genannten Ortsnamen, die andere listet die dort ansässigen Rothschild-Agenten, Repräsentanten, Kontaktmänner und Familienmitglieder auf: „Cullen – Calais, Morel – Dunkirk, Charwell – Lille, Overman – Brüssels, Greculot – Spa, Oppenheim – Cologne, Reuter – Coblentz, Kobler – Manheim, [unleserlich] – Karlsruhe, [unleserlich] – Strasbourg, [unleserlich] Rheims, de R. – Paris, Tuesnel l'aime – Rouen, de la Roche – Havre". Die Londoner Rothschilds hatten also dafür gesorgt, dass Herries während seiner Reise alle notwendige finanzielle und logistische Unterstützung bekam. Selbstverständlich hatten sie unverzüglich ihre Kontaktpersonen von der Ankunft des wichtigen Reisenden in Kenntnis gesetzt. Overman aus Brüssel beispielsweise schrieb daraufhin zurück: „I had not yet till now the

---

[147] Siehe auch die Anmerkungen zur Grand Tour der Brüder Herman und Alexander Kleinwort 1886, die zukünftigen Chefs des Bankhauses Kleinwort & Sons in Wake, Kleinwort Benson, S. 113-14.

[148] RAL: XI/112/19, J. Herries, London an Nathan Rothschild, 19. August 1825.

honour to see Mr. J. C. Herries, Esq, of whose arrival in our city you informed us by your last. I am ready to render him in favour of your kind recommendation every service that he may require."[149]

Wenn die Rothschilds selbst reisten, waren Agenten vor allem für die Beschaffung von Bargeld in der jeweils nötigen Landeswährung zuständig. Besonders wichtig waren dafür die „forwarding agents", wie schon das in Kapitel IV beschriebene Beispiel der Firma Austin & Son gezeigt hat, die dem nach London reisenden James de Rothschild fünfzig Pfund in bar aushändigten. Aber auch andere Agenten machten sich hier nützlich. Martin Jenisch, Bankier und Senator aus Hamburg, hatte im Sommer 1825 in vorauseilendem Gehorsam versichert, dass es ihm „angenehm sein würde Ihnen dienen zu können", als er erfuhr, dass Lionel und Anthony, die beiden ältesten Söhne Nathan Rothschilds eine Deutschlandtour machten und sich bereits in Göttingen aufhielten. Tatsächlich kamen die Rothschilds auf dieses Angebot zurück, und einen Monat später meldete Jenisch nach London, dass er zwanzig Stück halbe Louis d'or nach Göttingen gesandt habe.[150] Der Senator war sich auch nicht zu schade, Kisten mit deutschen Büchern zu expedieren, welche die jungen Rothschilds nach England mitnehmen wollten, und einen per Dampfboot an ihn zur Weiterleitung geschickten Kuchen der besorgten Mutter der beiden nach Göttingen zu dirigieren. Um beides zu bestätigen setzte er jeweils separate Briefe nach London auf, die nur dies zum Inhalt hatten.[151] Jenisch' Dienste kulminierten in der Bewirtung der beiden Rothschilds, als diese Anfang September 1825 auf der Durchreise durch Hamburg waren. Er bedauerte in seinem Report nach London lediglich, dass Lionel und Anthony so sehr in Eile waren, dass er sie nicht seiner ganzen Familie vorstellen konnte.[152]

Auch die Rothschilds selbst boten sich und ihr Kommunikationsnetzwerk zur Benutzung an, um Kontaktpflege zu betreiben. Ein frühes und ausgesprochen weitsichtiges Beispiel dafür ist die Anweisung Carl von Rothschilds, der 1816 aus Berlin an seine Brüder Salomon und Nathan schrieb:

> Gestern war ich hier bei der Frau von Krusemark wegen die Perlen von unser Bruder Jacob. Die Dame besorgt alles für die königliche Familie. [...] Nun hat sie mir gesagt und aufgetragen, Du sollst in ihren Namen Frau Oberhofmeisterin von Krusemark, zu den Großfürst von Russland Nikolas welcher der Bräutigam von der Prinzess Charlotte ist gehen. Dieser wird ein Mal Kaiser von Russland wenn es so bleibt wie jetzt, und

---

149 RAL: XI/112/60A, H. J. und A . J. Overman, Brüssel an N M Rothschild, 25. August 1825.
150 RAL: XI/38/153A, M. J. Jenisch, Hamburg an N M Rothschild, 7. Juni, 5. Juli 1825.
151 RAL: XI/38/153A, M. J. Jenisch, Hamburg an N M Rothschild, 15. und 26. Juli 1825.
152 RAL: XI/38/153A, M. J. Jenisch, Hamburg an N M Rothschild, 2. September 1825.

sollst fragen ob er nicht an der Prinzess zu schicken hat oder zu besorgen. Ich sagte ihr wir hätten so geschwinde Gelegenheit es kann in der Folgen nützen. Kannst vielleicht ein Band bekommen lieber Salomon. Ich habe es versprochen Du wirst es tun, denn sie sagt Du wirst den Großprinz ein Vergnügen machen. Die Frau von Krusemark ist die Aufseherin auf der Prinzess Charlotte Tochter des Königs.[153]

Prinzessin Charlotte von Preußen, die Tochter des Königs Friedrich Wilhelm III., heiratete den russischen Thronfolger und wurde 1825 nach dessen Krönung zum Zaren Nikolaus I. Zarin Alexandra Fjedorowna. Es war nicht zu ermitteln, ob Salomon Nikolaus tatsächlich mit diesem Angebot aufgesucht hat. Als Zar hatte er jedenfalls wenig Sympathien für Juden, wie auch seine Behandlung des Rothschild-Agenten Benjamin Davidson 1847 in St. Petersburg zeigte.[154]

Die vielleicht distinguiertesten Persönlichkeiten, die sich des Reiseservices der Rothschilds bedienten, waren die britische Königin Victoria und ihr Mann, Prinz Albert. Als Albert 1840 mit Gefolge nach England reiste, um sich dort zu vermählen, arrangierten die Rothschild-Banken in Frankfurt und London die finanziellen Details für die Reise.[155] Auch als er mit seiner Frau gemeinsam 1845 eine Deutschlandreise unternahm, waren die Rothschilds für deren finanzielle Logistik verantwortlich.[156] Die Familie derer von Sachsen-Coburg waren bereits seit 1816 Klienten der Rothschilds.[157]

Einigen Agenten der Rothschilds schien es nicht entgangen zu sein, dass die britische Küche nicht den allerbesten Ruf genoss. In der Agentenkorrespondenz finden sich etliche Hinweise auf kulinarische „corporate gifts", unter denen interessanterweise Fisch dominierte. Hier einige Beispiele. Moses Ezechiels & Söhne aus Rotterdam gaben sich extra viel Mü-

---

[153] RAL: XI/109/5, Carl von Rothschild, Berlin an Salomon von Rothschild, Frankfurt und Nathan Rothschild, 26. November 1816.

[154] Siehe dazu die Fallstudie zu Benjamin Davidson in Kapitel VI.1.

[155] Die Reise von Coburg über Gotha, Aachen, Brüssel und Calais ist beschrieben in Hans-Joachim Netzer, Albert von Sachsen-Coburg und Gotha. Ein deutscher Prinz in England, München 1988, S. 159-60.

[156] RAL: Office Subject Files, Simone Mace, ‚Rothschild Services to Prince Albert' [undatiertes, unveröffentlichtes Manuskript]. Victoria und Albert nutzen offenbar auch gelegentlich Rothschild Kuriere, um ihre private Post von Großbritannien zum Kontinent zu schicken. Siehe Ferguson, World's Banker, S. 250. Zur Deutschlandreise des königlichen Paares siehe Netzer, Albert, S. 236-39.

[157] Die Verbindung ergab sich, als Leopold von Sachsen-Coburg 1816 durch Frankfurt reiste, um in England Prinzession Charlotte, die Tochter des britischen Kronprinzen zu heiraten. Auch nach dem frühen Tod der Prinzessin hielten die Rothschilds den Kontakt zu Leopold durch Kreditvergabe und Beherbergung in ihren Landhäusern aufrecht, obwohl dieser nunmehr nicht mehr die Aussicht hatte, britischer König zu werden. Eine Generation später sollte sich diese Großzügigkeit auszahlen. Siehe Ferguson, World's Banker, S. 165-66.

he, den Rothschilds Räucherlachs „Hollandaise" zuzuschicken. Im Begleit-
schreiben merkten sie an:

> Ein Topf mit geräuchertem Salm (Smoak Salm) welche wir Ihnen wohl zu schmecken
> wünschen. Wir hoffen, daß Ihnen diese Kleinigkeit angelegen sein wird. Da wir unter-
> richtet sind, daß man dort den Salm nicht auf Holländische Art zu schneiden vermag,
> so haben wir solche hier lassen schneiden, damit Sie diese nach ihrem Willen darüber
> [...][158] können. Sie lassen selbige nur in einem solchen Topf worin er gut bleibt.[159]

Frische Fische von guter Qualität waren ganz offenbar zu dieser Zeit in
Rotterdam leicht zu bekommen. Im gleichen Jahr schrieb der andere A-
gent der Rothschilds dort, A. Levyssohn:

> Having just acquired some very fine Pearch,[160] [sic] I take the liberty of sending eight
> of them in a basket by the Steamboat the Queen of the Netherlands which sales in-
> stantly. I have therefore no time to load any more.[161]

Die Fische überquerten damit wesentlich schneller den Kanal als die meisten menschlichen Passagiere, denn das teure Dampfboot war gerade erst
auf dieser Route eingeführt worden. Levyssohn hatte sich bereits einige
Monate zuvor um die Fischbestände der Londoner Rothschilds gekümmert, als er ihnen sechzig kleine Karpfen sandte, um ihren Teich aufzufül-
len. Es ist möglich, dass diese Fische Zierzwecken dienten, denn Levyssohn versprach mehr zu schicken, falls diese – allen Ernstes – auf der Reise „an Seekrankheit sterben sollten".[162]

Holländischer Fisch wurde auch von den Rothschilds selbst benutzt,
um Beziehungen zu Dignitäten zu kultivieren. Amschel von Rothschild in
Frankfurt meldete 1817: „Ich habe von Amsterdam ein Posten mit 12
[...][163] Neu Hering bekommen. Schicke eine an Anstetten[164] nach Ems,
eins an der Großherzogen nach Ems, an den Marschal nach Usingen." Der
Brief erwähnte noch fünf weitere Empfänger, darunter den Finanzberater
des hessischen Kurfürsten, Karl Buderus, und schloss mit dem Hinweis an
seinen Bruder Carl, „du weißt bei ein Goy[165] ist alles das Essen".[166] Aber

---

158 unleserlich
159 RAL: XI/38/99, Moses Ezechiels & Söhne, Rotterdam an N M Rothschild, 18. Februar 1825. Diese Sendung war nicht, wie meist wenn Agenten Luxusgüter schickten, mit
einem geschäftlichen Anliegen verbunden, sondern ging völlig separat nach London.
160 Richtig: „perch", deutsch „Barsch".
161 RAL: XI/112/60A, A. Levyssohn, Rotterdam an N M Rothschild, 2. Oktober 1825.
162 RAL: XI/112/60A, A. Levyssohn, Rotterdam an N M Rothschild, 30. Mai 1825.
163 unleserlich, vermutlich eine fassartige Verpackung
164 Johann Protasius von Anstett (1766-1835), war zu dieser Zeit russischer Bevöllmächtig-
ter bei der Bundesversammlung in Frankfurt.
165 Jiddisch für „Nichtjude".

auch Agenten wurden bisweilen von den Rothschilds bedacht. Eine besonders gerne von ihnen versandte Aufmerksamkeit waren Zigarren. Die Agenten Morpurgo und Parente in Triest erhielten beispielsweise 1825 drei Kistchen, was aus einem Schreiben des Agenten Behrens aus Hamburg hervorgeht, der für deren Weiterleitung zuständig war, selbst aber offensichtlich leer ausging.[167]

Der Reiseservice und der Austausch von Geschenken waren für das Funktionieren des Agentennetzwerkes von nicht zu unterschätzender Bedeutung. Beide dokumentieren Geschäfte auf Gegenseitigkeit. Wer dazu beitrug, dass die Rothschilds selbst und vor allem mit ihnen verbundene politische Persönlichkeiten und Freunde bequem reisen, konnte darauf rechnen, mit den Rothschilds auch gute Geschäfte zu machen. Wer sich über die Rothschilds diese Dienste angedeihen ließ, verpflichtete sich der Familie, was wiederum beispielsweise zum bevorzugten Transfer von Information über politische Neuigkeiten oder geschäftliche Gelegenheiten führen konnte. „Corporate Gifts" waren damals wie heute wichtig, um Geschäftsbeziehungen zu pflegen. Dazu kommt, dass die Mehrzahl der heutigen Geschenke hauptsächlich einen materiellen Wert darstellen und die Beschenkten meist ohne größeren Aufwand und gegen Bezahlung auch in der Lage wären, sich diese Geschenke selbst zu verschaffen. Dies sah im 19. Jahrhundert noch anders aus. Selbst in den großen Metropolen war es keineswegs immer möglich, Luxusgüter bestimmter Provenienz und von guter Qualität einfach zu kaufen. Wer also über ein internationales Beschaffungsnetzwerk für die angenehmen Dinge des Lebens verfügte, konnte nicht nur die Eigenversorgung sicherstellen, sondern hatte ein durchaus beachtliches Kapital zur Disposition, um sich potentiell wichtige Informationszuträger oder Geschäftspartner gewogen zu halten.

Wer über ein Netzwerk von Agenten verfügte, an den wurden auch Bitten herangetragen, die außerhalb der Beschaffung von Luxusgütern lagen, wie das abschließend genannte Beispiel verdeutlicht. Carl von Rothschild schrieb 1817 – als sich das Netzwerk langsam zu entwickeln begann – aus Berlin an seine Brüder, dass ihn „der hiesige Zeitungsschreiber" ersucht habe, ihm Zeitungen mitkommen zu lassen, wenn er Estafetten erhalte. Er bat also seine Brüder darum, Zeitungen mit ihren Eildepeschen mitzuschicken, wenn auch nicht aus reiner Gefälligkeit: „Die Menschen nehmen sich in acht und schreiben dadurch nichts gegen uns."[168] Zeitungen erhiel-

---

[166] RAL: XI/109/7, Amschel von Rothschild, Frankfurt an Carl von Rothschild, Berlin, 27. Juli 1817.

[167] RAL: XI/61A, L. Behrens & Söhne, Hamburg an N M Rothschild, 21. Mai 1850.

[168] RAL: XI/XI109/8, Carl von Rothschild, Berlin an seine Brüder, undatiert, zirka Dezember 1817.

ten in der Zeit vor den Nachrichtenagenturen Nachrichten, die über Lokales hinausgingen größtenteils durch die Kopie von Berichten anderer Zeitungen. Es ist denkbar, dass Berliner Journalisten hofften, dass Rothschildsche Kuriere und Estafetten besonders schnell waren. Allerdings ist es eher wahrscheinlich, dass auch an andere Bank- und Handelshäuser mit internationalen Verbindungen diese Bitte erging.

10.   Die Revolution von 1848

Damals wie heute stört nichts die Geschäfte von Bankiers mehr als Kriege und Umstürze. Die Rotschilds, wie auch andere Bankiers, haben den verschiedenen europäischen Staaten der Restaurationsära zu bedeutenden Anleihen verholfen, und aus ihrer Korrespondenz ist klar zu ersehen, dass sie stets darauf bedacht waren, weder die eine noch die andere Macht finanziell zu stark werden zu lassen, um die Märkte gar nicht erst in Unruhe geraten zu lassen.[169] Das Gutle, der Mutter der fünf Rothschild Brüder, zugeschriebene Bonmot von 1830, dass es nicht zum Krieg kommen würde, da ihre Söhne kein Geld dafür bereitstellten, traf somit durchaus zu.[170] Die Entwicklung Europas nach den Befreiungskriegen war vergleichsweise konfliktfrei, sieht man von den Ereignissen der Jahre 1830/31 und einigen wenigen anderen lokalen Brennpunkten ab. 1848 änderte sich das schlagartig. Die revolutionären Ereignisse hatten nicht nur einen profunden Einfluss auf die politische Landschaft Europas, sondern auch auf die Finanzmärkte und Handelsströme. Um so wichtiger war es, möglichst zuverlässige Informationen über die Situation in verschiedenen Lokalitäten zu erlangen, um geschäftliche Entscheidungen treffen zu können. Verschiedene Rothschilds waren durch ihre Präsenz in Paris, Wien und Frankfurt auch persönlich von den Unruhen betroffen, was aus der Familienkorrespondenz des Jahres 1848 deutlich wird. Nachfolgend wird an einigen beispielhaften Briefen der Informationsfluss zwischen den Rothschilds und zwischen ihnen und ihren Agenten während dieser Krisenzeit dargestellt.

Vom 22. bis 24. Februar 1848 kam es in Paris zu Barrikadenkämpfen zwischen der Armee und aufständischen Arbeitern, Studenten und Handwerkern, die in der Abdankung und Flucht König Louis Philippes und der Einsetzung einer provisorischen Regierung resultierten. Diese Nachricht

---

[169] Die friedenserhaltende Finanzpolitik der Rothschilds, speziell in den Jahren nach der Revolution von 1830, beschreibt im Detail Ferguson, World's Banker, S. 246-72.
[170] Georg Heuberger (Hrsg.), The Rothschilds. A European Family, Siegmaringen 1994, S. 71.

verbreitete sich über ganz Europa. Friedrich Gasser in St. Petersburg schrieb, dass die Post aus Paris – nach dem russischen Kalender – am 23. Februar angekommen sei, nach dem Gregorianischen Kalender der 6. März: "Heute ist der erste Curs-Tag, für den jene Vorfälle bekannt geworden; ich kann mir keine andere Vorstellung auf den Gang der Kurse machen, als etwas daß in Pariser Papier gar nicht gemacht werden wird."[171] Der Agent schrieb postwendend zurück nach London und konnte so nur über die Auswirkungen der Nachricht spekulieren. Er ging davon aus, dass nicht die Börse insgesamt, sondern lediglich französische Werte davon betroffen sein würden. In näher an Paris gelegenen Finanzplätzen waren die Auswirkungen unmittelbarer. Der Agent Cahen in Antwerpen konnte bereits am 26. Februar nach London melden: "Es war heute in Folge der Nachrichten aus Paris durchaus kein Geschäft."[172] Auch Moses Ezechiels in Rotterdam schrieb am 29. Februar nach London: "Zufolge der Ereignisse in Paris ist unter den jetzigen Umständen kein Geschäft möglich, alle unsere Wechselcourse nominal, und auch Kursverluste durch keine Notierungen."[173]

Nachrichten dieser Art liefen nach und nach von allen Agenten ein. Es war nicht überraschend, dass die sensiblen Finanzmärkte allerorten derartig auf die Umwälzungen am wichtigsten kontinentaleuropäischen Finanzplatz reagierten; insofern waren diese Nachrichten nur von begrenztem Informationswert. Interessanter wurde es jedoch, als verschiedene Agenten über die Ausbreitung der Revolution schrieben und über deren weiteren Verlauf zu spekulieren begannen. In offensichtlicher Verkennung des Ernstes der Lage hatte Salomon Heine aus Hamburg die Londoner Rothschilds noch am 29. Februar gebeten, eine Einlage an das Pariser Haus weiterzuleiten, da "die directe Communication zwischen Paris und hier seit einigen Tagen gestört ist".[174] Den März über äußerte der Hamburger Bankier wiederholt die Ansicht, dass die Revolution recht bald vorüber sein werde, sprach lediglich von "politischen Aufregungen" und spekulierte nicht weiter über deren Verlauf.[175]

---

[171] RAL: XI/38/118A, Friedrich Gasser, St. Petersburg an N M Rothschild, 24. Februar (6. März) 1848.

[172] RAL: XI/38/63B, M. Cahen, Antwerpen an N M Rothschild, 26. Februar 1848.

[173] RAL: XI/38/103A, M. Ezechiels & Söhne, Rotterdam an N M Rothschild, 29. Februar 1848.

[174] RAL: XI/38/142B, Salomon Heine, Hamburg an N M Rothschild, 29. Februar 1848.

[175] RAL: XI/38/142B, Salomon Heine, Hamburg an N M Rothschild, 24. und 31. März 1848. Es muss dabei berücksichtigt werden, dass die Revolution in Hamburg, abgesehen von wenigen isolierten Vorfällen, nicht von Großdemonstrationen und Aufruhr geprägt war, sondern durch politischen Agitationsdruck der demokratischen Kräfte. Der Senat der Hansestadt zeigte sich ebenfalls kooperativ, so daß Blutvergießen weitgehend verhindert werden konnte. Siehe John Breuilly / Iorwerth Prothero, ‚Die Revolution als städtisches

Im Gegensatz zu Heine war Wilhelm Leopold Behrens, ebenfalls in der Hansestadt ansässig und Chef des Bankhauses L Behrens & Söhne, wesentlich stärker daran interessiert, den Rothschilds seine Eindrücke und Ansichten mitzuteilen. Zunächst einmal berichtete er lediglich vom dem "nachtheiligen Einfluss auf den Stand der Staatspapiere und Actionen an unserer Börse."[176] Aber bereits wenig später begann Behrens, detaillierte politische Analysen zu schicken.

> Wir theilen vollkommen Ihre Ansicht, bei den jetzigen schwierigen und kritischen Zeiten wo möglich alle Geschäfte zu beschränken. [...] Die Reformbestrebungen, welche jetzt über ganz Deutschland sich geltend machen, haben auch hier einen fruchtbaren Boden gefunden und es werden Demonstrationen vorbereitet, um die regierenden Gewalten zu einer Änderung der Verfassung im liberalen Sinne zu gewinnen. Unsere Börse war in folge dessen sehr aufgeregt und das Geschäft dadurch gelähmt.[177]

Im nächsten Brief nahm Behrens eine eindeutige politische Bewertung vor, die ebenfalls Rückschlüsse auf die Einstellung der Londoner Rothschilds zu 1848 zulässt:

> Obgleich wir den Sieg der liberalen Parthei in Österreich als ein den politischen und commerziellen Verhältnissen Europas günstiges Ereignis betrachten, finden wir es für den gegenwärtigen Zeitpunkt am angemessensten stille zu sitzen und von unseren Geschäften nach dem Land abzustehen. Aus Ihren früheren Mittheilungen sehen wir, daß Sie unsere Ansicht theilen.[178]

Es ist schwer vorstellbar, dass die Nachricht vom offenen Aufstand in Wien und vom Rücktritt Metternichs am 13. März sowie von der Entspannung der dortigen Lage nach der Wiederherstellung der öffentlichen Ordnung am Tag darauf durch bewaffnete Bürger und Studenten bereits Hamburg erreicht hatte.[179] Insofern dürfte Behrens' Einschätzung der Erfolgsaussichten der Liberalen spekulativ gewesen sein. Fraglich ist allerdings, ob die Rothschilds das Verschwinden des Regimes Metternich tatsächlich begrüßt haben. Salomon von Rothschild hatte enge Beziehungen zum österreichischen Kanzler und erhielt von diesem immer wieder persönliche Einschätzungen der europapolitischen Situation, die sich teils zu geschäftlichen Vorteilen nutzen ließen. Er hatte sich auch in der Verwal-

---

Ereignis. Hamburg und Lyon während der Revolutionen von 1848', in: Dieter Dowe / Heinz-Gerhard Haupt / Dieter Langewiesche (Hrsg.), Europa 1848. Revolution und Reform, Bonn 1998, S. 493-533, vor allem S. 504-506, 509-10.

176 RAL: XI/61/1B, L. Behrens & Söhne, Hamburg an N M Rothschild, 29. Februar 1848.

177 RAL: XI/61/1B, L. Behrens & Söhne, Hamburg an N M Rothschild, 10. März 1848.

178 RAL: XI/61/1B, L. Behrens & Söhne, Hamburg an N M Rothschild, 17. März 1848

179 Für eine Chronologie des Revolutionsverlaufs siehe Ulrich Speck, 1848. Chronik einer deutschen Revolution, Frankfurt am Main und Leipzig 1998, hier S. 33-34.

tung des – nicht sehr beträchtlichen – Metternichschen Privatvermögens engagiert. In seinem englischen Exil erhielt Metternich bedeutende finanzielle Zuwendungen durch die Rothschilds, ohne die er kaum hätte existieren können.[180]

Vom 16. bis 19. März fanden in Berlin eine Reihe von Demonstrationen statt, die teils unter Anwendung militärischer Gewalt blutig beendet wurden. Der preußische König musste diverse Zugeständnisse an die Aufständischen machen und befahl schließlich den Rückzug des Militärs und die Bewaffnung der Bürger, wodurch die Revolution vorerst gesiegt hatte. Am 21. und 23. März schrieb Behrens inhaltlich fast identische Briefe nach London, in denen er unter Hinweis auf die "Ereignisse in Berlin" die Aufregung an der Börse zitierte und dringend empfahl "ganz still zu sitzen".[181] Aber auch aus Berlin selbst erhielten die Rothschilds Berichte ihres Agenten Bleichröder.[182] Die Briefe stammten nicht von Gerson von Bleichröder, sondern noch von dessen Vater Samuel, dem Gründer der Bleichröder Bank. Interessant ist hier, dass Bleichröder die dramatischen Ereignisse in Berlin überhaupt nicht dramatisch darstellt, sondern sich darauf konzentriert, ihre Auswirkungen auf die Geschäfte zu beschreiben. Immerhin lassen seine – wenigen – Briefe deutlich seine überzeugte monarchistische Einstellung erkennen. Am Tag der Ehrung der "Märzgefallenen" durch Friedrich Wilhelm IV. schrieb Bleichröder:

> Unser Markt ist jetzt ruhig. Der König ist früh durch die Straßen geritten und erntet unbegrenzte Huldigungen. Der Herzog von Preußen ist geflohen, wo sonst: nach Russland? [...] Es sind heute nur sehr wenig Geschäfte gemacht worden. Nutzte man die Stimmung recht günstig und beruhigend. Unser König hat sich heute endlich sehr populär gezeigt, er ist in den Straßen umher geritten und den Bürgern hin und wieder die Hand gereicht, und ihnen freundliche und beruhigende Worte zugesprochen, welches einen ungeheuren Enthusiasmus beim Volke hervorgebracht hat.[183]

Der Rest des Briefes war Börseninformationen gewidmet und drückte vor allem aus, dass das Geschäftsklima sich bedeutend gebessert habe. Auch in weiteren Briefen des Jahres 1848 ging Samuel Bleichröder kaum auf politische Entwicklungen ein. Er beschrieb vordringlich die Stimmung an der

---

[180] Ferguson, World's Banker, S. 482-83.
[181] RAL: XI/61/1B, L. Behrens & Söhne, Hamburg an N M Rothschild, 21. und 23. März 1848.
[182] In Fritz Sterns vorzüglicher Studie Gold und Eisen. Bismarck und sein Bankier Bleichröder, Frankfurt 1978 findet die Revolution von 1848 nur bezüglich der Einstellungen Bismarcks eine knappe Erwähnung.
[183] RAL: XI/63/2C, S. Bleichröder, Berlin an N M Rothschild, 21. März 1848.

Berliner Börse angesichts der "unglücklichen Ereignisse" und gab Empfehlungen bezüglich bestimmter Geschäfte.[184]

Wesentlich differenzierter und politisch interessierter äußerte sich der Hamburger Agent Behrens, wohl nicht zuletzt, weil sich quasi vor seiner Haustür ein besonders bedrohlicher Konfliktherd entzündet hatte. Am 24. März hatte die dänische Regierung die Eingliederung Schleswigs in den dänischen Staat beschlossen. Die deutsche Bewegung in den Herzogtümern Schleswig und Holstein gründete daraufhin eine provisorische Landesregierung, um dagegen anzugehen. Wenige Tage darauf begann der Angriff dänischer Truppen aus Schleswig. Nachdem eine Lösung auf dem Verhandlungsweg gescheitert war, rückten preußische Truppen am 10. April in Schleswig ein, um die provisorische Regierung der beiden Herzogtümer zu stützen. Nach einem auch zur See geführten kurzen Krieg drängten die Preußen die dänischen Truppen zurück, sahen jedoch auf diplomatischen Druck Großbritanniens und Russlands von einem Einmarsch nach Dänemark ab. Der im August geschlossene Waffenstillstand von Malmö sorgte für eine vorläufige Beilegung des Konfliktes.[185]

"Die Zerwürfnisse mit Schleswig Holstein und Dänemark können den Krieg schon bald in unsere Stube bringen," sah Behrens am 28. März voraus. Einige Tage später vermeldete er, dass "1400 Mann Preußen hier auf Schleswig durchmarschiert" sind und noch 2800 Mann erwartet werden, womit der Krieg zum Ausbruch kommen werde.[186] Die Briefe der folgenden Monate sind vor allem von Einschätzungen der Börsenlage angesichts "unruhiger Berichte" von verschiedenen Schauplätzen der Revolution geprägt.[187] Interessant ist ein vom 25. August datierter Brief, der in einem kurzen Postskriptum einen "Waffenstillstand mit Dänemark" erwähnt, der "unsere Handel gewaltig" trieb.[188] Dieser Waffenstillstand von Malmö

---

[184] Siehe zum Beispiel RAL: XI/63/2C, S. Bleichröder, Berlin an N M Rothschild, 3. April und 13. Mai 1848.

[185] Steen Bo Frandsen, ‚1848 in Dänemark. Die Durchsetzung der Demokratie und das Zerbrechen des Gesamtstaates', in: Dieter Dowe / Heinz-Gerhard Haupt / Dieter Langewiesche (Hrsg.), Europa 1848. Revolution und Reform, Bonn 1998, S. 389-420, vor allem S. S. 408-13.

[186] RAL: XI/61/1B, L. Behrens & Söhne, Hamburg an N M Rothschild, 28. März und 4. April 1848. Die Truppen wurden in Hamburg von einer Menschenmenge am Bahnhof willkommen geheißen. Als preußische Truppen allerdings im August 1849 von Schlewig kommend wieder in Hamburg eintrafen, kamen sie, um die Volksbewegung in der Stadt einzuschüchtern und Opposition gewaltsam zu unterdrücken. Siehe Breuilly / Prothero, ‚Revolution als städisches Ereignis', S. 506, 509.

[187] Siehe zum Beispiel RAL: XI/61/1B, L. Behrens & Söhne, Hamburg an N M Rothschild, 28. April, 16. und 27. Juni, 25. Juli, 18. August 1848.

[188] RAL: XI/61/1B, L. Behrens & Söhne, Hamburg an N M Rothschild, 25. August 1848.

wurde allerdings erst am Tag darauf, am 26. August unterzeichnet.[189] Geht man davon aus, dass die Nachricht selbst bei damals bereits rudimentär existierenden telegrafischen Leitungen mindestens einen, wenn nicht zwei Tage bis Hamburg gebraucht hat, so hatten Behrens und die Hamburger Geschäftswelt entweder spezielle Quellen, die sie vorab informierten, oder er spekulierte ganz einfach auf die Beilegung des militärischen Konfliktes, der die Geschäfte so sehr durcheinander gebracht hatte. Am 1. September meldete er jedenfalls nach London: "So eben kam aus Lübeck die offizielle Nachricht der Ratifizierung des Waffenstillstands mit Dänemark," was wiederum einen sehr positiven Einfluss auf die Börsengeschäfte hatte.[190] Die nächsten Briefe befassten sich mit der zögerlichen Haltung der Frankfurter Nationalversammlung, den Waffenstillstand ebenfalls zu ratifizieren, und mit den Auswirkungen auf dänisches Papier an der Hamburger Börse.[191] Nach Beendigung des bewaffneten deutsch-dänischen Konflikts flaute das Interesse Behrens an der Revolution merklich ab, da der hamburgische Handel nur noch relativ marginal von weiteren Ereignissen betroffen war. Er kehrte, mit wenigen Ausnahmen,[192] zur geschäftlichen Routinekorrespondenz zurück.

Waren Nachrichten aus Hamburg noch relativ schnell zu bekommen, dauerte der Informationstransfer aus dem österreichischen Triest bedeutend länger. Zwar war die Stadt an der Adria kein Brennpunkt der Revolution, aber sie wurde im Sommer 1848 mehrere Wochen von einer italienischen, genauer einer sardinisch-venezianischen Flotte blockiert. Das brachte für die Rothschilds, die einen wichtigen Teil ihres transatlantischen Handelsgeschäfts über diesen Hafen abwickelten, Probleme mit sich. Mit den Bankhäusern Gustav Landauer & Co. und Morpurgo & Parente hatten die Rothschilds zwei bedeutende Korrespondenten in Triest, über die sie vor allem den Handel mit Kaffee, Zucker, Weizen und Tabak abwickelten. Beide schrieben ausführlich über die Blockade.

Morpurgo & Parente erörterten bereits in Briefen vom März und Mai 1848, dass der Triester Handel durch "die überhandnehmenden politischen Ereignisse, die stets complicierter werden", sehr ins Stocken geraten

---

[189] Speck, 1848, S. 88-89.
[190] RAL: XI/61/1B, L. Behrens & Söhne, Hamburg an N M Rothschild, 1. September 1848.
[191] RAL: XI/61/1B, L. Behrens & Söhne, Hamburg an N M Rothschild, 8., 12. und 15. September 1848.
[192] So berichtete er im November 1848 in einem Nebensatz, dass Fonds "wegen Einflusses der wüsten Wiener & Berliner Ereignisse mehr ausgeboten" wurden. RAL: XI/61/1B, L. Behrens & Söhne, Hamburg an N M Rothschild, 3. November 1848. Behrens bezog sich auf die Belagerung Wiens durch kaisertreue Truppen und die Kämpfe zwischen Bürgerwehr und Arbeitern in Berlin.

sei.[193] Die italienische Bedrohung der Stadt erwähnten sie erstmals Anfang
Juni und berichteten: "Die italienische Flotte hält sich gegenwärtig 1½
Meilen von unserem Hafen entfernt auf und zweifelt man, daß sie Böses
im Schilde führt."[194] Einige Tage später hatte sich die Flotte wohl bis auf
Schussweite genähert, "wo sie durch unsere Befestigungen mit einigen
Kugeln empfangen wurde" und sich dann wieder auf Reede zurückgezo-
gen.[195] Obwohl der Hafen noch keineswegs blockiert war, sahen die Rothschild-Agenten dies voraus, denn bereits am 10. Juni, zweieinhalb Tage
bevor der italienische Admiral die Blockade offiziell erklärte, wiesen Sie
die Rothschilds bereits an, dass sie keine Ladungen mehr in Empfang
nehmen könnten und diese daher zu ihren Verkäufern zurückgeschickt
werden sollten.[196] Das unterstreicht die Bedeutung eines Agenten vor Ort.
Der Brief vom 10. Juni war laut Post- und Eingangsstempel am 20. Juni in
London. Die Londoner Times berichtete über die Blockade in ihrer Sparte
Money-Market and City Intelligence erst volle zwei Tage später und bezog
sich dabei auf Briefe aus Triest vom 12. Juni.[197] Der dadurch erlangte Informationsvorsprung erlaubte es den Rothschilds, wenn nicht Warenliefe-
rungen nach Triest zu stoppen, so doch zumindest die aufgrund von höherer Gewalt nicht zustande gekommenen Geschäfte abzubrechen.

Besonders interessant bezüglich der Beziehungen zwischen den Rothschilds und ihren Agenten ist noch ein anderer Umstand. Morpurgo und
Parente schrieben nach dieser wichtigen Kommunikation weiter aus Triest
nach London, jedoch befasste sich ihre Korrespondenz nur noch mit geschäftlichen Angelegenheiten und enthielt keinerlei politische Information
mehr. Die Erklärung dafür muss in der Ankunft Gustav Landauers in der
Stadt am 17. Juni gesucht werden. Dieser hatte den Rothschilds bereits
kurz zuvor aus Wien geschrieben und schickte am 19. Juni eine erste ausführliche Analyse der politischen Situation nach London. Darin ging er im
Detail auf die Situation in den verschiedenen Regionen Italiens ein und
schrieb über Triest:

> Die feindliche Flotte empfing heute wie es schien Depeschen durch einen Dampfer,
> seitdem manövriert sie in der Entfernung bald rechts bald links, ohne daß wir noch ih-
> re Absichten erahnen vermögen. Angreifen wird sie nicht, da man auf der einen Seite

---

[193] RAL: XI/79/0B, Morpurgo & Parente, Triest an N M Rothschild, 3. März und 22. Mai
1848.
[194] RAL: XI/79/0B, Morpurgo & Parente, Triest an N M Rothschild, 2. Juni 1848.
[195] RAL: XI/79/0B, Morpurgo & Parente, Triest an N M Rothschild, 9. Juni 1848.
[196] RAL: XI/79/0B, Morpurgo & Parente, Triest an N M Rothschild, 10. Juni 1848. Eine
Kopie der offiziellen Blockade Erklärung, überbracht durch einen Parlamentär, sandten
sie ebenfalls nach London. Siehe RAL: XI/79/0B, Morpurgo & Parente, Triest an N M
Rothschild, 13. Juni 1848.
[197] The Times, 22. Juni 1848, S. 6.

den Feinde [...][198] und sie auf der anderen vor unseren Landbatterien großen Respect
zu haben scheint.[199]

Landauers weitere Korrespondenz enthielt praktisch keine geschäftlichen
Mitteilungen, sondern erging sich in detailreichen politischen Analysen,
ganz Mitteleuropa betreffend. Die Gefahr eines Angriffs der Flotte auf
Triest schätzte er als höchst gering ein, zudem der Deutsche Bund, dem
die Stadt schließlich zugehörig war, bereits auf italienischer Seite Protest
gegen die Blockade eingelegt habe.[200] Schließlich berichtete Landauer Anfang Juli, dass sich die Flotte wieder entfernt habe.[201]

Warum hatten Morpurgo & Parente, die langjährigen Rothschild-
Agenten in Triest, ihre politischen Berichte an die Rothschilds umgehend
eingestellt, sobald Gustav Landauer, der lediglich von 1844 bis 1849 mit
einer eigenen Firma in der Stadt präsent war, auftauchte? Die einzig vor-
stellbare Erklärung ist, dass Landauer Morpurgo & Parente mitteilte, dass
er von nun an London informieren werde. Möglich erscheint sogar, dass
er, da er kurz zuvor in Wien gewesen war, mit dem expliziten Auftrag nach
Triest geschickt wurde, von dort über die Entwicklungen zu berichten.
Landauer war, anders als Morpurgo & Parente nicht nur ein Geschäftspartner der Rothschilds, sondern mit ihnen persönlich bekannt und – weitläufig – verwandt. Seine Familie stammte aus der Frankfurter Judengasse,
und sein Vater Josef und auch dessen Brüder hatten in die Familien Bauer,
Goldschmidt und Rothschild eingeheiratet. Der 1818 geborene Gustav war
eines von zehn Kindern. Er selbst heiratete nie, eine seiner Schwestern
ehelichte Salomon Morpurgo, eine seiner Nichten 1881 Leopold de Rothschild, einen Enkel Nathans.[202]

Der Ton in Landauers Briefen ist deutlich freier und ungezwungener
als der in den Schreiben von Morpurgo & Parente. Wo diese nüchterne,
eigene Bewertungen der Lage höflich vorbrachten, schrieb Landauer frei
von der Seele weg, was ihm zur politischen Situation in den Sinn kam, teils
in höchst spekulativer Art und Weise. Seine Briefe zeigen deutlich, dass er
mit deren Empfängern gut persönlich bekannt war.

In Belgien und den Niederlanden fand die Revolution von 1848 nicht
statt. Beide Länder blieben komplett ruhig, von isolierten Demonstrationen in einigen Städten abgesehen.[203] Natürlich war dies im Frühjahr 1848

---

[198] unleserlich

[199] RAL: XI/38/163, Gustav Landauer, Triest an N M Rothschild, 19. Juni 1848.

[200] RAL: XI/38/163, Gustav Landauer, Triest an N M Rothschild, 23. Juni 1848.

[201] RAL: XI/38/163, Gustav Landauer, Triest an N M Rothschild, 6. Juli 1848.

[202] RAL: Reference File, Glossary of Names, Landauer.

[203] Ausführlich zu den Gründen dafür: Horst Lademacher, ,Niederlande und Belgien.
Bemerkungen zu den Ursachen revolutionärer Abstinenz', in Dieter Dowe, Heinz-

noch völlig unklar, und so waren auch die Berichte des in Brüssel ansässigen Lazare Richtenberger für die Rothschilds von Interesse. Richtenberger hatte die Rothschilds von 1827-1841 zunächst in Amsterdam und später in Brüssel vertreten. Er wurde, wahrscheinlich aus Altersgründen, von seinem Schwiegersohn Samuel Lambert als Brüsseler Agent abgelöst, blieb aber augenscheinlich aktiv, zumindest um Berichte über die Situation 1848 zu liefern. Seine Briefe in französischer Sprache gingen an James de Rothschild in Paris, wurden aber, was diverse Textstellen belegen, unzweifelhaft von dort weiter nach London geschickt.

Bereits vor dem Ausbruch der Revolution meldete Richtenberger, dass ihm aus politischen Kreisen vertraulich mitgeteilt worden sei, dass es die Ansicht des französischen Ministerpräsidenten Guizot sei, dass eine militärische Intervention von Seiten Frankreichs in den italienischen Aufruhr, besonders in den päpstlichen Staaten, unternommen werden müsse. Nach Ansicht Richtenbergers sei die aktuelle einwöchige Reise des belgischen Königs nach London angesetzt worden, um dort mit Palmerston über diese Dinge zu sprechen.[204] Vor allem für die britischen Rothschilds war es stets von großen Interesse, Kenntnis über die Hintergründe von Staatsbesuchen zu haben, nicht zuletzt, um zukünftige geschäftliche Möglichkeiten ausloten zu können. Vor diesem Hintergrund muss die Spekulation des Agenten über die Absichten des belgischen Staatsoberhauptes betrachtet werden.

Eine gute Woche darauf, als die Pariser Ereignisse bereits in Brüssel bekannt waren, versicherte Richtenberger, dass in Belgien alles ruhig sei und niemand eine Republik wünsche. Außerdem beschwichtigte er die Ängste des Londoner Rothschild-Hauses, da ihm offenbar mitgeteilt worden war, dass trotz der Unruhen 200.000 Pfund Sterling Consols[205] sicher auf dem Konto der belgischen Bank angekommen seien.[206] In einem weiteren Brief beruhigte er James de Rothschild, dass seine geschäftlichen Interessen in Brüssel nicht in Gefahr seien.[207] Dies bestätigte auch, dass Richtenberger immer noch sein Ohr am Puls der belgischen Finanz- und Politikkreise hatte. Schließlich beschrieb der Agent ebenfalls im Detail den

Gerhard Haupt, Dieter Langewiesche (Hrsg.), Europa 1848. Revolution und Reform, Bonn 1998, S. 351-87.
[204] RAL: XI/109/65A/1/91, Lazare Richtenberger, Brüssel an James de Rothschild, Paris, 20. Februar 1848.
[205] Eine britische Staatsanleihe ohne Laufzeitbegrenzung.
[206] RAL: XI/109/65A/1/5, Lazare Richtenberger, Brüssel an James de Rothschild, Paris, 1. März 1848.
[207] RAL: XI/109/65A/1/33, Lazare Richtenberger, Brüssel an James de Rothschild, Paris, 5. März 1848.

Verlauf eines gescheiterten "Exportversuchs" der Revolution von Frankreich nach Belgien:

> Hier ist alles hübsch ruhig. Die Leute die gestern mit dem Zug aus Paris gesendet wurden, waren sehr überrascht, als sie an der Grenze von Militär empfangen wurden. Sie mussten ihre Waffen niederlegen und wurden streng untersucht. Die, deren Papiere nicht in Ordnung waren, wurden ohne Formalitäten auf eine Festung gebracht. Der deutsche Pöbel wurde sofort zur Grenze gebracht. Diese Leute sind so unfähig, Widerstand zu leisten, weil die Bauern aus der Nachbarschaft am Zug gesammelt werden, um die Soldaten zu unterstützen, falls nötig.[208]

Am 24. März hatten sich etwa 800 bis 900 Mitglieder der so genannten "Belgischen Legion", bestehend aus Belgiern, Franzosen und Polen – letztere vielleicht der von Richtenberger identifizierte "deutsche Pöbel" – per Zug von Paris nach Norden aufgemacht, um auch in Belgien die Republik zu proklamieren. In Quiévrain wurde die Gruppe von Truppen und bewaffneten Bürgern empfangen, die die Franzosen auswiesen, die Belgier teils arretierten, teils nach Hause schickten. Damit war die für das belgische Establishment wohl bedrohlichste Phase der Revolution vorüber,[209] und auch Richtenberger brauchte keine weiteren Berichte über das Thema an die Rothschilds zu schicken.

Einige der Agenten, die 1848 schrieben, verfügten über Insiderwissen aus Regierungskreisen, aber die Mehrheit beobachtete lediglich die Lage und gab situationsbedingte Hinweise nach London, hauptsächlich um negativen geschäftlichen Entwicklungen vorzubeugen. Die Korrespondenz der Rothschild Familie untereinander während der Revolution bezeugt, dass diese aufgrund ihrer vielseitigen politischen Kontakte über das Geschehen sehr gut unterrichtet waren. Da sie mit Salomon in Wien, James in Paris und Amschel in Frankfurt an drei exponierten Schauplätzen der Revolution vertreten waren, reichte allein schon die innerfamiliäre Korrespondenz, um über die Entwicklungen gut im Bilde zu sein. Besonders beachtenswert sind die Briefe, die James de Rothschild vom Februar und März 1848 aus Paris an seine Londoner Neffen schrieb:

> Der König von Neapel hat eine Verfassung zugelassen. Was werden nun die anderen italienischen Regenten tun? Das gleiche. Dann werden Österreich und Deutschland folgen. Es wird ein großes Chaos geben und dennoch werden, so glaube ich, die Kurse

---

[208] RAL: XI/109/65A/1/190, Lazare Richtenberger, Brüssel an James de Rothschild, Paris, 26. März 1848. [Meine Übersetzung aus dem Französischen.]
[209] Lademacher, ‚Niederlande und Belgien', S. 381-82.

steigen, denn jeder wird Renten kaufen. Nathaniel schrieb Euch detailliert über alles. Ich bin letzte Nacht spät vom Minister zurückgekommen.[210]

James hoffte ganz offenbar, dass über Zugeständnisse an die republikanische Seite ein Umsturz abwendbar sein würde. Er stützte sich augenscheinlich partiell auf Eindrücke, die ihm aus französischen Regierungskreisen mitgeteilt wurden, und befürchtete zu diesem Zeitpunkt noch keine wesentlichen geschäftlichen Probleme. In den nächsten Tagen verschlechterten sich seine Prognosen allerdings zusehends. Zunächst machte er sich nur Sorgen um das Fortbestehen der Regierung Guizot, da der Premierminister mit seinem Rücktritt gedroht habe, sollte der König das Wahlrecht ändern.[211] Außerdem empfahl er, Papiere zu verkaufen, da die Stimmung an der Börse schlecht sei. Trotzdem erwartete er einen guten Profit für das laufende Jahr, wenn alles ruhig bleibe. Die politische Situation hielt James de Rothschild für kaum durchschaubar, aber einen Umsturz immer noch nicht für möglich: "Gott weiß, was die Leute hier wollen. Sie wollen eine Revolution machen und die Kapitalisten kaufen dennoch Renten."[212] Eine Woche später glaubte James an einen Regierungswechsel, aber immer noch im Rahmen der Verfassung: "Ich beginne zu glauben, daß die Regierung nicht wesentlich länger an der Macht bleiben wird."[213] Der Rest auch dieses Briefes war finanztechnischen Details vorbehalten.

Den Beginn der Straßenkämpfe am 22. Februar sah James dennoch voraus, aber nicht deren Tragweite. Am Vortag schrieb er: "Ich glaube, daß die Nacht laut werden wird." Er hoffe jedoch, daß "am Ende alles gut werden wird."[214] Zwar kommentierte James danach noch den Fall der Regierung Guizot, jedoch ist keine Korrespondenz von ihm aus den letzten Februartagen vorhanden, welche die Abdankung Louis Philippes und dessen Flucht nach England schildern würden. Erst Anfang März, als die provisorische Regierung schon einige Tage amtierte, orakelte er: "Wir werden für eine lange Zeit nicht prosperieren." Die heiße Phase der Unruhen kommentierte für die britischen Rothschilds Nathaniel de Rothschild, der drittälteste Sohn Nathans, der bereits sechs Jahre zuvor James' Tochter Charlotte geheiratet hatte und sich überwiegend bei seinem Onkel und

---

[210] RAL: XI/109/65B, James de Rothschild, Paris an seine Neffen, London, 2. Februar 1848.

[211] RAL: XI/109/65B, James de Rothschild, Paris an seine Neffen, London, 6. Februar 1848.

[212] RAL: XI/109/65B, James de Rothschild, Paris an seine Neffen, London, 9. Februar 1848.

[213] RAL: XI/109/65B, James de Rothschild, Paris an seine Neffen, London, 16. Februar 1848.

[214] RAL: XI/109/65B, James de Rothschild, Paris an seine Neffen, London, 21. Februar 1848.

Schwiegervater in Paris aufhielt. In einer völligen Fehleinschätzung der Lage urteilte er am 23. Februar, nur Stunden vor dem Massaker an Demonstranten in der rue des Capucins, dass die Demission der Regierung Guizot und einige Reformen endlich stattgefunden habe, dies aber eher hätte kommen sollen. Der König wäre nun dabei, eine neue Regierung zu bilden, und die Tumulte in den Straßen seien nicht sehr bedrohlich, da die Leute nun hätten, was sie wollten.[215] Ganz offensichtlich überrollt von den Ereignissen der folgenden Stunden meldete er allerdings in seinem nächsten Brief: "Wir sind in der Mitte der schlimmsten Revolution die jemals stattfand. Ihr werdet uns vielleicht kurz nach Ankunft dieses sehen."[216] Zu diesem Zeitpunkt waren seine und James' Frauen und Kinder bereits auf dem Weg nach Le Havre, um nach England überzusetzen.

James de Rothschild hielt weiter in Paris aus, obwohl auch er sich in der französischen Hauptstadt sehr unsicher fühlte. Wiederholt äußerte er geradezu apokalyptische Gedanken, die Rothschild würden all ihren Besitz durch die Revolution verlieren, behielt aber trotzdem die Geschäfte im Auge. Er erfüllte seine geschäftlichen Verpflichtungen, nicht zuletzt mit Hilfe von Gold, dass ihm seine britischen Neffen geschickt hatten, und überlegte bereits am 11. März, wieder in Börsengeschäfte einzusteigen. Die politische Lage charakterisierte er wiederholt als chaotisch und schlecht für das Geschäft; Angst hatte er naturgemäß vor allem vor den kommunistischen Elementen in der provisorischen Regierung.[217] Trotz allen Aufruhrs hatte James aber offensichtlich auch zur neuen Führung bereits Kontakte: "Hier herrscht komplette Anarchie, wir wissen nicht wer regiert. Aber frage die Minister und sie werden Dir sagen, daß die Dinge nicht besser sein könnten."[218]

Der blutige Pariser Umsturz hatte die Rothschilds komplett überrascht. Bis zuletzt hatten sie lediglich mit systemimmanenten Veränderungen gerechnet, und auch ihre hoch stehenden politischen Gewährsmänner schienen höchstens dies im Sinn gehabt zu haben. Die Frankfurter Rothschilds wurden per Telegramm vom 25. Februar über die Vorgänge in der französischen Hauptstadt in Kenntnis gesetzt. Amschel von Rothschild bemerkte nach London, dass er die Lage nicht beurteilen könne, da er von Politik nichts verstehe. Er sei aber beruhigt, dass die Rothschild-Frauen und Kin-

---

215 RAL: XI/109/65A/124, Nathaniel de Rothschild, Paris an seine Brüder, London, 23. Februar 1848.

216 RAL: XI/109/65A/130, Nathaniel de Rothschild, Paris an seine Brüder, London, 24. Februar 1848.

217 Die dies dokumentierende Korrespondenz ist RAL: XI/109/65B, James de Rothschild, Paris an seine Neffen, London, 2., 4., 9., 10., 11., 12., 14. 15., 19. 22. März 1848.

218 RAL: XI/109/65B, James de Rothschild, Paris an seine Neffen, London, 27. März 1848.

der sich inzwischen in Sicherheit befänden.[219] Mayer Carl von Rothschild, der ältere Sohn des in Neapel befindlichen Carl, schrieb aus Frankfurt nach London, dass er an schreckliche Reaktionen in Italien und Deutschland auf die Pariser Ereignisse glaube. Die Frankfurter widmeten "all ihre Zeit der Herstellung von Flaggen und bunten Tüchern. Man hat Angst, daß Aufruhr ausbrechen wird, da die Leute sehr erregt sind." Außerdem habe man die Fenster des preußischen Ministers und auch des Hauses seines Onkels Amschel zerschmissen.[220]

Wesentlich interessanter sind die Briefe Salomons aus Wien. Am 26. Februar schrieb dieser in einem als "sehr vertraulich" und "nur zur Beförderung per Kurier" markierten Brief an seine Familie in Paris, Frankfurt und London, dass Metternich sich nicht überzeugen lassen wolle, Konzessionen „an die Leute" zu machen. Er sei extrem starrköpfig und wolle die Sache aussitzen. Salomon hatte Angst, dass dies nicht gehen werde. Er meinte, dass nur einige wenige Konzessionen alle Probleme lösen würden und dass alle dies wüssten. Nur Prinz Metternich sei das Hindernis. Er, Salomon, arbeite Tag und Nacht daran, Metternich umzustimmen.[221] Zwei Wochen später hatte sich Metternichs Disposition offenbar nicht geändert, Salomon war aber deutlich zuversichtlicher:

> Ich bin gerade zurück vom Onkel.[222] Er ist über alle sich hier im Umlauf befindlichen Petitionen voll informiert, aber er ist sehr ruhig. Er sagt, daß die Regierung alle dringlichen Dinge [sic] und innerhalb einiger Tage werden die Unruhestifter zur Verantwortung gezogen werden. Es ist daher zu erwarten, daß bei der Eröffnung der Estates, die hier morgen stattfinden wird, etwas Positives passieren wird. [...] Die Gefühle hier sind sehr ärgerlich.[223]

Zwei Tage später wurde Metternich zur Abdankung gezwungen. Salomon von Rothschild dürfte einer der letzten gewesen sein, die mit dem noch im Amt befindlichen Kanzler sprachen. Immerhin war Salomon wenig später überzeugt, dass die Revolution damit erledigt und eine Republik, welche die Rothschilds fürchteten, abgewendet worden war. Außerdem dachte er bereits wieder ans Geschäftliche: „Gott sei Dank ist der Kaiserliche Thron intakt und ich glaube nicht, daß er noch gestürzt werden kann. Die Börse

---

[219] RAL: XI/109/65B, Amschel von Rothschild, Frankfurt an James de Rothschild, Paris, 25. Februar 1848.

[220] RAL: XI/109/65B, Mayer Carl von Rothschild, Frankfurt an seine Cousins, London, 28. Februar 1848.

[221] RAL: XI/109/65B/1/115, Salomon von Rothschild, Wien an seine Familie in Paris, Frankfurt und London, 26. Februar 1848.

[222] Codename der Rothschilds für Metternich.

[223] RAL: XI/109/65B/1/75, Salomon von Rothschild, Wien an seine Familie in Paris, Frankfurt und London, 11. März 1848.

hat mit steigenden Kursen geöffnet."[224] Andererseits verhöhnte Salomon nunmehr Metternich ob seiner krassen Fehleinschätzung der Lage:

> Prinz Metternich sagte mir, daß wir uns um Österreich keine Sorgen machen brauchen, weil seine Einwohner gut erzogen und mit ihrem Los zufrieden seien. 1500 Studenten und Advokaten haben nun eine Monarchie gestürzt, die 600 Jahre alt ist und 36 Millionen Einwohner zählt. Sie versuchen, eine konstitutionelle Regierung zu formen. Wenn es einige Tage länger gedauert hätte, wäre vielleicht eine Republik geformt worden, denn es herrschte starker Anarchismus."[225]

Bei aller Kritik, hielten die Rothschilds aber zu Metternich. Salomon ließ seine Brüder wissen:

> Niemand kann für alle dies getadelt werden außer Louis Philippe und Prinz Metternich. Diese beiden sollten vor einen Richter geladen werden. Sagt nichts Böses zu dem Prinzen. Er war unser Freund aber ich kann nur sagen, daß er an vielen geschehenen Dingen schuldig ist. [...] Aber ich bitte Euch nur nette Dinge über den alten treuen Freund zu sagen. [...] Es existiert die berüchtigte Pressefreiheit. Es werden bereits verleumderische Pamphlete über den Prinzen Metternich publiziert."[226]

Auch um seine Finanzen musste sich der „Onkel" dank der Rothschilds im Exil keine Sorgen machen. „Ich gab dem Onkel, ich darf seinen Namen nicht nennen, 80,000 Gulden zu seiner Abreise."[227] Metternich hatte sich auch nach seiner Demission hilfesuchend an die Rothschilds gewandt:

> Ich weiß wo der Onkel ist. Gestern bekam ich einen Brief von ihm. In größter Geheimhaltung, durch einen Boten. Ein Mann, der zu Fuß zu mir kam. Unglücklicherweise scheint er in einer Situation zu sein, wo er nicht am gleichen Ort bleiben kann, denn er fragt mich nach einem Brief. Ich schreibe dies unter größter Geheimhaltung, denn ich könnte in größte Schwierigkeiten geraten, wenn es bekannt wird. Es ist möglich, daß der Onkel seine Londoner Neffen besuchen muss.[228]

Ein weiteres Detail aus den Briefen Salomon von Rothschilds aus der heißen Phase der Revolution ist noch von Interesse. Wie aus dem obigen Zitat ersichtlich ist, hielt Salomon die neu eingeführte Pressefreiheit für gefährlich. Darüber hinaus ließ er seine Brüder und Neffen wissen, dass

---

[224] RAL: XI/109/65B/1/108, Salomon von Rothschild, Wien an seine Familie in Paris, Frankfurt und London, 16. März 1848.

[225] RAL: XI/109/65B/1/115, Salomon von Rothschild, Wien an seine Familie in Paris, Frankfurt und London, 17. März 1848.

[226] RAL: XI/109/65B/1/127, Salomon von Rothschild, Wien an seine Brüder, 18./19. März 1848.

[227] RAL: XI/109/65B/1/162, Salomon von Rothschild, Wien an seine Brüder und Neffen, 23. März 1848.

[228] RAL: XI/109/65B/1/172A, Salomon von Rothschild, Wien an seine Brüder und Neffen, 24. März 1848.

Briefe in Wien nicht länger geöffnet werden, „weil unglücklicherweise, es keinen Metternich mehr gibt. Weder gibt es einen Graf Sedlinczky, den Polizeiminister. Er hat alles geheim gehalten, wie die Gedanken der Leute. Er hat die Katastrophe entscheidend mitverursacht."[229]

Salomon argumentierte hier, dass die Politische Polizei der Habsburger auf ganzer Linie versagt habe. Die Rothschilds hatten sich mit dem System Metternich so gut arrangiert, dass dessen Ende sie in Schwierigkeiten bringen konnte. Von der Briefzensur des Systems waren sie, wie der im vorangegangenen Kapitel zitierte Brief von Salomon von Rothschild von 1831 belegt, auch selbst betroffen, jedoch war dies offenbar ein Preis, den sie für politische Stabilität und privilegierte politische Informationen gerne zu zahlen bereit waren.

Die Rothschilds hielten in den für sie gefährlichen Revolutionszeiten ihren gewohnt intimen Kontakt aufrecht und informierten sich im Detail über die Vorgänge. Sie schickten einander Kapital, um die Märkte wo es ging zu stützen und vor allem, um Verbindlichkeiten begleichen zu können. Trotz ihrer engen Verbundenheit mit den politischen Größen der herrschenden vorrevolutionären Regime war es ihnen nicht möglich, die Tragweite des Umbruchs auch nur im entferntesten voraus zu sehen. Diese Unfähigkeit teilten sie allerdings mit eben diesen herrschenden Regimen. Es ist lediglich klar, dass die Rothschilds bereits vor Ausbruch des offenen Aufruhrs davon überzeugt waren, dass es Veränderungen geben müsse, nur waren sie ebenfalls sicher, dass einige Konzessionen genügen würden, um einen wirklichen Umbruch abzuwenden. Von ihren Agenten waren vor allem die Berichte von Bleichröder unentbehrlich, da die Rothschilds im revolutionären Berlin sonst über keinen vertrauenswürdigen Gewährsmann verfügten. Die übrigen Agenten lieferten ihren Möglichkeiten entsprechend Nachrichten, die es den Rothschilds vor allem erlaubten, Entscheidungen über geschäftliche Engagements in den verschiedenen europäischen Regionen zu fällen. Insgesamt betrachtet funktionierte das Netzwerk während dieser Krisenzeit reibungslos weiter. Auffallend ist, dass für alle Agenten – wie für die Rothschilds selbst – stets die wirtschaftliche Bedeutung der Ereignisse im Vordergrund stand. Die Berichte nach London enthielten keine tiefschürfenden politischen Analysen, sondern beschränkte sich auf nüchterne Darstellungen der Realität und der voraussichtlich zu erwartenden Entwicklung, aber vordringlich in Bezug auf deren geschäftliche Relevanz.

---

[229] RAL: XI/109/65B/1/162, Salomon von Rothschild, Wien an seine Brüder und Neffen, 23. März 1848.

Das Informationsnetzwerk der Rothschilds überstand selbst eine schwere Krise wie die Revolutionsjahre problemlos. Seine Stabilität speiste sich aus der starken Loyalität, die nahezu alle Agenten ihren Chefs in London – und teilweise in den anderen Rothschild Häusern – entgegenbrachten. Loyalität und Zuverlässigkeit waren die entscheidenden Kriterien bei der Auswahl von Agenten, nachgewiesen entweder durch längere Tätigkeit in den Kontoren der Bank oder durch enge geschäftliche Beziehungen, die sich über meist längere Zeiträume entwickelt hatten. Gute fachliche Qualifikationen besaßen nahezu alle Agenten, doch die Rothschilds legten insgesamt wenig Wert auf die Entsendung hochspezialisierter Repräsentanten. Die Agenten, zumal jene, die direkt von London aus auf ihre Posten geschickt wurden, waren Generalisten mit der Fähigkeit der schnellen Einarbeitung in örtliche Gegebenheiten. Allein schon die Verbindung mit dem Bankhaus N M Rothschild & Sons öffnete ihnen dabei viele Türen. Der Ruf ihrer Auftraggeber garantierte den Agenten allerorten Zugang zu höchsten Wirtschafts- und Politikkreisen. Nur ganz selten kam es vor, dass Agenten diesen Standortvorteil für sich selbst nutzen und das Vertrauen der Rothschilds missbrauchten. Finanziell konnten Agenten gerade von dieser Verbundenheit mit der bedeutendsten Bankiersfamilie ihrer Zeit profitieren, indem sie mit der wohlwollenden Billigung ihrer Auftraggeber in deren Kielwasser auf eigene Rechnung tätig wurden. Leicht übersehen wird die auch in geschäftlicher Hinsicht wichtige Funktion der Agenten als Beschaffer von Luxusgütern und als Relaisstationen für den europaweiten Personentransfer.

Verwandtschaft und Ethnizität spielten bei der Auswahl der Agenten keine besondere Rolle. Teilweise heirateten Agenten im Laufe ihrer Tätigkeit in die Rothschild Familie ein, teilweise verheirateten sie sich untereinander. Aber auch Agenten, die keinerlei persönliche Beziehungen zu den Rothschilds unterhielten wurden weder als weniger loyal oder vertrauenswürdig eingeschätzt, noch verhielten sie sich so. Juden wie Nichtjuden arbeiteten für die Rothschilds; nur die Herkunft der Familie aus der jüdischen Intimität des Frankfurter Ghettos und die große Zahl von jüdischen Beschäftigten im Finanzsektor insgesamt sorgten dafür, dass viele Agenten jüdischen Glaubens waren. Für den Aufbau und das Funktionieren des Netzwerks selbst spielten Ethnizität und Religion keine besondere Rolle.

Die Rothschilds erwarteten Selbständigkeit von ihren Agenten und verließen sich im Allgemeinen auf deren auf lokalen Quellen basierende Urteilsfähigkeit. Es steht zu vermuten, dass gerade diese Delegationsfähigkeit und das Bemühen, sich von Agenten auch beraten zu lassen maßgeblich zum geschäftlichen Erfolg der Rothschilds beigetragen haben. Noch wesentlicher allerdings dürfte die enge Verbundenheit der an den verschiede-

nen europäischen Standorten tätigen Rothschilds selbst gewesen sein. Das
Agentennetzwerk und das familieninterne Informationsnetzwerk ergänzten
sich in einer höchst effizienten Art und Weise.

VI. Fallstudien zu einzelnen Agenten

Jeder Rothschild-Agent muss als Persönlichkeit für sich gesehen werden. Zwar gibt es verschiedene Merkmale, die auf viele oder mehrere Agenten gleichzeitig zutreffen und die auch deren Agieren bestimmten. So standen eine größere Anzahl von entsandten Agenten bereits zuvor langjährig in Diensten des Londoner oder eines anderen Rothschild Hauses und konnten sich so das Vertrauen ihrer Auftraggeber erwerben. Aber jeder Agent war in seiner Örtlichkeit singulär eingebunden, bezog seine Informationen aus besonderen Quellen und berichtete geschäftliche oder politische Umstände in Abhängigkeit nicht nur von seiner lebensweltlichen Position, sondern auch von seinem Charakter und seiner persönlichen Lebenseinstellung. Es mag daher hilfreich erscheinen, abschließend drei Agenten, deren Tätigkeit bereits in den vorangegangenen Ausführungen teilweise Beachtung gefunden haben, im Rahmen von Fallstudien näher vorzustellen.

Zwei Kriterien bestimmten die Auswahl von Gerson von Bleichröder, Benjamin Davidson und Lionel Davidson. Zum einen erlauben die Briefe dieser Agenten – im Falle Bleichröders auch die bereits existierende Forschungsliteratur – eine relativ genau Darstellung ihrer Lebens- und Arbeitsumstände sowie ihrer Einstellungen den Rothschilds gegenüber. Insofern kann der „Alltag" dieser Agenten zwar nicht in allen, aber doch in vielen Details nachgezeichnet werden. Zum anderen sind diese drei Personen in ihrer Art charakteristisch für die beiden Typen von Agenten.

Bleichröder war der typische Agent-cum-Geschäftspartner. Je nach Situation nahm er die eine oder die Rolle ein. Selbst einer der bedeutendsten Bankiers Deutschlands und in engem persönlichen Kontakt zu den Schaltstellen politischer Macht des Kaiserreichs, war Bleichröder aber auch ein den Rothschilds untergeordneter Zulieferer von Informationen. Der amerikanische Historiker Fritz Stern hat in seiner bereits 1977 publizierten und inzwischen zum Klassiker aufgestiegenen Studie „Gold and Iron"[1] die Beziehungen zwischen Bleichröder und einem seiner Kunden, Reichskanzler Otto von Bismarck, beleuchtet. Diese Untersuchung basierte nicht unwesentlich auf Bleichröders umfangreicher Korrespondenz mit dem französischen Rothschild Haus, die allerdings 1868 aufgrund des

---

[1] Fritz Stern, Gold and Iron. Bismarck, Bleichröder and the Building of the German Empire, New York 1977; Deutsch: Gold und Eisen. Bismarck und sein Bankier Bleichröder, Frankfurt 1978.

Todes von dessen Gründer, James de Rothschild, nahezu abbrach. Bleichröder korrespondierte danach vorrangig mit dem Londoner Haus, jedoch
erhielt Stern damals keinen Zugang zu dessen Archivmaterial. Diese Fallstudie konzentriert sich, ergänzend zu Sterns Abhandlung, vor allem auf
die Analyse von bislang unbearbeitet gebliebenen Berichten des politisch
bestens vernetzten Bleichröders an die Rothschilds über Ereignisse wie
den deutsch-französischen Krieg, die Balkankrise und den Berliner Kongress von 1878.

Benjamin Davidson war der typische „angestellte" Agent, der von den
Rothschilds auf einen ökonomisch wichtigen europäischen Posten, in
seinem Fall St. Petersburg, entsandt worden war. Bereits in zweiter Generation in Diensten der Londoner Rothschilds und ein persönlicher Freund
Mayer de Rothschilds, kann Davidson durchaus als „Vertrauter" der
Rothschilds betrachtet werden, dem man die selbständige Erfüllung einer
schwierigen Mission zutraute. Benjamin Davidson scheiterte bei dem Versuch, sich 1847 in der russischen Hauptstadt anzusiedeln. Seine detaillierten Berichte belegen dennoch eindrucksvoll, welche Schritte ein Agent
unternahm, um sich an einem Ort zu etablieren, welche Kontakte er
knüpfte und wie er wirtschaftliche Interessen und politische Gegebenheiten in seinen Berichten miteinander verknüpfte.

Erfolgreicher als Benjamin Davidson war dessen älterer Bruder Lionel
Davidson,[2] der die Interessen des Londoner Hauses, ebenfalls als Angestellter der Rothschilds, von 1843-1852 in Mexiko Stadt vertrat. Beide
Brüder hatten gemeinsam, dass sie außerordentlich schreibfreudig waren.
Lionels Berichte schildern in vielen Details, allerdings über einen wesentlich längeren Zeitraum, wie die Alltagsarbeit eines erfolgreichen Agenten
aussah. Er ist der einzige außereuropäische Agent, dessen Arbeit in bedeu-
tenderem Maße Eingang in diese Studie gefunden hat. Die Dokumentation seiner Arbeit erlaubt es daher ebenfalls, den sich aus der überseeischen
Distanz ergebenden besonderen Kommunikationsproblemen Beachtung
zu schenken.

Außergewöhnlich waren alle drei Agenten. Bleichröder war über seine
Agententätigkeit hinaus sehr bekannt und erfolgreich. Benjamin Davidson
scheiterte ungewöhnlicherweise daran, sich an dem von den Rothschilds
vorgegebenen Platz zu behaupten. Lionel Davidson arbeitete während
einer Periode extremer politischer Spannungen und damit verbundener
wirtschaftlicher Unwägbarkeiten äußerst erfolgreich in Mexiko. Dennoch

---

[2] Die Verwandtschaft zwischen diesen beiden Agenten spielt für die Analyse ihrer praktischen Arbeit keine Rolle. Es kann zudem angenommen werden, dass sich beide während
des gesamten Berichtzeitraums, also zwischen der Entsendung Lionels nach Mexiko 1843
und dessen Reise nach San Francisco 1852, nicht gesehen haben.

repräsentieren diese drei in ihrer Gesamtheit und durch ihre Tätigkeiten sehr wohl die Arbeit der Akteure, durch die das Netzwerk Rothschildscher Information und Geschäftstätigkeit charakterisiert werden kann.

1.   Benjamin Davidson (St. Petersburg)

Nicht alle Rothschild-Agenten waren erfolgreich. Jeder hatte mit alltäglichen Schwierigkeiten zu kämpfen, jedoch veranschaulicht das folgende Fallbeispiel, dass es bereits äußerst schwierig sein konnte, sich überhaupt an einem Standort als Agent anzusiedeln. Der britische Staatsbürger Benjamin Davidson, dessen Vater, Mayer Davidson, bereits in Diensten der Rothschilds gestanden hatte, versuchte sich 1847 in der russischen Hauptstadt St. Petersburg als Agent zu etablieren. Aus seinen detaillierten englischsprachigen Briefen an das Londoner Bankhaus lässt sich dieses Bemühen schrittweise rekonstruieren. So entsteht ein genaues Bild der Vorgehensweise eines Agenten, der sich im direkten Auftrag der Rothschilds an einem für ihn fremden Platz einzurichten versuchte. Nebenbei gewähren die Berichte Davidsons interessante Einblicke in die Gesellschaft und Finanzwelt Russlands zur Mitte des 19. Jahrhunderts aus Sicht eines Außenseiters.

Am 18. Februar 1847 informierte Benjamin Davidson seine Chefs in London über seine glückliche Ankunft in Calais. Noch Stunden zuvor in Folkstone hatte die Überfahrt aufgrund starken Windes verschoben werden müssen, da weder der Kapitän noch Cullen, der Agent der Rothschilds am Ort, den Verlust „einer großen Menge Edelmetalls unter unserer Obhut" riskieren wollten.[1] Davidson führte Gold im Wert von £250.000 mit sich.[2] Bereits zwei Wochen zuvor hatte er die Reise über den Kanal und zurück gemacht, um James de Rothschild in Paris aufzusuchen und um sich bei dieser Gelegenheit über das Potential des russischen Getreidemarktes auszutauschen. Er stellte fest, dass das Pariser Rothschild-Haus bislang mit Russland lediglich schwach geschäftlich verbunden war und er daher nur wenig für seine Mission lernen kann.[3]

Wieder zurück auf dem Kontinent nahm Davidson die Dienste dreier Kuriere[4] des französischen Rothschild-Hauses in Anspruch, die ihn auf

---

[1] RAL: XI/38/81B, Benjamin Davidson, Folkstone, an N M Rothschild, 18. Feb. 1847; Benjamin Davidson, Calais, an NM Rothschild, 18. Feb. 1847.
[2] In heutigem Geld wären dies etwa €12 Millionen. Unter Berücksichtigung des Kaufkraftverlustes der letzten eineinhalb Jahrhunderte, würde diese Summe sogar um die €150 Millionen Euro betragen. Zur Umrechnung siehe
<http://www.eh.net/hmit/ppowerbp/> Stand 19.08.2005.
[3] RAL: XI/38/81B, Benjamin Davidson, Paris, an N M Rothschild, 9. Feb. 1847.
[4] Die genau Anzahl der fest in Diensten der Rothschilds stehenden Kuriere ist nicht zu ermitteln. Sie waren vielseitig einsetzbar und transportierten nicht nur Nachrichten, son-

seiner Fahrt nach St. Petersburg zunächst begleiten sollten. Jacques Leveaux, der Agent der Rothschilds in Calais,[5] übergab Davidson 8.000 französische Franc zur Deckung der Reisekosten bis Berlin. Mit insgesamt drei Kutschen, die das Gewicht der schweren Fracht gerade noch tragen konnten, machte sich Davidson am 19. Februar über Ostende in Richtung Köln auf, wo er tags darauf ankam. Aufgrund von Hochwasser konnte der Rhein erst am Folgetag per Dampfboot passiert werden, wobei jedoch eine der Kutschen wegen ihres hohen Gewichts abrutschte und ins Wasser fiel. Die Ladung konnte aus der zerstörten Kutsche gerettet werden. In seinem Bericht nach London gab Davidson seiner Hoffnung Ausdruck, die Rothschilds mögen den unvorhersehbaren Vorfall nicht übel nehmen, da lediglich eine neue Kutsche angeschafft werden müsse.[6] Von Köln aus fuhren die Kutschen weiter bis Hannover, wo das Gold in den Zug nach Berlin umgeladen wurde.[7]

Davidsons Kontaktperson in Berlin war Gerson von Bleichröder, der ihm jegliche Unterstützung zusicherte und den eiligen Reisenden dazu anhielt, sich einige Tage in Berlin auszuruhen. Nach dreitägigem Aufenthalt händigte Bleichröder dem Agenten 3.500 Thaler Reisespesen aus, die ihm die Rothschilds per Wechsel angewiesen hatten. Davidson schickte einen französischen Kurier zurück und nahm einen anderen durch Vermittlung des russischen Botschafters in Berlin in seine Dienste.[8] Nunmehr begann der schwierige Teil der Reise, die Davidson über Tilsit und Riga in die russische Hauptstadt führte.

Allein die Fahrt zum letzten preußischen Außenposten Tilsit, wo wegen starken Schneefalls Kufen unter die Kutschen montiert wurden, dau-

---

dern zeichneten verantwortlich für die Logistik und den Begleitschutz der zahlreichen Edelmetall- und Münztransporte, die die Familie innerhalb Europas durchführte.

[5] Die Firma Jacques Leveaux & Co. löste sich noch im Jahr 1847 auf, vermutlich aufgrund des Todes des Gründers. Leveaux hatte den Rothschilds in Calais, teilweise in Kooperation mit der Familie Cullen, seit 1815 als „forwarding agent" auf Kommissionsbasis gedient.

[6] RAL: XI/38/81B, Benjamin Davidson, Köln, an N M Rothschild, 21 Feb. 1847. Erst in einem weiteren Brief, geschrieben zwei Tage später in Magdeburg, ging Davidson auf die Umstände des Unfalls näher ein. Die Rheinbrücke hatte wegen Hochwassers infolge der Schneeschmelze nicht benutzt werden können, und der Kran des temporären Ladekais hatte die schwere Kutsche nicht halten können, so dass diese etwas einen Meter ins Wasser rutschte. Durch Vermittlung des Deutzer Postmeisters hatte Davidson aber bereits nach zwei Stunden eine Ersatzkutsche zur Verfügung. In seinem Brief überließ es Davidson den Rothschilds zu beurteilen, welche Schuld ihn an dem Vorfall treffe. RAL: XI/38/81B, Benjamin Davidson, Magdeburg, 23. Feb. 1847

[7] Hätte Davidson seine Reise nur einige Monate später angetreten, hätte er bereits in Köln den durchgehenden D-Zug nach Berlin besteigen können. Siehe Hans Henning Gerlach, Atlas zur Eisenbahngeschichte, Zürich und Wiesbaden 1986, S. xvi.

[8] RAL: XI/38/81B, Benjamin Davidson, Berlin, an N M Rothschild, 26. Feb. 1847.

erte vier Tage. Die sehr schlechten Straßen waren nachts gefroren und tauten tagsüber wieder auf. Nach weiteren fünf Reisetagen erreichte Davidson Riga, wo er sich mit dort ansässigen deutschen Kaufleuten über die wirtschaftliche Situation Russlands austauschte. Er meldete nach London, dass alle Rigaer davon ausgingen, dass die Getreidegeschäfte für den kommenden Sommer bereits abgeschlossen seien und mit der Anlieferung nach Westeuropa lediglich gewartet werden müsse, bis die Ostsee wieder komplett schiffbar sei. Allerdings sei nicht klar, ob für das Getreide bereits gezahlt worden sei.[9] Diese Information war für die Rothschilds von großem Interesse, da sie sich gegebenenfalls noch an der Finanzierung des Getreidehandels beteiligen konnten.

In Riga schickte Davidson einen weiteren der französischen Kuriere, mit dem er offensichtlich nicht zufrieden war, zurück, um anstatt seiner einen Russen in Dienst zu nehmen. Der Franzose drohte ihm, sich bei James de Rothschild in Paris über den Vorzug eines Fremden gegenüber einem „courier de la maison" zu beschweren, was verdeutlicht, dass Davidsons Handeln zumindest ungewöhnlich war.[10] Schlimmer erging es dem letzten verbliebenen französischen Kurier, der sich auf der Fahrt von Riga nach St. Petersburg bei einem Sturz die Schulter auskugelte und an einer Postkutschenstation zurückgelassen werden musste, um ärztliche Hilfe in Anspruch nehmen zu können. Auf den vereisten Straßen Westrusslands verendeten neun der von Davidson und seinen Begleitern verwendeten Pferde. St. Petersburg erreichten sie nach sechs Tagen Fahrt am Abend des 13. März. Dort waren sie bereits fünf Tage früher von Friedrich Gasser, dem langjährigen Agenten der Rothschilds in der russischen Hauptstadt erwartet worden. Dieser hatte einen Bediensteten am Stadttor postiert, um Davidson sofort nach dessen Ankunft zu ihm zu bringen.[11]

Direkt nach seiner Ankunft begann Davidson damit, sich in der russischen Hauptstadt als Agent einzurichten. Seine Briefe dokumentieren im Detail seine Vorgehensweise und vermitteln so einen lebendigen Eindruck des Mikronetzwerks von Kontakten, welches sich der Agent aufbaute. Davidson befand sich in einer offenkundigen Konkurrenzsituation, einerseits zu Gasser, dem altgedienten Repräsentanten der Rothschilds, andererseits zu Alexander Stieglitz, dem wohl bedeutendsten Finanzier Russlands, der bis dahin der wichtigste Geschäftspartner der Londoner und

---

[9] RAL: XI/38/81B, Benjamin Davidson, Riga, an N M Rothschild, 7. März 1847 [erster von vier Briefen gleichen Datums].
[10] RAL: XI/38/81B, Benjamin Davidson, Riga an N M Rothschild 7. März 1847 [letzter von vier Briefen gleichen Datums].
[11] RAL: XI/38/81B, Benjamin Davidson, St. Petersburg an N M Rothschild, 13. März 1847.

der Pariser Rothschilds in St. Petersburg war. Die Berichte nach London enthalten daher ebenfalls ausführliche Informationen über diese beiden Persönlichkeiten und ihr Geschäftsgebaren.

Gasser, ein Deutscher katholischen Bekenntnisses, stand bereits seit den napoleonischen Kriegen in Diensten der Rothschild Familie. Er war mit den Rothschilds über Jahrzehnte verbunden, durch die große Entfernung aber auch ihrer direkten Kontrolle entzogen.[12] Nach 1821, als James de Rothschilds in Russland weilte, um den Abschluss einer bedeutenden Staatsanleihe zu vollziehen, hatte keiner der Rothschild Partner irgend eines Hauses St. Petersburg wieder besucht. Davidson wußte, dass er sich gegen Gasser profilieren musste, um seine eigene Unentbehrlichkeit in der russischen Hauptstadt und seinen Status als besseres Pferd im Stall zu demonstrieren. So ließ er keine Zeit verstreichen, um den unliebsamen Konkurrenten schlecht zu reden. Gleich bei seinem Antrittsbesuch erschien ihm Gasser, wie er nach London berichtete, extrem fahrig und unfähig, einen zusammenhängenden Gedanken zu äußern. „Während unserer Unterhaltung verließ er mehrfach den Raum und war in der Tat so aufgeregt, daß ich um seine Gesundheit fürchtete. Nie in meinem Leben habe ich einen Mann sich so seltsam benehmen sehen." Den Grund für Gassers Erregung glaubte Davidson darin zu erkennen, daß dieser annahm, die Rothschilds seien mit seiner Arbeit unzufrieden. Darum mache er sich nun auch Gedanken um Davidsons Rolle. Gasser habe ihn gefragt, wie lange er zu bleiben gedenke und ihn dazu angehalten, sich doch die Stadt anzusehen, bevor er nach London zurückkehre.[13]

Gassers Besorgnis war nicht ganz unbegründet. James de Rothschild hatte bereits zehn Jahre vorher vorgeschlagen, ihm sein Salär von 14.000 Rubeln jährlich zu streichen und ihn stattdessen mit 0,25 % Umsatzbeteiligung zu entlohnen.[14] Der französische Rothschild glaubte, dass Gasser das ihm überlassene Kapital länger als nötig und zu seinem eigenen Nutzen halten würde.[15] Schon 1829 hatte der Patriarch des französischen Hauses geraten, „jemanden der unseren Haus größere Loyalität zeigt"

---

[12] Zu Gassers früher Tätigkeit für die Rothschilds und den Entschluss in nach St. Petersburg zu entsenden siehe Kapitel V.

[13] RAL: XI/38/81B, Benjamin Davidson, St. Petersburg, an N M Rothschild, 13. März 1847.

[14] Hier findet sich einer der seltenen Belege für Gehaltszahlungen der Rothschilds an bei ihnen angestellte Agenten. Es ist wahrscheinlich, jedoch nicht genau zu ermitteln, dass diese Summe gleichzeitig alle Aufwendungen für Gassers Geschäft und Haushaltung abdeckte.

[15] RAL: XI/109/J/J/38, James de Rothschild, Paris, an seine Londoner Neffen, 10. Februar 1838; RAL: XI/109/J/J/39, James de Rothschild, Paris, an seine Brüder und Neffen, 16. März 1838.

nach St. Petersburg zu senden, und in einem Brief an seinen Bruder Nathan in London seiner Hoffnung Ausdruck gegeben, das dessen Söhne bald alt genug wären, eine solche Aufgabe wahrzunehmen.[16] Trotz dieses offensichtlichen Mangels an Vertrauen in seine Ergebenheit hielt sich Friedrich Gasser auf diesem nordöstlichsten Vorposten Rothschildscher Geschäftsinteressen, wohl auch, weil keiner der Rothschilds Interesse zeigte, in das klimatisch extreme und jüdischer Lebensart gegenüber wenig aufgeschlossene St. Petersburg zu gehen. Mit der Ankunft Davidsons aber musste Gasser fürchten, dass seine Zeit in Russland ablief.

Davidson sah sich bereits als Erbe des Postens an. Er berichtete nach London, dass Gasser wohl recht habe, wenn er sage, dass St. Petersburg nicht nach den Maßstäben anderer Finanzplätze beurteilt werden kann, dass er jedoch nach einer kurzen Eingewöhnung problemlos in der Lage wäre, London einen Überblick über die örtlichen Gegebenheiten zu vermitteln. Er sei der Ansicht, dass dort noch eine ganze Menge Geschäfte zu machen seien. Darüber hinaus mache ihm das extreme Wetter, über das die meisten der ankommenden Fremden klagen würden, überhaupt nicht zu schaffen.[17]

Direkt nach der Ankunft lieferte Davidson sein Gold ab. £150.000 gingen an Gasser, £100.000 an Stieglitz. In beiden Fällen waren jeweils gewisse Summen für die Geschäfte der Rothschild-Häuser in London, Frankfurt und Paris designiert. Das Gold wurde benötigt, um die Wechsel- und Börsengeschäfte der Rothschilds in St. Petersburg langfristig zu decken. Zucker, der von den Rothschilds nach Russland importiert und Talg zur Herstellung von Kerzen, der von ihnen nach Europa, hauptsächlich nach England exportiert wurde, waren die bedeutendsten Handelswaren. Davidson sollte sich darüber hinaus kundig machen, welche Möglichkeiten sich im Getreidehandel ergaben.[18]

Von Alexander Stieglitz, dem anderen Geschäftskontakt der Rothschilds, hatte Davidson eine deutlich bessere Meinung als von Gasser. Er erklärte, dass er nicht nur mit Stieglitz, sondern auch mit den beiden Geschäftsführern seiner Bank auf Anhieb ein gutes Verhältnis habe herstellen können. Auch Stieglitz sei der Ansicht, dass Gasser die Interessen der Rothschilds nur ungenügend wahrnehme. Davidson verschaffte sich dadurch einen Alliierten, mit dem er nicht in einen Interessenkonflikt gera-

---

[16] RAL: XI/109/J/J/29, James de Rothschild, Paris, an Nathan de Rothschild, 24. Juni 1829.
[17] RAL: XI/38/81B, Benjamin Davidson, St. Petersburg an N M Rothschild, 13. März 1847.
[18] RAL: XI/38/81B, Benjamin Davidson, St. Petersburg an N M Rothschild, 14. und 16. März 1847.

ten konnte. Stieglitz war ein Geschäftspartner der Rothschilds, aber keineswegs von diesen abhängig, da er auch mit diversen weiteren europäischen Häusern handelte. Das minimierte auch seine Loyalität gegenüber den Rothschilds. Gasser dagegen war Davidsons Konkurrent, der bei jeder sich bietenden Gelegenheit diskreditiert wurde. Nachdem Gasser etwas Vertrauen zu ihm gefasst hatte, so Davidson, beschwerte er sich darüber, von den Londoner Rothschilds meist nicht ausreichend instruiert zu werden, so dass die ganze Verantwortung für Geschäfte auf seinen Schultern ruhe. Dabei sei es ihm letztlich egal, ob er weiter im Dienst der Familie stehe, da er bereits von seinem angesparten Kapital sehr gut leben könne. Davidson ging sogar so weit zu behaupten, dass Gasser es „hinsichtlich seines Gewissens wohl nicht leicht finden würde, über den Erwerb [seines Kapitals] Rechenschaft abzulegen" und bezichtigte ihn damit ganz offen des Betrugs.[19]

Aus dem selben Brief wird deutlich, dass Davidson, wie die Rothschild-Agenten insgesamt, nicht nur als Befehlsempfänger agierte, sondern sich örtlichen Gegebenheiten anzupassen wußte. Er gab an, dass ihm in London bedeutet worden sei, er möge in allen Dingen durch Gassers Büro agieren. Davidson bezweifelte nunmehr, dass er auf diese Weise überhaupt nützlich sein könne. Außerdem würde er sich so sicherlich die Feindschafs Stieglitz' zuziehen, von dessen Bekanntschaft er viel profitieren könne. Daher bat er London, ihm diesbezüglich freie Hand zu lassen.[20] Allerdings porträtierte der vorsichtige Davidson auch Stieglitz nicht uneingeschränkt positiv. Nur wenige Tage später benachrichtigte er London, dass er aus zuverlässiger Quelle wisse, dass Stieglitz dem russischen Finanzministerium die Baring Bank als Agenten der russischen Regierung in Großbritannien empfohlen habe, somit also nur begrenzt Loyalität gegenüber den Rothschilds erwartet werden könne.[21]

Aus einem privaten Brief vom selben Tag, adressiert an Mayer de Rothschild, den jüngsten Sohn Nathans, lassen sich einige Informationen über Benjamin Davidsons Privatleben in St. Petersburg rekonstruieren. Mayer und Davidson hatten zusammen bei den Royal Buckingham Hussars gedient.[22] Aus dieser Information lässt sich auch auf das ungefähre

---

19 RAL: XI/38/81B, Benjamin Davidson, St. Petersburg an N M Rothschild, 16. März 1847.
20 Ibid.
21 RAL: XI/38/81B, Benjamin Davidson, St. Petersburg an N M Rothschild, 19. März 1847.
22 Die Hussars waren ein Yeomanry Regiment, eine Art freiwillige Nationalgarde, wie sie in vielen britischen Counties existierte. Die beteiligten Freiwilligen wurden militärisch ausgebildet und im Kriegsfall auch in Schlachten eingesetzt. Viele der britischen Rothschilds hatten bei den „Bucks Hussars" gedient. Ein kurzer Abriss der Regimentsge-

Alter Davidsons schließen. Mayer wurde 1818 geboren, demnach dürfte Benjamin Davidson 1847 ungefähr dreißig Jahre alt gewesen sein. Zunächst übermittelte Davidson einige generelle Informationen über die Stadt und ihre Bewohner. St. Petersburg sei eine große Stadt, in der alles langsam vorangehe und sich jeder unnötig mit einer Menge von Formalitäten aufhalte. Es sei üblich, eine Vielzahl von Dienern zu haben, die allerdings alle nur Russisch sprächen. Davidson, der neben seiner Muttersprache Englisch auch Deutsch und Französisch beherrschte, war dieser Sprache nicht mächtig.[23] Weiterhin habe man ihm geraten, sich repräsentativere Räume als die bislang angemieteten zu verschaffen, was er bislang aber aufgrund der hohen Kosten nicht in Betracht ziehen wollte.[24]

Die schönsten Mädchen habe Davidson ausgerechnet in Gassers Familie gesehen. Dessen zwei Töchter seien außerordentlich ansehnlich, wobei die eine allerdings sechs Fuß[25] groß und außerdem verheiratet, die andere extrem kurzsichtig sei. Er habe mit ihnen und ihrer Mutter, die er aufgrund ihres vulgären Benehmens überhaupt nicht sympathisch fände, des öfteren Karten gespielt, was die bevorzugte Freizeitbeschäftigung der besseren Gesellschaft der Stadt sei. Davidson habe darüber hinaus noch keine Gelegenheit gehabt, Frauen kennen zu lernen, jedoch gibt er seiner Hoffnung Ausdruck, dass sich dies bald ändern möge.[26] Es ist gut mög-

---

schichte   findet   sich   auf: <http://www.regiments.org/milhist/uk/cav-yeo/england/bucks.htm> Stand 28.08.03

[23] Außerhalb seiner Kontakte in englischen Kreisen unterhielt sich Davidson in Französisch, der lingua franca der Diplomatie. Einen Monat nach seiner Ankunft nahm er einen gewissen Intelmann als Übersetzer für Russisch in seine Dienste, der zuvor schon in mehreren englischen Häusern gearbeitet hatte. RAL: XI/38/81B, Benjamin Davidson, St. Petersburg an N M Rothschild, 17. April 1847.

[24] Die ethnische Topografie der Stadt mag zur Präsentation eines unvollständigen Bildes beigetragen haben. St. Petersburg war im 19. Jahrhundert eine multiethnische Stadt, in deren Zentrum überwiegend Aristokraten und vermögende Geschäftsleute wohnten, von denen viele ausländischer Herkunft waren. Russen tauchten in den zentralen Bezirken überwiegend als Dienstboten auf. Die homogen russischen Bezirke an der Peripherie der Stadt dürfte Davidson kaum je betreten haben. Russen machten 1869 nur etwas über 83 Prozent der Bevölkerung aus. Von diesen waren zusätzlich noch viele zwar russische Staatsbürger, jedoch ethnisch einer der ausländischen Gruppen zugehörig. Unter den Ausländern waren Deutsche mit fast 7 Prozent oder annähernd 13,000 Individuen am stärksten repräsentiert, gemessen an der Staatsbürgerschaft. Zur gleichen Zeit leben vermutlich fast vier Mal so viel ethnische Deutsche dort. Ausführlicher dazu Natalija Juchnëva, ‚Die Deutschen in einer polyethnischen Stadt. Petersburg vom Beginn des 18. Jahrhunderts bis 1914‘, in: Nordost-Archiv. Zeitschrift für Regionalgeschichte, NF Band 3, Heft 1 (1994), Deutsche in St. Petersburg und Moskau vom 18. Jahrhundert bis zum Ausbruch des Ersten Weltkriegs, S. 7-27, vor allem S. 16-18.

[25] Sechs Fuß entsprechen einer Größe von 1,83 m.

[26] RAL: XI/38/81B, Benjamin Davidson, St. Petersburg an Mayer Amschel de Rothschild, 19. März 1847.

lich, daß Davidson auch diesen privaten Kontakt dazu ausnutzte, Informationen über seinen Status in St. Petersburg und über seine Expansionswünsche an die Geschäftsleitung der Londoner Bank zu übermitteln.

Davidsons Alltagsgeschäfte waren jedoch nicht ausschließlich von Intrige und Vorteilsnahme bestimmt. In den folgenden Wochen beschäftigten ihn vor allem drei Dinge: Kontaktpflege auf dem politischen und wirtschaftlichen Parkett St. Petersburgs, die Erkundung der dortigen Märkte und das Erlangen einer permanenten Aufenthaltserlaubnis. Davidson wurde in St. Petersburgs politischen Kreisen mit ausgesuchter Höflichkeit behandelt. Maßgebliche Minister und auch Vertreter des diplomatischen Corps empfingen ihn oder suchten sogar seine Gesellschaft, nicht zuletzt um zu erfahren, in welcher Absicht er nach Russland gekommen war. Der als Person „unbedeutende" Agent, so auch Davidsons Selbsteinschätzung, bekam, da er offensichtlich das Vertrauen der Rothschilds genoss, automatisch einen herausragenden gesellschaftlichen und wirtschaftlichen Status zugewiesen. Die Etablierung eines finanzkräftigen Rothschild-Hauses in der Metropole hätte die wirtschaftliche Gemengelage erheblich verändert und vielleicht sogar politische Rückwirkungen gehabt. Insofern erschien es ratsam, einen frühen Kontakt zur mächtigsten Finanzdynastie der Zeit herzustellen.

Lord Bloomfield, der britische Botschafter, verlor keine Zeit, dem Agenten der Rothschilds seine Aufwartung zu machen. Statt den Geschäftsmann zu sich zu bestellen, suchte der Diplomat Davidson in seiner Unterkunft auf. Bloomfield ließ Davidson wissen, daß diplomatische Kreise seine Ankunft bereits lange vorher angekündigt hatten und lud ihn gleich zu einer abendlichen Gesellschaft ein.[27] Diese Einladung musste Davidson ablehnen. Einige Tage später jedoch wurde er von Bloomfield in den ehrwürdigen, bereits 1770 gegründeten Englischen Club St. Petersburgs eingeführt.[28] Dort traf er diverse Minister, Generäle und Botschaf-

---

[27] RAL: XI/38/81B, Benjamin Davidson, St. Petersburg an N M Rothschild, 18. März 1847.
[28] Bereits seit 1753 gab es eine anglikanische Kirche in der russischen Hauptstadt. Gleichzeitig mit dem Englischen Club wurde 1770 auch ein englisches Theater eröffnet. Zur Mitte des 19. Jahrhunderts lebten rund 2000 Briten in St. Petersburg und unterhielten neben einem Buchgeschäft und Leseraum auch diverse Wohlfahrtsorganisationen sowie ein Hospital. Siehe http://www.britain.spb.ru/britain/history.html. Eine andere Studie zählt genau 1,779 britische Staatsbürger für das Jahr 1869. Juchnëva, ‚Die Deutschen in einer polyethnischen Stadt', S. 17. Das noch wesentlich stärker ausgeformte und eigenständige Gesellschafsleben der deutschen Minderheit in der Stadt untersucht Margarete Busch, ‚Das deutsche Vereinswesen in St. Petersburg vom 18. Jahrhundert bis zum Beginn des Ersten Weltkriegs', in: Nordost-Archiv. Zeitschrift für Regionalgeschichte, NF Band 3, Heft 1 (1994), Deutsche in St. Petersburg und Moskau vom 18. Jahrhundert bis zum Ausbruch des Ersten Weltkriegs, S. 29-61.

ter, unter ihnen Graf Colloredo, den Vertreter Österreichs, dem Metternich brieflich das Wohl Davidsons in St. Petersburg ans Herz gelegt hatte.
Davidson fragte sich, wie die anwesenden großen Herren wohl staunen
würden, hätten sie gewusst, welche einfache gesellschaftliche Stellung er
noch einen Monat zuvor in London eingenommen hätte. Hier aber sei
sein Auftauchen „eine Sensation" gewesen, da jeder damit rechne, das er
ein Rothschild-Haus in Russland aufbauen solle. Schonend bereitete er
seine Auftraggeber außerdem darauf vor, dass er größere Ausgaben anti-
zipiere, um in den maßgeblichen gesellschaftlichen Kreisen der Stadt angemessen repräsentieren zu können.[29]

Auch dem russischen Finanzminister, dessen Tür ihm ein Empfehlungsschreiben Lionel de Rothschilds geöffnet hatte, machte Davidson
seine Aufwartung. Graf Wronchenko interessierte sich vor allem dafür,
wie lange Davidson in seiner Stadt bleiben würde, woraufhin er die Antwort erhielt, dass dies allein im Ermessen des Agenten läge. Außerdem
konversierten beide über Großbritannien und seine Eisenbahnen. Russland war zu diesem Zeitpunkt noch unentschlossen, welche Rolle die Eisenbahn in seiner wirtschaftliche Entwicklung spielen sollte. Davidson
gab an, dass ihn der Politiker sehr freundlich empfangen habe. Besonderen Eindruck machte auf ihn, dass Wronchenko ganz offensichtlich den
Frauen sehr zugetan war. Seine „einzige Vergnügung sei es, den Frauen
auf der Straße hinterher zu laufen. „Ich wußte davon bevor ich ihn sah,
und sprach ihn [beim nächsten Besuch] auf sein Lieblingsthema an. In
seinem Zimmer befindet sich eine große Sammlung von Bildern nackter
Frauen in allen Posen."[30]

Weniger aufregend war Davidsons Antrittsbesuch bei Graf Nesselrode,
dem russischen Außenminister deutscher Herkunft. Auch dieser befragte
ihn nach seinen genauen Absichten und erklärte, dass er bereits seit länge-
rem davon ausgegangen sei, die Rothschilds würden gerne eine permanente Präsenz in St. Petersburg einrichten. Weiterhin erbat sich Nesselrode
Informationen über Lionel de Rothschild, den Chef des Londoner Hauses, und sicherte Davidson zu, ihn im Falle von Schwierigkeiten in Russland unterstützen zu wollen.[31] Einige Tage später hatte Davidson auch
eine Zusammenkunft mit Graf Kleinmichel, dem Minister für öffentliche

---

[29] RAL: XI/38/81B, Benjamin Davidson, St. Petersburg an N M Rothschild, 21. März
1847.
[30] RAL: XI/38/81B, Benjamin Davidson, St. Petersburg an N M Rothschild, 21. und 26.
März 1847
[31] RAL: XI/38/81B, Benjamin Davidson, St. Petersburg an N M Rothschild, 28. März
1847.

Arbeiten, der ihn ebenfalls freundlich empfing und zu erfahren suchte, in welchen Geschäftszweigen sich die Rothschilds engagieren wollten.[32]

Davidson knüpfte auch Kontakte zu ausländischen Kaufleuten vor Ort und versicherte seinen Londoner Arbeitgebern, dass vor allem die englischen Häuser in St. Petersburg die Etablierung eines weiteren großen Handelshauses gerne sehen würden, um größere Geschäfte nicht immer ausschließlich mit Baron Stieglitz abschließen zu müssen. Viele dieser englischen Häuser waren vor allem im Getreidehandel stark engagiert, eigentlich keine Spezialisierung der Rothschilds. Davidson berichtete vom Ankauf einer großen für Irland bestimmten Menge Roggenmehls durch englische Kaufleute und stellte Vermutungen darüber an, dass deswegen der Preis für Getreide an der Londoner Börse sicherlich fallen werde.[33] Das ist ein gutes Beispiel für den praktischen Nutzen eines Agenten vor Ort. Bei schneller Übermittlung der Nachricht konnte das Londoner Haus reagieren, bevor der Kurs gefallen war. Auf der anderen Seite konnte auch London seinen Agenten einen Informationsvorsprung verschaffen. Die Rothschilds hatten Davidson beispielsweise wissen lassen, dass sie beabsichtigten, zwei Frachtschiffe voller kubanischen Zucker für den russischen Markt in Havanna zu kaufen.[34] Davidson wußte damit einige Wochen vor Eintreffen der Fracht, dass der Zuckerpreis in Russland bald fallen würde. Außerdem konnte er sich schon lange vorher um Käufer für diese Ware bemühen.

Als weiteres Beispiel für das frühe Zutragen wichtiger Informationen durch den Agenten sei ein Ukas des Zaren vom Nachmittag des 19. April 1847 genannt, in dem die Absicht der Regierung öffentlich gemacht wurde, dreißig Millionen Rubel in russischen und ausländischen Anleihen zu investieren. Davidson erhielt eine Abschrift des Erlasses, den er übersetzen ließ und sofort nach London weiterleitete.[35] In den diversifizierten Bankgeschäften der Londoner Rothschilds spielten Anleihen eine mindestens eben so große Rolle wie das klassische Wechselgeschäft des „merchant bankers".[36] Insofern waren sie auch immer auf der Suche nach potenten Zeichnern für ihre Anleihen. Davidson ging noch weiter. Zusammen mit Gasser suchte er tags darauf Nesselrode und den Finanzminister auf, um herauszufinden, wie die Regierung die dreißig Millionen zu inves-

[32] RAL: XI/38/81B, Benjamin Davidson, St. Petersburg an N M Rothschild, 10. April 1847.
[33] RAL: XI/38/81B, Benjamin Davidson, St. Petersburg an N M Rothschild, 27. März 1847.
[34] Ibid.
[35] RAL: XI/38/81B, Benjamin Davidson, St. Petersburg an N M Rothschild, 19. April. 1847.
[36] Ferguson, World's Banker, S. 289-90

tieren gedachte. Nesselrode äußerte die Ansicht, dass französische Papiere zur Zeit wohl die interessanteste Option seien, wollte aber wissen, ob Davidson und Gasser ein Angebot aus London vorlegen könnten. Da ein solches einzuholen Wochen gedauert hätte, ging Davidson – explizit Davidson allein und nicht Gasser – so weit, ihm die Dienste der englischen Rothschilds zu einem sehr guten Preis anzubieten. Gleich im Anschluss leitete er eine zwar unterwürfig formulierte, aber bis ins Details vorgeplante „Anweisung" an N. M. Rothschild weiter, wie ein Angebot an die Russen aussehen müsste, um Erfolg zu haben.[37] Obwohl er sich abschließend entschuldigte, sich diese Freiheit herausgenommen zu haben, macht dieses Beispiel nicht nur deutlich, dass Agenten wegen der großen Distanzen gezwungen waren, ohne genaue Anweisungen zu handeln, sondern dass sie auch eigene geschäftliche Ideen, Initiativen und Konzepte beitragen konnten und wahrscheinlich sogar sollten. Im nächsten Monat erhielt die russische Regierung ein Angebot über den Ankauf von Consols, das Davidsons Vorschlag in modifizierter Form aufgriff.[38] Es war nicht möglich festzustellen, ob die Regierung auf den Vorschlag eingegangen ist.

Agenten waren unverzichtbar, und Davidson mühte sich nach Kräften, seinen Londoner Chefs deutlich zu machen, dass sie vor allem an einem Ort wie St. Petersburg ohne einen Gewährsmann kaum in der Lage sein würden, profitable Geschäfte mit Russland zu machen. In einem Bericht über Sitten und Gebräuche seines neuen Wohnortes teilte Davidson mit, daß es eine unglaubliche Fülle an Formalia im persönlichen Kontakt zu beachten gilt, was die Anbahnung von Geschäften sehr erschwere. „So groß ist die Furcht sich selbst zu kompromittieren, daß die Leute immer versuchen, eine ausweichende Antwort auf die einfachste Frage zu geben, um nicht für etwas verantwortlich gemacht werden zu können." Da es keine öffentliche Zeitung gäbe, sei jeder sein eigener Journalist innerhalb eines veritablen privaten Spionagesystems, so dass nichts geheim bleiben könne. Als ein Makler für Zucker seine Kutsche kurz vor Davidsons Tür habe stehen lassen, hatten ihn wenig später mehrere Leute darauf angesprochen, dass er doch sicherlich demnächst Zuckergeschäfte machen werde. Außerdem räumte er im gleichen Atemzug die Hoffnung aus, dass Friedrich Gasser dieser Gewährsmann sein könnte, denn da auch die auf Bankkonten deponierten Beträge allgemein bekannt seien, habe er erfah-

---

[37] RAL: XI/38/81B, Benjamin Davidson, St. Petersburg an N M Rothschild, 21. April 1847.
[38] Consols sind eine aus mehreren Einzelanleihen konsolidierte neue Gesamtanleihe. RAL: XI/38/81B, Benjamin Davidson, St. Petersburg an N M Rothschild, 18. Mai 1847.

ren, dass Gasser insgeheim eine bedeutende Summe für eigene Geschäfte zurückhält, von der die Rothschilds nichts wüssten.[39]

Geschäfte mit Nahrungsmitteln waren das hauptsächliche Interesse der Rothschilds am russischen Markt, doch waren sie prinzipiell auch an einer Beteiligung am Ausbau des zur Mitte des Jahrhunderts noch in seinen Anfängen steckenden russischen Eisenbahnnetzes interessiert. Davidson traf zu diesem Zweck mit einigen Repräsentanten des Innenministeriums zusammen, die ihm allerdings keine wirklich interessanten Angebote machen konnten. Er war jedoch der Ansicht, dass in diesem Bereich kaum etwas ohne das Geld der Rothschilds gemacht werden könnte, da es schwierig sei, die erforderliche Kapitaldeckung für ein derart kostenintensives Projekt aufzubringen. Davidson bat London diesbezüglich um weitere Instruktionen.[40] In Eigeninitiative versuchte Davidson zudem die Märkte für Tabak[41], Quecksilber und Talg für die Herstellung von Kerzen zu erkunden. Ende März, also kaum zwei Wochen nach seiner Ankunft, schickte er beispielsweise eine detaillierte vierseitige Expertise über den Zustand und die Aussichten des russischen Talghandels nach London.[42] Darin beschrieb der Agent die Eigenarten der russischen Talgherstellung – viele Bauern schmolzen Rinderfett selbst und lieferten dieses anschließend in die Städte – und kam zu der Einsicht, daß Ausländer bislang nur wenig Zugang zu diesem Markt hatten, sich aber große Profite realisieren lassen würden, insofern Zwischenhändler ausgeschaltet werden könnten.

Welche Instruktionen bekam Davidson aus London? Die Briefe, die er während seines Aufenthaltes in St. Petersburg erhielt, sind nicht mehr auffindbar. Insofern lassen sich die Anweisungen der Rothschilds und deren Reaktionen auf Davidsons Berichte nur aus den Bemerkungen rekonstruieren, die Davidson in weiteren eigenen Briefen darüber machte. Ende April 1847 stellte er befriedigt fest, dass er einem Brief entnommen habe, dass man „bis jetzt mit meinem Verhalten zufrieden ist". Zugleich berichtete er, von James de Rothschild aus Paris gehört zu haben, dass er auf Nachfragen bezüglich seiner Absichten in St. Petersburg wahrheits-

---

[39] RAL: XI/38/81B, Benjamin Davidson, St. Petersburg an N M Rothschild, 12. April 1847.

[40] RAL: XI/38/81B, Benjamin Davidson, St. Petersburg an N M Rothschild, 30. März und 2. April 1847.

[41] Davidson besuchte Schukoff, den bedeutendsten Tabakgroßhändler der Stadt, der ihm sein Lager und seine Manufaktur zeigte, und ihn auf später in sein Landhaus einlud. RAL: XI/38/81B, Benjamin Davidson, St. Petersburg an N M Rothschild, 19. April 1847.

[42] RAL: XI/38/81B, Benjamin Davidson, St. Petersburg an N M Rothschild, 31. März 1847. Der große Rothschild-Konkurrent Baring war bereits seit den 1830er Jahren stark in den russisch-britischen Talghandel involviert, und zwar in Kooperation mit der Bank von Alexander Stieglitz. Siehe Ziegler, Sixth Great Power, S. 131-32.

gemäß antworten könne, er sei dort, um einige Monate die Märkte zu sondieren. Wenn sich interessante Geschäftsmöglichkeiten ergäben, würde sein Aufenthalt verlängert werden.[43] Aus diesem Brief geht hervor, dass auch das Pariser Rothschild Haus Interesse an Davidsons Tätigkeit hatte. Allerdings wurde der Agent nicht von dort aus geführt. James de Rothschild, der nach dem Tod seines „englischen" Bruder Nathan 1836 eine Art geschäftlicher Ersatzvater für seine englischen Neffen wurde, behielt sich jedoch vor, über Davidsons Aktivitäten informiert zu sein. Käme es zur Etablierung eines Hauses an einem Platz wie St. Petersburg, wäre dies ohnehin kaum als autonome Londoner Entscheidung denkbar gewesen, sondern hätte die Interessen der anderen vier Rothschild-Häuser tangiert.

Davidson hatte sich bereits unmittelbar nach seiner Ankunft um eine permanente Aufenthaltsgenehmigung für St. Petersburg bemüht. Nach dreiwöchigem Aufenthalt berichtete er, daß es ihm bislang nicht gelungen sei eine „Carte de Sejure" zu erhalten und daß Botschafter Bloomfield ihm geraten habe, vorerst keinen Druck in dieser Sache auszuüben.[44] Davidson konnte ohne dieses Dokument keine Geschäfte in seinem Namen machen, sondern musste immer durch Gasser handeln. Hatte Davidson in den ersten Wochen seines Aufenthaltes regelmäßig darauf hingewiesen, die Genehmigung sei nur eine Formalität, lassen seine Briefe vom frühen Mai 1847 erkennen, dass dies offenbar Wunschdenken entsprach. Er berichtete nach London, dass er inzwischen alle möglichen einflussreichen Persönlichkeiten um Hilfe beim Erlangen des Status eines Residenten eingeschaltet habe, jedoch bislang erfolglos. Er hoffe jedoch weiterhin, dass „in meinem Fall eine Ausnahme von den bestehenden Gesetzen" gemacht werde.[45] Zwei Tage später schickte er einen detaillierten Bericht über seine Bemühungen bezüglich des Aufenthaltsrechts nach London, versehen mit dem Fazit, dass er „aus guter Quelle erfahren hat, dass immer noch gute Chancen bestehen, dass in seinem Fall eine Ausnahme von Gesetz gemacht wird, welches die Niederlassung gewisser Personen in der Stadt verbiete."[46]

Offensichtlich scheute sich Davidson, das Kind beim Namen zu nennen. Bei den „gewissen Personen" handelte es sich um Juden. Diese durften seit 1791 nur in einem streng begrenzten Siedlungsrayon außerhalb

---

[43] RAL: XI/38/81B, Benjamin Davidson, St. Petersburg an N M Rothschild, 22. April 1847.

[44] RAL: XI/38/81B, Benjamin Davidson, St. Petersburg an N M Rothschild, 7. April 1847

[45] RAL: XI/38/81B, Benjamin Davidson, St. Petersburg an N M Rothschild, 4. Mai 1847.

[46] RAL: XI/38/81B, Benjamin Davidson, St. Petersburg an N M Rothschild, 6. Mai 1847.

des Kerngebietes des Russischen Reichs leben, der im wesentlichen die heutigen Staatsgebiete von Lettland, Litauen, Weißrussland und der Ukraine umfasste. Begründet wurde diese Maßnahme mit dem „schädlichen jüdischen Einfluss" auf die russischen Massen und unlauterer jüdischer Geschäftskonkurrenz in den Metropolen des Reiches. Endgültig abgeschafft wurde der Rayon erst mit der Oktoberrevolution, aber bereits seit den 1860er Jahren wurden die Bestimmungen aufgeweicht, indem zunächst 1859 jüdischen Kaufleuten der höchsten Steuerklasse gestattet wurde, sich außerhalb anzusiedeln. 1861 durften dies auch Juden mit Hochschulabschluss, 1865 kamen Juden aus einigen Handwerksberufen, 1867 jüdische Armeeveteranen hinzu.[47]

Für Davidson kamen diese Erleichterungen zu spät. Seine vorläufige Aufenthaltsgenehmigung für St. Petersburg lief am 15. Juli 1847 aus. Auf Anraten des britischen Konsuls, Sir Baines, beabsichtigte er zunächst, diese zu verlängern. Sollte er dabei Schwierigkeiten haben, könne er sich als britischer Staatsbürger an seine Botschaft wenden, die zu seinen Gunsten intervenieren könne. Allerdings erwähnte Davidson auch, der Finanzminister habe ihm zu verstehen gegeben, der Zar selbst wolle nicht, dass er als Jude sich in der Stadt ansiedle.[48] In den folgenden Briefen wurde Davidson immer pessimistischer, was seine Zukunft in Russland anging. Er schmiedete bereits alternative Pläne, in denen er eine Niederlassung in Odessa in Erwägung zog, und gab Instruktionen nach London, wie diverse Geschäfte weiter verfolgt werden sollten, falls er die Stadt verlassen müsse. Schließlich schlug er sogar seine weitere konkrete Verwendung selbst vor, indem er anmerkt, daß er eine Explorationsreise nach Sibirien unternehmen könne, um über die Ressourcen des asiatischen Teils Russlands nach London berichten zu können.[49]

Nach längerer Überlegung und als letztes Mittel bediente Davidson Ende Juni 1847 sich der diplomatischen Intervention. Er bat Botschafter Bloomfield, sich bei der russischen Regierung für ihn zu verwenden, da er als britischer Bürger aufgrund des russisch-britischen Handelsvertrag das Recht zur freien Berufsausübung im Russischen Reich habe. Der Vertrag mache schließlich keine Unterschiede zwischen Angehörigen verschiedener Religionen. Bloomfield antwortete ihm lapidar, dass der bilaterale

---

[47] Norbert Franz / Wilfried Jilge, ‚Russland, Ukraine, Weißrussland, Baltikum (Lettland, Estland)‘, in: Elke-Vera Kotowski et. al. (Hrsg.), Handbuch zur Geschichte der Juden in Europa, Band 1, Darmstadt 2001, S. 167-227, hier S. 180, 188.

[48] RAL: XI/38/81B, Benjamin Davidson, St. Petersburg an N M Rothschild, 30. Mai 1847. Dabei handelte es sich um den für seine Judenfeindschaft bekannten Zar Nikolaus I. (1796–1855), der das Land mit eiserner Hand regierte.

[49] RAL: XI/38/81B, Benjamin Davidson, St. Petersburg an N M Rothschild, 10. und 12. Juni 1847.

Vertrag von 1843 nicht über dem älteren russischen Gesetz stehe, welches eine Ansiedlung von Juden in St. Petersburg untersage und er sich daher nicht weiter für Davidson verwenden könne.[50] Die Bedeutung der Rothschilds wird dadurch unterstrichen, dass Bloomfield es für nötig gehalten hatte, sein Vorgehen mit London abzustimmen. In einem Brief an Außenminister Palmerston erläuterte er Davidsons Hilfsersuchen, fügte aber gleich hinzu, dass antijüdische Einstellungen des Zaren persönlich eine Intervention unmöglich machen würden:

> When I was at [...][51] ten days ago, the Emperor alluded to this Agent of Rothschild, and evidently, wished me to understand that he had no good felling for the Jews, and was resolved, not to change the Law of Peter the Great, or make any concession in favour of Mr. Davidson or any person professing the same Religion.[52]

Davidson zeigte sich von dieser verweigerten Hilfestellung sehr enttäuscht und bat die Rothschilds unverblümt um eine direkte Intervention zu seinen Gunsten bei der britischen Regierung. Er wolle die russischen Gesetze gar nicht verletzen, da er, anders als ein russischer Jude, lediglich die Privilegien eines „fremden Kaufmanns" einfordere, wie sie jeder Ausländer in St. Petersburg erhalten könne.[53] Dieser letzte Versuch einen Strohhalm zu fassen, blieb unbeantwortet. Im September 1847 berichtete Davidson, der immer noch weiter Geschäfte für die Rothschilds tätigte und sie vor allem über den wichtigen Markt für Zucker permanent auf dem Laufenden hielt, dass die Fremdenpolizei ihm die Ausstellung eines Passes verweigert habe, er aber in Kürze „den Minister" – unklar ist welchen – persönlich aufsuchen werde, um seine Abreise einleiten zu können.[54] Am 10. November, nach weiteren Schwierigkeiten, einen Pass für die Reise zu erhalten, schiffte sich Davidson nach London ein, nicht ohne in diversen weiteren Briefen betont zu haben, dass sein Scheitern in St. Petersburg nicht auf persönlicher Unfähigkeit beruhe, sondern auf Umständen jen-

---

[50] Davidson schickte die Korrespondenz mit Bloomfield in Kopie nach London. Siehe RAL: XI/38/81B, Benjamin Davidson, St. Petersburg an N M Rothschild, 29. Juni 1847.

[51] Unleserlich; vermutlich eine Residenz des Zaren.

[52] PRO: FO 65/335, Lord Bloomfield, St. Petersburg an Viscount Palmerston, London, 2. July 1947.

[53] RAL: XI/38/81B, Benjamin Davidson, St. Petersburg an N M Rothschild, 12. Juli 1847. Auch in einem späteren Brief wies Davidson die Rothschilds nochmals darauf hin, dass man ihm mitteilen möge, ob Lord Bloomfield dazu angehalten werde, in seiner Angelegenheit vorstellig zu werden. RAL: XI/38/81B, Benjamin Davidson, St. Petersburg an N M Rothschild, 29. Juli 1847.

[54] RAL: XI/38/81B, Benjamin Davidson, St. Petersburg an N M Rothschild, 9. September 1847.

seits seiner Kontrolle.[55] Der Zeitpunkt seiner Abreise scheint ein eher glücklicher gewesen zu sein, da er in einem seiner letzten Briefe berichtete, dass die schon seit längerer Zeit in Südrussland wütende Cholera im Begriff sei, Moskau zu erreichen und die Bewohner St. Petersburgs bereits begännen, sich auf ihr Eintreffen einzurichten.

Aber Davidson blieb in Diensten der Rothschilds. Er erhielt Instruktionen, sich über England Richtung Westen einzuschiffen. Nach einer mühseligen Reise, in diversen Briefen nach London dokumentiert, erreichte er über die Westindischen Inseln, Panama, Chile, Peru und Mexiko im August 1848 San Francisco, wo er unverzüglich damit begann, eine Agentur für die Rothschilds aufzubauen.[56]

Warum scheiterte Davidson in St. Petersburg? Es mangelte ihm sicherlich nicht an den persönlichen Qualitäten, die die Rothschilds von ihren Agenten erwarteten. Er verstand wirtschaftliche Zusammenhänge und bewegte sich sicher auf dem gesellschaftlichen Parkett. Sein Ehrgeiz, es in der russischen Hauptstadt zu etwas zu bringen, wurde nur noch von seiner Loyalität den Rothschilds gegenüber übertroffen. Es war also tatsächlich entscheidend, dass er sich wegen seiner jüdischen Herkunft nicht dort niederlassen konnte. Allerdings muss gefragt werden, ob diese Tatsache nicht vor vornherein bekannt und damit die Vergeblichkeit Davidsons Bemühen programmiert war. Dazu ist zu sagen, dass zwar Davidson in seinen Briefen unablässig davon sprach, dass alle Welt von ihm erwarte, eine permanente Rothschild-Präsenz in St. Petersburg einzurichten, und dass er den Rothschilds auch diese Absicht unterstellte. Allerdings hatte er nie den konkreten Auftrag dazu erhalten. Seine Aufgabe war es, eine Lieferung Gold dorthin zu bringen und sich darüber hinaus über das wirtschaftliche Potential Russlands im Hinblick auf interessante Geschäfte für seine Auftraggeber zu informieren. Es war offenkundig, dass die Rothschilds mit der Arbeit ihres langjährigen Agenten Gasser nicht zufrieden waren und Alexander Stieglitz sie lediglich als ein Geschäftspartner unter vielen ansah, ihnen also nicht die gewohnte bevorzugte Behandlung, zum Beispiel bei der Vergabe von Staatsanleihen, angedeihen ließ. Der riesige russische Markt hatte wesentlich mehr Potential als es die Rothschilds bis zur Mitte des Jahrhunderts genutzt hatten. Es wäre also durchaus logisch gewesen, sich in St. Petersburg zumindest die Dienste eines loyalen und umtriebigen Agenten wie Davidson zu sichern oder sogar ein sechstes Rothschild-Haus in der russischen Hauptstadt zu eröffnen.

---

55 RAL: XI/38/81B, Benjamin Davidson, St. Petersburg an N M Rothschild, 16. Oktober und 8. November 1847.
56 Siehe Kapitel V. für eine Beurteilung seiner Tätigkeit dort durch die Rothschilds.

Aber dies entsprach offenbar nicht der Absicht der Rothschilds, die über Generationen ein ambivalentes Verhältnis zu Russland hatten. Einerseits war die Großmacht aus dem Osten Europas zu unberechenbar und politisch zu sehr von den Launen und Vorlieben des jeweiligen Autokraten abhängig, um ein verlässlicher Partner in Finanzgeschäften zu sein. Andererseits behandelte Russland seine Juden derartig schlecht, dass eine Geschäftsbeziehung mit den Rothschilds, die sich als Protektoren jüdischer Rechte überall in der Welt verstanden, naturgemäß Spannungen unterworfen war. Zudem waren die Finanzinteressen Russlands in der Welt der Merchant Banker traditionell durch die britischen Häuser Barings und Hope abgedeckt.[57]

Auch in der zweiten Hälfte des 19. Jahrhunderts blieb das Zarenreich, neben den Vereinigten Staaten, das Stiefkind der weltumspannenden Rothschildschen Geschäftsinteressen. Eine Reihe wechselnder politischer und wirtschaftlicher Gründe war dafür verantwortlich. Nachdem beispielsweise Russland den polnischen Aufstand von 1863-64 blutig unterdrückt hatte, zeigten sich vor allem die englischen und französischen Rothschilds erleichtert, dass Barings und nicht sie selbst eine Anleihe für den Zaren aufgelegt hatten, da die pro-polnische Stimmung in ihren Ländern sicherlich zu Protesten geführt hätten, wenn „diese schrecklichen Juden den grausamen Russen geholfen hätten, die armen Polen zu unterdrücken."[58] Abgesehen davon war diese Anleihe ökonomisch durchaus risikoreich, da die Niederschlagung des Aufstandes beträchtlich an den russischen Ressourcen gezehrt hatte, die ohnehin durch den im Jahrzehnt zuvor verlorenen Krimkrieg belastet waren. Bereits unmittelbar nach diesem Krieg hatte James de Rothschilds kurzzeitig Interesse an der Finanzierung des Aufbaus des russischen Eisenbahnnetzes gezeigt, diese Pläne aber aufgrund einer pessimistischen Voraussage über die Profitabilität der neuen Linien rasch wieder ad acta gelegt.[59]

Selbst als der russische Ministerpräsident Gorchakow 1871 Mayer Carl von Rothschild, der einige Jahre zuvor noch das neapolitanische Rothschild-Haus geleitet hatte, persönlich anriet, die Familie müsse sich in St. Petersburg etablieren, da sich dort ungeahnte geschäftliche Möglichkeiten

---

[57] Als Großbritannien und Frankreich 1854 Russland den Krieg erklärten, beschrieb der damalige Premierminister Palmerston Thomas Baring im Parlament als Privatagenten des Kaisers von Russland. Siehe Ziegler, Sixth Great Power, S. 171-75, vor allem S. 172.

[58] Charlotte de Rothschild, London, an Leopold de Rothschild, 18. April 1864. Charlotte war Nathan Mayer Rothschilds älteste Tochter und peripher an den geschäftlichen Unternehmungen der Familie beteiligt. Leopold war ihr zu dieser Zeit in Cambridge studierender Neffe. Zitiert nach Ferguson, World's Banker, S. 641.

[59] Betrand Gille, Histoire des la Maison Rothschild, Bd. II: 1848-70, Genf 1965, S. 103-4, 327-32.

auftäten, wurde diese Offerte höflich abgelehnt.[60] Mayer Carl hatte noch zwei Jahre zuvor in einem Brief an seine Cousins und Neffen erklärt, dass man bislang mit den „Barbaren aus dem Norden" wenig Glück hatte und außerdem niemand Geeignetes vorhanden sei, der nach Russland gesandt werden könne.[61] Ähnlich äußerte sich schließlich Nathaniel Mayer, der erste Lord Rothschild, der nach der Revolution von 1905 von russischen Diplomaten unverblümt dazu aufgefordert wurde, im Land zu investieren, um die Lebensbedingungen der russischen Juden zu verbessern. Lord Rothschilds Antwort war eindeutig. Erst wenn die russischen Juden Freiheit und gleiche Rechte hätten, könne Russland damit rechnen, seine finanzielle Position zu verbessern. Abgesehen von seinen ethnisch-religiösen Skrupeln war Nathaniel aber auch davon überzeugt, dass ein Engagement in Russland in unsicheren politischen Zeiten nicht ratsam sei.[62]

Davidsons Mission nach St. Petersburg war der Start eines frühen Versuchsballons, nicht die Manifestation der Absicht eines dauerhaften Rothschild-Engagements in Russland. Es ist durchaus denkbar, dass eine Intervention der britischen Rothschilds in geeigneten politischen Kreisen die Erteilung eines permanenten Aufenthaltsgenehmigung hätte bewirken können. Aber dazu fehlte, aus genannten Gründen, der erklärte Wille der Familie, sich dezidiert in Russland zu engagieren. Es muss zudem als höchst unwahrscheinlich angesehen werden, dass ein Außenstehender wie Davidson dazu auserwählt war, ein Rothschild-Haus zu etablieren. Wenn überhaupt, dann hätte Davidson lediglich Vorarbeiten für die Etablierung eines Familienmitgliedes leisten können, denn bis nach dem Zweiten Weltkrieg hielt die Familie eisern daran fest, dass nur die eigenen Söhne und nicht einmal eingeheiratete Männer Partner in den jeweiligen Banken werden durften.

---

[60] Der Politiker hatte bezüglich Russlands wirtschaftlicher Perspektive versichert: „C'est une mine d'or". RAL: T/10/358, Mayer Carl von Rothschild, Luzern an seine Cousins, London, 16. August 1871.
[61] Korrespondenz dokumentiert in Ferguson, World's Banker, S. 701.
[62] Ibid., S. 931-33.

2. Lionel Davidson (Mexiko Stadt)

Diese Studie konzentriert sich auf die europäischen Geschäftsagenten der Londoner Rothschilds und bezieht die diversen Repräsentanten der Firma in Mittel- und Südamerika, sowie auch – abgesehen von August Belmont – die nordamerikanischen Agenten nicht mit ein. Eine Ausnahme ist der hier näher vorgestellte Lionel Davidson, von 1843-1852 Agent der Rothschilds in Mexiko mit Sitz in der gleichnamigen Hauptstadt des Landes. Lionel war der ältere Bruder des in St. Petersburg gescheiterten Benjamin Davidson.[1] Mexiko war für die Rothschilds vor allem aufgrund seiner Silbervorkommen von großem Interesse.[2] Einerseits kaufte die Firma mexikanisches Silber zur Verschiffung nach Europa, andererseits lieferte sie das zur Silbergewinnung unerlässliche Quecksilber in großen Mengen aus ihren spanischen Minen nach Mexiko.[3] Die Jahresabrechnung für die Quecksilbergeschäfte von 1843 wies einen Umsatz von über 120.000 Pfund Sterling aus. Das Stammkapital der Firma N M Rothschild betrug im gleichen Jahr noch keine zwei Millionen Pfund, woraus sich leicht die Bedeutung des mexikanischen Geschäfts ersehen lässt.[4] Aufgrund der unsicheren politischen Lage Mexikos zur Mitte des 19. Jahrhunderts und

---

[1] Dass die Davidsons zu den treuesten und am besten vernetzten Rothschild-Agenten gehörten, demonstriert ein persönlicher Brief Lionel Davidsons an Anthony de Rothschild, in dem er seiner Freude Ausdruck gab, dass „another 'Young Davy' [has been] enlisted in the the service." Er halte „Master Benjie" für einen klugen Burschen, der jedoch vor der großen Schwierigkeit stehe, sich in St. Petersburg zu etablieren. Beachtung verdient hier vor allem die semantische Gleichsetzung des Rothschildschen Agentennetzwerks mit militärischen Strukturen. RAL: XI/109/60/1/203, Lionel Davidson, Mexiko, an Anthony de Rothschild, 29. April 1847.

[2] In der ersten Hälfte des 19. Jahrhunderts hatte Mexiko einen Anteil von fünfzig bis sechzig Prozent an der Weltsilberproduktion. Auch heute noch ist Mexiko einer der größten Silberproduzenten weltweit. Siehe Peter Bakewell / Kendall W. Brown, Artikel ,Mining', in: Barbara A. Tenenbaum (Hrsg.), Encyclopedia of Latin American History and Culture, Bd. 4, New York 1996, S. 58-64.

[3] Ein kurzer Überblick über die Zusammenhänge zwischen spanischen Quecksilberlieferungen und mexikanischer Silberproduktion, allerdings konzentriert auf die Kolonialzeit, findet sich in Kendall W. Brown, ,The Spanish Imperial Mercury Trade and the American Mining Expansion under Bourbon Monarchy', in: Kenneth J. Andrien / Lyman L. Johnson (Hrsg.), The political Economy of Spanish America in the Age of Revolution, 1750-1850, Albuquerque 1994, S. 137-67, vor allem S. 138-50.

[4] Mexikanischer Umsatz ersichtlich aus RAL: XI/38/76A, Lionel Davidson, Mexiko, an N M Rothschild, Einlagen in diverse Briefe vom Frühjahr 1844; Bilanzzahlen für N M Rothschild & Sons, 1829-1914 aus Ferguson, World's Banker, S. 1041-42.

wegen der Komplexität vor allem des Quecksilbergeschäfts war die Anwesenheit eines vertrauenswürdigen Gewährsmanns vor Ort eine absolute Notwendigkeit. Davidson lieferte außerordentlich ausführliche Berichte, die neben der Dokumentation seiner geschäftlichen Aktivitäten einen guten Überblick über die sich stetig wandelnde politische Situation des Landes bieten. Außerdem eignen sich dieser Agent gut, um hervorzuheben, wie selbständig mit Geschäften Beauftragte handeln mussten, wenn Übermittlung von Informationen zwischen ihnen und ihren Auftraggebern ein bis zwei Monate dauerten.

Die Basis für das geschäftliche Engagement der Rothschilds in Mexiko war Quecksilber, auf das die Familie in den 1830er und 1840er Jahren nahezu das Weltmonopol hatte. Wie kam es dazu? Quecksilber wurde im 19. Jahrhundert an vielen Orten gewonnen, jedoch waren die spanischen Vorkommen die alles dominierende Größe auf dem Markt. Nur die in der Nähe Madrids liegenden, bereits in vorchristlicher Zeit angelegten Minen von Almaden, die in der zweiten Hälfte des 19. Jahrhunderts über eine Millionen Kilogramm Jahresproduktion aufwiesen, konnten den großen Bedarf eines Landes wie Mexiko decken.[5] Die spanischen Regierungen überließen die Ausbeutung dieser Minen bereits früh Konzessionären, so zum Beispiel dem Handelshaus Fugger im sechzehnten Jahrhundert.[6] In den 1830er Jahren hatten die Rothschilds damit begonnen, zusammen mit anderen Bankiers, Staatsanleihen für die spanische Krone aufzulegen. Aufgrund politischer Spannungen und Unwägbarkeiten war das ein höchst riskantes Unterfangen und verlangte besondere Sicherheiten. Die während des Bürgerkriegs von Königin Isabellas Truppen kontrollierten Almaden Minen waren den Rothschilds ein höchst willkommenes Unterpfand, und so wurden ihnen die Konzession an den Minen 1834 im Gegenzug für die Gewährung eines verlustbringenden Kredits übertragen.[7]

In Mexiko waren die Rothschilds seit 1834 geschäftlich präsent, als die Firma William de Drusina & Co, über deren Hintergrund wenig bekannt ist und die nur sporadisch mit London Kontakt aufnahm, Rothschilds Repräsentanten in Mexiko wurden. Drusina verkaufte Quecksilber an mexikanische Silberminen und schickte sowohl Silber als auch den aus Insekten gewonnenen Farbstoff Cochinell nach England. Von Drusina stammen auch die ersten Informationen über Lionel Davidson in Mexiko.

---

[5] Für eine zeitgenössische Schilderung der Quecksilbergewinnung siehe Meyers Konversationslexikon, Eine Encyklopädie des allgemeinen Wissens, vierte Auflage, Leipzig, 1888-1889.
[6] Kindleberger, Financial History, S. 26.
[7] Die Konzession wurde von den Rothschilds natürlich bezahlt, jedoch waren sie aufgrund ihres Kredites in der Lage, andere Mitbewerber um die Rechte auszustechen. Siehe Ferguson, World's Banker, S. 383-4.

Er bestätigte die sichere Ankunft Davidsons und versicherte Rothschild, dass er alle notwendige Unterstützung für dessen Einrichtung im Land gewähren werde.[8] Schon aus diesem Schreiben ist deutlich ersichtlich, dass Drusina die höhere Stellung Davidson in der Hierarchie der Agenten anerkannte. Er gab an, bereits Pläne für den Fortgang der geschäftlichen Beziehungen mit London ausgearbeitet zu haben, die er dem neu eingetroffenen Agenten zur Genehmigung vorlegen werde.[9] In Drusinas Briefen aus den folgenden Jahren finden sich beständig Formulierungen wie „wir werden uns durch das leiten lassen, was Sie Mr. Davidson geschrieben haben".[10] Die Firma scheint von 1843 an hauptsächlich über Davidson Kontakt zu Drusina gehalten zu haben. Es kann vermutet werden, dass N M Rothschild sich durch Drusina allein nicht adäquat in Mexiko vertreten sah und es vorzog, diesem etablierten Agenten, dessen Loyalität zumindest zweifelhaft war, einen besonders vertrauenswürdigen Repräsentanten überzuordnen.

Auch von Davidsons Seite war die Beziehung zu Drusina klar definiert. Anders als sein Bruder in St. Petersburg versuchte Lionel Davidson erst gar nicht, den bereits am Ort etablierten Agenten der Rothschilds auszustechen, sondern schlug Rothschild vor, die Agentur gemeinsam mit Drusina zu führen. Hintergrund dieses Ansinnens war, dass Davidson seine beschränkten Möglichkeiten im Land realistisch betrachtete. Allein könne er lediglich ein Geschäft führen, das sich auf die Hauptstadt begrenze, was sich allerdings nicht lohnen würde. Der Plan Drusinas sähe vor, dass das bereits bestehende Quecksilber- und Silbergeschäft über eine Reihe von weiteren Repräsentanten – Davidson nannte sie „Agenten" – im Landesinneren und in verschiedenen Küstenstädten weitergeführt werden solle. Das verlange eine intime Kenntnis der Verhältnisse im Land und der Menschen Mexikos, die sich nur über eine lange Anwesenheit erlangen ließe. Insofern wolle sich Davidson zwar als neuer Importeur des Rothschildschen Quecksilbers installieren, könne das aber nur mit der logistischen Unterstützung eines etablierten Hauses tun.[11] Die Zusammenarbeit mit Drusina scheint gut funktioniert zu haben, da sich Davidson in keinem seiner Berichte je über seinen Partner beschwert hat.

Das im Grunde einfache Quecksilbergeschäft wurde in Mexiko durch die örtlichen Gegebenheiten erheblich kompliziert. Davidson importierte das in Flaschen verpackte Quecksilber aus den spanischen Rothschild-

---

[8] RAL: XI/38/88A, William de Drusina, Mexiko, an N M Rothschild, 28. Juni 1843.
[9] RAL: XI/38/88A, William de Drusina, Mexiko, an N M Rothschild, 28. July 1847.
[10] RAL: XI/38/88A, William de Drusina, Mexiko, an N M Rothschild, 29. Oktober 1845.
[11] RAL: XI/38/76A, Lionel Davidson, Mexiko, an N M Rothschild, 26. Juli 1847.

Minen.[12] Im Land wurde es durch ein komplexes Netz von Subagenten –
den Namen nach waren auch diese keine Mexikaner – in die verschiedenen Regionen des mexikanischen Silberbergbaus transportiert.[13] Dabei
waren diverse Faktoren zu beachten. Einerseits hatte N M Rothschild
zwar einen sehr großen Anteil am, aber kein völliges Monopol auf den
Weltquecksilbermarkt. Davidson hatte beständig ein Auge auf die Entwicklung kleiner und weniger ergiebiger Minen, vor allem in Süd- und
Nordamerika, die ebenfalls nach Mexiko liefern konnten. So berichtete er
im Frühjahr 1847 davon, dass es Bestrebungen gäbe, die bereits länger
existierenden kalifornischen Quecksilberminen stärker auszubeuten.[14]
Bezüglich der kleinen mexikanischen Quecksilberproduktion erklärte Davidson 1845, dass er mit Rothschild hoffe, dass diese bald wegen man-
gelnder Profitabilität eingestellt werden müsse.[15] Er bot zusätzlich an, das
wenige auf dem Markt befindliche einheimische Quecksilber aufzukaufen,
da es zu einem niedrigen Preis angeboten wird und sich so der Preis der
Importware stützen ließe.[16]

Die Profitabilität des Quecksilbergeschäfts hing ab vom einem prekä-
ren Dreiecksverhältnis zwischen Angebotspreis, Nachfrage durch die Silberminen und den ständig wechselnden mexikanischen Einfuhrzöllen für
das Scheidemittel. Im Hinblick auf ersteres Kriterium machte Davidson
nach einigen Monaten im Land die interessante Anmerkung, dass er völlig
davon überzeugt sei, dass der Preis des Quecksilbers nur wenig Einfluss
auf die Konsumption habe und dass all dem „Geschrei" um angeblich
ruinöse Preiserhöhungen, welches er im Lande gehört habe, keine Bedeu-

---

[12] Ein Bericht erwähnt einer durchschnittlichen Jahresimport von 12,000 Flaschen. RAL:
XI/38/88A, William de Drusina, Mexiko, an N M Rothschild, 29. August 1843.

[13] Die Agenten britischer Handelshäuser und Banken in Mexiko waren praktisch immer
Briten. Mexikaner waren wenn nur am Rande und nicht lukrativ involviert. Siehe Reinhard Liehr, ‚La deude exterior de México y los „merchant bankers" britanicos, 1821-
1860', in: Ibero-Amerikanisches Archiv, N.F., 9 (1983), S. 420.

[14] RAL: XI/38/76A, Lionel Davidson, Mexiko, an N M Rothschild, 29. May 1847. Kalifornien war zu diesem Zeitpunkt noch eine mexikanische Provinz, die jedoch bereits einer
der Streitpunkte des mexikanisch-amerikanischen Krieges war, dessen Friedenschluss im
Jahr darauf die Abtretung der Provinz an die Vereinigten Staaten besiegelte.

[15] Bereits 1842 hatte sich James de Rothschild in einem Brief an seine Londoner Neffen
dahingehend geäußert, dass Quecksilberfunde in Mexiko „den Markt hübsch verderben"
würden. Er beantwortete damit eine Korrespondenz der Londoner Rothschilds, die ihn
über die Möglichkeit mexikanischer Eigenproduktion in Kenntnis gesetzt hatte. RAL:
CAMT 132 AQ 5901 [=Kopie aus dem Bestand des Französischen Nationalarchivs, Rou-
baix], James de Rothschild, Paris an N M Rothschild, 8. Mai 1842.

[16] RAL: XI/38/76A, Lionel Davidson, Mexiko, an N M Rothschild, 28. August 1845. Aus
der Korrespondenz geht nicht hervor, ob dies realisiert wurde. Da Davidson die mexikanische Quecksilberproduktion nicht mehr weiter erwähnt, kann davon ausgegangen werden, dass sie keine echte Konkurrenz für das spanische Importprodukt war.

tung beizumessen sei.[17] Klarstellungen dieser Art verdeutlichen den Wert eines Gewährsmannes vor Ort. Außerdem waren Drusina und Davidson unter Hinweis auf die Notwendigkeit, die Silberproduktion zu steigern, ständig bemüht, eine Reduktion, wenn nicht gar die Aufhebung des Einfuhrzolls auf Quecksilber durchzusetzen. Ihre Verhandlungen mit den wechselnden mexikanischen Regierungen gestalteten sich jedoch schwierig und blieben letztlich ergebnislos.[18]

Die Distanzen zwischen der Hauptstadt und den meisten Silberbergbaugebieten waren beträchtlich, die Straßen äußerst schlecht. In den 1850er Jahren existierten landesweit erst zwanzig Kilometer Eisenbahnnetz; die wichtigsten Provinzstädte wurden durch ein Kutschensystem miteinander verbunden.[19] Damit gestaltete sich auch die Übermittlung von Nachrichten schwierig. Die erste Telegrafenlinie wurde erst 1851 zwischen Mexiko Stadt und dem nur etwa über einhundert Kilometer entfernten Puebla errichtet, im Jahr darauf zwischen Mexiko Stadt und Veracruz, dem wichtigsten, etwa 350 Kilometer entfernten Hafen des Landes. Die Fahrt von der Hauptstadt nach Veracruz dauerte rund eine Woche.[20] Der Transport eines Quecksilberkonvois per Maultier von Mexiko Stadt in die rund 500 Kilometer entfernte bedeutendste Bergbauprovinz Zacatecas nahm 1843 einen vollen Monat in Anspruch.[21] Dazu kam, dass ein solcher Konvoi durchaus überfallen werden konnte. Zur Sicherheitslage in Mexiko allgemein schrieb Davidson nach London, dass selbst große Handelshäuser, in denen ständig Schreibkräfte und Portiers anwesend seine, stets geladene Schusswaffen bereit hielten, da die einzige Sicherheit im Lande jene sei, die jeder für sich selbst besorge. Dies sollte vor allem die Bemerkung des Agenten untermauern, dass die Rothschilds Geschäftliches in Mexiko nicht nach europäischen oder amerikanischen Maßstäben beurteilen dürfen.[22]

Die Distanzen und schwierigen Reisebedingungen waren wohl auch dafür verantwortlich, daß Lionel Davidson erst Ende Januar 1844, ein

---

[17] RAL: XI/38/76A, Lionel Davidson, Mexiko, an N M Rothschild, 28. April 1844.

[18] Siehe zum Beispiel RAL: XI/38/88A, William de Drusina, Mexiko, an N M Rothschild, 29. August 1843.

[19] Klaus-Jörg Ruhl / Laura Ibarra García, Kleine Geschichte Mexikos. Von der Frühzeit bis zur Gegenwart, München 2000, S. 140, 142. Davidson schickte seine Briefe für die von Veracruz über die Vereinigten Staaten nach England fahrenden Schiffe per Kurier in die Hafenstadt.

[20] Karin Bohrmann, Massenmedien und Nachrichtengebung in Mexiko. Eine empirische Analyse zum Spannungsverhältnis von staatlicher, privatwirtschaflicher und transnationaler Einflußnahme, Saarbrücken 1986, S. 52.

[21] RAL: XI/38/76A, Lionel Davidson, Mexiko, an N M Rothschild, 28. Oktober 1843.

[22] RAL: XI/38/76A, Lionel Davidson, Mexiko, an N M Rothschild, 27. November 1843.

halbes Jahr nach seiner Ankunft im Land, erstmalig eine der Bergbauregionen Mexikos besuchte. Bei seinem Aufenthalt in der Real del Monte, etwa einhundert Kilometer nordöstlich von Mexiko City, stellte Davidson fest, dass „die vor Ort erlangten Informationen zehn Mal nützlicher sind als solche, die durch andere Kanäle erlangt werden." Der Agent hatte nach eigener Aussage zuvor noch nie überhaupt eine Mine gesehen, was verdeutlicht, dass er, wie viele andere Rothschildagenten, viele nötige Fertigkeiten „on the job" erlernte und keineswegs aufgrund seiner Erfahrungen für die Aufgabe in Mexiko ausgewählt worden war.[23] Seine wichtigste vor Ort gewonnene Erkenntnis war, daß die Minenbetreiber ein neues Verfahren zur Scheidung von Erz und Silber ausprobierten, was einerseits die Menge des benötigten Quecksilbers um zwei Drittel reduzieren, andererseits die Menge des gewonnenen Edelmetalls verdoppeln könne.[24] Würde sich dieses Verfahren durchsetzen, hätte Rothschild weniger Quecksilber in Mexiko verkaufen können. Davidson merkte ebenfalls an, dass er davon ausgehe, dass die neue Technologie die Silberproduktion des Landes verdoppeln könnte, was Rothschild einerseits den Ankauf von mehr Edelmetall ermöglicht hätte, andererseits aber auch den Silberpreis hätte fallen lassen können. Davidson wollte zwei Monate später nochmals in die Real del Monte kommen, um zu sehen, ob das Verfahren tatsächlich erfolgreich angewandt wurde.[25] Das ist offenbar nicht geschehen und in späterer Korrespondenz findet sich kein Hinweis mehr auf den Fass-Prozess. Da die metallurgische Fachliteratur des späten 19. Jahrhunderts immer noch den Patio-Prozess als charakteristisch für die mexikanische Silbergewinnung beschreibt, kann davon ausgegangen werden, dass die neuere Technologie sich dort nicht durchgesetzt hat.[26] Die bedeutende-

---

[23] RAL: XI/38/76A, Lionel Davidson, Mexiko, an N M Rothschild, 29. Januar 1844. Es ist außerdem nicht ganz klar, ob Davidson der spanischen Sprache mächtig war. In keiner Korrespondenz erwähnte er die Notwendigkeit Dokumente übersetzen oder die Hilfe eines Dolmetschers in Anspruch nehmen zu müssen. Andererseits strich er auch nie heraus, dass er aufgrund von Sprachkenntnissen beispielsweise Informationen bevorzugt erlangen könne. Es erscheint möglich, dass Davidson das Spanische ausreichend beherrschte, um in Alltagssituationen zurecht zu kommen, er diese Sprache aber in Geschäften kaum benötigte, da nahezu alle seiner inländischen Geschäftspartner ebenfalls ausländischer Herkunft waren.
[24] Anstatt das Quecksilber dem Erz auf einem großen Haufen beizugeben (Patio Prozess), wurden drehbare Fässer mit beiden Substanzen gefüllt (Freiberg Fass Prozess), was den Scheidevorgang auch wesentlich schneller machen sollte. Beide Verfahren sind auf dem technischen Stand des 19. Jahrhunderts erklärt in: E. L. Rhead, Metallurgy, London 1895, S. 267-68.
[25] RAL: XI/38/76A, Lionel Davidson, Mexiko, an N M Rothschild, 29. Januar 1844.
[26] Siehe Rhead, Metallurgy, S. 267-68.

ren, aber weiter entlegenen und nur schwierig erreichbaren Abbaugebiete hat Davidson während seiner gesamten Tätigkeit in Mexiko nie gesehen.

Nicht nur die inländischen Distanzen waren für Davidsons ein Problem. Seit den frühen 1830er Jahren verkehrten die ersten Dampfschiffe regelmäßig und zunächst noch mit Segelunterstützung auf der Route Großbritannien – USA; 1840 wurde durch die Cunard Linie ein erster regelmäßiger Postverkehr zwischen beiden Ländern eingerichtet. Mitte der 1840er Jahre dauerte die Atlantiküberquerung per Dampfschiff zwischen dreizehn und fünfzehn Tage; Segelschiffe benötigten ungefähr die doppelte Zeit. Allerdings musste Davidson seine Briefe zunächst einmal nach New York schicken, was ebenfalls ungefähr zwei Wochen in Anspruch nahm. Inklusive aller Zwischenaufenthalte der Post, z.B. in Kuba, dauerte deren Beförderung rund fünf Wochen. Davidson schrieb regelmäßig einmal im Monat und erhielt ebenso regelmäßig Antwort aus London.[27] Daher musste er, noch mehr als jeder europäische Agent, viele Entscheidungen ohne direkte Anweisung aus London treffen und hatte die Qualität sich bietender neuer geschäftlicher Chancen allein abzuwägen, ohne sich bei seinen Chefs rückversichern zu können. Nur ein sehr vertrauenswürdiger Agent konnte auf einem solch schwierig zu kontrollierenden Posten eingesetzt werden, auf dem es aufgrund der Natur der Geschäfte und der großen Distanzen verhältnismäßig einfach war, mangelndes Engagement oder gar Unehrlichkeit zu kaschieren.

Obwohl Davidson sich im Allgemeinen an die Anweisungen hielt, die er aus London bekam, gab es einige Fälle, in denen er diese in Frage stellte und eigenmächtig handelte. Davidson schlug Rothschild immer wieder Beteiligungen an kleineren Geschäften vor, teilweise an solchen, die er durch persönliche Kontakte akquiriert hatte. 1847 jedoch unternahm er eine höchst gewagte Eigeninitiative. Die mexikanische Regierung hatte die

---

[27] Aus Sicherheitsgründen schrieb Davidson alle Berichte in zweifacher Ausfertigung und sandte diese mit verschiedenen Schiffen nach London. Dies scheint gängige Praxis von Repräsentanten ausländischer Firmen in Mexiko, auch für den umgekehrten Weg, gewesen zu sein. Ende Juli 1844 meldete Davidson, dass ein für den 16. des Monats erwartetes Schiff bislang noch nicht eingetroffen sei und er folglich ohne Instruktionen aus London sei. Die meisten seiner Nachbarn hätten Duplikate ihrer Korrespondenz durch ein anderes Schiff erhalten, sein letzter Brief von den Rothschilds aber datiere vom 3. Mai. RAL: XI/38/76A, Lionel Davidson, Mexiko, an N M Rothschild, 27. Juli 1844. Wenig später beklagte sich Davidson bei seinem Arbeitgeber über die große Zahl von Unfällen, die auf den transatlantischen Dampfschiffen passierten und forderte, dass man energisch gegen verantwortungslose, die Sicherheitsregeln missachtende Kapitäne und Offiziere vorgehen solle. RAL: XI/38/76A, Lionel Davidson, Mexiko, an N M Rothschild, 28. August 1844. Es kann daher davon ausgegangen werden, dass das nicht eingetroffene Schiff einen Unfall, wahrscheinlich im Bereich der für große Schiffe noch neuen und ständigen Veränderungen unterworfenen Dampftechnologie hatte.

Pacht für die staatliche Münzanstalt auktioniert. Besonderes Interesse an deren Erwerbung hatte der Brite Ewen MacKintosh, der 1834 als Agent der Firma Manning & Marshall ins Land gekommen war, die wiederum für die britische Barclays Bank arbeitete. 1843 wurde die Firma in Manning & MacKintosh umbenannt. MacKintosh war eine der einflussreichsten Figuren der mexikanischen Wirtschaft. Britischer Konsul von 1839-1853, repräsentierte er die britischen Investoren in Mexiko,[28] verhandelte mit der Regierung über Kredite, beteiligte sich an den mexikanisch-amerikanischen Friedensverhandlungen von 1847 und beriet britische Firmen in deren Import-Export Handel mit Mexiko.[29] Davidson befürchtete, dass MacKintosh an den bestehenden Rahmenbedingungen des Silberexports für die Rothschilds ungünstige Änderungen vornehmen würde. Daher schloss er sich mit drei mexikanischen Bankhäusern zusammen und bot selbst eine Beteiligung von bis zu 50.000 Pesos, immerhin 10,000 Pfund Sterling an. Der Agent disponierte also eigenmächtig über diese keineswegs unbedeutende Summe des Rothschildschen Kapitals. Allerdings erhielt das Konsortium nicht den Zuschlag für die Verpachtung, die für 174.000 Pesos an eine Gruppe um besagten MacKintosh ging. Davidson deutete weitere mögliche Auswirkungen dieser Entscheidung an, bemerkte hinsichtlich seiner Eigenmächtigkeit allerdings lediglich, dass Rothschild „für meine zukünftigen Entscheidungen mitteilen sollen, ob Sie es für richtig hielten oder nicht, dass ich mich auf ihre Rechnung an diesem Geschäft beteiligen wollte."[30]

Sein geschäftliches Engagement schien Davidson noch Zeit gelassen zu haben, sich für die privaten Interessen der Rothschilds zu engagieren. Auch dies wurde von Agenten im Bedarfsfall erwartet. 1850 schrieb Davidson direkt an Lionel de Rothschild, den Chef des britischen Hauses: „Einige der britischen Kaufleute in Mexiko werden sich zusammentun, um einige Muster mexikanischer Waren für die Weltausstellung nach Hause zu schicken." Die Rede ist nicht nur von typisch mexikanischen Pro-

---

[28] Die mexikanische Regierung hatte 1824-25 zwei Anleihen von zusammen 32 Millionen Pesos, etwa 6,4 Millionen Pfund Sterling, durch vier britische Merchant Bankers auflegen lassen. Bereits 1827 erhielten die Inhaber der Obligationen keine Zinszahlungen mehr. Sie organisierten sich in einem Komitee und baten die britische Regierung um Vertretung ihrer Interessen. In der Folge war Ewen MacKintosh einer der Vertreter dieses Komitees vor Ort, der bei jeder Gelegenheit versuchte, Geld und Konzessionen von der Regierung zu erhalten. Eine knappe Zusammenfassung dieser Umstände bietet: Brian Hamnett, A Concise History of Mexico, Cambridge 1999, S. 148-51.

[29] Biografische Informationen über MacKintosh aus einer Zusammenfassung des Bestandes der Manning MacKintosh Papers in der Benson Latin American Collection, University of Texas at Austin unter: <http://www.lib.utexas.edu/taro/utlac/00041/lac-00041.html>, Stand: 7. Oktober 2003.

[30] RAL: XI/38/76A, Lionel Davidson, Mexiko, an N M Rothschild, 1. März 1847.

dukten wie Decken und Schals, sondern auch von „europäischen Produk-
ten" aus mexikanischer Herstellung, so dass sich das Publikum in London
ein Bild über den Stand der einheimischen Industrie machen könne.[31]
Lionel de Rothschild war Mitglied des Organisationskomitees der ersten
Weltausstellung 1851 im „Crystal Palace" und hatte dessen Initiator, Prinz
Albert, die beachtliche Summe von 50.000 Pfund Sterling zur Verfügung
gestellt.[32] Bereits zu Beginn seines Aufenthaltes hatte Davidson sich in
Eigeninitiative um „Souvenirs" für Rothschild bemüht. „Das interessanteste was ich gesehen habe ist eine komplette Kollektion der Früchte dieses Landes [...] aus Wachs." Alternativ dazu schlug der Agent den Ankauf
des Models einer Silbermine vor, inklusive Figürchen gefertigt in massi-
vem Silber und zu dem stolzen Preis von 1.000 Pesos.[33] Es lässt sich nicht
ermitteln, ob die Rothschilds, von denen viele ausgedehnte Sammlungen
aller Art besaßen, an diesen Dingen wirklich Interesse hatten.

Diese Informationen waren noch das intimste, was aus Davidsons Fe-
der floss. Das Privatleben des Agenten war nie Gegenstand der Korrespondenz. Über Gesellschaften berichtete der Agent nur, wenn sie einen
direkten Bezug zum Geschäft hatten; sein persönliches Leben breitete er,
anders als sein Bruder Benjamin in St. Petersburg, nie in seinen Briefen
aus. Erst fünf Jahre nach seiner Ankunft schien sich Davidson überhaupt
erst ein wenig komfortabler in Mexiko einrichten zu wollen, denn er
schrieb: „Da sie so freundlich waren mir zu sagen, daß ich schreiben soll,
wenn ich etwas benötige, nehme ich mir die Freiheit nach einigen Dingen
zu fragen, die für mich hier sehr wichtig wären [...] und die aus England
zu bekommen viel billiger sein wird als sie hier zu kaufen. Ich beziehe
mich auf die nötigsten Haushaltsartikel, wie ein wenig Geschirr und Glä-
ser [...], einige Messer und einige Tischtücher." Er sei gerade in neue, bessere, allerdings unmöblierte Räumlichkeiten gezogen und müsse daher
bislang alles für den Haushalt ausborgen. Davidson vergaß nicht zu er-
wähnen, dass sein neues, über Spesen finanziertes Domizil mit 70 Pesos
Monatsmiete immer noch preiswert sei.[34]

Mexiko war in den 1840er und 1850er Jahren politisch äußerst instabil.
Eine wesentliche Aufgabe Lionel Davidsons war die Beobachtung, Interpretation und Vorhersage politischer Entwicklungen, da diese eine sehr
direkte Einwirkung auf den Import von Quecksilber und den Export von
Silber hatten. Der Agent erhielt seine Informationen nur zu einem geringen Teil von offizieller politischer Seite. Seine Kontakte zu Entschei-

---

[31] RAL: XI/38/77A, Lionel Davidson, Mexiko, an N M Rothschild, 13. Mai 1850.
[32] Ferguson, World's Banker, S. 545.
[33] RAL: XI/38/76A, Lionel Davidson, Mexiko, an N M Rothschild, 29. Oktober 1843.
[34] RAL: XI/38/76A, Lionel Davidson, Mexiko, an N M Rothschild, 29.November 1848.

dungsträgern der wechselnden Regierungen waren beschränkt. Davidson war allerdings in das dichte Netzwerk der ausländischen Geschäftsleute in Mexiko Stadt eingebunden, die über bedeutenden wirtschaftlichen, gesellschaftlichen und politischen Einfluss verfügten. Aus persönlichen Bekanntschaften und der Teilnahme an gesellschaftlichen Veranstaltungen erhielt Davidson einen Großteil seiner Informationen.

Wie muss man sich die Gemeinde der ausländischen Geschäftsleute in der mexikanischen Hauptstadt vorstellen? Das Mexiko des 19. Jahrhunderts war zu keiner Zeit ein Einwanderungsland. Bis zur staatlichen Unabhängigkeit im Jahr 1821 lebten nur einige wenige nichtspanische Ausländer im Land. Nach der Unabhängigkeit, als sich Mexiko fremden Kapital und Know-how sowie ausländischen Waren öffnete, stieg deren Zahl zwar sprunghaft an, blieb aber absolut betrachtet in einem bescheidenen Rahmen. In den 1840er und 1850er Jahren lebten neben ungefähr 10.000 Spaniern und einigen tausend Franzosen lediglich einige hundert Deutsche und Briten sowie seit dem Ende des spanisch-amerikanischen Krieges einige hundert US-Amerikaner in Mexiko, die meisten von ihnen in der Hauptstadt.[35] Sowohl Spanier als auch Franzosen, also die große Masse der residenten Ausländer, gehörten ganz überwiegend der Mittelklasse an und waren typischerweise Kleinhändler, Handwerker oder Dienstleister, z.B. in der Gastronomie. Auch im britischen Kontingent befanden sich kleinere Kaufleute, Handwerker, Künstler oder Anwälte. Das Bild der „britischen Kolonie", vor allem in Mexiko Stadt und der Hafenstadt Veracruz, wurde aber von den meist in prächtigen Villen residierenden Großhändlern bestimmt, die mindestens vierzig Prozent der registrierten Briten ausmachten. Ein weiteres bedeutendes britisches Kontingent bildeten die Minenverwalter, aber auch Minenarbeiter in der Real del Monte, von denen viele während der „hungry forties" aus Cornwall und anderen Bergbauregionen der Britischen Inseln eingewandert waren. Auch die deutsche Kolonie war zur Mitte des 19. Jahrhunderts vor allem durch Kaufleute, aber auch Fabrikanten, Bergleute und Handwerker charakterisiert. In der Hauptstadt hatten Deutsche die erste Bierbrauerei nach europäischer Art angelegt.[36] Das zur Mitte des 19. Jahrhunderts etwa 200.000 Einwohner zählende Mexiko Stadt war aber nicht nur deshalb oder aufgrund seiner politischen Bedeutung der mit Abstand wichtigste Standort von Ausländern. Die Provinzstädte des Hinterlandes waren extrem abge-

---

[35] Absolute Zahlen für 1843: 135 Briten und 300-400 Deutsche; für 1851: 755 Briten und 1.200-1.500 Deutsche, wobei diese Werte teilweise auf Schätzungen basieren. Siehe Walther L. Bernecker, Die Handelskonquistadoren. Europäische Interessen und mexikanischer Staat im 19. Jahrhundert, Stuttgart 1988, S. 539.
[36] Bernecker, Handelskonquistadoren, S. 544, 550, 556-63.

legen und unsicher, die Hafenstädte der Ostküste wurden aufgrund der klimatischen Bedingungen regelmäßig von Gelbfieberepidemien heimge-sucht,[37] was der Hauptstadt aufgrund ihrer Höhenlage erspart blieb. Ve-racruz als Entrepôt für das Quecksilber oder die Minenregion von Zacate-cas wären für Davidson und viele andere Ausländer ansonsten ein strate-gisch wesentlich interessanterer Standort gewesen.

Abgesehen von den Spaniern verstanden sich nahezu alle Ausländer in Mexiko als temporäre Residenten, nicht aber als Einwanderer. Die meis-ten Deutschen, Franzosen oder Briten in Mexiko waren männliche Ein-zelpersonen und nicht in Familienverbände eingebunden. Zwar kamen die wenigsten in organisierten Gruppen nach Mexiko; waren sie aber erst im Land, schotteten sie sich gegen die einheimische Bevölkerung weitestge-hend ab und ließen keinerlei Assimilationswillen erkennen. Sie organisier-ten sich in nach Ethnien getrennten Vereinen, gründeten, falls möglich, ihre eigenen Kirchen, legten Friedhöfe an, gaben eigene Zeitungen heraus und ließen ihre Kinder, wenn sie welche hatten, in eigenen Schulen unter-richten. Der wichtigste Treffpunkt waren die „Association Française", das „Deutsche Haus" oder die „English Society", die auch Davidson in vielen seiner Briefe erwähnt. Oder aber man traf sich im Haus eines ausländi-schen Geschäftsmanns oder in den Räumen des Konsulats.[38] Natürlich kamen bei solchen Anlässen nur die „besseren Kreise" zusammen, also vor allem die Großkaufleute. Davidson, der nur wenig eigenes Vermögen besaß, fand als Repräsentant der Rothschilds ganz selbstverständlich Ein-gang in die internationale Gemeinschaft und besonders den sozial höher-gestellten britischen Zirkel der Hauptstadt.

Im Mexiko der Jahrhundertmitte herrschte ein Klima verbreiteter reli-giöser Intoleranz , das z.B. Heiraten zwischen meist protestantischen männlichen deutschen Einwanderern und ihren katholischen mexikani-schen Partnerinnen unmöglich machte. Die mexikanische Verfassung von 1824 erklärte die katholische zur einzig zugelassenen Religion im Land, und nicht-katholische Europäer beklagten sich in den folgenden Jahrzehn-ten oft und vehement bei ihren konsularischen Vertretungen über Be-nachteiligungen und Herabsetzungen.[39] Der Jude Davidson erwähnt in keinem seiner Briefe, jemals wegen seiner Religion benachteiligt worden zu sein, was aber vielleicht auch damit zusammen hängt, dass er in seinem

---

[37] In einem seiner Briefe berichtete Davidson von einer solchen Epidemie an der Küste, die die Kutscher eines Quecksilbertransportes in ihren Wagen habe sterben lassen, was die Lieferung nach Zacatecas um Wochen verzögert habe. RAL: XI/38/76A, Lionel Davidson, Mexiko, an N M Rothschild, 28.Oktober 1843.
[38] Ibid., S. 587-88.
[39] Bernecker, Handelsconquistadoren, S. 562-65.

Privatleben augenscheinlich nur Kontakt zu anderen Ausländern hatte
und auch religiös nicht aktiv gewesen zu sein schien. In jedem Fall erwies
sich, anders als bei seinem Bruder Benjamin in St. Petersburg, sein Jü-
dischsein nicht als Hindernis für eine fruchtbare geschäftliche Betätigung.

Davidson beurteilte politische Situationen aus der Perspektive des Außenseiters. Er hatte keine wesentlichen persönlichen Kontakte zu den
Größen der mexikanischen Politik und Generalität und bezog seine Informationen überwiegend aus britischen und anderen ausländischen Quellen am Ort.

Gleich zu Beginn seines Aufenthaltes musste Davidson über eine ex-
plosive diplomatische Verwicklung berichten, deren Auswirkungen auf den
Handel gerade der britischen Kaufleute potentiell sehr bedeutend war. Im
September 1843 nahm Davidson an seiner ersten größeren gesellschaftlichen Veranstaltung Teil, einem Ball im ehemaligen Königspalast von Mexiko Stadt. Der Ballsaal war laut seiner Beschreibung mit vom mexikanischen Militär erbeuteten Flaggen dekoriert und unter vielen texanischen
und spanischen befand sich auch ein Union Jack, der an Bord eines texanischen Schiffes gefunden worden war. Percy Doyle, der britische Ge-
sandtschaftsträger, beschwerte sich darüber und verlangte die Abhängung
der britischen Flagge, was jedoch abgelehnt wurde. Daraufhin verließen
alle Briten, unter ihnen Davidson, den Ball. Einige Tage später befand
sich die Flagge immer noch an ihrem Platz, woraufhin Doyle die diplomatischen Beziehungen mit Mexiko abbrach. Ein Rundschreiben gerichtet an
britische Staatsbürger im Land informierte Davidson darüber. Zugleich
hatte er sich aber mehrfach bei Doyle direkt nach dem Stand der Affäre
erkundigt. Davidson schrieb an Rothschild, dass nun alles von der Reaktion der britischen Regierung abhinge, er nicht weiter spekulieren wolle
aber dennoch dazu rate, die Verschiffung von Quecksilber nach Mexiko
einzustellen, sollte London eine scharfe Reaktion zeigen. Die Information
schickte Davidson auch in einem zweiten Brief, den Rothschild über einen
gewissen Shalford in Southampton[40] nach Möglichkeit vor Eintreffen der
normalen Post erhalten sollte.[41]

Im folgenden Brief, verfasst nur eine Woche darauf, gab Davidson die
düstere Stimmung in der ausländischen Kolonie wieder. „Ich muß Ihnen
mitteilen, dass die örtliche Meinung dahin geht, dass wir mit großer Wahrscheinlichkeit eine englische Flotte vor der Küste sehen werden, sobald
das vorangegangene Paketboot England erreicht hat." Im Fall einer Blockade Mexikos würde Quecksilber rasch knapp werden, da keinerlei Vor-

---

[40] Dabei handelte es sich vermutlich um einen der zahlreichen in Hafenstädten angesiedel-
ten „forwarding agents" der Rothschilds.
[41] RAL: XI/38/76A, Lionel Davidson, Mexiko, an N M Rothschild, 26. September 1843.

räte im Land existierten. Daher rate er Rothschild, noch möglichst viel Quecksilber zu schicken, bevor eine solche Blockade einsetze. Er habe dies nicht in seinem letzten Brief vorschlagen wollen, da er um die Sicherheit von britischem Handelsgut im Kriegsfall gefürchtet habe. Erkundigungen in diplomatischen Kreisen hätten jedoch ergeben, dass dies unbegründet sei, da die Mexikaner alles daran setzen würden, Handelsverträge nicht zu verletzen, um nicht alle Mächte gegen sich aufzubringen.[42]

Ein Monat verging, ohne dass etwas passierte. Davidson schrieb Ende Oktober, dass Botschafter Doyle sicher davon ausgehe, bald eine britische Schwadron am Horizont zu sehen, wohingegen Gifford, der britische Konsul in Veracruz, die Angelegenheit wesentlich nüchterner betrachte. Davidson hatte ihn schriftlich um eine Stellungnahme in der Angelegenheit gebeten und die Auskunft erhalten, daß Doyle überreagiert habe und Feindseligkeiten mit Mexiko in jedem Fall vermieden werden müssten. Zu bedeutend seien die britischen wirtschaftlichen Interessen, als dass eine Blockade verhängt werden könnte. Gifford schien andere Szenarien im Kopf zu haben, um Mexiko beizukommen, denn er schrieb Davidson: „Mit ein wenig texanischer Hilfe wird die angelsächsische Rasse bald Panama erreichen."[43]

Letztendlich war wohl die Angst vor einem Zweifrontenkonflikt dafür verantwortlich, dass die mexikanische Regierung unter ihrem charismatischen Führer Santa Anna für eine stille Beendigung des diplomatischen Konflikts sorgte. Um 1843 begannen sich amerikanische Gebietsansprüche im Norden des Landes zu manifestieren. Zwar hatte Davidson laut seinem Brief von Ende Dezember noch immer keine Gewissheit, aber er vermutete bereits richtig, dass die mexikanischen Autoritäten wohl nachgeben werden, nicht zuletzt da Lord Aberdeen, der britische Außenminister, sich in einem Brief an selbige unnachgiebig gezeigt habe.[44] Einen Monat später bestätigte Davidson die ihm von Rothschild übersandte Information, dass die Flaggenaffäre ohne großes Aufheben beendet worden sei.[45] Diese Spannungen zwischen britischen Geschäftsleuten und Diplo-

---

[42] RAL: XI/38/76A, Lionel Davidson, Mexiko, an N M Rothschild, 3. Oktober 1843.

[43] RAL: XI/38/76A, Lionel Davidson, Mexiko, an N M Rothschild, 29 Oktober 1843.

[44] RAL: XI/38/76A, Lionel Davidson, Mexiko, an N M Rothschild, 29. Dezember 1843.

[45] RAL: XI/38/76A, Lionel Davidson, Mexiko, an N M Rothschild, 29. Januar 1844. The Times kommentierte Ende 1843, dass die Affäre offenbar auf einem großen Missverständnis beruht habe, dass sich nach einiger Zeit auflösen ließ. Dennoch hatte auch die Zeitung in der Krise ein möglichen Kriegsgrund gesehen, was belegt, dass Davidsons Berichte eine durchaus realistische Basis hatten. Die Times konnte sich nicht verkneifen mitzuteilen, dass eine große Nation wie die britische sich wohl kaum die „upstart impudence of a parvenu Republic" bzw. eines Staates „so unimportant as that of Mexico" habe gefallen lassen können. The Times, 8. Dezember 1843, S. 4.

maten und mexikanischer Regierung waren außergewöhnlich. Gemeinhin vermieden es die meisten Briten, erst recht die Großkaufleute, sich politisch zu exponieren, was ihnen bei den ständig wechselnden politischen Kräfteverhältnissen Mexikos geschäftlich sicherlich weiterhalf. Viele von ihnen pflegten, statt eine politische Richtungsentscheidung zu treffen, lieber persönliche Kontakte zu Vertretern aller Couleur und vertraten als alleiniges politische Credo ihre bedingungslose Unterstützung der britischen Krone.[46]

Mexikos bestimmendes politische Thema der Mitte der 1840er Jahre war der Konflikt mit den Vereinigten Staaten um Texas. Seit den 1820er Jahren hatten sich mehr und mehr amerikanische Siedler von dieser nördlichsten, fast menschenleeren mexikanischen Provinz angezogen gefühlt. Von der mexikanischen Regierung toleriert, stellten sie um 1830 drei Viertel der Gesamtbevölkerung von nur etwa 12.000 Menschen. Im November 1835 erklärte die Provinz ihre Unabhängigkeit, woraufhin General Santa Anna an der Spitze einer Armee eine Strafexpedition durchführte. Nach anfänglichen Erfolgen, u. a. der bis heute mythisch verklärten totalen amerikanischen Niederlage bei Álamo, wurden die Mexikaner geschlagen, und der in Gefangenschaft geratene Santa Anna musste versprechen, sich im Gegenzug für seine Freilassung beim mexikanischen Kongress für die Unabhängigkeit Texas einzusetzen. Das mexikanische Parlament kam dem nicht nach, und das Problem blieb ungelöst, bis der amerikanische Kongress im März 1845 Texas als 28. Staat in die Union aufnahm. Der nachfolgende mexikanisch-amerikanische Krieg (1846-1848) endete mit einer vernichtenden Niederlage der Mexikaner, der Besetzung von Mexiko Stadt und der Abtretung der Hälfte des mexikanischen Territoriums an die Vereinigten Staaten.[47]

Diese Thematik dominierte auch Davidsons Berichte aus den Jahren 1844-1848, allerdings in Kombination mit der Analyse innermexikanischer Unruhen, die durch bürgerkriegsähnliche Kämpfe zwischen einer konservativen und einer liberalen Fraktion bedingt waren. Sehr früh erkannte der Rothschild Agent, dass sich in Texas ein richtungweisender Konflikt zusammenbrauen würde. Als der amerikanische Kongress 1844 erwog, die Provinz zu annektieren, schrieb der Agent nach London, dass „die gegenwärtige Affäre ernster in ihren Konsequenzen sein wird als alle ihre Vorgänger" und dass es ihm „unausweichlich scheint, daß Texas früher

---

46 Ibid., S. 570-80.
47 Ruhl / García, Kleine Geschichte Mexikos, S. 144-47. Abgesehen von Texas, musste Mexiko auch Gebiete abtreten, die heute die amerikanischen Staaten Kalifornien, Nevada, Arizona, New Mexico sowie teilweise Utah bilden.

oder später den Vereinigten Staaten eingegliedert wird."[48] Dieser nüchterne Stil der Beobachtung zieht sich durch alle politischen Berichte Davidsons. Im Gegensatz etwa zu Gerson von Bleichröder neigte der mexikanische Agent nie zu Dramatisierungen und Übertreibungen oder streute
unbewiesene Gerüchte in seine Korrespondenz mit ein. Auch als er sich,
wie weiter unten zu erörtern sein wird, durchaus in akuter persönlicher
Gefahr befand, schrieb er immer noch unaufgeregt und realitätsorientiert
nach London.

Davidson war richtigerweise der Ansicht, dass eine Fortsetzung der
Feindseligkeiten mit den USA so lange keinen Einfluss auf das tägliche
Leben in Mexiko und die geschäftlichen Möglichkeiten haben werde, wie
die Amerikaner keine offizielle Annexion vornehmen. Trete dieser Fall
ein, so ging Davidson davon aus, dass eine Land- und Seeblockade unmittelbar zum kompletten wirtschaftlichen Stillstand und einem Verfall mexikanischer Wertpapiere führen würde.[49] General Santa Anna nutzte die
Gunst der Stunde und verlangte vom mexikanischen Parlament umfangreiche Vollmachten und Finanzmittel, um eine schlagkräftige Truppe nach
Texas führen zu können. Seine innenpolitischen Gegner aber spielten auf
Zeit und sammelten ihrerseits ihre Kräfte. Santa Annas bedeutendster
Gegenspieler, General Paredes, putschte in einer anderen Provinz und
marschierte mit einer kleineren Armee von Guadalajara aus ostwärts. Davidson berichtete über alle diese Entwicklungen im Detail. Allerdings
stand in seinen Briefen nie das politische Schicksal Mexikos, sondern stets
mögliche Auswirkungen auf die Rothschildschen Geschäfte im Vordergrund. Betreffend Paredes' Putsch beispielsweise merkte er an, dass dies
„für einen kurzen Moment hier Sorgen bereitet hat, falls [die nahe liegen-
de Bergbauregion] Guanajuarte ein Kriegsschauplatz werden würde."
Nunmehr aber schien „die Affäre vorüber, was die Distrikte betrifft, an
denen wir unmittelbares Interesse haben."[50]

Allerdings blieb es nicht dabei. Santa Anna marschierte mit bis zu
8.000 Mann auf Mexiko Stadt zu, und die Hauptstadt stand kurz vor der
Einnahme durch den General, der Mexikos politisches Leben in den ersten dreißig Jahren nach der Unabhängigkeit bestimmt hat wie kein anderer. Davidson bemühte sich, die wirtschaftlichen Konsequenzen dieser
dramatischen Lage einzuschätzen, als Santa Anna augenscheinlich gerade
von der Hauptstadt abgelassen und sich Richtung Puebla bewegt hatte.
„Es ist unnütz, seine Intentionen vorhersagen zu wollen. Aber sollte er
sich dazu entschließen, Mexiko [Stadt] in Ruhe zu lassen und gegen Ve-

48 RAL: XI/38/76A, Lionel Davidson, Mexiko, an N M Rothschild, 29. Mai 1844.
49 RAL: XI/38/76A, Lionel Davidson, Mexiko, an N M Rothschild, 29. Juni 1844.
50 RAL: XI/38/76A, Lionel Davidson, Mexiko, an N M Rothschild, 28. November 1844.

racruz zu marschieren, würde er diesen Hafen möglicherweise in Besitz nehmen und mit den ihm dadurch zur Verfügung stehenden Ressourcen die Regierung für lange Zeit in Atem halten." Der Agent riet daher dazu, kein Quecksilber mehr von Europa aus zu verschiffen, obwohl er „derzeitig keine Besorgnis um Ihre Interessen in Mexiko habe", da alle übrigen für das Geschäft wichtigen Landesteile auf Seiten der derzeitigen Regierung stünden.[51] Nur zwei Wochen darauf meldete Davidson an Rothschild: „Ich freue mich Sie informieren zu können, dass die Revolution beendet ist." Santa Anna war an der Einnahme Pueblas gescheitert, hatte sich von seiner Armee abgesetzt und befand sich auf der Flucht vor den Regierungstruppen. Die Quecksilbertransporte ins Landesinnere konnten wieder aufgenommen werden.[52] Der siegreichen Regierung war Davidson positiv gegenüber eingestellt, denn er hielt sie für „unendlich respektabler als ihre Vorgängerinnen der letzten Jahre" und befand: „Es bestand Anlaß zu Hoffnung, dass sie tatsächlich etwas Gutes für das Land tun wird, falls es ihr gelingen wird, die widerstreitenden Faktionen in Schach zu halten, nun da Santa Anna aus dem Weg ist."[53]

Zu diesem Zeitpunkt bewegte sich das Land bereits unausweichlich auf eine militärische Konfrontation mit den Vereinigten Staaten zu. Am 1. März 1845 beschloss der amerikanische Kongress die Annexion von Texas und Davidson beurteilte wiederum nüchtern, dass „es für Mexiko kaum möglich sein wird, aus dieser Geschichte ungeschoren heraus zu kommen." Da das Land weder das Geld noch die Ressourcen habe, um erfolgreich gegen die Vereinigten Staaten Krieg zu führen, sei wohl nur eine Intervention durch andere Mächte geeignet, eine für Mexiko positive Lösung zu finden, was Davidson richtigerweise jedoch für sehr unwahrscheinlich hielt.[54] In den folgenden Monaten lavierte die mexikanische Politik ziellos hinsichtlich einer angemessenen Reaktion auf das amerikanischen Vorgehen. Nicht zuletzt innenpolitische Spannungen verhinderten ein entschlossenes Vorgehen, und auch Davidson argumentierte: „Die Sicherheit Ihres Geschäfts in diesem Land ist immer noch stärker abhängig von der Innen- als von der Außenpolitik."[55] Zu diesen Zeitpunkt stand Mexiko Stadt – wieder einmal – kurz vor der Einnahme durch „revolutionäre" Truppen unter General Paredes; nur wenig später war die-

---

[51] RAL: XI/38/76A, Lionel Davidson, Mexiko, an N M Rothschild, 30. Dezember 1844.
[52] RAL: XI/38/76A, Lionel Davidson, Mexiko, an N M Rothschild, 14. Januar 1845.
[53] RAL: XI/38/76A, Lionel Davidson, Mexiko, an N M Rothschild, 28. Januar 1845.
[54] RAL: XI/38/76A, Lionel Davidson, Mexiko, an N M Rothschild, 28. März 1845.
[55] RAL: XI/38/76A, Lionel Davidson, Mexiko, an N M Rothschild, 29.Oktober 1845.

sem, ohne dass Kampfhandlungen stattgefunden hätten, die Regierungs-
gewalt übertragen.[56]

Kurz darauf hatte Lionel Davidson eine der seltenen Gelegenheiten,
Kontakte auf höchster politischer Ebene zu pflegen. Auch er war eingeladen, als William de Drusina auf Geheiß von Paredes ein Diner gab, anlässlich dessen sich der neue starke Mann Mexikos mit dem diplomatischen
Corps und der ausländischen Geschäftselite der Hauptstadt traf. Davidson
berichtete zwar, dass das eine Gelegenheit für ihn und andere gewesen sei,
Paredes näher kennen zu lernen und dass dieser sich auch als durchaus
freundlich und zugänglich erwiesen habe, aber es scheint dabei nicht über
den Austausch von Nettigkeiten hinaus gegangen zu sein.[57] Davidson war
nicht in das politische Leben Mexikos eingebunden. Seine Informationsquellen bewegten sich nicht auf Regierungsebene und kamen auch nur
gelegentlich aus dem diplomatisch-konsularischen Milieu. Der bereits
länger am Ort ansässige katholische Drusina, der eine Mexikanerin geheiratet hatte und sich nicht als temporärer Resident verstand, war dagegen
politisch wesentlich besser vernetzt. Vor allem während des Krieges mit
den Vereinigten Staaten kam es daher zu eine Art Arbeitsteilung zwischen
den beiden. Während Davidson überwiegend geschäftliche Informationen
nach London weitergab, konzentrierte sich Drusina darauf, Rothschild
politische Bulletins zu verschaffen. Diese Informationen wurden durch
die Berichte ergänzt, die die Firma aus den Vereinigten Staaten erhielt, vor
allem über ihren Agenten August Belmont in New York.[58]

Hier kann nicht auf alle Details eingegangen werden, die Davidson und
Drusina zum Kriegsgeschehen berichteten. Einige Details aus den Jahren
1847-1848 interessieren besonders. Als die amerikanischen Truppen immer tiefer und ohne auf besonders starke Gegenwehr zu stoßen auf mexikanisches Territorium vordrangen, hatte das natürlich auch Auswirkungen
auf das Wirtschaftsleben. Zur Jahreswende 1846-1847 informierte Davidson die Rothschilds, dass „der Handel hier komplett paralysiert ist und in
Konsequenz dessen viel privates Leid ausgehalten werden muss. Die

---

[56] RAL: XI/38/76A, Lionel Davidson, Mexiko, an N M Rothschild, 29. + 30. Dezember
1845, 10. Januar 1846.
[57] RAL: XI/38/76A, Lionel Davidson, Mexiko, an N M Rothschild, 26. Februar 1846.
[58] Typisch sind etwa folgende Äußerungen: „In Betreff politischer Dinge hat Drusina
Ihnen eine so gute Zusammenfassung der aktuellen Umstände gegeben, dass ich dem
wenig hinzufügen kann." RAL: XI/38/76A, Lionel Davidson, Mexiko, an N M Rothschild, 28. September 1847. „Sie werden die Nachricht der Kapitulation Montereys bereits
aus den Vereinigten Staaten erhalten haben." RAL: XI/38/76A, Lionel Davidson, Mexiko, an N M Rothschild, 6. Oktober 1846.

Kommunikation zwischen Tampico[59] und dem Landesinneren ist unter-
bunden. Ich muß daher fortfahren, daß Quecksilber in Veracruz anzulan-
den, bis der Frieden wiederhergestellt ist."[60]

Mexiko benötigte vor allem eins, um den Vereinigten Staaten Paroli
bieten zu können: Geld. Daher hatte sich die Regierung unter anderem
entschlossen, eine Sondersteuer von allen in der Republik Ansässigen zu
erheben. Jeder Distrikt musste eine vorgegebene Summe eintreiben und
setzte zu diesem Zweck auch für ausländische Geschäftsleute individuelle
Quoten fest. Davidson sollte im Sommer 1847 innerhalb von drei Tagen
2.000 Pesos an die Staatskasse abliefern, die maximale Summe für Individuen.[61] Davidson suchte sofort konsularische Unterstützung, um dagegen
protestieren zu können. Es wurde ihm jedoch beschieden, dass das Kon-
sulat keinen Einfluss auf die Festsetzung individueller Steuerbeträge habe.
Dem Finanzminister schrieb Davidson, dass er als britischer Staatsbürger
keine erzwungenen Kontributionen zahlen müsse und überhaupt nicht in
der Lage sei, diese horrende „cuota" aufzubringen. „Ich führe kein Ge-
schäftshaus und bin der Agent einer Londoner Firma, deren Interessen
über die ganze Republik auf diverse andere Handelshäuser verteilt sind,
die ihrerseits einen Anteil and der Kontribution aufbringen müssen. Ich
erhalte von meinem Arbeitgeber lediglich Spesen für meinen Lebensun-
terhalt und ein kleines Jahresgehalt." Postwendend antwortete ihm das
Finanzministerium, dass von einer erzwungenen Kontribution nicht die
Rede sein könne und die Summe nicht an Davidsons, sondern an Rothschilds Vermögen gemessen worden sei. In diesem Licht betrachtet sei der
Betrag wohl kaum „exorbitant".[62] Es lässt sich leider nicht verfolgen, wie
in dieser Angelegenheit weiter verfahren worden ist. Möglich scheint, dass

---

[59] Tampico (oder Tamaulipas) war die nordöstlichste, an Texas angrenzende Küstenpro-
vinz Mexikos. Die Distanzen von ihren Häfen in die Bergbaugebiete waren um etwa die
Hälfte geringer als von Veracruz aus.

[60] RAL: XI/38/76A, Lionel Davidson, Mexiko, an N M Rothschild, 29. Dezember 1846.

[61] Die Minimalsumme betrug lediglich 25 Pesos. In heutigem Geld entsprechen 2,000
Pesos von 1846 ungefähr €20,000. Diese Summe kann allerdings nur dann richtig eingeschätzt werden, wenn ihre historische Kaufkraft berücksichtigt wird. Als Mayer de Rothschild sich 1850 das prächtige Landhaus Mentmore bei Aylesbury bauen lassen wollte,
war dies die äquivalente Summe – gut 15,000 Pfund Sterling – die ihm der Architekt als
Kostenvoranschlag nannte. Siehe Ferguson, World's Banker, S. 554.

[62] Diese fiskalisch motivierte Selbstbeschreibung Davidsons ist einer der ganz wenigen
Belege dafür, dass Rothschild an entsandte Agenten wie ihn ein Gehalt zahlte. Es kann
davon ausgegangen werden, dass dies so niedrig bemessen war, dass nur das gleichzeitige
Betreiben eigener Geschäfte eine Agentschaft überhaupt lukrativ machten. RAL:
XI/38/76A, Lionel Davidson, Mexiko, an N M Rothschild, 29. Juni 1847. [Enthält Übersetzung des Briefe an den Finanzminister vom 26. Juni 1847, dessen sofortige Antwort
vom gleichen Tag.]

die Sondersteuer aufgrund der Kriegsereignisse gar nicht mehr erhoben werden konnte.

Während die Faktionen der mexikanischen Politik weiter miteinander stritten, marschierten die amerikanischen Truppen scheinbar unaufhaltsam auf die Hauptstadt zu. Davidson schrieb noch Ende Juli 1847 nach London, dass er sehr sicher sei, dass die Armee Mexiko Stadt nicht erreichen wird,[63] was nur unterstreicht, dass der Agent kein großer politischer Analytiker war. Bereits in seinem nächsten Brief musste er sich korrigieren und berichtete von den hektischen Vorbereitungen der Stadt auf eine Belagerung. Er selbst habe in seinem Haus wenig von Wert; Drusina, der ein größeres Vermögen in seinem Heim lagere, habe sich bereits der Dienste einiger Wachleute bedient, um gegen Plünderungen geschützt zu sein. Davidson gab seiner Hoffnung Ausdruck, dass die Fahne des unter ihm wohnenden niederländischen Konsuls sein Haus im Fall einer Einnahme hinreichend schützen würde. Des weiteren beschreibt seine Korrespondenz im Detail den Ausgang diverser Schlachten und Scharmützel und, dass mexikanische Regierungsvertreter nunmehr in Verhandlungen mit dem Anführer der Amerikaner, General Winfield Scott, getreten seien.[64] Zwei Wochen später marschierten amerikanische Truppen in Mexiko Stadt ein und hielten es neun Monate lang besetzt. General Santa Anna floh aus der Stadt, um anderswo neue Truppen um sich zu sammeln. Der Krieg war noch nicht beendet[65]

Davidson überließ die Schilderung der Belagerung und Einnahme der Stadt völlig Drusina. Dieser erläuterte Rothschild, dass die Amerikaner sich den Einwohnern gegenüber sehr korrekt verhalten und niemanden belästigen. Er habe auch bereits einen Kontakt zum amerikanischen Oberkommandierenden hergestellt, welcher ihm zugesichert habe, dass die Kommunikation zwischen Mexiko Stadt und Veracruz bald wieder aufgenommen werden könne. Dies würde dazu führen, dass die viele Monate lang brachliegenden Geschäfte in Kürze wieder aufgenommen werden könnten.[66]

Lionel Davidson vertrat die Rothschilds in Mexiko bis 1852. Ein Brief seines jüngsten Bruders Nathaniel aus dem Jahr zuvor ist der letzte Hinweis auf seine Aktivitäten. Nathaniel war nach Mexiko gekommen, um die Agentschaft von seinem Bruder zu übernehmen. Er berichtete nach Lon-

---

[63] RAL: XI/38/76A, Lionel Davidson, Mexiko, an N M Rothschild, 28. Juli 1847.
[64] RAL: XI/38/76A, Lionel Davidson, Mexiko, an N M Rothschild, 28. August 1847.
[65] Eine knappe Zusammenfassung der Kriegsereignisse findet sich in: Hamnett , Conscice History, S. 151-57.
[66] RAL: XI/38/88A, William de Drusina, Mexiko, an N M Rothschild, 28. September 1847.

don, dass sein Bruder Lionel nach Acapulco abgereist sei, um sich dort nach San Francisco einzuschiffen.[67] Es ist nicht bekannt, was Lionel in der kalifornischen Metropole wollte, jedoch starb er dort im Jahr darauf. William de Drusina, der andere Rothschild Agent im Land, war bereits im Jahr zuvor Pleite gegangen.[68] Nathaniel vertrat die Rothschildschen Interessen in Mexiko bis 1872 und engagierte sich in einer Vielzahl von Geschäftsfeldern. Auch importierte er weiterhin Quecksilber, aber durch die Konkurrenz kalifornischer Minen waren die Rothschild-kontrollierten Vorkommen von Almaden mittlerweile nicht mehr unersetzlich und es scheint, als hätte die Firma Mitte der 1850er Jahre kein sonderlich großes Interesse mehr an Mexiko gehabt.

---

[67] RAL: XI/38/76A, Nathaniel Davidson, Mexiko, an N M Rothschild 14. November 1852.
[68] In seinem letzten erhaltenen Brief vom April 1851 teilte Drusina bedauernd mit, dass seine Firma ihren Zahlungsverpflichtungen nicht mehr nachkommen könne und dass Davidson die Abwicklung der ausstehenden Geschäfte mit Rothschild übernehmen werde. RAL: XI/38/88A, William de Drusina, Mexiko, an N M Rothschild, 4. April 1851.

3.   Gerson von Bleichröder (Berlin)

Der bekannteste Rothschild-Agent war sicherlich der Berliner Bankier Gerson von Bleichröder (1822-1893). Er war nicht nur eine der bestimmenden Figuren der deutschen Finanzwelt in der zweiten Hälfte des 19. Jahrhunderts, sondern auch ein Intimus des preußischen Ministerpräsidenten und späteren Reichskanzlers Otto von Bismarck, dessen persönliche Finanzen er betreute. Der amerikanische Historiker Fritz Stern hat Bleichröder durch sein 1978 erschienenes, vielbeachtetes Buch „Gold und Eisen. Bismarck und sein Bankier Bleichröder"[1] der Vergessenheit entrissen, was aber nicht heißt, dass der Bankier und sein reichhaltiger Quellennachlass nach dieser hervorragenden Studie umfassend genutzt worden sind. Ein extremes Beispiel für die Vernachlässigung Bleichröders ist eine neuere Arbeit über die deutsch-ungarischen politischen Beziehungen zwischen 1867-89, konzentriert auf die beiden Persönlichkeiten Otto von Bismarck und den langjährigen habsburgischen Außenminister Gyula Andrássy.[2] Diese auf Forschungen in zahlreichen Archiven in fünf Ländern basierende Studie erwähnt Bleichröder, der seinerseits Andrássys politische Dispositionen in ungezählten Berichten an die Rothschilds analysierte, mit keinem Wort.

Gerson von Bleichröders Vater Samuel (1779-1855) hatte im Berlin des frühen 19. Jahrhunderts aus einem Geldwechsel- und Lotterieeinnahmegeschäft eine kleine Bank gemacht, die seit den 1830er Jahren beachtlich zu expandieren begann. Besonders hilfreich war ihm dabei der Kontakt zur Rothschild Familie, deren Frankfurter Haus ihn als Berliner Agenten annahm und mit der Durchführung von kleineren Geschäften beauftragte. Der Ursprung der ersten Kontakte zwischen Bleichröder und den Rothschilds liegt im Dunkeln. Klar ist lediglich, dass Samuel Bleichröder 1831 damit begann, Berichte über die politische und wirtschaftliche Lage in Berlin an die Rothschilds zu schicken. Als Gerson von Bleichröder 1839 ins Geschäft seines Vaters eintrat – Teilhaber wurde er erst 1847 – war die Bank S. Bleichröder bereits auf dem Markt für Staatsanleihen aktiv und engagierte sich ebenfalls stark im Bereich der Industriefinanzierung, vor allem für den Eisenbahnbau. Der Kontakt zu Bismarck ergab sich 1859,

---

[1] Frankfurt am Main 1978; zuerst englisch: Gold and Iron. Bismarck, Bleichröder, and the Building of the German Empire, New York 1977.

[2] István Diószegi, Bismarck und Andrássy. Ungarn in der deutschen Machtpolitik in der 2. Hälfte des 19. Jahrhunderts, Wien 1999.

ebenfalls durch Vermittlung der Frankfurter Rothschilds, die Bismarck
nach einem zuverlässigen Berliner Bankier gefragt hatte, der sich um seine
Privatfinanzen kümmern sollte. Diese Verbindung, in Kombination mit
einer geschickten Geschäftspolitik, brachte Bleichröder weitere wichtige
Klienten und Geschäfte. Seit den 1860er Jahren gehörte die Bank zur
deutschen Hochfinanz und auch zum so genannten „Preußen-
Konsortium" (Reichsanleihekonsortium), einem informellen Verband von
deutschen Bankhäusern, der für die Unterbringung preußischer beziehungsweise deutscher Anleihen zuständig war.[3] 1872 wurde Bleichröder,
als erster Jude überhaupt, von Kaiser Wilhelm I. in den erblichen Adels-
stand erhoben.[4] Das private Vermögen Bleichröders zu dessen Lebzeiten
ist schwierig zu bestimmen. Statistiken des frühen 20. Jahrhunderts, die
einen Einblick in die Vermögen seines Sohnes Hans und seines langjährigen Partners Schwabach gestatten, verdeutlichen, dass Gerson mit Sicherheit zu den reichsten Männern Deutschlands gehörte.[5]

Diese Fallstudie konzentriert sich auf die 1870er Jahre. Bis in die späten 1860er Jahre, genauer bis zum Tod James de Rothschilds 1868, korrespondierte Bleichröder vorrangig mit dem französischen Rothschild-
Haus. Anschließend wandte er sich verstärkt der Londoner Bank zu. Die
im französischen Nationalarchiv vorhandenen Briefe Bleichröders an
James de Rothschild standen Fritz Stern für seine Studie zur Verfügung,
die Briefe an die Londoner Rothschilds hatte ihm das Rothschild Archiv
damals nicht zugänglich gemacht. Gerade aber diese ausführliche Korrespondenz gibt wichtige Auskünfte über die Rolle Bleichröders im Machtge-
füge des deutschen Kaiserreichs und verdeutlicht, welche Bedeutung dieser Agent für die Rothschilds hatte. Die 1870er Jahre, die von Stern mit
Hilfe einer Vielzahl anderer Quellen ausführlich untersucht worden sind,
waren zudem die Glanzzeit des Bankiers und der Höhepunkt seines wirtschaftlichen und politischen Einflusses. Die Fallstudie versteht sich insofern als Ergänzung und Korrektiv zur Sternschen Analyse.[6]

---

[3] Stern, Gold und Eisen, S. 23-42; David S. Landes, ‚The Bleichröder Bank. An Interim
Report', in: Year Book V. of the Leo Baeck Institute (1960), S. 201-20, hier S. 206-10.

[4] Stern, Gold und Eisen, S. 217-18.

[5] Die Familie Bleichröder/Schwabach verfügte 1911 über ein Kapital von 70 Millionen
Mark, wenig im Vergleich zu den Nachfahren der Frankfurter Rothschilds (310 Millionen)
oder den reichsten Industriellen (Henckel 394 Millionen; Haniel 252 Millionen; Krupp
250 Millionen), aber immer noch mehr als nahezu jede andere Familie, die im 19. Jahrhundert Privatbanken betrieben hat. Werner E. Mosse, Jews in the German Economy.
The German-Jewish Economic Élite, 1820-1935, Oxford 1987, S. 178, 202.

[6] Sterns Arbeit befasst sich mit den Rothschilds nur im Hinblick auf deren Kontakte mit
Bleichröder; und ist aufgrund dieser fragmentarischen Vorgehensweise kein Beitrag zur
Geschichte der Rothschild-Bank oder Familie. Da Stern sich dabei nicht nur auf einen
Teil des Rothschildschen Archivmaterials, sondern auch auf die damals erhältliche Litera-

Bleichröder ist auch aus einem weiteren Grund für eine Fallstudie besonders interessant. Seine in der Harvard Business School archivierten Papiere enthalten unter anderem von den Rothschilds *an ihn* geschickte Briefe.
Diese aus London geschickte Korrespondenz ist ansonsten bei keinem
anderen Agenten in nennenswerter Menge mehr auffindbar. Hier bietet
sich also die Möglichkeit, das Verhältnis zwischen den Rothschilds und
dem Agenten auch von der Seite der Auftraggeber her zu betrachten. Die
folgenden Ausführungen erörtern die Beziehung zwischen den Rothschilds und ihrem Staragenten vor allem anhand von drei Ereignissen
beziehungsweise Entwicklungen: dem deutsch-französischen Krieg von
1870-71, der Balkankrise, die die Korrespondenz in den mittleren 1870er
Jahren politisch bestimmte, und dem Berliner Kongress von 1878, der
Südosteuropa politisch neu ordnete.

3.1.   Die Auftraggeber und der Agent

Bleichröder war nicht nur ein reicher, sondern auch ein hervorragend
informierter Bankier. Er erhielt seine Informationen aus einer Vielzahl
von Quellen, worunter Bismarck und andere Mitglieder der Reichsregie-
rung sowie Angehörige des kaiserlichen Hofes, darunter der Leibarzt Wilhelm I., nur einige besonders Prominente waren. Neben einem großen
Netzwerk von Bekannten und Freunden in Politik und Wirtschaft hatte
Bleichröder auch ganz spezielle Beziehungen zu zahlreichen Vertretern
der Presse, vom einfachen Journalisten bis zum Verleger, denen er teilweise auch finanziell unter die Arme griff. Im Gegenzug erhielt er bevorzugt
Informationen.[7] David Landes, der „Entdecker" des Bleichröder Nachlas-
ses in den Vereinigten Staaten, hat in einem frühen explorativen Essay
über die Geschichte der Bank sogar behauptet, dass Bleichröders Informationsnetzwerk nur durch das der Rothschilds selbst übertroffen worden
sei.[8]
    Bleichröder war nicht nur der bekannteste, sondern wahrscheinlich
auch der schreibfreudigste Agent der Rothschilds. Er schrieb ohne größere Lücken mehrmals wöchentlich, teilweise täglich oder sogar mehrmals
täglich an die verschiedenen Rothschild-Häuser. Nach dem Tod James de

---

tur zu den Rothschilds, inklusive der populärwissenschaftlichen bezog, tradiert seine
Studie eine Anzahl von Mythen und Ungenauigkeiten, die erst durch die Benutzung des
modernen Londoner Rothschild Archivs korrigiert werden können.
[7] Stern, Gold und Eisen, S. 51, 340-47.
[8] Landes, ,Bleichröder Bank', S. 213.

Rothschilds konzentrierte sich Bleichröder auf die Korrespondenz mit dem Chef des britischen Hauses, Lionel de Rothschild. Die Briefe des Berliner Bankiers waren immer ausführlich und folgten dem Muster, zunächst politische Neuigkeiten, teilweise vermischt mit geschäftlichen Angelegenheiten zu melden und anschließend einen Bericht über die Berliner Börse beizufügen. Dieser bestand nicht, wie in den Briefen der Mehrzahl der frühen Rothschild-Agenten üblich, aus einer Aneinanderreihung von Kursen, sondern war stets eine ausformulierte Analyse des Finanzmarktes, die Zahlen nur der Illustration halber verwendete. Bleichröder investierte also viel Zeit und Mühe darauf, die Korrespondenz mit den Rothschilds aufrecht zu erhalten. Wenn er nur zu einem geschäftlichen Thema korrespondierte, stellte er immer voran, dass es in politischen Dingen nichts Neues zu vermelden gab. Bleichröder war durch und durch Geschäftsmann, begriff sich selbst aber sicherlich auch als ein Rädchen im System der europäischen Politik, das zwar keine Entscheidungen traf, aber für das Funktionieren dieses Systems durchaus wichtig war.

Die Briefe Bleichröders, wie auch die der Rothschilds an ihn, waren allesamt in deutscher Sprache verfasst. Die Telegramme, die zusätzlich zwischen Berlin und London ausgetauscht wurden, aber leider nur zum Teil erhalten sind, waren größtenteils codiert. Dazu bediente man sich eines Ziffernschlüssels, der in unregelmäßigen Abständen aktualisiert wurde. Bleichröder schrieb beispielsweise am Vorabend des Berliner Kongresses, dass ein Rothschild Kurier ihm „heute ein Schlüssel-Buch [übergab]; so weit ich aber in diesem Augenblick übersehen kann, ist mit diesem nicht zu arbeiten, da die hervorragenden Namen, um die es sich wesentlich drehen wird, wie Bismarck, Beaconsfield, Gortschakoff etc.. nicht darin vorkommen." Der Bankier schlug daher vor, Rothschild einen eigenen Schlüssel zu senden, den dieser für etwaige Mitteilungen vom Kongress benutzen möge.[9] Die Rothschilds schienen daraus gelernt zu haben, denn im Jahr darauf schrieb Nathaniel de Rothschild an Bleichröder, dass „Ihnen unser Courier Little dieser Tage einen Schlüssel für private Depeschen bringen wird, dessen Sie sich freundlichst in Zukunft bedienen wollen. Ich bitte Sie, ferner etwa hinzuzufügende Worte & Namen in die noch offenen Ziffern einzufüllen und mir davon Mitteilung zu machen."[10] Außerdem verwendete Bleichröder manchmal hebräische Zeichen für einzelne exponierte Worte in seinen Briefen.[11] Ein Brief von James de Rothschild an seine Neffen in London gibt Auskunft über den Grad der

---

[9] RAL: XI/64/0, Gerson von Bleichröder, Berlin an Lionel de Rothschild, 12. Juni 1878.
[10] HBL: Bleichröder Collection, IV.1, Nathaniel de Rothschild an Gerson von Bleichröder, Berlin, 8. November 1879.
[11] Zur Kodierung von Briefen und Geheimhaltungsaspekten generell siehe Kapitel IV.

Brisanz, die Bleichröder selbst seinen Briefen an die Rothschilds zumaß. James schloss einen Brief des Berliner Bankiers ein und fügte hinzu, dass er eigentlich versprochen habe, diesen wie immer zu verbrennen.[12] Historiker können von Glück sagen, dass die Rothschilds dieser Bitte niemals nachgekommen sind.

Nicht nur die Londoner, sondern auch die Pariser und Frankfurter Rothschilds korrespondierten mit Bleichröder. Das Frankfurter Haus wurde seit 1855, dem Jahr in dem mit Amschel Mayer und Carl Mayer von Rothschild die beiden „deutschen" Brüder der Gründergeneration gestorben waren, von Carls Söhnen, Mayer Carl und Wilhelm Carl, geführt. Deren persönliche Korrespondenz mit Bleichröder war zwar sehr regelmäßig, aber auch uniform fast ausschließlich auf wirtschaftliche Themen beschränkt. Zwar beschwerte sich Mayer Carl in einem Brief an den „lieben Gerson" von 1875 über den bedauerlichen Umstand, dass er alle Nachrichten betreffend das Deutsche Reich und den Kontinent zuerst durch Zeitungsberichte und nicht durch ihn erhalte,[13] jedoch war der Austausch politischer Neuigkeiten zwischen diesen beiden Häusern äußerst begrenzt. Über die Ursachen kann nur spekuliert werden. Einerseits hat Bleichröder die Londoner und Pariser Rothschilds vornehmlich als Interessenten für europapolitische Neuigkeiten bedient, von diesen eigene außenpolitische Einschätzungen erhalten und in Kooperation mit ihnen bisweilen für den Nachrichtentransfer zwischen der deutschen und britischen, beziehungsweise der französischen Regierung gesorgt. Die Frankfurter Rothschilds waren als Deutsche für diese Art des Nachrichtentransfers wenig geeignet. Andererseits mag Bleichröder keine rechte persönliche Beziehung zu den Söhnen Carl Mayers aufgebaut haben, wohingegen er sich sowohl mit James als auch den britischen Rothschilds bestens verstand. Bei all dem kann jedoch mit Sicherheit angenommen werden, dass die Londoner Rothschilds – wie zuvor James in Paris – Bleichröders politische Detailanalysen auch den anderen Häusern zugänglich gemacht haben, sofern diese für sie relevant waren.

In den 1870er und 1880er Jahren hatten lediglich die Londoner Rothschilds einen besonderen Draht nach Berlin. Der Generationenwechsel, der sich im Laufe der 1870er Jahre in London aufgrund des Todes der drei Partner Mayer (1874), Anthony (1876) und Lionel (1879) vollzog, hatte – anders als der Tod des Pariser James de Rothschild 1868 – keinen wesentlichen Einfluss auf die Beziehung Bleichröders mit N M Roth-

---

12 RAL: XI/109/88, James de Rothschild, Paris an Lionel, Anthony und Mayer de Rothschild, 8. April 1866.
13 HBL: Bleichröder Collection I, XIII.1, Mayer Carl von Rothschild, Frankfurt an Gerson von Bleichröder, Berlin, 4. Juni 1875.

schild. In den 1870er Jahren stand vor allem Lionel, der Chef des Hauses, mit Bleichröder in persönlichem Briefkontakt. Zu dieser Zeit waren Lionels Söhne, Nathaniel, Alfred und Leopold, bereits gestandene Unternehmer und in die Führung der Firma involviert. Nur wenige Tage nach Lionels Tod, schrieb Nathaniel, der Älteste, an Bleichröder, dass nunmehr er „Ihre Berichte über politische und finanzielle Vorkommnisse empfangen werde". Er fügte hinzu, dass er diese Berichte selbstverständlich diskret behandeln und Bleichröder auch Neuigkeiten aus London mitteilen werde. Sein Brief schloss mit einer konkreten Anfrage bezüglich eines Geschäftes in Russland.[14] Nathaniels Briefe an Bleichröder waren ein wenig ausführlicher als die seines Vaters; er neigte meistens dazu, politische Entwicklungen etwas umfassender zu kommentieren und sein Ton war dem wesentlich älteren Bleichröder gegenüber generell verbindlicher. In der Substanz jedoch änderte das nicht am Verhältnis zwischen Bleichröder und den Rothschilds.

Die Londoner Rothschilds schrieben in unregelmäßigen Abständen an Bleichröder, etwa zwischen ein- und viermal monatlich, und nur dann, wenn sie einen konkreten Anlass dazu hatten. Die Asymmetrie der Beziehung – schließlich stattete Bleichröder stets mehrmals wöchentlich Bericht in London ab – ist in Eröffnungsfloskeln wie, „ich habe Ihre verschiedenen Briefe erhalten und danke Ihnen sehr für alle Ihre interessanten Mitteilungen", vielfach dokumentiert. Wenn die Rothschilds ihre Ansichten zur politischen Lage offenbarten, was selten genug vorkam, taten sie das gern in Allgemeinplätzen, die dem Berliner Bankier wenig nützlich waren. Dabei legten sie, anders als Bleichröder, ihre Quellen nur selten offen. Bleichröder merkte des öfteren vorsichtig an, dass er sich mehr Korrespondenz aus London wünschte, sah sich aber durch fehlende Antworten niemals genötigt, selbst weniger zu schreiben, wie beispielsweise die folgende Einlassung belegt: „Zu meinem Bedauern mich seit geraumer Zeit ohne Ihre geneigten Nachrichten befindend, glaube ich doch Ihnen mit meinen weiteren Berichten nicht unbequem zu werden und setze deshalb dieselben fort."[15]

Nur in wirtschaftlichen Dingen gingen die Briefe aus London mehr ins Detail. Zwar waren diese Mitteilungen mit den Berichten Bleichröders zur Marktlage in Berlin – allein schon aufgrund ihrer Unregelmäßigkeit – nicht zu vergleichen, jedoch dürften sie für Bleichröders eigene strategische Überlegungen durchaus von Interesse gewesen sein. Ein charakteristisches Beispiel für geschäftliche Informationen, die Bleichröder aus London erreichten, bietet ein Brief Lionel de Rothschilds vom Spätjahr 1875, als keine besonderen politischen Konflikte im Gange waren:

> [...] Ich danke Ihnen für Ihre Berichte über die Börse und kann von der hiesigen Börse sagen, daß sie heute sehr fest war, namentlich für Consols, fundierte Americaner und Lombarden. Letzteres Papier stieg in Folge des großen italienischen Regierungs Contracts und würde noch besser gegangen sein, wenn nicht große deutsche Verkaufsorders gekommen wären. [...] Ich will nicht verhelen [sic], Sie darauf aufmerksam zu machen, daß die Russischen 5½ % Centralpfandbriefe hier ziemlich stark in die Höhe gegangen sind, weil wie wir Gelegenheit hatten, aus Depeschen zu erfahren, die Leute in Petersburg die dabei interessiert sind, jeden Tag gekauft haben. Mir will scheinen, als ob dies ein viel richtigeres und effectvolleres Mittel ist, als das von Ihnen für unsere Pfandbriefe ersonnene.[16]

Dieser Brief repräsentiert eine ganze Reihe von typischen Elementen der Rothschildschen Korrespondenz an Bleichröder. Einerseits erhielt der Bankier einen knappen Überblick über wichtige Bewegungen am Londoner Finanzmarkt. Darüber hinaus wurde ihm eine – von Rothschild privat geschöpfte – Analyse zuteil, warum sich ein bestimmtes Papier in der beschriebenen Art und Weise entwickelt hat. Andererseits enthielt der Brief auch eine unverblümte Kritik an einer von Bleichröder ersonnenen finanztechnischen Operation.

Überhaupt gingen die Rothschilds mit Bleichröder zwar generell höflich, bisweilen sogar herzlich um, sparten aber auch nicht mit Kritik, wenn dieser ihrer Ansicht nach einen Fehler gemacht hatte. Der Inhalt und Duktus solcher Briefe ließ keinen Zweifel daran, dass Bleichröder ein Agent und nicht ein gleichberechtigter Geschäftspartner war. Ende 1875 hatte Lionel de Rothschild beispielsweise folgende Anfrage an Bleichröder gerichtet: „Man sagt hier, daß Ihre Regierung neuerdings einen anderen Entschluß wegen ihrer Silberthaler gefaßt hat. Es wird uns lieb sein, wenn Sie uns darüber einige Mittheilungen machen wollen."[17] Einige Monate lang ging die Korrespondenz zu diesem Geschäft hin und her, das Silberverkäufe des Deutschen Reiches auf ausländischen Märkten, vor allem London, umfasste. Im Mai 1876 schließlich schrieb Lionel:

> Wir bemerken, was Sie über die Silber Verkäufe Ihrer Freunde sagen. Sie wissen, daß es uns großes Vergnügen machen würde, ein Geschäft darin durch Ihre Vermittlung abschließen zu können, aber wir können nicht umhin, Ihnen zu sagen, daß Sie uns gewöhnlich etwas zu spät auf die Gelegenheiten aufmerksam gemacht haben, die sich

---

[16] HBL: Bleichröder Collection, IV.1, Lionel de Rothschild an Gerson von Bleichröder, Berlin, 19. November 1875.
[17] HBL: Bleichröder Collection, IV.1, Lionel de Rothschild an Gerson von Bleichröder, Berlin, 13. Dezember 1875.

geboten haben. Während Sie uns schreiben, daß die Regierung nichts verkaufen wolle, hat die Deutsche Bank hier beständig abgegeben und heute ist Silber ganz unverkäuflich bei einem nominalen Preis von 52¼ - 52 pence.[18]

Bleichröder, auf der anderen Seite, äußerte in keinem seiner Briefe jemals Kritik an den Rothschilds, nicht einmal in verklausulierter Art. Wenn die Rothschilds, was häufig vorkam, sich mit einem direkten Informationsgesuch an Bleichröder wandten, ging es dabei häufiger um konkrete Geschäfte als um Politisches. Bleichröder wurde meist nur dann um Aktivierung seiner politischen Verbindungen gebeten, wenn diese bestimmte geschäftliche Informationen beitragen konnten. Allerdings finden sich auch Beispiele, in denen Bleichröder wegen direkter politischer Auskünfte angegangen wurde: „Man ist hier erklärlicher Weise sehr gespannt auf die Conferenz der 2 Kaiser und des Grafen Andrassy und wenn Sie in den nächsten Tagen etwas von Interesse erfahren, so werde ich Ihnen allerdings sehr verbunden sein, wenn Sie mir eine chiffrierte Depesche senden wollen."[19]

In der Beziehung Bleichröder – Rothschild waren die Rollen klar verteilt. Obwohl einer der reichsten Deutschen und vielleicht der bedeutendste deutsche Bankier seiner Zeit, blieb Bleichröder Zeit seines Lebens in einer den Rothschilds untergeordneten Stellung. Das heißt nicht, dass die Beziehung unpersönlich war. Bleichröder schickte unermüdlich Delikatessen nach London, deren Empfang die Rothschild Partner stets mit freundlichem und persönlichem Dank quittierten. Im Gegenzug empfing er so manches Erzeugnis der britischen kulinarischen Palette in Berlin. Als Anthony de Rothschild 1876 starb, erhielt Bleichröder auf seine Kondolenzbezeugungen hin sehr persönlich gehaltene Briefe, sowohl von Lionel de Rothschild als auch von dessen Sohn Nathaniel (später der erste Lord Rothschild). Lionel zeigte sich „tief gerührt von dem Beweis Ihrer Sympathie" und sandte dem „lieben Herrn von Bleichröder" „freundschaftliche Grüße".[20]

Aber die Beziehung war äußerst asymmetrisch, was auch nicht dadurch relativiert wird, dass Bleichröder, anders als die meisten Agenten, überwiegend persönliche Briefe der Partner der jeweiligen Rothschild-Banken, nicht Korrespondenz von ihren Angestellten erhielt. Bleichröder war zweifelsohne ein wichtiger Geschäftspartner für die Rothschilds, aber

---

[18] HBL: Bleichröder Collection, IV.1, Lionel de Rothschild an Gerson von Bleichröder, Berlin, 22. Mai 1876.
[19] HBL: Bleichröder Collection, IV.1, Lionel de Rothschild an Gerson von Bleichröder, Berlin, 8. Mai 1876.
[20] HBL: Bleichröder Collection, IV.1, Lionel de Rothschild; Nathaniel de Rothschild an Gerson von Bleichröder, Berlin, 11. Januar 1876 (zwei Briefe).

auch als solcher immer bereit, sich den Interessen und Wünschen der
Familie unterzuordnen. Es gab jedoch eine Phase der Beziehungen, in
denen eine Verkehrung des Verhältnisses zumindest denkbar gewesen
wäre. Wie bei der großen Mehrheit seiner Landsleute, hatte die französische Kriegserklärung an Deutschland von 1870 bei Bleichröder starke
patriotische Gefühle ausgelöst. Nach den entscheidenden Siegen im
Herbst fühlte sich der Bankier als Deutscher und Geschäftsmann außerordentlich gestärkt. Im Prinzip hätte das die Basis für ein selbstsichereres
Auftreten den Rothschilds gegenüber sein können. Die Untersuchung der
Korrespondenz der Kriegsmonate verdeutlicht aber, dass dem keineswegs
so war.

3.2.   Der Deutsch-Französische Krieg

Fritz Stern hat die Vorgeschichte und den Verlauf des deutsch-
französischen Krieges in seiner Bleichröder-Studie im Detail behandelt
und vor allem Bleichröders Rolle als Finanzberater der deutschen Seite in
den Friedensverhandlungen und den nachfolgenden Reparationszahlun-
gen in den Blick genommen. Sterns Ausführungen basieren auf einer Vielzahl von Quellen, einschließlich der Bleichröderschen Korrespondenz,[21]
aber eben nicht mit dem Londoner Rothschild-Haus. Ganz vereinzelt hat
Stern den für diese Zeit wenig umfangreichen Briefwechsel zwischen den
Pariser Rothschilds und Bleichröder einbezogen. Die folgenden Ausführungen konzentrieren sich auf die Korrespondenz Bleichröders mit London. Die Kriegszeit ist vor allem interessant, weil sie einen Einblick in die
Loyalität Bleichröders mit seinem Land und der preußisch-deutschen
Machtelite auf der einen und den Londoner Rothschilds auf der anderen
Seite ermöglicht. Diese waren als Briten zwar neutral, sorgten sich aber
um ihr französisches Haus und ihre im belagerten Paris eingeschlossenen
Verwandten.[22] Immerhin waren dies Angehörige der Familie, die maßgeb-
lich zum Aufstieg und Erfolg der Bank S. Bleichröder beigetragen hatte.

---

[21] Stern hat hier vor allem den brieflichen Austausch Bleichröders mit Bismarck und mit
Robert von Keudell, einem engen Mitarbeiter des Reichskanzlers berücksichtigt.
[22] Ganz abgesehen von der engen wirtschaftlichen Kooperation zwischen beiden Banken,
hatte Alphonse de Rothschild, Sohn von James und nach dessen Tod Chef des Pariser
Hauses, Leonora, die älteste Tochter Lionel de Rothschilds geheiratet. Alphonse' jüngerer
Bruder, Salomon James, hatte zudem eine Cousine aus der deutsch-neapolitanischen Linie
der Familie geehelicht. Siehe dazu auch den Stammbaum der Familie im Anhang dieser
Arbeit.

Bleichröder war dank seines Kontakts zu Bismarck über das politische Taktieren in den Wochen vor dem Krieg gut informiert. Hier gilt noch mehr als sonst, dass alles was Bismarck Bleichröder mitteilte, nicht unbedingt des Kanzlers wahre Absichten widerspiegelte, sondern auch dazu gedacht sein konnte, bestimmte Informationen durch diesen Kanal zu streuen. Bismarck, der sich bis kurz vor der französischen Kriegserklärung vorwiegend auf seinem Gut Varzin aufhielt, wusste selbstverständlich, dass Bleichröder von ihm Gehörtes weitergab, und nicht nur an die Rothschilds. Die politische Lage kurz vor Kriegsausbruch war hoch kompliziert und konnte sich jederzeit ändern. Bleichröder bemühte sich nach Kräften, die Rothschilds auf dem Laufenden zu halten. In einem ausführlichen Schreiben vom 7. Juli, also eine Woche vor Kriegsausbruch, vertrat Bleichröder bezüglich der deutsch-französischen Spannungen die Ansicht, dass der Frage der spanischen Thronfolge, an der sich alles entzündet hatte, keine große Bedeutung in Berlin beigemessen werde und daher „das Strohfeuer in einigen Tagen verlöschen wird. Beabsichtigt man dort [in Frankreich] aber aus der Interpretation eine Provocation zu machen, so bin ich überzeugt, da ich hier die Situation genau kenne, daß Preußen dann den Fehdehandschuh ruhig aufnehmen wird." Sehr ernst könne die Situation jedoch nicht sein, da er Bismarck gebeten habe, ihm ein Telegramm zukommen zu lassen, falls es einen wichtigen Anlass gäbe. „Dieses ist nicht erfolgt, aber auch in seinen Briefen an mich übergeht er die benannte Frage [der Thronfolge], etc. unwichtig."[23] Bleichröder gab hier nichts anderes als die offizielle Regierungsmeinung weiter und nahm Bismarcks taktische Manöver für bare Münze. In etwa den gleichen Worten drückte sich der Bankier drei Tage vor Kriegsbeginn aus, als er aus Varzin tatsächlich ein Telegramm empfangen hatte, das ihm anzeigte, dass der Konflikt möglich sei, falls die „unmöglichen französischen Forderungen" bestehen blieben. Er folgerte erneut: „Will Frankreich uns überfallen oder eine Demüthigung erzielen, so werden wir den Fehdehandschuh aufnehmen."[24] Insofern erhielten die Rothschilds zwar den Bericht eines Insiders, aber eines solchen, der Bismarcks Bemühungen, Frankreich in den Krieg zu ziehen, nicht durchschaut hatte, wie wahrscheinlich die große Mehrheit der zeitgenössischen Beobachter.

Während des Krieges liefen Bleichröders Berichte nach London zunächst in gewohntem Umfang und mit den üblichen Inhalten weiter. Niemals unterließ er es, über die Bewegungen der Berliner Börse zu berichten. Nachrichten aus dem Feld schloss der Bankier ein, allerdings waren diese sicherlich nicht besonders exklusiv. Wie immer war ein Krieg

---

23 RAL: XI/64/0, Gerson von Bleichröder, Berlin an Lionel de Rothschild, 7. Juli 1878.
24 RAL: XI/64/0, Gerson von Bleichröder, Berlin an Lionel de Rothschild, 11. Juli 1878.

schlecht für das Geschäft. Die Berliner Börse verzeichnete bei Kriegsbeginn einen panikartigen Einbruch, der selbst solide Standardwerte betraf, und erholte sich nur langsam.[25] Unmittelbar vor der Schlacht von Sedan zogen die Kurse wieder an, und am Tag nach der Schlacht konnte Bleichröder nach London melden: „die neuen Siegesnachrichten bei Sedan geben der Hausse neuen Stoff."[26] Dieser Art waren die Nachrichten, die für die Rothschilds wirklich von Interesse waren.

Mitte November beherrschte nicht der Krieg, sondern die Verletzung des Vertrags von Paris von 1856 durch Russland die Korrespondenz.[27] Bleichröder fragte sich, ob dies Frankreich zum Vorteil gereichen würde und meinte, es würde sich „jedenfalls für die Course höchst nachtheilig [aus]wirken."[28] In seinen folgenden Briefen spekulierte Bleichröder auf Basis verschiedener Berichte aus St. Petersburg und seiner Erkundigungen in Berlin über den möglichen Verlauf der Krise. Er flocht ein, dass Bismarck ihm glaubhaft versichert habe, vom Vorgehen Russlands nicht informiert gewesen zu sein und vorerst Neutralität üben werde.[29] Lionel de Rothschild antwortete ihm daraufhin, man sei in London optimistisch gestimmt, dass Russland und Großbritannien nicht darüber Krieg machen werden. Er bat Bleichröder mit seinen Mitteilungen „gütigst fortzufahren".[30] Ein Konflikt dieser Art hätte die geschäftlichen Interessen der britischen Rothschilds stark betroffen, was jedwede Information darüber höchst willkommen machte.

Inmitten dieser politischen Nachrichten nahmen sich Bleichröder und die Rothschilds immer wieder ausführlich Zeit für Geschäftliches. Im Dezember 1870 stand beispielsweise die turnusgemäße Einlösung eines italienischen Coupongeschäftes an, und Bleichröder wollte von London lediglich in aller Nüchternheit wissen, ob er diese wie bisher zu Lasten des Pariser Hauses tun sollte, oder ob London inzwischen dessen Verpflichtungen übernommen habe.[31] Außerdem bemühte sich der Berliner Ban-

---

[25] Stern, Gold und Eisen, S. 173.

[26] RAL: XI/64/0, Gerson von Bleichröder, Berlin an Lionel de Rothschild, 2. September 1878.

[27] Russland hatte am Ende des Krimkrieges die Neutralität des Schwarzen Meers akzeptieren und zustimmen müssen, dort keine Festungen zu bauen und keine Flotte zu unterhalten.

[28] RAL: XI/64/0, Gerson von Bleichröder, Berlin an Lionel de Rothschild, 13. November 1878.

[29] RAL: XI/64/0, Gerson von Bleichröder, Berlin an Lionel de Rothschild, 16., 17. und 20. November 1878.

[30] HBL: Bleichröder Collection, XIV.1, Lionel de Rothschild an Gerson von Bleichröder, Berlin, 22. November 1878.

[31] RAL: XI/64/0, Gerson von Bleichröder, Berlin an Lionel de Rothschild, 17. und 21. Dezember 1870.

kier, die Rothschilds an einer deutschen Bundesanleihe zu interessieren. Er berichtete im Detail von seinen Verhandlungen mit dem Finanzminister über die Konditionen der Schuldverschreibung und schloss: „Sollten Sie nun, hochgeehrter Herr Baron, gewillt sein, sich in der einen oder anderen Form mit ihren Freunden dabei zu interessieren, so bitte [ich] nur [um] Ihre hochgeneigten directen Befehle.[32] Dieses Mal mussten die britischen Rothschilds ablehnen. Zwar waren sie Bleichröder für seine Aufmerksamkeit zu Dank verpflichtet, doch die Lage ihrer Verwandten in Paris verböte ihnen ein finanzielles Engagement in Deutschland.[33] Zu Beginn des Krieges hatte Deutschland Schwierigkeiten, eine Anleihe aufzunehmen, aber nach dem überzeugenden Sieg bei Sedan änderte sich das. Ende Oktober hatte ein Konsortium um den Berliner Bankier Hansemann und dessen Disconto-Bank bereits eine Anleihe über 20 Millionen Taler angeboten. Davon zeichneten Bleichröder, aber auch die Frankfurter Rothschilds, jeweils drei Millionen Taler. Der Frankfurter Zweig war mit dem Pariser Haus auf das engste verbunden, sah sich jedoch anscheinend außerstande, eine solche „patriotische" Offerte angesichts der allgemeinen Siegeseuphorie in Deutschland abzulehnen.[34]

Außerdem war Bleichröder den Rothschilds während des Krieges in einer besonderen Weise gefällig. Er erkundigte sich aufgrund einer telegrafischen Anfrage aus London nach den Bedingungen, unter denen französische Soldaten in deutscher Kriegsgefangenschaft lebten, und konnte melden, dass die deutschen Behörden alles täten, um deren Los erträglich zu machen, wiewohl es bei der großen Zahl der Internierten auch zu Versorgungsengpässen käme.[35]

Die Beziehungen zwischen Bleichröder und allen Rothschilds wurden vom Krieg nicht beschädigt. Während Paris noch belagert war und die eingeschlossene Bevölkerung Hunger litt, bedankte sich Nathaniel de Rothschild bei Bleichröder höflich für die Zusendung von drei Büchsen Kaviar und schickte ihm im Gegenzug sechs Fasane.[36] Auch die Reparati-

---

[32] RAL: XI/64/0, Gerson von Bleichröder, Berlin an Lionel de Rothschild, 17. November 1878.

[33] HBL: Bleichröder Collection, XIV.1, Lionel de Rothschild an Gerson von Bleichröder, Berlin, 23. November 1878. Es ließe sich darüber spekulieren, dass die Ablehnung auch aus anderen, eventuell wirtschaftlichen Gründen erfolgte, denn immerhin benötigten die Rothschilds einige Tage für ihre Antwort. Briefe zwischen Berlin und London wurden zu dieser Zeit im Allgemeinen innerhalb von zwei Tagen ausgetauscht.

[34] Siehe dazu Stern, Gold und Eisen, S. 173.

[35] HBL: Bleichröder Collection, XIV.1, Lionel de Rothschild an Gerson von Bleichröder, Berlin, undatiertes Telegramm in englischer Sprache; RAL: XI/64/0, Gerson von Bleichröder, Berlin an Lionel de Rothschild, 11. Dezember 1870.

[36] HBL: Bleichröder Collection, XIV.1, Nathaniel de Rothschild an Gerson von Bleichröder, Berlin, 19. Januar 1871.

onsverhandlungen, an denen die französischen und indirekt die britischen Rothschilds für Frankreich und Bleichröder für die deutsche Seite maßgeblich beteiligt waren, änderten nichts am guten Einvernehmen.[37] Die Rothschilds bemühten sich nach Kräften, die enorm hohen Forderungen Deutschlands so schnell es ging und unter Umgehung deutscher Bankiers, einschließlich Bleichröders, abzuwickeln. Es gelang ihnen schließlich, ein von ihnen geführtes Konsortium französischer und britischer Banken darauf zu verpflichten und selbst die Rothschild-Häuser in Frankfurt und Wien von der Operation auszuschließen. Bleichröder hatte also bei den Verhandlungen über die Reparationen Bismarck beratend zur Seite stehen dürfen, aus deren Durchführung aber konnte er keinen Gewinn schlagen.[38] Dies lag keinesfalls in der Person Bleichröders begründet, sondern daran, dass die Achse Paris-London keine nichtfranzösischen oder – britischen Institute im Boot haben wollte. Bleichröder schlug zwar in seinen Briefen nach London und Paris wiederholt Varianten der Zahlungen vor, die auch ihm ein Stück vom Kuchen sichern würden, zeigte sich aber – ganz Geschäftsmann – wenigstens nicht offiziell enttäuscht, dass er letztendlich nicht beteiligt wurde.

Bleichröders persönliche Beziehungen, auch zu den französischen Rothschilds, blieben vollkommen intakt. Alphonse de Rothschild, der während der gesamten Belagerung in Paris ausgeharrt hatte, was auch ihn und seine Familie zu einem höchst bescheidenen Lebensstil zwang, korrespondierte in den Monaten nach Friedensschluss geradezu herzlich mit Bleichröder über die Reparationsverhandlungen. In einem seiner Briefe an den „lieben Herrn Bleichröder" drückte er seine Freude darüber aus, dass es mit „ihrem Augenlichte besser geht" und wünschte dem Bankier, dass er seinen „Verpflichtungen recht bald wieder in gewohnter Weise nachgehen können" wird.[39] Diese Wünsche gingen an einen Mann, mit dem Alphonse noch kurz zuvor in härtesten Verhandlungen gestanden hatte und der auf Geheiß Bismarcks eine unmäßig hohe Kontribution von Frankreich gefordert und erhalten hatte.

---

[37] Fritz Stern hat ausführlich dargestellt, wie Bleichröder während seines Aufenthaltes im Februar 1871 in Versailles verhandelte und besonders berücksichtigt, wie dieser Auftrag Bleichröders Ego gestärkt hat, da sich der Bankier für einen kurzen Moment als vermeintlich Gleicher unter den Spitzen der deutschen Politik und des Militärs bewegen konnte. Seine Beziehungen zu den Rothschilds während dieser Zeit thematisiert Stern nur ganz am Rande. Siehe Stern, Gold und Eisen, S. 194-204.

[38] Die finanztechnischen Details der Operation sind im Detail geschildert in Ferguson, World's Banker, S. 721-35, ohne dass auch hier besonders auf das Verhältnis der Rothschilds zu ihrem Agenten Bleichröder eingegangen wird.

[39] HBL: Bleichröder Collection, XIV.1, Alphonse de Rothschild, London an Gerson von Bleichröder, Berlin, 3. Mai 1871.

Stern, der in seiner Studie wenig auf konkrete Geschäfte eingeht, hat es
für ungewöhnlich gehalten, dass Bleichröder während des Krieges mit den
Rothschilds – auch mit dem französischen Haus – *business as usual* machen
wollte. Dabei hat er aus den Augen verloren, dass es sich bei den Prota-
gonisten in erster Linie um Geschäftsmänner gehandelt hat. Es wäre sicherlich höchst unklug gewesen, wenn sich Bleichröder als Geschäftspartner und Informationslieferant von den Rothschilds entfremdet hätte.
Selbstverständlich stellte die Kriegszeit die Beziehungen auf eine Belas-
tungsprobe, jedoch bedeutete sie für Bleichröder nicht unbedingt einen
Spagat in seinen Loyalitäten. Er konnte deutscher Patriot und trotzdem
global oder europäisch denkender Bankier sein, ohne seine hervorragenden Beziehungen zu den Rothschilds zu gefährden. Der Primat des Geschäftlichen, evident in der gesamten Bleichröder Korrespondenz, setzte
sich ebenfalls in dieser Krisenzeit durch. Schließlich bedeutete der
deutsch-französische Krieg auch nicht, dass die deutsche und die französische Rothschildlinie voneinander abrückten. Ganz im Gegenteil, die
Sorge um das Wohlergehen der in Paris eingeschlossenen Verwandten
schweißte die Familie, egal wo sie ansässig war, eher noch fester zusammen. Ein Denken in nationalen Freund-Feind Kategorien war den Rothschilds ebenso fremd wie Bleichröder, wenn es um das Geschäft ging.[40]
Das Verhältnis zwischen Bleichröder und den Rothschilds hat durch den
Krieg in keiner Weise gelitten; der Berliner Bankier genoss immer noch
das vollste Vertrauen der gesamten Familie. Als einige Jahre darauf die
Balkankrise die europäischen Großmächte und die Finanzmärkte des
Kontinents in ständiger Unruhe hielt, wurde Bleichröder endgültig zum
wichtigsten Informanten der Rothschilds.

---

[40] Der bedeutende Bankhistoriker Manfred Pohl hat behauptet, dass europaweit agierenden Familienunternehmen wie den Rothschilds nationale Interessen fremd waren. Siehe
Pohl, ‚Bankensysteme', S. 222. Dies lässt sich m. E. so pauschal nicht sagen, da sich die
Rothschilds, mindestens ab der zweiten Generation, ihren jeweiligen Ländern sehr wohl
verbunden fühlten und durchaus deren Interessen verteidigten, allein schon weil sie dort
ihre politische Machtbasis hatten. Immerhin hatte N M Rothschild eine Beteiligung an der
deutschen Anleihe unter Hinweis auf die französischen Verwandten abgelehnt, während
die Frankfurter M. A. Rothschild & Söhne beherzt zugegriffen hatten. In den sonstigen
Geschäften mit Bleichröder jedoch waren auf geschäftlicher Ebene vordergründig keine
partikulären britischen oder deutschen Interessen in Gefahr. Selbst das durch den Krieg
so stark in Mitleidenschaft gezogene französische Haus konnte nach dem Friedensschluss
mit dem Bankier des „Erbfeindes" gute Geschäfte machen, ohne das Wohl Frankreichs
zu gefährden.

3.3.   Die Balkankrise 1875-1878

In der Balkankrise ging es vor allem um zwei Dinge: um den Antagonismus zwischen Russland und der Türkei über die Hegemonie in der Region, nicht zuletzt die militärische Dominanz über das Schwarze Meer, und um die Unabhängigkeitsbestrebungen der unter ottomanischer Herrschaft lebenden Balkanländer. Was 1875 als Bauernaufstand in der Herzegowina gegen die Oberhoheit des Sultans begann, griff schnell und ohne zentrale Organisation auf Bosnien, Serbien, Montenegro und Albanien über. Ein Guerillakrieg wurde von einer Übermacht türkischer Truppen zunächst niedergeschlagen, bevor Serbien und Montenegro im Juni 1876 der Türkei offiziell den Krieg erklärten. Russland kam in Absprache mit Österreich, das Bosnien in seinen Einflussbereich ziehen wollte, den militärisch hoffnungslos unterlegenen orthodoxen Glaubensbrüdern zu Hilfe und erreichte durch ein Ultimatum an die Pforte im Oktober 1876 ein Ende der Kampfhandlungen. Nunmehr bereitete sich das Zarenreich auf einen eigenen Krieg mit den Türken vor, warb aber zeitgleich um Unterstützung unter den europäischen Mächten für eine Zurückdrängung des türkischen Einflusses auf dem Balkan, wogegen sich vor allem Großbritannien sträubte, welches das Gleichgewicht der Kräfte gefährdet sah. Nach dem Scheitern der Konferenz von Konstantinopel im Januar 1877, auf der eine begrenzte Autonomie für die Balkanstaaten diskutiert worden war, erklärte Russland der Türkei den Krieg, nicht ohne sich zuvor mit Österreich in einem geheimen Abkommen über die jeweiligen Interessenssphären verständigt zu haben. Eine militärische Intervention der anderen Großmächte, vor allem Österreichs, lag beständig in der Luft, fand aber letztlich nicht statt. Unterstützt von Truppen einer Reihe von Balkanländern, vor allem Bulgariens und Rumäniens, drangen die Russen zwischen Juni 1877 und Februar 1878 fast bis Konstantinopel vor, bevor ein Waffenstillstand und der am 3. März unterzeichnete Vertrag von San Stefano die Kämpfe vorläufig beendete. Die in diesem Vertrag geregelte territoriale Revision des Balkans wurde von den übrigen Großmächten, aber auch einem Teil der Balkanstaaten nicht begrüßt. Erst der Kongress von Berlin führte im Sommer 1878 zu einer dauerhaften, wenn auch nicht für alle Seiten befriedigenden politischen Neuordnung des Balkans und beseitigte vorläufig die lang andauernde Ungewissheit um einen möglichen europäischen Krieg.[41]

---

[41] Eine knappe und präzise Zusammenfassung der Balkankrise der 1870er Jahre findet sich in Stevan K. Pavlowitch, A History of the Balkans, 1804-1945, London 1999, S. 95-114. Für die Einordnung der Krise in einen größeren historischen und geopolitischen Rahmen siehe Imanuel Geiss, ‚Der Balkan als historische Konfliktregion‘, in: Jürgen

Während dieser Jahre standen Bleichröder und die Rothschilds nicht auf Seiten von kriegführenden Parteien, jedoch vertraten sowohl das Deutsche Reich als auch Großbritannien ihre konträren Machtinteressen im Konzert der Großmächte. Allerdings konnte es auch zwischen den Mächten durchaus zu Absprachen und Kooperationen kommen. Gerade in der Balkankrise und, wie noch zu zeigen sein wird, während des Berliner Kongresses, erwies sich dabei die Achse Rothschild-Bleichröder als nützlich für den informellen Informationstransfer zwischen der britischen und der deutschen Regierung, was Fritz Stern, mangels Quellen, in seiner Studie nicht hat aufzeigen können.[42] Bleichröder hatte nahezu ungehinderten Zugang zu Bismarck und vielen anderen Regierungsmitgliedern, die Rothschilds waren persönliche Freunde Benjamin Disraelis, des konservativen Parteiführers und Premierministers (1868; 1874-80),[43] und mit zahlreichen anderen britischen Politikern bestens bekannt. Lionel de Rothschild selbst saß seit 1858 als Vertreter der City of London im House of Commons. Insofern waren beide in einer idealen Position, um nicht nur ihren eigenen Bedarf an politischer Information zu befriedigen, sondern auch, um unter Umgehung der offiziellen Kanäle Kuriere zu spielen. 1876, auf dem Höhepunkt der Orientkrise, schrieb Lionel de Rothschild an Bleichröder:

Inzwischen hat man gehört, daß der Vorschlag Rußlands, in Bulgarien und Bosnien einzurücken, von den anderen Regierungen nicht angenommen ist und es ist sehr erfreulich, daß durch die vereinigte Antwort der Mächte ein so ungünstiger und gefährlicher Schritt verhindert worden ist. Man wundert sich hier darüber, daß Ihr Freund Fürst Bismarck die ganze Zeit nichts von sich hören läßt und abzuwarten scheint, wie der Wind wehen wird; man meint es wäre gut, wenn er seine Ansicht einmal klarer äußern würde.[44]

Wenig später wiederholte Lionel in einem weiteren Brief: „Ich hätte freilich gewünscht, daß Ihr Freund Bismarck sich einmal aussprechen würde

---

Elvert (Hrsg.), Der Balkan. Eine europäische Krisenregion in Geschichte und Gegenwart, Stuttgart 1997, S. 21-36 und Edgar Hösch, ,Europa und der Balkan', in: ibid., S. 37-48.
[42] Stern deutet zwar an, dass Bismarck in der Balkankrise eine wichtige Rolle gespielt hat, jedoch widmet er dem Thema insgesamt weniger als eine Seite, die den Konflikt nur generell beschreibt und Bleichröder unerwähnt lässt. Siehe Gold und Eisen, S. 455-56.
[43] Die Bekanntschaft der Rothschilds mit den Disraelis reichte bis ins Jahr 1838 zurück. In den folgenden Jahrzehnten verband beide Familien eine intime Freundschaft, die sich nicht nur in zahlreichen gegenseitigen Besuchen manifestierte, sondern auch dazu führte, dass Benjamin Disraeli in seinen diversen Novellen nach verschiedenen Rothschilds geformte fiktionalen Persönlichkeiten schuf. Es kann auch davon ausgegangen werden, dass der Politiker während seiner Amtszeit als Premierminister Informationen aus Kabinettsitzungen zukommen ließ. Siehe Ferguson, World's Banker, S. 534-40, 829-30.
[44] HBL: Bleichröder Collection, IV.1, Lionel de Rothschild an Gerson von Bleichröder, Berlin, 5. Oktober 1876.

und sich in der ganzen Frage nicht so reserviert verhielte, denn es ist kein Zweifel, daß, wenn er jetzt seinen Einfluß auf Russland geltend machen wollte, dieses dem Willen der anderen Mächte sich fügen müßte."[45] Bleichröder konnte in diesem Fall allerdings wenig weiterhelfen. Er schrieb, ohne Kenntnis von diesem zweiten Brief zu haben, am gleichen Tag zurück, dass Bismarck sich noch immer auf seinem Gut Varzin aufhalte und wenig Lust zu haben scheine, Druck auf Russland auszuüben.[46] Zwei Tage darauf, nunmehr im Besitz des besagten Schreibens aus London, präzisierte Bleichröder, dass er nicht glaube, dass Bismarck im von Rothschild vorgeschlagenen Sinne aktiv werden würde. Er sei aber dennoch der Ansicht, dass der Reichskanzler alles für die Erhaltung des Friedens in Europa tun werde. Genauere Kenntnis der Situation werde er erst nach Bismarcks Rückkehr nach Berlin erhalten, die er in acht bis zehn Tagen erwarte.[47]

In dieser explosiven Situation war es tatsächlich äußerst wichtig zu wissen, welche Position Bismarck und damit Deutschland Russland gegenüber einnehmen würde. In einer in „The Times" abgedruckten Debatte des House of Commons hatte der liberale Abgeordnete William Edward Forster unter allgemeinen Beifallsbezeugungen erläutert:

> If you get into conversation with any politician on either side you will find them shaking their head mysteriously about what may be the voice from Berlin, and especially what may be said by that great man who is now certainly the foremost man in Europe; and all sorts of Machiavellian schemes are attributed to him. I am inclined to think that the simple interpretation is the true one, and that Prince Bismarck thinks he ought to keep Germany out of the business so long as he finds that her interests are not involved.[48]

Insofern war das Interesse Rothschilds an einer präzisen Voraussage deutscher Absichten erklärlich, und sicher hätte er durch Bleichröder übermittelte „vertrauliche" Informationen an britische Regierungskreise weitergegeben. In diesem Fall aber konnte der Berliner Agent wenig hilfreich sein, da seine „beste Quelle" nicht zugänglich war.

Bei allem politischen Interesse der Rothschilds darf aber nicht vernachlässigt werden, dass sie präzise Informationen über die Situation vor allem für ihre Finanzoperationen benötigten. Ein fast zeitgleicher Artikel

---

[45] HBL: Bleichröder Collection, IV.1, Lionel de Rothschild an Gerson von Bleichröder, Berlin, 16. Oktober 1876
[46] RAL: XI/64/0, Gerson von Bleichröder, Berlin an Lionel de Rothschild, 16. Oktober 1876.
[47] RAL: XI/64/0, Gerson von Bleichröder, Berlin an Lionel de Rothschild, 18. Oktober 1876.
[48] The Times, 9. Oktober 1876, S. 10.

der „Times" erörterte im Detail die möglichen Szenarien für die Stabilität des Pfundes, den Wert von Staatsanleihen und die Handelswege nach Indien, falls es tatsächlich zu einem russisch-türkischen Krieg, womöglich unter britischer Beteiligung kommen würde und schlussfolgerte: „We hope that we shall remain at peace, and that these events, therefore, will not happen; but still the juncture is critical, and their posibility should be considered by all who will be much affected by them if they should occur."[49] Die Rothschilds wären tatsächlich „sehr betroffen" gewesen.

Während der Balkankrise vertrat Bleichröder zunächst, im Konzert mit deutschen Regierungskreisen einschließlich Bismarcks, die Ansicht, dass es nicht zu bewaffneten Auseinandersetzungen zwischen Russland und der Türkei kommen werde. Diese Einschätzung verwarf er seit 1876 zunehmend, während die Rothschilds aber daran festhielten. Lionel de Rothschild schrieb Anfang 1877 an Bleichröder:

> Ich bemerke, daß Sie noch immer derselben Ansicht sind, daß Russland im Frühling gegen die Türkei Krieg machen wird. In bin nicht dieser Ansicht, sondern habe noch meine sanguinische Anschauung behalten. Ich glaube, vielmehr, daß der Czar jetzt, wo die Conferenz mißlungen ist,[50] die Gelegenheit benutzen wird, um zu sagen, daß er sich nicht von den anderen Mächten trennen will und er wird die Verantwortlichkeit für das Mißlingen der Conferenz und für das wenige Gute, daß sie zu Stande gebracht hat, mit den anderen Mächten gemeinschaftlich tragen wollen.[51]

Bleichröder ließ sich nicht auf diese Ansicht ein, was beweist, dass er in politischen Bewertungen seinen eigenen Kopf hatte, was nicht in gleichem Maße auf geschäftliche, die Rothschilds involvierende Angelegenheiten zutraf. Anfang April 1877, kurz vor dem Einmarsch der Russen ins ihnen freundlich gesonnene Bulgarien, der eine wichtige Vorarbeit für den Kampf gegen die Pforte war, sagte Bleichröder die weiteren Entwicklungen zutreffend voraus: „An bester Stelle erwartete man gestern hier, daß Russland, trotzdem die Montenegriener auf Niksich verzichtet haben, vorgehen wird, und die Erfahrung hat mich belehrt, wie gut diese beste Stelle spezialiter in russischen Angelegenheiten informiert ist."[52] Anders als Bleichröder hielt sich Rothschild dagegen wahrscheinlich zu sehr an die offizielle britische Leitlinie der Nichtintervention und Beschwichtigung. Seine Ansicht zur Bewahrung des Friedens seitens Russlands entsprang Wunschdenken, keiner nüchternen politischen Analyse. In diesen

---

[49] The Times, 24. Oktober 1876, S. 8.
[50] Gemeint ist die oben bereits erwähnte Konferenz von Konstantinopel vom Januar 1877.
[51] HBL: Bleichröder Collection, XIV.1, Lionel de Rothschild an Gerson von Bleichröder, Berlin, 22. Januar 1877.
[52] RAL: XI/64/0, Gerson von Bleichröder, Berlin an Lionel de Rothschild, 9. April 1877.

Überlegungen darf der wirtschaftliche Hintergrund nicht vergessen werden. Die Rothschilds in London und Paris hatten zwischen 1870-75 zusammen russische Anleihen im Wert von 62 Millionen Pfund Sterling emittiert. Diese erwiesen sich zunächst als sehr profitabel, fielen aber im Verlauf der Orientkrise deutlich unter ihre jeweiligen Ausgabewerte. Die Rothschilds standen nun vor dem Dilemma, dass sie entweder Russland und damit ihre Finanzinteressen oder die Türkei und damit die Politik ihrer Regierung und ihrer Parteifreunde unterstützen konnten. Sie entschieden sich für letzteres und hofften bis zum Ende auf eine friedliche Lösung.[53] Nachdem allerdings Russland und Bulgarien der Türkei den Krieg erklärt hatten und damit begannen, in Bulgarien ihre Truppen zu sammeln, musste auch Lionel de Rothschild einsehen, dass er die Lage falsch eingeschätzt hatte. Er tat dies mit Anstand:

> Ich danke Ihnen für alle Ihre verschiedenen Briefe und habe Ihnen in letzter Zeit nicht geschrieben, weil ich leider Unrecht und Sie Recht gehabt haben in unseren politischen Ansichten. Ich gestehe ein, daß Ihr Urtheil besser war als das meinige und da es wahrscheinlich ist, daß Sie auch in Zukunft ebenso richtig sehen werden, wie Sie es in der Vergangenheit getan haben, so wird es mir sehr lieb sein, wenn Sie die Güte haben wollten, Ihre Berichte fortzusetzen.[54]

Diese Äußerungen müssen Bleichröder mit ungeheurem Stolz erfüllt und sein Bestreben, den Rothschilds als politischer Informant nützlich zu sein, nur noch verstärkt haben. Interessant ist hier aber auch, dass die oben zitierte Information über das russische Vorrücken nur an zweiter Stelle im Schreiben vom 9. April zu finden war, denn zunächst berichtete Bleichröder folgendes:

> Ich höre aus Wien, daß man damit angeht, 80 Millionen der Ungarischen Anleihe aufzulegen, und finde diese Operation doch etwas bedenklich. Nach hiesiger Auffassung muß die Entscheidung, ob Krieg oder Frieden, in den nächsten 14 Tagen fallen, u. wird [...][55] mit der Subscription gerade in den Moment der Entscheidung hinein kommen. Ist dieselbe friedlich, so wäre es zuträglicher, sofort mit dem ganzen Betrage, 160 Millionen Gulden, vorzugehen; ist sie kriegerisch, nun, so werden wir selbst mit 80 Millionen nicht reüssieren. Ich würde deshalb vorziehen, das Geldbedürfniß des ungarischen Finanzministers durch einen Vorschuß zu befriedigen.[56]

---

[53] Eine detaillierte Erläuterung dieses Zusammenhangs findet sich in Ferguson, World's Banker, S. 828.
[54] HBl.: Bleichröder Collection, IV.1, Lionel de Rothschild an Gerson von Bleichröder, Berlin, 25. April 1877.
[55] unleserlich
[56] RAL: XI/64/0, Gerson von Bleichröder, Berlin an Lionel de Rothschild, 9. April 1877.

Leider äußerte sich Lionel de Rothschild in seinen Briefen an Bleichröder nicht über dieses Geschäft. Spätere Briefe zeigen, dass er es angesichts der politischen Entwicklungen zunächst zurückstellte. Klar ist jedoch, dass es Bleichröder primär darauf ankam, eine wirtschaftlich bedeutende Information zu übermitteln und erst als Nachtrag seine – mit dieser eng verknüpfte – politische Analyse anzubringen. Dies verdeutlicht exemplarisch, dass Bleichröder für die Rothschilds vor allem als politisch bestens vernetzter Geschäftspartner wertvoll war, und nicht in erster Linie als politischer Informant mit geschäftlichen Interessen. Wenn Lionel de Rothschild in der Einschätzung der politischen Lage Europas irrte, ohne dass dies Auswirkungen auf seine Geschäfte hatte, konnte dies lediglich seinen persönlichen Stolz verletzen. Wenn er ein Geschäft wie das obige trotz des bestehenden Risikos angegangen wäre, hätte seine Bank einen großen materiellen Schaden nehmen können.

Ein halbes Jahr später, als sich herauskristallisiert hatte, dass lediglich Russland und die Türkei in einen lokal begrenzten Konflikt involviert waren und Österreich-Ungarn offiziell Neutralität bewahren würde, konnte Bleichröder seine Einschätzung zur besagten Anleihe revidieren. Im September 1877 schrieb er: „Ich würde mich freuen, hochgeehrter Herr Baron, von Ihnen Näheres zu erfahren, wie Sie über die Emission der ungarischen Anleihe denken. [...] So glaube ich doch nach meiner bescheidenen Kenntniß der Börsenlage wiederholt dringend empfehlen zu können, daß mit der Emission bald vorgegangen werden möge."[57]

Trotzdem war die Balkankrise insgesamt nicht gut für das Geschäft. Die Rothschilds, aber auch Bleichröder, mußten an einem raschen Ende des Konflikts Interesse haben, nicht zuletzt weil er das Potential hatte, sich auf ganz Europa auszuweiten. Wie aus dem weiteren Verlauf der Korrespondenz zu ersehen ist, versuchten sie auch, ihre politischen Kontakte zu diesem Zweck einzusetzen. Lionel de Rothschild schrieb an Bleichröder:

Über die Zukunft kann man nicht mehr als eine Meinung haben; wir würden uns sehr freuen, wenn Ihr Freund Bismarck mit unseren Freunden zusammen arbeiten würde, Russland bald zum Frieden zu veranlassen, und dadurch seine aufrichtige Freundschaft für Russland zu beweisen. Alles in der Türkei ist so ganz anders gegangen als man erwartet hat, daß man in den jetzigen Zeiten immer auf etwas Unerwartetes sich vorbereiten muß. Ist es daher nicht besser, alle unsere Freunde zu bewegen, die rechte Gelegenheit zu benutzen, um zu suchen Frieden zu schließen, anstatt zu sagen, daß das große Russische Reich noch mehr Opfer bringen und schreckliches Unglück unter

---

[57] Eile war nach Ansicht Bleichröders auch geboten, da zu erwarten stehe, dass Russland in absehbarer Zeit Geld brauche und eine Anleihe auflegen werde. RAL: XI/64/0, Gerson von Bleichröder, Berlin an Lionel de Rothschild, 21. September 1877.

viele Menschen verbreiten muß, um einer dunklen Zukunft entgegen zu gehen, die wie eben bemerkt, ebenso gut zu Rußlands Gunsten wie zu seinen Ungunsten ausfallen mag! Wenn der Krieg noch ein Jahr dauert, so kann niemand wissen, wer am Besten dabei fortkommen wird und während in diesem Jahr der Kampf glücklicherweise localisiert geblieben ist, so kann doch kein Mensch vorhersagen, ob das im nächsten Jahr auch möglich sein wird.[58]

Bleichröders direkte Antwort korrigierte diese Ansicht:

Ich kann aus guter Quelle die Mittheilung nur wiedergeben, daß die Russen einen [...][59] intendieren, u. wenn möglich noch bis Adrianopel vorzudringen; dort könnte man an Friedensunterhandlungen denken. Am endlichen Siege der Russen, wenn auch ev. erst im Frühjahr, zweifelt man in hiesigen militärischen Kreisen nicht.

An eine mit Rothschild koordinierte Beeinflussung der „Freunde" war also seitens Bleichröders nicht zu denken. Aus der Rückschau betrachtet, war die von ihm zitierte deutsche Einschätzung des militärischen Kräfteverhältnisses eine durchaus realistische.

Die lang anhaltende allgemeine politische Unsicherheit wirkte sich negativ auf die Finanzmärkte aus. Die komplexe politische Lage und verwickelten diplomatischen Anstrengungen ließen es kaum zu, verlässliche Voraussagen über längerfristige Entwicklungen zu geben. So ist die Korrespondenz zwischen den Rothschilds und Bleichröder in diesen Jahren durch rasch überholte und schnell revidierte Aussagen gekennzeichnet. Dies lag nicht an Bleichröder oder seinen Quellen. Er war, das lässt sich sicherlich konstatieren, ein unermüdlicher, gut informierter und akkurater Reporter politischer Bewegungen in Berlin. Allerdings basierten seine – vielleicht teilweise mit zu viel Überzeugung vorgetragenen – Einschätzungen eben nur auf der Sichtweise der Verantwortlichen *einer* europäischen Nation, und konnten sich im dissonanten Mächtekonzert innerhalb kürzester Zeit als revisionsbedürftig erweisen.

3.4.   Der Berliner Kongress von 1878

Der einmonatige Berliner Kongress, eröffnet am 13. Juni 1878 unter der Präsidentschaft Otto von Bismarcks, sollte die Balkankrise formell beenden und war das umfassendste und bedeutendste diplomatische Zusam-

---

[58] HBL: Bleichröder Collection, IV.1, Lionel de Rothschild an Gerson von Bleichröder, Berlin, 16. Oktober 1877.
[59] unleserlich

mentreffen in Europa seit 1815. Vertreten war die Mehrheit der europäischen Staaten und eine Abordnung der Alliance Israélite Universelle;[60] die
wichtigen Entscheidungen wurden ausschließlich durch die Großmächte
getroffen, vertreten durch ihre Regierungschefs beziehungsweise Außenminister. Der Kongress ordnete die Staatlichkeit Südosteuropas und die
Interessenssphären der Großmächte in dieser Region neu. Wenn auch die
meisten Seiten unzufrieden mit den Regelungen waren, so trug das Abkommen entscheidend dazu bei, den europäischen Frieden auf viele Jahre
zu bewahren.

Fritz Sterns Studie analysiert den Berliner Kongress von 1878 knapp
und ausschließlich unter dem Aspekt, dass dort die Gleichberechtigung
für die rumänischen Juden erlangt werden sollte, ein Anliegen, dem sich
Bleichröder persönlich widmete.[61] Da Stern die Briefe Bleichröders an die
Londoner Rothschilds nicht zur Verfügung standen, war es ihm unmöglich zu erkennen, dass die Rothschilds sicherlich, und vielleicht auch
Bleichröder, dieser Frage keineswegs höchste Priorität einräumten.[62] Es
ist zwar richtig, dass die Unterdrückung der rumänischen Juden beziehungsweise der Juden Osteuropas allgemein für Bleichröder eine wichtige
Angelegenheit war. Jedoch besaßen die übergreifenden politischen Resul-
tate des Kongresses und ihre Auswirkungen auf das europäische Finanzwesen für beide Bankiers wesentlich größere Bedeutung, und ihre Korrespondenz konzentrierte sich ganz überwiegend auf diese allgemeinen As-

---

[60] Dabei handelt es sich um einen 1860 in Paris gegründeten internationalen Hilfsverein,
der die Hebung des kulturellen Niveaus der Juden, ihre rechtliche Gleichstellung und die
Bekämpfung des Antisemitismus zum Ziel hatte. Weltweit tätig, konzentrierte sich die
Arbeit der Alliance zunächst auf die materiell und rechtlich schlechter gestellten Juden
Osteuropas und des Orients, vor allem indem sie dort zahlreiche jüdische Schulen grün-
dete. Einen guten Überblick über die Aktivitäten der Organisation im 19. Jahrhundert gibt
Aron Rodrigue, French Jews, Turkish Jews: The Alliance Israelite Universelle and the
Politics of Jewish Schooling in Turkey, 1860-1925, Bloomington 1990.
[61] Stern, Gold und Eisen, S. 461-65. Auch in Ferguson, The World's Banker, wird der
Kongress nur nebenbei und ohne Bleichröders Berichte einzubeziehen behandelt (S. 830-
31).
[62] Lionel de Rothschild hatte am 31. Mai 1878 einen Brief an Benjamin Disraeli geschrieben, in dem er auf die Unterdrückung der rumänischen und serbischen Juden hingewiesen
hat. Disraeli hatte seinerseits kurz nach Beginn des Kongresses auf ein Memorandum
ähnlichen Inhalts des Board of Deputies of British Jews und der Anglo-Jewish Association geantwortet, dass die Position der jüdischen Bevölkerung in den europäischen Provin-
zen der Türkei Beachtung durch die britischen Kongressvertreter finden würde. Siehe
Nathan M. Gelber, ‚The Intervention of German Jews at the Berlin Congress 1878', Year
Book V. of the Leo Baeck Institute (1960), 221-48, hier S. 238. Natürlich waren die Rothschilds auch in die beiden genannten britisch-jüdischen Institutionen involviert, aber
abgesehen von diesen bescheidenen Interventionen scheinen sie keinen besonderen Eifer
entwickelt zu haben, in dieser Angelegenheit aktiv zu werden.

pekte. Stern konzediert, dass für die Hauptteilnehmer am Kongress „die jüdische Frage wohl etwas am Rand" stand.[63] Folgt man der allgemeinen Literatur zum Berliner Kongress, so spielte das Thema auf dem Kongress so gut wie keine Rolle. Die Unabhängigkeit Rumäniens und seine künftige Stellung in der europäischen Staatengemeinschaft wurde zwar formell unter anderem von der Gleichheit aller Religionen im Land abhängig gemacht, war aber für die Großmächte praktisch ausschließlich ein machtpolitisches Problem.[64]

Bleichröder hatte sich bereits mehrere Monate im Voraus verschiedentlich über die Chancen Berlins als Tagungsort geäußert. Bismarck selbst war offensichtlich lange wenig begeistert von dieser Wahl, jedoch konnte Bleichröder Anfang März 1878 vermelden, dass seine „beste Quelle" ihm versichert habe, dass das Treffen in der deutschen Hauptstadt stattfinden werde.[65] Außerdem hatte Bleichröder die Rothschilds bereits in den Monaten vor dem Treffen über die deutsche Involvierung in vorgeschaltete Abkommen unterrichtet. Ein Bericht vom April 1878 macht in exemplarischer Weise deutlich, welcher Unterschied zwischen allgemeinen, auch aus Zeitungen erhältlichen Nachrichten und der speziellen Information durch den Agenten existierte:

> Die politische Constellation hat sich nicht geändert. Ignatieff ist nach Petersburg zurückgekehrt, ohne sich mit Österreich verständigt zu haben. Er behauptet, ohne Vollmacht zu einem Abschlusse gewesen zu sein, sondern, daß er nur die Wünsche Österreichs kennen lernen sollte, um sie in Petersburg wiederzugeben.[66]

Dies ließ sich auch sehr gut aus der Presse entnehmen. General Ignatieff war als Unterhändler nach Wien gekommen, um sich Österreichs Beschwerden über den im Vertrag von San Stefano festgeschriebenen übergroßen russischen Einfluss auf dem Balkan anzuhören. Österreich be-

---

[63] Die Analyse des Kongresses basiert bei Stern überwiegend auf einigen Briefen Bleichröders an verschiedene jüdische Führungspersönlichkeiten, darunter vor allem an den Präsidenten der Alliance Israélite Universelle, Adolphe Crémieux. Die Briefe der Rothschilds an Bleichröder während des Kongresses fehlen im Nachlass Bleichröders völlig. Insofern ist Sterns einseitige Betonung der Bedeutung der jüdischen Frage erklärlich, wenn auch nicht gerechtfertigt.

[64] Siehe dazu Nicolas Fotino, ‚La reconnaissance de l'indépendance de la Roumanie et le Congrès de Berlin', in: Ralph Melville / Hans-Jürgen Schröder (Hrsg.), Der Berliner Kongreß von 1878. Die Politik der Großmächte und die Probleme der Modernisierung in Südosteuropa in der zweiten Hälfte des 19. Jahrhunderts, Wiesbaden 1982, S. 115-24 und Barbara Jelavich, ‚Romania at the Congress of Berlin: Problems of Peacemaking', in: ibid., S. 189-204. In diesen beiden maßgeblichen Aufsätzen findet sich keine Erwähnung der Judenemanzipation.

[65] RAL: XI/64/0, Gerson von Bleichröder, Berlin an Lionel de Rothschild, 7. März 1878.

[66] RAL: XI/64/0, Gerson von Bleichröder, Berlin an Lionel de Rothschild, 1. April 1878.

trachtete Bosnien und Herzegowina als sein Einflussgebiet und sah sich
durch das von Russland dominierte Bulgarien sowie die mit Bulgarien
kooperierenden Serbien und Montenegro bedroht. Ein spezieller Korrespondent der „Times", der zu dieser Zeit aus Wien berichtete, hatte Ignatieff gesprochen und war zu dem Schluss gekommen, dass Österreichs
Forderungen nur allzu berechtigt seien und große Zweifel darüber be-
stünden, ob Russland zu Zugeständnissen auf einem Friedenskongress
bereit wäre.[67] Bleichröder hatte ganz andere Informationen. Sein oben
zitierter Brief fuhr fort: „Meine hiesige gute Quelle glaubt aber, daß die
Wünsche Österreichs zu hoch gegangen sind. Man hält hier für das einzig
Richtige, daß Österreich Bosnien und vielleicht in Gemeinschaft mit
Russland Bulgarien besetzt,"[68] und war insofern ein wichtiges Korrektiv
zu dem scheinbar autoritativen Pressebericht.

Die Verhandlungen zwischen Österreich und Russland auf der einen
und Russland und Großbritannien auf der anderen Seite, die überhaupt
erst den Weg zum Kongress öffneten, waren ein beherrschendes Thema
in Bleichröders Briefen aus der ersten Jahreshälfte 1878. Bismarck betätigte sich als Mediator in den britisch-russischen Gesprächen, was wiederum
Bleichröder eine wichtige, wenn auch ein wenig kryptische Informationsquelle eröffnete. In jedem Fall waren die Rothschilds durch seine Berichte
über die Stimmungen, aber auch über zahlreiche Details der Verhandlungen bestens informiert. Die Verhandlungen beherrschten für einige Wochen völlig die britische Tagespresse, da ihr Scheitern leicht zu einer weiteren kriegerischen Auseinandersetzung, nunmehr mit britischer Beteiligung, hätten führen können.

In der letzten Aprilwoche gingen die Gespräche in eine entscheidende
Phase, von der auch britische Zeitungen, telegrafisch informiert durch
Berliner Korrespondenten, täglich ausführlich berichteten. Hauptstreit-
punkt war der gleichzeitige Rückzug der russischen Truppen aus der Umgebung Konstantinopels und der britischen Flotte aus dem Marmara
Meer. Um die Details dieses Arrangements, speziell der gegenseitigen
Benachrichtigung über Truppenbewegungen, wurde viele Tage zäh verhandelt. Bleichröder berichtete bereits am 23. April aus „bestunterrichte-
ten Kreisen, daß diese Frage der Ankündigungsfrist bald geordnet sein
wird".[69] Dagegen äußerte sich die Times zwischen dem 23. und 28. April
in mehreren Artikeln in sehr pessimistischer Weise über die Verhandlun-

---

[67] The Times, 30. März 1878, S. 5.
[68] RAL: XI/64/0, Gerson von Bleichröder, Berlin an Lionel de Rothschild, 1. April 1878.
[69] RAL: XI/64/0, Gerson von Bleichröder, Berlin an Lionel de Rothschild, 23. April
1878.

gen, bis auch sie am 29. des Monats verkünden konnte, dass ein beide Seiten zufrieden stellendes Arrangement gefunden worden sei.[70]

Bleichröder griff in seinen Briefen allerdings noch einen anderen, von der Presse überhaupt nicht beachteten Aspekt auf:

> Trotzdem hier von allen Seiten Krieg gepredigt wird, hält man hier in gut unterrichteten Kreisen den Glauben an die Erhaltung des Friedens fest, weil man weiß, daß die finanzielle und militärische Schwächung und vielleicht noch mehr die aus der nihilistischen Bewegung kommenden inneren Gefahren Russland den Krieg verbieten.[71] Die Times beschäftigte sich im April in drei verschiedenen Artikeln mit dem russischen Nihilismus, sah aber niemals eine mögliche Verbindung zwischen den innenpolitischen Schwierigkeiten Rußlands und seiner Bereitschaft, Frieden zu schließen.[72]

Auch im weiteren Verlauf der Verhandlungen schienen Bleichröders Informationen präziser und zuverlässiger gewesen zu sein als die der Londoner Times. Nachdem die Verhandlungsführer Salisbury und Schuwaloff[73] sich auf Modifikationen des Vertrages von San Stefano geeinigt hatten, verließ der Russe Berlin, um das Ergebnis in St. Petersburg vorzulegen. Für einige Zeit spekulierte ganz Europa darüber, wie der Zar dieses aufnehmen würde. Am 16. Mai berichtete Bleichröder:

> Die neuesten telegraphischen Berichte aus Petersburg lauten Gott Lob günstig für den Frieden. Graf Schuwaloff ist vom Kaiser sehr freundlich empfangen worden. Batum[74] - worauf es bei Ihnen hauptsächlich ankommt – dürfte von Russland nachgegeben werden. Ignatieff hat seinen Einfluß vollständig verloren. Schuwaloff wird bereits Sonntag Berlin passieren, um sich direkt nach London zu begeben.[75]

Die Berichte der Times vom gleichen Tag und selbst vom Tag des Eintreffens Schuwaloffs in London (23. April) beinhalteten ausschließlich vage Spekulationen über mögliche Varianten der Reaktion des Zaren. Auch zwei Tage nach der Ankunft des Diplomaten drang nichts über die weiteren Unterhandlungen an die Öffentlichkeit.[76] Dagegen erhielt Bleichröder bereits konkrete Informationen, als Schuwaloff durch Berlin reiste. Zwar befand sich Bismarck krankheitshalber nicht in der Hauptstadt,

---

[70] The Times, 24. April 1878, S. 3; 25., 26., 29. April 1878, jeweils S. 5.
[71] RAL: XI/64/0, Gerson von Bleichröder, Berlin an Lionel de Rothschild, 27. April 1878.
[72] The Times, 15. April 1878, S. 5; 23. und 24. April 1878, jeweils S. 3.
[73] Graf Peter Schuwaloff war russischer Botschafter in London.
[74] Eine Ortschaft beziehungsweise ein Gebiet am Schwarzen Meer, gelegen im heutigen Armenien, dass Russland als Kompensation von der Türkei verlangte.
[75] RAL: XI/64/0, Gerson von Bleichröder, Berlin an Lionel de Rothschild, 16. Mai 1878.
[76] The Times, 16. Mai, S. 5, 23. Mai, S. S. 5 [überschrieben „A Diplomatic Lull"], 25. Mai S. 10.

sondern in Friedrichsruh, und insofern konnte Bleichröder keine Informationen aus dem Mund des Reichskanzlers erfahren, jedoch bezog sich der Bankier auf „eine direkte Depesche von Petersburg, daß die Friedensmission Schuwaloffs nur dann von einem guten Erfolge begleitet sein würde, wenn Fürst Bismarck bei der Nachgiebigkeit Rußlands jetzt mit voller Energie die Vermittlung [...] betriebe."[77] Zu dieser Zeit rätselten die britischen Zeitungen noch, ob Russland überhaupt in Fragen der Truppenbewegungen oder seiner Gebietsansprüche in irgendeiner Weise zum Nachgeben bereit sein würde. Am 1. Juni schließlich erklärte Bleichröder: „Gleichwohl überzeugt, daß Sie dort viel besser unterrichtet sind als ich hier, will ich doch nicht verfehlen, ihnen [...] mitzuteilen, daß ich von erster politischer Stelle höre, Russland und England hätten sich wegen der verschiedenen Friedensbedingungen vollkommen geeinigt."[78] Zwar muss unklar bleiben, ob die Rothschilds dies bereits aus britischen Regierungskreisen wussten, aus der Presse konnten sie dies jedoch keinesfalls entnehmen, da zumindest die Times im frühen Juni immer noch über Friedenschancen spekulierte.

In den Wochen unmittelbar vor dem Kongress vergaß Bleichröder nicht, die Rothschilds über innenpolitische deutsche Angelegenheiten, wie zum Beispiel das Attentat auf Kaiser Wilhelm I., die Einbringung des „Sozialistengesetzes" und die Auflösung des Reichstags zu unterrichten.[79] Außerdem war bis kurz vor Beginn der Versammlung unklar, wer über diese präsidieren würde, da Bismarck erkrankt war und sich auf Gut Friedrichsruh aufhielt. Bleichröder schickte nahezu täglich eine Art Bulletin des Gesundheitszustandes des Kanzlers nach London, immer bemüht Optimismus zu verbreiten. Aus seinen Briefen wird außerdem deutlich, dass die genaue Terminierung des Treffens erst etwa zwei Wochen im Voraus festgelegt wurde.[80] Kurz vor Beginn des Kongresses kehrte Bismarck nach Berlin zurück, und Bleichröder hatte wieder direkten Zugriff auf seine „erste Quelle". Der Reichskanzler scheint sich auch gleich der diplomatischen Dienste des Bankiers bedient zu haben, denn Bleichröder schrieb am 11. Juni, als die Delegierten bereits in Berlin eintrafen, nach London:

[77] RAL: XI/64/0, Gerson von Bleichröder, Berlin an Lionel de Rothschild, 20. Mai 1878.
[78] RAL: XI/64/0, Gerson von Bleichröder, Berlin an Lionel de Rothschild, 1. Juni 1878.
[79] RAL: XI/64/0, Gerson von Bleichröder, Berlin an Lionel de Rothschild, 4. und 6. Juni 1878.
[80] RAL: XI/64/0, Gerson von Bleichröder, Berlin an Lionel de Rothschild, 27. und 28. Mai 1878.

Ich wende mich heute mit einer ebenso dringenden als discreten Frage an Sie: mir gefälligst durch ein telegraphisches Wort zu sagen, ob Lord B.[81] mit vollsten Friedensintentionen hierher kommt, oder ob derselbe im Laufe des Congresses beabsichtigt, dem Friedenswerk nun Schwierigkeiten zu bereiten. Im ersteren Falle genügt das Wort: „Vollkommen einverstanden mit Ihnen"; im letzteren Falle: „nur dann mit Ihnen einverstanden, wenn alle meine Propositionen acceptiert werden."[82]

Es muss angenommen werden, dass der Bankier hier im Auftrag Bismarcks handelte. Im Nachlass Bleichröders findet sich kein entsprechendes Telegramm, nur der Hinweis auf einen von Lionel de Rothschild verfassten Brief vom 13. Juni, der möglicherweise die Anfrage beantwortet hat: „Ich danke Ihnen in Antwort Ihrer hochgeneigten Zeilen vom 13ten und nehme bestens Notiz was Sie mir von Ihrem Schreiben an Lord Beaconsfield u. Lord Salisbury mittheilen. Ich werde nicht verfehlen, besten Gebrauch davon zu machen."[83] Interessant ist hier vor allem, dass Bleichröder ganz selbstverständlich davon ausging, dass die Rothschilds in der Lage und auch willens waren, eine solche Information zu erlangen und zu übermitteln. Dies verdeutlicht einerseits die politischen Verbindungen der Familie und zeigt andererseits, dass ein starkes Vertrauensverhältnis zwischen ihnen und Bleichröder existierte.

Am Tag der Kongresseröffnung machte Bleichröder darauf aufmerksam, dass es nicht leicht sein würde, Informationen über den Gang der Beratungen zu erhalten, „da sich alle Mitglieder verpflichtet haben, nichts in die Öffentlichkeit zu bringen. Immerhin werde ich Gelegenheit haben, von den wichtigeren Positionen Kenntniß zu erlangen, u. diese ihnen dann wiedergeben!"[84] In den folgenden Wochen informierte Bleichröder über die Tagesordnungen der Beratungen, aus denen sich bereits diplomatisch einiges herauslesen ließ und gab regelmäßig Verhandlungsergebnisse und Informationen über die Stimmungslage wieder, die ihm Bismarck selbst zugetragen hatte. Er hatte ebenfalls Zugang zu anderen Kongressteilnehmern, die ihn ihrerseits mit Einzelheiten fütterten, wie beispielsweise Schuwaloff, einer der Repräsentanten Russlands in Berlin.[85] Die Roth-

---

[81] Lord Beaconsfield, der britische Premierminister, bürgerlich Benjamin Disraeli.
[82] RAL: XI/64/0, Gerson von Bleichröder, Berlin an Lionel de Rothschild, 11. Juni 1878.
[83] RAL: XI/64/0, Gerson von Bleichröder, Berlin an Lionel de Rothschild, 15. Juni 1878.
[84] RAL: XI/64/0, Gerson von Bleichröder, Berlin an Lionel de Rothschild, 13. Juni 1878.
[85] RAL: XI/64/0, Gerson von Bleichröder, Berlin an Lionel de Rothschild, 8. Juli 1878. Die Times druckte den Bericht eines Reuters-Korrespondenten in Berlin ab, der feststellte, dass einige Zeitungen politische Beurteilungen der erster Kongress-Sitzung publiziert haben, die jedoch allesamt inkorrekt seien, da aufgrund der von allen Teilnehmern zu bewahrenden Geheimhaltung keinerlei Informationen dieser Art erhältlich seien. Siehe: The Times, 15. Juni 1878, S. 11. Da aber die Zeitungen offensichtlich weiter lebhaft spekulierten und „Ergebnisse" verkündeten, mahnte der Reuters-Korrespondent wenige Tage später erneut, dass die Öffentlichkeit alle Pressemeldungen vom Kongress mit größ-

schilds auch über noch so kleine Details zu informieren, genoss bei Bleichröder Priorität. Er schrieb beispielsweise, dass das „Schicksal Bulgariens" noch in der Schwebe hänge, und man „wohl erst heute Abend in der Soirée Lord Russels[86] etwas Näheres" darüber würde erfahren können. „Leider kann ich, durch meine Augen behindert, nicht hingehen; ich habe aber Veranlassung genommen, sichere Freunde zu ersuchen, mir sofort über die heutige Sitzung Näheres mitzutheilen und werde Ihnen dies sofort berichten."[87]

Auffällig ist, dass Bleichröder bei allem Bemühen, früh an die politischen Ergebnisse des Kongresses zu gelangen und diese zu übermitteln, nie vergaß, immer auch über die Bewegungen der Berliner Börse zu informieren und sich – teilweise sehr ausführlich – über einzelne Geschäfte zu äußern. In einem Brief vom 20. Juni ging er beispielsweise fast ausschließlich und höchst detailliert auf die Lage der russischen Finanzen und die sich daraus ergebenden zukünftigen geschäftlichen Möglichkeiten ein. Resümierend stellte Bleichröder fest, dass das Zarenreich allein schon aufgrund finanzieller Zwänge auf die Erhaltung des Friedens angewiesen sei, was ihn wieder zur politischen Analyse brachte.[88]

Bleichröder erwähnte gegenüber den Rothschilds nur in einem Nebensatz, dass alle Kongressmitglieder bei ihm zum Diner eingeladen waren. Dieses Ereignis, das Bleichröder selbst sicherlich äußerst wichtig nahm und dessen Extravaganz der anwesende Benjamin Disraeli in einem privaten Brief an Königin Victoria im Detail schilderte,[89] hatte offenbar für die Rothschilds, die selbst regelmäßig opulente Feste in Anwesenheit von Dignitäten aller Art gaben, keine besondere Bedeutung, und Bleichröder sah dies ein.

Selbstverständlich hielt Bleichröder die Rothschilds auch über seine Bemühungen betreffend die rumänischen Juden auf dem Laufenden, tat dies jedoch diskret am Rande, da es offensichtlich war, dass diese Informationen weniger dringend gewünscht wurden als allgemeine politische und wirtschaftliche Nachrichten vom Kongress. Die zusammenfassende Nachricht über „das gestern im Congreß erzielte glückliche Resultat der

---

ter Skepsis gegenüber stehen müsse und dass Blätter mit gutem Ruf gut beraten seien, keine Fabeln über den Fortgang der Verhandlungen zu veröffentlichen. Siehe: The Times, 18. Juni 1878, S. 10.

[86] Lord Odo Russel (1829-1884), britischer Botschafter in Berlin.

[87] Am nächsten Tag musste Bleichröder allerdings melden, dass die besagte Sitzung, die zweite des Kongresses überhaupt, kein konkretes Ergebnis gebracht habe. RAL: XI/64/0, Gerson von Bleichröder, Berlin an Lionel de Rothschild, 17. und 18. Juni 1878.

[88] RAL: XI/64/0, Gerson von Bleichröder, Berlin an Lionel de Rothschild, 20. Juni 1878.

[89] Siehe Stern, Gold und Eisen, S. 463. Der Brief Disraelis ist auf den Seiten 581-82 wiedergegeben.

Gleichstellung aller Culten in Serbien, Montenegro, Bulgarien u. auch in Rumänien"[90] war noch die ausführlichste Mitteilung nach London zu diesem Thema.

In seinen letzten Berichten vom Kongress ging Bleichröder noch auf die Abreisedaten der Beteiligten ein und legte besonderen Wert darauf, Rothschild – sogar telegrafisch – über die Reiseroute Benjamin Disraelis zu informieren.[91] Die Rothschilds hatten Disreali und Salisbury kurz vor Beginn des Kongresses bei Bleichröder im engsten Sinne des Wortes akkreditiert, um deren Geldbedarf während ihres Aufenthaltes in Berlin sicherzustellen, woraufhin der Bankier versprochen hatte, beiden Herren den Aufenthalt in Berlin so angenehm wie möglich zu machen.[92]

Sämtliche vom Kongress erhaltene Informationen waren für die Rothschilds von großem ökonomischen Wert, nicht zuletzt da die Ergebnisse des Treffens den Markt für europäische Staatsanleihen entscheidend beeinflusste. Aus den Zeitungen ließen sich nur Spekulationen und Entwürfe für die Zukunft Südosteuropas, nicht aber konkrete Ergebnisse der Verhandlungen entnehmen. Auch wenn Bleichröder nur ansatzweise über diese Bescheid wusste, waren seine Berichte immer noch bedeutend präziser und zuverlässiger als die der Presse. Auch während des Kongresses blieb er mit den Rothschilds geschäftlich aktiv und legte, wie immer Wert darauf, aus den von ihm in Erfahrung gebrachten politischen Neuigkeiten auch für Finanzoperationen Nutzen zu ziehen.

3.5.   Der komplette Agent

Bleichröders Rolle beschränkte sich nicht auf die des Geschäftspartners und Zulieferers politischer Neuigkeiten. Die Rothschilds nutzten den Bankier auch gern und oft als eine Art Auskunftsbüro für deutsche Angelegenheiten. Wie häufig dies vorkam, verdeutlicht eine Anfrage Alfreds, des zweitältesten Sohnes Lionel de Rothschilds, die dieser mit der Entschuldigung einleitete, dass er „Ihre Gefälligkeit schon wieder in Anspruch" nehme. Bleichröder sei aber schon „so häufig so sehr liebenswür-

---

[90] RAL: XI/64/0, Gerson von Bleichröder, Berlin an Lionel de Rothschild, 2. Juli 1875.
[91] RAL: XI/64/0, Gerson von Bleichröder, Berlin an Lionel de Rothschild, 9. Juli 1878.
[92] RAL: XI/64/0, Gerson von Bleichröder, Berlin an Lionel de Rothschild, 4. Juni 1878. Darüber hatten die französischen Rothschilds hatten auf Anweisung ihrer britischen Verwandten eine spezielle Kutsche für Disraelis Anreise nach Berlin in Calais bereitgestellt. RAL: XI/101/6, Alphonse de Rothschild, Paris an seine Cousins, London, 8. Juni 1878.

dig gewesen", dass er sicherlich auch in diesem Fall gern helfen würde. Ein nicht genannter Freund Alfreds, Mitglied des Direktoriums der Bank of England, benötigte Informationen über die deutschen Zollvorschriften bezüglich Spirituosen, denn:

> Ein Herr von Kardorff[93] soll kürzlich in der preußischen Kammer eine Rede gehalten haben, in der er gesagt hat, daß so viele Spirituosen von England nach Deutschland exportiert werden und mein Freund hat seinen Behauptungen in den Zeitungen widersprochen. Er möchte gleichzeitig wissen, welche Stellung in den politischen und socialen Kreisen dieser Herr von Kardorff einnimmt, denn da mein Freund seinen Äußerungen öffentlich entgegengetreten ist, so möchte er ihm auch direct schreiben, um ihm die Motive klarzulegen, welche ihn dazu veranlaßt haben. Ich zweifle nicht, daß es Ihnen ein Leichtes sein wird, sich genau über diese Punkte zu informieren.[94]

Bleichröder hat sich dieser Angelegenheit prompt und mit Akribie angenommen. Zwar findet sich seine Antwort nicht im Rothschild Archiv, jedoch informierte Alfreds älterer Bruder, Nathanial Mayer, Bleichröder nur eine Woche später:

> Herr Baron Alfred, der die City heute sehr früh verlassen hat, ersucht mich, Ihnen für Ihre beiden Briefe sehr zu danken, mit denen Sie ihm Details über die Persönlichkeit des Herrn von Kardorff gegeben haben. Er sieht umsomehr den von Ihnen freundlichst erbetenen genauen Berichten über die Gesetzgebung oder die Usancen betreffs des Zolls auf Spirituosen mit Interesse entgegen, um die ihn sein Freund besonders ersucht hat.[95]

Wenig später bedankte sich Alfred persönlich bei Bleichröder für die Übersendung einer ausführlichen Dokumentation der preußischen Zollbestimmungen.[96] Nicht zuletzt verdeutlicht dieses Beispiel, dass die ausgezeichneten Möglichkeiten der Rothschilds, sich über deutsche Angelegenheiten kundig zu machen, offenbar allgemein bekannt waren, da dem von Alfred genannten Freund aufgrund seiner gesellschaftlichen Position sicherlich auch andere Wege der Informationsbeschaffung offen standen.

Im Jahr darauf erbat Lionel de Rothschild von Bleichröder dringend eine detaillierte Beschreibung der Berliner Börse und ihres Umgangs mit Fonds und Effekten angefangen bei der „Zusammensetzung des Vor-

---

[93] Wilhelm von Kardorff (1828-1907), Führer der Freikonservativen im Preußischen Landtag und Deutschen Reichstag.
[94] HBL: Bleichröder Collection, IV.1, Alfred de Rothschild an Gerson von Bleichröder, Berlin, 15. Februar 1876.
[95] HBL: Bleichröder Collection, IV.1, Nathaniel Mayer de Rothschild an Gerson von Bleichröder, Berlin, 21. Februar 1876.
[96] HBL: Bleichröder Collection, IV.1, Alfred de Rothschild an Gerson von Bleichröder, Berlin, 6. März 1876.

stands und dessen Machtbefugnissen, das Verhältniß zur Aufnahme der
Makler, die Art der Introducierung neuer Papiere und die dabei zu beo-
bachtenden Formalitäten, kurz, alles, was auf das Börsengeschäft in Papieren nur irgendwie Bezug hat." Rothschild benötigte diese Informationen
zur Weitergabe an eine Enquetekommission der britischen Regierung, die
sich mit der Reform der London Stock Exchange befasste. Bleichröder
machte gleich auf diesem Brief Notizen welche Schriftstücke einzubeziehen seien und empfing in der nächsten Korrespondenz aus London den
Dank Rothschilds für die Übersendung zahlreicher relevanter Drucksa-
chen.[97]

Solche Ersuchen gab es regelmäßig von Seiten der Rothschilds. Bleichröder war stets rasch und effizient gefällig, richtete aber seinerseits keine
Anfragen dieser Art an London. Allerhöchstens empfahl er bisweilen vertrauenswürdige deutsche Geschäftsfreunde, die sich in London aufhielten,
an die Rothschilds. Niemals hätte er sich dabei aber Formulierungen erlaubt, die von den Rothschilds alle in ihrer Macht stehende Unterstützung
für die Empfohlenen erbeten hätten, was indes die Rothschilds ganz
selbstverständlich in an Bleichröder gerichtete Empfehlungsschreiben für
ihre nach oder durch Berlin reisenden Bekannten verlangten. Denn
Bleichröder engagierte sich auch als Reisebüro für die Rothschilds und
ihre Freunde. Wie umfassend und perfekt er dieser Tätigkeit nachkam,
verdeutlicht ein Brief Lord Algernon Lennox an Alfred de Rothschild, den
dieser an Bleichröder weiterleitete. Darin bedankte sich Lennox bei Alfred, dass dieser ihn anlässlich seiner Deutschlandreise an Bleichröder
empfohlen habe.

> I was met in Berlin by a gentleman from his office, who had most kindly done every-
> thing that was necessary in taking my tickets, engaging my sleeping berth, and last but
> not least had provided for me a most excellent basket of provisions, which was most
> acceptable, for I had no time to get anything to eat there.[98]

Vom Austausch von Luxusgütern zwischen Bleichröder und den Rothschilds ist schon die Rede gewesen. Dies war für Agenten der Rothschilds
nicht weiter außergewöhnlich, aber auffällig war hier das enorme Volumen der Geschenke. Dabei flossen ungleich mehr Delikatessen und andere Aufmerksamkeiten von Berlin nach London als umgekehrt. Allein im
Dezember 1871 schickte Bleichröder Kieler Sprotten, Danziger Goldwas-
ser, Pommersche Gänsebrüste und ganze Gänse sowie russischen Barsch

---

[97] HBL: Bleichröder Collection, IV.1, Lionel de Rothschild an Gerson von Bleichröder,
Berlin, 22. März und 4. April 1877.
[98] HBL: Bleichröder Collection, XIV.1, Alfred de Rothschild an Gerson von Bleichröder,
Berlin (unter Einschluss des Briefes von Lord Lennox), 28. Oktober 1885.

in die britische Hauptstadt, wobei er sich noch dafür entschuldigte, dass russischer Kaviar noch nicht wirklich gut genug zum Verzehr sei.[99]

Mitte der 1870er Jahre begann Bleichröder damit, die profitable Beziehung seiner Familie zu den Rothschilds auch für kommende Zeiten zu zementieren. Er beabsichtigte seinen Sohn Hans, geboren 1853, bei den Londoner Rothschilds für ein Jahr als „Volontär" arbeiten zu lassen, sicherlich auch, weil er sich davon Lerneffekte erhoffte. Sollte Lionel de Rothschild dieser Bitte nicht entsprechen können, so erhoffte der Berliner Bankier, dass dieser seinem Sprössling in England mit seinem „hochgeneigten Rath an die Hand gehen" werde.[100] In einem einige Tage später verfassten Geschäftsbrief ging Lionel de Rothschild en passant darauf ein, in dem er Bleichröder versprach, er würde sich die Sache gern einmal überlegen.[101] Allerdings findet sich kein Hinweis, dass er später darauf zurückkam, was angesichts der Reputation des Bankierssprösslings kaum verwundern kann.

Hans von Bleichröder hat seinem Vater nie viel Freude bereitet. Er trat zwar früh in die Firma ein, verfügte aber nicht über die notwendige Arbeitsmoral, um das Geschäft ernsthaft zu betreiben, da er sich lieber dem Luxusleben eines Millionärssohns hingab. Immerhin erfüllte es den Bankier mit besonderem Stolz, dass Hans – aufgrund der familiären Beziehungen – einer der wenigen jüdischen Reserveoffiziere in Preußen wurde. Gerson von Bleichröder war jedoch am Boden zerstört und dachte sogar an Auswanderung, als der Sohn 1878 seinen Rang als Gardeleutnant verlor und aus seinem Regiment per Ehrengericht ausgeschlossen wurde, da er in Begleitung von Damen von zweifelhaftem Ruf in der Öffentlichkeit gesehen worden war.[102]

Zwar hatten seine Nachkommen kaum Kontakt mit den Rothschilds, aber Bleichröder schrieb bis unmittelbar vor seinem Tod 1893 noch Briefe an die Londoner und Pariser Häuser, wobei die Dichte seiner Korrespondenz seit den frühen 1880er Jahren deutlich nachließ, was neben seinem zunehmenden Alter wahrscheinlich auch auf seine gravierende Sehschwäche zurückzuführen war. Die Briefe der britischen Rothschilds an Bleichröder in dessen letzten Lebensjahren drehten sich noch immer um wichtige Finanzoperationen und politische Vorgänge von Bedeutung, hatten aber immer mehr den Charakter von Höflichkeitsschreiben, die einem

99 RAL: XI/64/0, Gerson von Bleichröder, Berlin an Lionel de Rothschild, 11. und 19. Dezember 1871.
100 RAL: XI/64/0, Gerson von Bleichröder, Berlin an Lionel de Rothschild, 7. Mai 1875.
101 HBL: Bleichröder Collection, IV.1, Lionel de Rothschild an Gerson von Bleichröder, Berlin, 19. Mai 1875.
102 Stern, Gold und Eisen, S. 589-94.

verdienten Agenten den Eindruck vermittelten, auch im Alter nicht in Vergessenheit geraten zu sein. Sie waren im Ton deutlich milder und einfühlsamer als die Schreiben der 1870er Jahre. Am Todestag von Gerson von Bleichröder schickte dessen langjähriger Geschäftspartner Julius Schwabach ein chiffriertes Telegramm nach London, in dem die Rothschilds ersucht wurden, „bei Lord Roseberry[103] ohne Verzug dahin zu wirken, daß das englische Generalconsulat unserem Haus erhalten bleibe. Sollte eine Wahl von Hr. Bleichröder[104] nicht zu ermöglichen sein, dann möge man mich wählen und Herr Bl. als Vice Consul bestätigen."[105] Auch hier ging man mit großer Selbstverständlichkeit davon aus, dass eine Intervention der Rothschilds bei der britischen Regierung genügen würde, um dieses Privileg zu erhalten, und zwar zu Recht.

3.6.   Der Wert der Beziehungen

Alle Agenten profitierten von ihrer Beziehung mit den Rothschilds, teils in mehrfacher Hinsicht. Am Beispiel Bleichröders lässt sich gut verdeutlichen, welche verschiedenen Dimensionen des Nutzens es gab. Wenn die Rothschilds auch lange nicht so ausführlich und regelmäßig über politische Dinge nach Berlin schrieben, wie Bleichröder nach London, so war es für den deutschen Bankier doch von Vorteil, einige Insiderinformationen über die britische Politik zu erhalten. Die Rothschilds waren allerdings selektiv in der Preisgabe dieser Informationen und scheinen peinlich genau darauf geachtet zu haben, dass ihre Quellen anonym blieben und sie keine wirklich vertraulichen Themen ansprachen.

Wahrscheinlich wichtiger für Bleichröder war, dass alle Welt von seinem engen Kontakt mit den Rothschilds wusste, und er deren Vertrauen genoss. Stern hat hinlänglich verdeutlicht, dass Bleichröder Zeit seines Lebens und trotz seines Adelstitels als nicht recht gesellschaftsfähiger Parvenü betrachtet wurde und sich zahlreicher antisemitischer Anfeindungen erwehren musste. Es muss dahingestellt bleiben, ob seine Beziehung zur jüdischen „Königsfamilie" seine gesellschaftliche Stigmatisierung eher noch verschlimmert hat. Aber wie bei allen Agenten verbesserte dieses Faktum auf jeden Fall entscheidend seinen geschäftlichen Kredit und

---

[103] Archibald Primrose, Earl of Roseberry (1847-1929), zu diesem Zeitpunkt britischer Außenminister, von 1894-95 Premierminister.
[104] Wahrscheinlich Hans von Bleichröder.
[105] Das aufgegebene Telegramm findet sich in HBL: Bleichröder Collection, XIV.1, Julius Schwabach, Berlin an Carl Meyer de Rothschild, 19. Februar 1893.

verschaffte ihm darüber hinaus ein bedeutendes soziales Kapital auf dem politischen Parkett. Bleichröder wäre in geschäftlicher und, weil dies eng damit verbunden war, auch in politisch-gesellschaftlicher Sicht niemals der geworden, der er war, ohne die Rothschilds im Hintergrund zu haben.

Schließlich aber hatte die Beziehung für die Bleichröder Bank enorme geschäftliche Vorteile, was Stern in seiner stark auf die politische Ebene fixierten Studie sehr unterschätzt. Allein die Einbindung in einige der großen Staatsanleihen, die federführend von den Rothschilds in den 1860er und 1870er Jahren aufgelegt wurden, brachte Bleichröder große Gewinne ein. Dabei ließen die Rothschilds Bleichröder durchaus wissen, dass er dankbar für eine solche Bevorzugung zu sein hatte. Wenn der Bankier wirtschaftliche Details übermittelte oder über geschäftliche Entwicklungen spekulierte und darin für sich Beteiligungsmöglichkeiten sah, erinnerte er die Rothschilds stets daran, ihn nicht zu vergessen. Als er beispielsweise im Spätjahr 1871 erfuhr, dass die russische Regierung eine Anleihe über die Rothschilds aufnehmen wollte, ersuchte er Lionel de Rothschild, dass „im Fall es sich bestätigt und Sie doch zweifelsohne am hiesigen Platze eine Subscriptionsstelle eröffnen werden, mich wie in früherer Weise allein damit hochgeneigtest zu beauftragen."[106] Gesuche dieser Art verdeutlichen auch, dass Bleichröder trotz seiner Nähe zu den Rothschilds keineswegs automatisch damit rechnen konnte, für eine Beteiligung an einem solchen Geschäft berücksichtigt zu werden.

Wie wichtig war Bleichröder für die Rothschilds? In den 1870er Jahren verfügten die Rothschilds, abgesehen vielleicht von Daniel Weisweiller am machtpolitisch weniger interessanten Platz Madrid, über keine weiteren Agenten mit einem vergleichbaren Insiderwissen. Dazu muss berücksichtigt werden, dass die Führung des Frankfurter Bankhauses mit den preußischen Größen Deutschlands zwar teilweise bekannt war, aber keinesfalls so intim wie Bleichröder. In Wien hatte sich nach dem Abtreten Metternichs 1848 und dem Tod Salomon von Rothschilds 1855 kein vergleichbares Vertrauensverhältnis zwischen deren respektiven Nachfolgern aufgebaut. Alphonse de Rothschild in Paris verfügte längst nicht über die politischen Beziehungen, die seinem 1868 verstorbenen Vater James offen gestanden hatten. Zudem bewahrten sich die französischen Rothschilds aufgrund der häufigen Regimewechsel in Frankreich traditionell eine Art politische Neutralität, was nicht hieß, dass sie mit Vertretern der Dritten Republik wirtschaftlich nicht sehr gut zusammenarbeiten konnten. In St. Petersburg hatte es für die Rothschilds niemals einen direkten Zugang zur Macht gegeben. So blieben nur die bereits erläuterten ausgezeichneten

---

106 RAL: XI/64/0, Gerson von Bleichröder, Berlin an Lionel de Rothschild, 19. Dezember 1871.

politischen Verbindungen der britischen Rothschilds, speziell des Chefs des Hauses, Lionel. Dieser erörterte die fluktuierenden politischen Optionen mit Bleichröder, versehen mit einem ähnlichen, wenn nicht gar besseren Insiderwissen um die Vorgänge auf britischer Seite. Allerdings war er in seinen Urteilen deutlich vorsichtiger als der Berliner Bankier. Es ist realistisch anzunehmen, dass die Rothschilds und Bleichröder, letzterer als Empfänger wesentlich weniger Briefe etwas eingeschränkt, von diesem Meinungsaustausch profitierten, wenn es um zeitlich überschaubare Bewegungen der Finanzmärkte ging. Letzteres gilt besonders, weil politische und wirtschaftliche Nachrichten in Form von Börsenanalysen stets gekoppelt wurden. Aber niemand war aufgrund nur dieser Berichte in der Lage, Entscheidungen über längerfristige Engagements wie Staatsanleihen zu treffen. Solche blieben, selbst bei besten politischen Konnektionen, in diesen Zeiten ein unkalkulierbares Risiko.

Es war interessant und wichtig für die Londoner Rothschilds – und zuvor für James de Rothschild in Paris – Details über die politische Situation in Berlin zu erfahren und einen intimen Einblick in die Ansichten der maßgeblichen deutschen politischen Figuren zu haben. Daran ließen sich die Grundlinien der eigenen Geschäftspolitik wenn nicht ausrichten, so doch wenigstens justieren. Aber bei allem Interesse an politischen Informationen machten Wirtschafts- und Finanzanalysen sowie direkt zwischen Bleichröder und den Rothschilds getätigte Geschäfte doch die eigentliche Bedeutung dieses äußerst zuverlässigen und loyalen Agenten aus, der auch wirtschaftlich wie kaum ein Zweiter in Berlin vernetzt war. Er machte sie auf potentielle Investitionsmöglichkeiten aufmerksam, bevor Konkurrenten davon wussten, und hielt sie sehr kompetent über kleinste Veränderungen des deutschen Kapitalmarktes auf dem Laufenden.

Die politischen Berichte ließen sich von den wirtschaftlichen Analysen überhaupt nicht trennen, und so waren Bleichröders Berichte auch durch deren permanente Verknüpfung charakterisiert. Im Vorfeld des Berliner Kongresses beispielsweise erörterte er im Detail, warum seine politischen „Freunde" in Berlin der Ansicht waren, dass England die Konferenz gar nicht wolle, da es glaubte, Russland ließe sich dort ohnehin nicht von der dauerhaften Besetzung Bulgariens abbringen. Käme der Kongress nicht zustande, so würde dies wohl in einer langfristigen Aufrüstung Englands resultieren, was wiederum Russland veranlassen würde, seinerseits aufzurüsten. Aus dieser Analyse leitete Bleichröder unmittelbar ab, dass „russische Fonds und namentlich die Valuta einen bedeutenden Rückschlag" erleben würden.[107] Kombinierte Informationen dieser Art waren Bleich-

---

[107] [107] RAL: XI/64/0, Gerson von Bleichröder, Berlin an Lionel de Rothschild, 23. März 1878.

röders Spezialität und sicherlich nicht unwillkommen für die geschäftliche Orientierung der Rothschilds.

Darüber hinaus war Bleichröder aufgrund seiner exzellenten Kontakte gut positioniert, um Gerüchte und Fehlinformationen zu verifizieren. Als beispielsweise im späten Frühjahr 1876 die Ankündigung, Wilhelm I. werde nicht wie geplant nach Bad Ems abreisen, um dort den russischen Zaren zu treffen, hohe Wellen an der Berliner Börse schlug und kaum Papiere gekauft wurden, wusste Bleichröder nach London zu berichten, dass der Zar lediglich wegen Unwohlseins seine Kur für acht Tage hat unterbrechen müssen. Wilhelm habe ihn in der Fortsetzung nicht stören, sondern nur die letzten zwei bis drei Tage mit ihm verbringen wollen. Daher sei die Reise nach Ems nicht aufgehoben, sondern nur aufgeschoben. In seinem nächsten Brief machte Bleichröder ebenfalls klar, dass Bismarck seinem Monarchen nicht nach Bad Ems folgen, sondern eine eigene Kur in Bad Kissingen antreten werde.[108] Der Insider Bleichröder war hier in der Lage, die Bedeutung einer scheinbar dramatischen politischen Geste, die den Berliner Markt bereits paralysiert hatte, schnell zurechtzurücken.

Beständig benutzte Bleichröder zudem sein Insiderwissen, um Rothschild vor – seiner Ansicht nach – unrichtigen oder übertriebenen Pressemeldungen zu warnen. Im Rahmen der Orientkrise Mitte der 1870er Jahre teilte er mit, dass das Berliner Börsenpublikum endlich begänne einzusehen, dass „die orientalische Frage keineswegs für den europäischen Frieden so gefährlich ist, wie gewisse österreichische Zeitungen glauben machen möchten und unsere Spekulanten zeigen bereits eine rege Theilnahme."[109] Nathaniel de Rothschild schrieb 1880 an den Bankier, dass es politisch nichts von Interesse gäbe. „Die Zeitungen gefallen sich in alarmistischen Artikeln über das Verhältnis zwischen Deutschland und Russland, aber wir glauben nicht daran. Wenn sie etwas von Interesse hören, so hoffen wir, daß Sie es uns mittheilen werden."[110] Bleichröder war, was Neuigkeiten aus Berlin anging, ein veritables Frühwarnsystem, immer gut für eine Kommentierung oder Präzisierung von Presseartikeln

Die Rothschilds haben Bleichröder vertraut. Taten sie dies unter anderem, weil er Jude war? Darauf geben die Briefe keinerlei Hinweis. Abgesehen vom Austausch von Geschenken und guten Wünschen anlässlich von jüdischen Feiertagen, hatte ihre Beziehung nichts spezifisch Jüdisches an sich. Sein

---

[108] RAL: XI/64/0, Gerson von Bleichröder, Berlin an Lionel de Rothschild, 6. und 7. Juni 1876.
[109] RAL: XI/64/0, Gerson von Bleichröder, Berlin an Lionel de Rothschild, 19. April 1876.
[110] HBL: Bleichröder Collection, XVI.1, Lionel de Rothschild an Gerson von Bleichröder, Berlin, 10. Februar 1880.

Ansehen bei den Rothschilds hatte sich Bleichröder, wie alle nicht mit diesen verwandte Agenten, durch harte und vor allem zuverlässige Arbeit erworben, aber dass die Rothschilds einen Juden als ihren Hauptinformanten im preußischen Machtzentrum hatten, lag wohl vor allem daran, dass es in Berlin kaum Nichtjuden gab, die in wichtige Finanzgeschäfte involviert waren.[111] Vertrauen konnte man Bleichröder auch, weil er selbst keine politischen Interessen verfolgte, sondern sich in seiner Rolle als kommunizierender „Consultant" und Geschäftsmann wohlfühlte. Wenn er es für richtig hielt, beharrte er durchaus auf einer eigenen Meinung, aber stets nur im besten Interesse der richtigen Information. Fritz Stern hat Gersons Vater Samuel als „Geschöpf der Rothschilds" bezeichnet.[112] Dies traf auf Gerson selbst, der sich durch Fleiß und Geschäftssinn an die Spitze der deutschen Finanzwelt gearbeitet hatte, nicht mehr zu. Jedoch wusste und akzeptierte er, dass er im Konzert mit den Rothschilds nur die zweite Geige spielen konnte. Wenn er mit ihnen kommunizierte, war er zuerst Agent, dann Geschäftsmann.

---

[111] Noch 1870 gab es in Berlin lediglich eine einzige nichtjüdische Privatbank von Rang, Gebrüder Schickler, die auch Zutritt zum Reichsanleihekonsortium („Preußen-Konsortium") fand, deren Mitglieder für die Unterbringung preußischer beziehungsweise deutscher Anleihen unterzubringen. Siehe Reitmayer, Bankiers im Kaiserreich, S. 163.
[112] Stern, Gold und Eisen, S. 30.

VII. Fazit

Die Untersuchung des Rothschildschen Agentennetzwerks demonstriert die starke Interdependenz zwischen politischer Information und ökonomischem Handeln im Bankwesen des 19. Jahrhunderts. Die Agenten waren die Augen und Ohren der Rothschilds an entfernt liegenden Plätzen. Sie tätigten Geschäfte für die Rothschilds und schufen durch ihre Informationen überhaupt erst die Basis für die diesen Geschäften zugrunde liegenden Entscheidungen und Strategien. Agenten waren, um ein technisches Bild zu bemühen, unverzichtbare Seismografen für wirtschaftliche und politische Veränderungen, die Einflüsse auf die Geschäfte der Rothschilds nehmen konnten.

Das Informationsnetzwerk von N M Rothschild & Sons wurde nicht nach einem Masterplan angelegt, sondern es hat sich, wie die drei Momentaufnahmen von 1825, 1850 und 1875 belegen, im Laufe des 19. Jahrhunderts entwickelt und musste sich dabei immer wieder neu an veränderte politische Gegebenheiten, wirtschaftliche Erfordernisse und kommunikationstechnische Neuerungen anpassen. Dabei ergänzten sich das Agentennetzwerk auf der einen und das innerfamiliäre Kommunikationsnetzwerk auf der anderen Seite. Die Rothschilds investierten viel Geld in die Aufrechterhaltung eines schnellen und zuverlässigen Nachrichtentransports. Die Analyse des technischen Nachrichtentransfers verdeutlicht, dass die Prinzipale von N M Rothschild meist schnell informiert waren, dass aber in Bezug auf die Geschwindigkeit der Informationsübertragung keine Welten zwischen ihnen und ihren Konkurrenten lagen. Die Größe und Dichte des Netzes sowie teilweise die Qualität und Loyalität der beteiligten Agenten waren wichtiger für dessen Erfolg als die schiere Geschwindigkeit des Nachrichtenaustausches.

Es handelte sich hier um ein ganz überwiegend uniplexes, höchst asymmetrisch aufgebautes Beziehungsnetzwerk von überragender Zentralität. Zwar ist anzunehmen, dass ein Rothschild-Agent die meisten anderen Agenten des Hauses namentlich kannte, jedoch kann ausgeschlossen werden, dass die meisten persönlich miteinander in Kontakt standen. Ein Agent hatte somit fast immer nur eine Beziehung im Netz, nämlich die zu den Rothschilds selbst. Die Netzwerkanalyse spricht uniplexen Netzen im Allgemeinen die Fähigkeit zu einer starken sozialen Kontrolle ab. Das war hier keineswegs der Fall. Aufgrund der überragenden Rolle der Rothschilds im europäischen Finanzwesen verbot es sich für einen Agenten, gegen die Autorität seiner Auftraggeber zu arbeiten. Jeder Insider des Netzwerks betrachtete es als besonderes Privileg, den Rothschilds Informationen liefern und mit ihnen Geschäfte machen zu können. Es fiel insofern auch nicht ins Gewicht, dass uniplexe Netze kaum Streit schlichtende Institutionen aufweisen. Diese waren für die Stabilität des Netzes nicht nötig, da Agenten, wenn es zu Konfliktsituationen gab, immer darauf bedacht waren, diese möglichst selbst aus der Welt zu schaffen.

Die Motivation der Agenten, sich für die Rothschilds zu engagieren, lag nicht in einer direkten Bezahlung. Nur wenige Agenten erhielten eine – meist bescheidene – Entlohnung, die eher den Charakter einer Aufwandsentschädigung hatte oder sogar nur zur Deckung von Spesen diente. Es lassen sich jedenfalls wenig Hinweise auf direkte und großzügige Gehälter finden. Der Lohn für die Agenten bestand darin, mit den Rothschilds Geschäfte tätigen zu können. Die entsandten, angestellten Agenten konnten auf eigene Rechnung handeln, die etablierten Bank- und Handelshäuser profitierten in ihren bestehenden Geschäftsfeldern oder konnten neue akquirieren. Das Bankhaus S. Bleichröder ist ein extremes, aber strukturell nicht ungewöhnliches Beispiel für eine Agentschaft, die von ihrer geschäftlichen Verbindung mit den Rothschilds gewaltig profitiert hat. Bleichröder wurde für seine Tätigkeit zusätzlich dadurch „entlohnt", dass er teilweise in das Informationsnetzwerk der Rothschilds als Empfänger einbezogen wurde, was allerdings auf kaum einen anderen Agenten, vor allem nicht in diesem Maße, zutraf.

Je nach geschäftlichem Bedarf, war der Kontakt mit einzelnen Agenten mal mehr, mal weniger intensiv, ihre Stellung im Netzwerk herausgehoben oder nicht. So war die Korrespondenz mit einigen Agenten des niederländisch-flandrischen Raumes für einen verhältnismäßig kurzen Zeitraum in der frühen Restaurationszeit sehr intensiv, um dann abzuflauen, weil dieser Wirtschaftsraum insgesamt einen ökonomischen Niedergang erlebte, aber auch, weil die Rothschilds sich geografisch stärker auf (Anleihe-) Geschäfte mit den europäischen Großmächten konzentrierten. Zwischen den 1840er und 1880er Jahren hielten einige Agenten längerfristig besonders bedeutsame Positionen im Netzwerk: Bleichröder in Berlin, Weisweiller, später Bauer in Madrid und Morpurgo & Parente beziehungsweise deren Nachfolger in Triest. Sie waren aufgrund ihrer Loyalität, ihrer starken lokalen Positionen und nicht zuletzt, weil es an ihren wichtigen Plätzen keine Rothschild-Häuser gab, dominierende Konstanten des Netzwerks.

Soweit sich dies aus der Korrespondenz ablesen lässt, kooperierten die einzelnen Agenten nicht in nennenswerter Weise untereinander, und es existierte auch keine direkte Konkurrenz zwischen ihnen. Natürlich machten die Agenten mit Bankhäusern, zum Beispiel S. Bleichröder in Berlin und Salomon Heine in Hamburg auch untereinander Geschäfte, aber insofern sie direkt für die Rothschilds tätig waren, ergaben sich wenig Berührungspunkte zwischen den Agenten. Die einem Rad mit zahlreichen Speichen ähnelnde Struktur des Netzwerkes – in dem N M Rothschild die Position der Nabe innehatte – wurde, unter Berücksichtigung einiger weniger Verbindungen zwischen den einzelnen Speichen, während des gesamten Untersuchungszeitraums unverändert aufrecht erhalten. Allerdings war jeder Agent darüber hinaus in ein eigenes, lokales Netzwerk eingebunden, aus dem er Informationen schöpfte und innerhalb dessen er Geschäfte tätigte. Die Fallstudien haben einen kleinen Einblick in diese Subnetzwerke gegeben, die sich jeder Agent aufbauen musste, um erfolgreich handeln zu können.

Das Netz war keineswegs perfekt. Zwei bedeutende Schwachstellen fanden sich in den Agentschaften in New York und in St. Petersburg. An beide Orte waren ehemalige Mitarbeiter des Frankfurter Rothschild-Hauses entsandt worden, die für zuverlässig und qualifiziert gehalten wurden. Beide arbeiteten jedoch nicht zur Zufriedenheit ihrer Auftraggeber. August Belmont in New York konnte es wagen, gegen die Rothschilds zu rebellieren, weil er den Kontinent gewechselt hatte. In der Neuen Welt, in der die Rothschilds längst nicht das Engagement zeigten wie in Europa, zählten andere Autoritäten. Im Gegensatz zu etwa Mexiko existierten in den Vereinigten Staaten geschäftliche Strukturen, die eine von Europa und damit den Rothschilds weitgehend unabhängige Betätigung im Bankgewerbe möglich machten. Friedrich Gasser in St. Petersburg handelte zwar deutlich weniger eigenmächtig als Belmont, zeigte aber ganz offensichtlich nicht das Engagement, das die Rothschilds von einem Agenten erwarteten. Er schien daher nie das volle Vertrauen der Familie besessen zu haben. Die in der Fallstudie geschilderte Mission Lionel Davidsons 1847 war ein gescheiterter Versuch, die Arbeit Gassers besser zu kontrollieren und ihn eventuell durch den loyaleren Davidson zu ersetzen. Russland wie die Vereinigten Staaten waren sowohl geografisch zu weit entfernt von Westeuropa als auch kommunikationstechnisch über lange Zeit zu schwach angebunden, um eine effektive Kontrolle der dortigen Agenten möglich zu machen. Auch eine soziale Kontrolle im oben erwähnten Sinn war in diesen beiden Fällen problematisch, da beide Länder nicht zu den zentralen geschäftlichen Interessensphären der Rothschilds gehörten und sich die Agenten so auch anderen Geschäftspartner zuwenden konnten, ohne Sanktionen durch die Rothschilds befürchten zu müssen.

Schwachstellen in Informations- und Kommunikationsnetzwerken können aber auch entstehen, wenn wichtige Segmente wegfallen. Im Fall des Rothschildschen Netzwerks waren es vor allem Geschäftsaufgaben, bedingt durch Pleiten oder, häufiger, den Tod von Inhabern, die Veränderungen mit sich brachten. Probleme entstanden auch, wenn entsandte Agenten nicht mehr willens oder in der Lage waren, an bestimmten Standorten zu arbeiten, wie zum Beispiel der Fall des Agenten May in San Francisco in den frühen 1860er Jahren zeigte. Die Analyse vor allem der innerfamiliären Korrespondenz verdeutlicht, dass Schwachstellen dieser Art im Allgemeinen überbrückt wurden. Wo es wichtig erschien, einen Agentenstandort wiederzubesetzen, wurden Anstrengungen in dieser Richtung unternommen. Auch hier ist San Francisco ein gutes Beispiel, denn schließlich wurde der Agent May 1850 zunächst an die amerikanische Ostküste gesandt, weil die Rothschilds mit den Diensten des dort bereits tätigen Benjamin Davidson nicht recht zufrieden waren. Zu diesem Zeitpunkt spielte die Stadt in den geschäftlichen Überlegungen der Rothschilds eine verhältnismäßig wichtige Rolle, da sie noch nicht entschieden hatten, welche Bedeutung sie dem amerikanischen Markt zumessen sollten. Als May darum bat, San Francisco verlassen zu dürfen, spielten die Vereinigten Staaten in den Geschäftsstrategien der Londoner Rothschilds immer noch eine ausreichende Rolle, um ihn durch zwei gleichfalls vertrauenswürdige Agenten zu ersetzen, nämlich Cullen und Gansl, die sich zu dieser Zeit bereits am Ort aufhielten. Insofern waren die Rothschilds durch ein vorausschauendes Personalmanagement in der Lage, diese Agentschaft trotz personeller Änderungen aufrecht zu erhalten.

Wo es aus ökonomischen oder politischen Gründen weniger wichtig erschien, eine kontinuierliche Repräsentation zu gewährleisten, wenn etablierte Agenten wegfielen wie beispielsweise im Fall der diversen Geschäftsauflösungen in Belgien und den Niederlanden in den 1830er und 1840er Jahren, wurden auch keine Dispositionen getroffen, um ausgeschiedene Informationszuträger und Geschäftspartner zu ersetzen. Der niederländisch-flandrische Raum ist ebenfalls ein gutes Beispiel für den Einsatz von „Maklern" zur Überbrückung von Lücken in Kommunikationsnetzen, um diesen Terminus der Netzwerkanalyse aufzugreifen. In der Endphase der napoleonischen Kriege, als sich das Agentennetzwerk der Rothschilds zu konstituieren begann, konnte nur auf einige wenige zuverlässige Repräsentanten in den Niederlanden beziehungsweise Flandern zurückgegriffen werden. Um überhaupt ein funktionsfähiges Netzwerk herzustellen, musste Mayer Davidson aus London temporär nach Amsterdam geschickt werden, und auch die Familienmitglieder James, Carl und vor allem Salomon Rothschild an verschiedenen Plätzen dieses Raums vorübergehend anwesend sein. Dies ermöglichte eine Überbrückung der Lücken in einem noch sehr rudimentären Netz, dessen Agenten zu dieser

Zeit noch nicht das unbedingte Vertrauen der Rothschilds genossen. Einige Jahre nach Waterloo waren ausreichend viele Agenturen in Flandern und den Niederlanden vorhanden und N M Rothschild bereits so bedeutend, dass der Einsatz von „Maklern" sich dort erübrigte.

Die Untersuchung des Rothschildschen Netzwerks hat gezeigt, dass Loyalität und Zuverlässigkeit die wichtigsten Auswahlkriterien für die Wahl eines Agenten waren. Vor allem im Falle der direkt von der Firma entsandten Agenten spielten formale Qualifikationen meist eine untergeordnete Rolle. So lernten verschiedene Agenten die an ihren Standorten gesprochenen Sprachen erst, wenn Sie bereits an Ort und Stelle waren. Auch war es nicht immer nötig, in an verschiedenen Plätzen dominierenden Geschäften versiert zu sein, wie beispielsweise der mexikanische Agent Lionel Davidson demonstriert, der vor seiner Ankunft im Land wenig über das dort für die Rothschilds sehr wichtige Quecksilbergeschäft wusste. Allerdings war Davidson, dessen Vater und Brüder bereits viele Jahre für N M Rothschild gearbeitet hatten, unbedingt loyal und verlässlich, gerade für diesen weit entfernt liegenden Außenposten des Netzwerkes eine unabdingbare Voraussetzung.

Unter den entsandten Agenten fand sich niemand, der nicht bereits zuvor für eines der Rothschild-Häuser gearbeitet und sich dadurch empfohlen hatte. Dass dies nicht unbedingt Loyalität für alle Zukunft bedeutete, zeigen die Beispiele August Belmonts und eingeschränkt auch Friedrich Gassers, die allerdings seltene Ausnahmen darstellten. Im Allgemeinen hielten Agenten, die zunächst als Angestellte in den verschieden Rothschild-Kontoren gearbeitet hatten, ihren Arbeitgebern auch an anderen Plätzen die Treue. Einigen wenigen gelang zusätzlich die Einheirat in die Rothschild Familie. Verwandtschaft war neben vormaliger Tätigkeit für die Rothschilds ein wichtiges Kriterium nicht nur für die Auswahl von Agenten, sondern diente auch zur Festigung bereits länger vorhandener Beziehungen, auch und gerade bei den Agenten, die selbst Bankiers waren. Verwandten und lange bekannten Angestellten wurde auch mehr Vertrauen entgegengebracht. Diese beiden Auswahlkriterien, im Konzert mit der aufgrund der dominanten wirtschaftlichen Position der Rothschilds sehr starken sozialen Kontrolle der Mitarbeiter, sorgten für niedrige „agency costs", also dafür, dass die Auftraggeber im allgemeinen darauf vertrauen konnten, dass sie von ihren Agenten nicht hintergangen wurden.

Dagegen spielte die Religionszugehörigkeit der Agenten im Allgemeinen eine untergeordnete Rolle bei deren Auswahl. Dass sich relativ viele Juden unter ihnen befanden, war hauptsächlich der Tatsache geschuldet, dass Juden im europäischen, vor allem im deutschen Bankgewerbe insgesamt stark überproportional repräsentiert waren. Allenfalls ist es denkbar, dass die Intimität jüdischen Zusammenlebens in Frankfurt, woher viele angestellte Agenten ursprünglich stammten, mit verantwortlich für eine hohe Zahl von Juden unter den Agenten war. Allerdings spielte die jüdische Religion eine große Rolle bei den ehelichen Verflechtungen der Agenten untereinander und mit den Rothschilds, da das Nichtjuden nahezu völlig unmöglich war. Dies hieß aber keineswegs, dass nichtjüdischen Agenten weniger Vertrauen entgegengebracht wurde.

Die Agenten standen in regelmäßigem Kontakt mit den Rothschilds, mussten aber selbstverständlich oft eigene Entscheidungen treffen, ohne zuvor Instruktionen aus London einholen zu können. Die Fähigkeit, unabhängig von detaillierten Anweisungen und nur nach generellen Maßgaben handeln zu können, scheint ein wesentliches Auswahlkriterium für Agenten gewesen zu sein. Ein guter Agent widersprach auch bisweilen den Anordnungen seiner Auftraggeber, wenn diese angesichts seiner vor Ort gewonnenen Erkenntnisse keinen Sinn machten. Die Agentenkorrespondenz ist voll von Entschuldigungen der Agenten, anders als befohlen gehandelt zu haben. So lange autonome Entscheidungen gut begründet – und nicht zuletzt erfolgreich – waren, haben die Rothschilds dies in den seltensten Fällen missbilligt. In jedem Netzwerk gehören die Fähigkeit zu delegieren und das Vertrauen in die Fähigkeiten und Kreativität von untergeordneten Personen zu den Grundbedingungen für erfolgreiches Handeln. In einem geografisch breit gestreuten und kommunikationstechnisch – zumindest bis zur Verwendung des elektrischen Telegrafen – langsamen Netzwerk wie dem der Rothschilds, war diese Einstellung unabdingbar.

Das Netz der Rothschilds war einzigartig, wie auch die Rothschilds einzigartig waren. Die das Privatbankwesen des 19. Jahrhunderts dominierende Familie verfügte auch über das dichteste und am weitesten ausgreifende Netz von Agenten der Branche. Erklärt dies den geschäftlichen Erfolg der Rothschilds? Einerseits waren Dichte und Qualität des Netzes sowohl Bedingung als auch Konsequenz des Aufstiegs der Rothschilds. Erfolgreiche Bankiers zogen gute Mitarbeiter und Geschäftspartner an; diese ermöglichten der Bank, noch erfolgreicher zu werden. Entscheidend scheint aber etwas anderes gewesen zu sein. Neben dem Agentennetzwerk verfügten die Rothschilds über ein zweites, innerfamiliäres Netz der Informationsbeschaffung, das ebenfalls nirgends seinesgleichen hatte. Aus dem beständigen Austausch an geschäftlichen und politischen Informationen, oftmals aus maßgeblichen Quellen geschöpft, der sich zwischen den an wichtigen europäischen Plätzen ansässigen Rothschilds selbst abspielte, ließen sich bereits zahlreiche wichtige Entscheidungshilfen gewinnen. N M Rothschild in London war innerfamiliär der bedeutendste Informationsempfänger, weil dieses Haus geschäftlich am erfolgreichsten und in der Hauptstadt der führenden Weltmacht beheimatet war. Das Agentennetzwerk konnte diese Einschätzungen und Ansichten teilweise ergänzen, verifizieren oder korrigieren und lieferte darüber hinaus zahlreiche weitere Nachrichten von Plätzen ohne Rothschild-Präsenz. Die Verknüpfung aller aus beiden Netzen gewonnenen Daten machte die Rothschilds zu allseitig bestinformierten Bankiers.

Die Qualität dieses doppelten Informationsnetzwerks basierte auch darauf, dass seine beiden Komponenten unterschiedlich strukturiert waren. Während die Mitglieder des kleinen, multiplexen innerfamiliären Netzwerks durch Verwandtschaft – einschließlich vieler endogamer Heiraten –, vollständige persönliche Bekanntschaft, größtenteils Freundschaft *und* gemeinsame geschäftliche Interessen miteinander auf das Engste verbunden waren, war das wesentlich größere, uniplexe Agentennetzwerk vorrangig durch „weak ties" gekennzeichnet. Zwar gab es auch innerhalb dieses Netzes einige wenige Beziehungen, die nicht ausschließlich auf der geschäftlichen Kooperation basierten, aber dies waren seltene Ausnahmen. Werden beide Netze als Einheit betrachtet, was im Hinblick auf die Informiertheit der Rothschilds geschehen muss, handelte es sich hier also um ein Netzwerk mit einigen starken und vielen schwachen Beziehungen, was für die Qualität und Erhältlichkeit von Informationen ideal war. Die Rothschilds bestimmten über dessen Nutzung, erhielten aber durch ihre starken Beziehungen untereinander auch nur eine beschränkte Menge an Informationen. Zugleich absorbierten die innerfamiliären Kontakte auch Zeit und Energie für andere als informationsrelevante Dinge. Die schwach in das Netz eingebundenen Agenten waren informationstechnisch wesentlich besser gestellt, da sie deutlich mehr *unterschiedliche* Informationen – über ihre eigenen Subnetze – erhielten und diese dem Gesamtnetz hin zufügten. Trotzdem waren die Agenten nicht an der Steuerung des Netzes beteiligt, was es den Rothschilds erlaubte, dieses ganz nach ihren Bedürfnissen zu gestalten.[1]

Diese Arbeit hat das Agentennetzwerk der Rothschilds im 19. Jahrhundert in seiner Gesamtheit untersucht und in erster Linie versucht, generelle Aussagen über sein Funktionieren zu machen. Hinter vielen der genannten Agenten verbergen sich ausgreifende Archivbestände, die diese Studie meist nur punktuell nutzen konnte, die aber – vor allem in Kombination mit der Familienkorrespondenz – Wissenschaftlern mit anderen erkenntnisleitenden Interessen ohne Frage hochinteressante Einblicke in wirtschafts-, politik-, sozial- und kulturhistorische Arbeitsgebiete eröffnen

---

[1] Diese Analyse orientiert sich an den Postulaten in Granovetter, ‚Strength of weak Ties', S. 1360-80.

können. Es ist daher zu hoffen, dass dieses einzigartige und inzwischen sehr gut zugängliche Archiv in der Zukunft stärker genutzt wird.

VIII. Anhang

The descendants of Nathan Mayer Rothschild

Recording the descent from him, through the male line

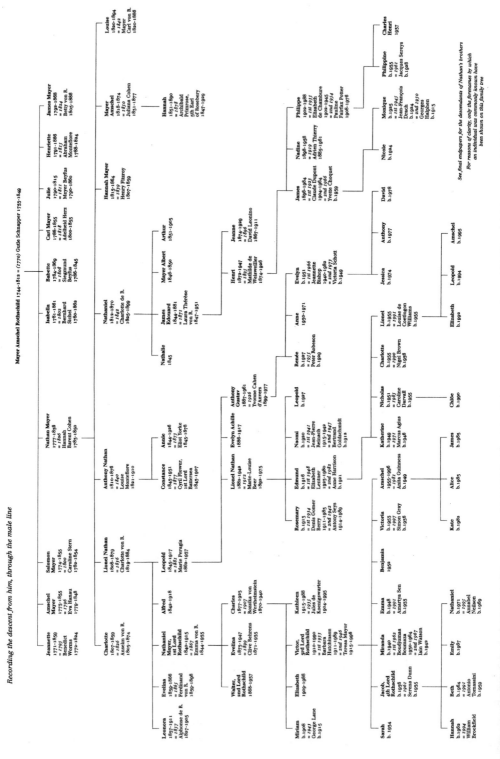

The descendants of Nathan's brothers

*Recording the descent through the male line,
from Salomon, Carl and James*

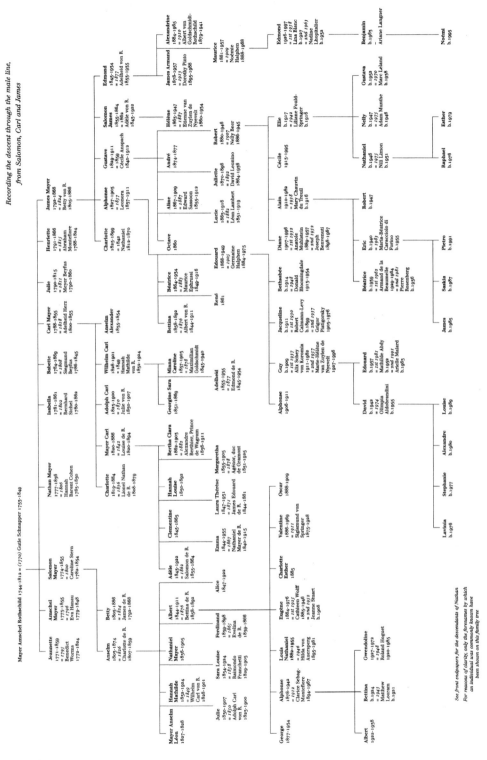

See front endpapers for the descendants of Nathan

For reasons of clarity, only the forenames by which
an individual was commonly known have
been shown on this family tree

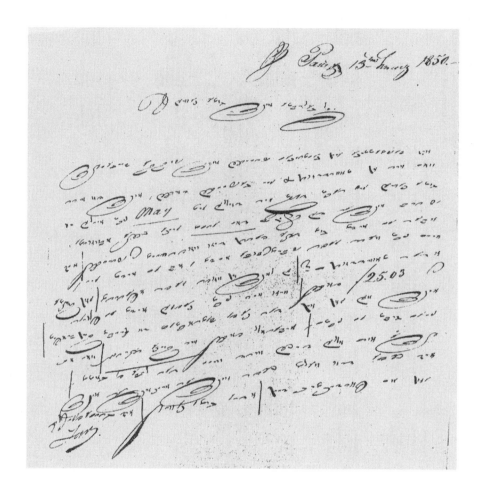

Paris den 13ten Maerz 1850

Viel geliebte und gute Neffen

Ich bestätige mein gestriges Schreiben und schicke beigehend was wir an
Davidson & May geschrieben haben, und da Ihr gute Neffen mit Recht
denkt wir sollen mit May nicht eilen so schrieb unter den Brief das erst
meine Söhne abwarte. Aber es ist gut den Herren die Wahrheit zu
schreiben. Ich weiß nicht wer mehr Spitzbube ist. Ob es ist May oder
Davidson? Nun London war mehr offeriert. Man konnte zu f25.03 haben.
Wie wir nicht nehmen ist es flauer und wenn man in der Nähe betrachtet
so bleibt kein Profit. Neues gibt es nichts. Überall haben wir keine
Regierung. Was am Ende aus allen diesen wird weiss der liebe H' Gott. Ich
sehe die Welt sehr untereinander und man muß vorsichtig sein. Adieu gute
Neffen. Ich grüße herzlich

James

[Interpunktionen vom Verfasser.]

3. Quellen- und Literaturverzeichnis

Quellen

Harvard Business Library, Cambridge, Mass. (HBL)
Bleichröder Papers

News International, London
The Times

Public Record Office, London (PRO)
FO 96/117, Corps of King's Messengers

Reuters Archives London
LN 430, General Ledger, Reuters Telegram Co. Ltd.

Rothschild Archive, London (RAL)
Rothschild Family Correspondence
Major Correspondents
Presscuttings
Reference File, Glossary of Names
Rothschild Family Tree

Literatur

Ahrens, Gerhard, ,Von der Franzosenzeit bis zur Verabschiedung der neuen Verfassung, 1806-1860', in: Werner Jochmann / Hans-Dieter Loose (Hrsg.), Hamburg. Geschichte der Stadt und ihrer Bewohner, Hamburg 1982, S. 415-90.

Aspey, Melanie,,Mrs. Rothschild', in: Victor Gray / Melanie Aspey (Hrsg.), The Life and Times of N. M. Rothschild, 1777-1836, London 1998, S. 58-67.

Bachinger, Karl, ,Das Verkehrswesen', in: Alois Brusatti, Die Habsburgermonarchie, 1848-1918, Bd. 1. Die wirtschaftliche Entwicklung, Wien 1973, S. 278-322.

Bakewell, Peter / Brown, Kendall W., Artikel ‚Mining‘, in: Barbara A. Tenenbaum (Hrsg.), Encyclopedia of Latin American History and Culture, Bd. 4, New York 1996, S. 58-64.

Barman, Roderick J., ‚Nathan Mayer Rothschild and Brazil. The Role of
Samuel Phillips & Co.‘, in: The Rothschild Archive Trust (Hrsg.), The
Rothschild Archive. Review of the Year April 2002 – March 2003, S.
38-45.

Behringer, Wolfgang, Im Zeichen des Merkur. Reichspost und Kommunikationsrevolution in der Frühen Neuzeit, Göttingen 2003.

Behringer, Wolfgang, Thurn und Taxis. Die Geschichte ihrer Post und
ihrer Unternehmen, München und Zürich, 1990.

Bernecker, Walther L. / Horst Pietschmann, Geschichte Portugals, München 2001.

Bernecker, Walther L., Die Handelskonquistadoren. Europäische Interessen und mexikanischer Staat im 19. Jahrhundert, Stuttgart 1988.

Bohrmann, Karin, Massenmedien und Nachrichtengebung in Mexiko.
Eine empirische Analyse zum Spannungsverhältnis von staatlicher, privatwirtschaflicher und transnationaler Einflußnahme, Saarbrücken
1986.

Bourdieu, Pierre, Die verborgenen Mechanismen der Macht, Hamburg
1992.

Boyce, Robert, ‚Submarine Cables as a Factor in Britain's Ascendency as a
World Power‘, in: Michael North (Hrsg.), Kommunikationsrevolutionen. Die neuen Medien des 16. und 19. Jahrhunderts, Köln 1995, S.
81-99.

Breuilly, John / Prothero, Iorwerth, ‚Die Revolution als städtisches Ereignis. Hamburg und Lyon während der Revolutionen von 1848‘, in: Dieter Dowe / Heinz-Gerhard Haupt / Dieter Langewiesche (Hrsg.), Europa 1848. Revolution und Reform, Bonn 1998, S. 493-533.

Brown, Kendall W., ‚The Spanish Imperial Mercury Trade and the American Mining Expansion under Bourbon Monarchy‘, in: Kenneth J. Andrien / Lyman L. Johnson (Hrsg.), The political Economy of Spanish
America in the Age of Revolution, 1750-1850, Albuquerque 1994, S.
137-167.

Brunnenbauer, Ulf / Kaser, Karl (Hrsg.), Vom Nutzen der Verwandten.
Soziale Netzwerke in Bulgarien (19. und 20. Jahrhundert), Wien – Köln
– Weimar 2001.

Burk, Kathleen, Morgan Grenfell, 1838-1988. The Biography of a Merchant Bank, Oxford 1989.

Busch, Margarete, ‚Das deutsche Vereinswesen in St. Petersburg vom 18.
Jahrhundert bis zum Beginn des Ersten Weltkriegs‘, in: Nordost-

Archiv. Zeitschrift für Regionalgeschichte, NF Band 3, Heft 1 (1994), Deutsche in St. Petersburg und Moskau vom 18. Jahrhundert bis zum Ausbruch des Ersten Weltkriegs, S. 29-61.

Cameron, Rondo, ‚England 1750-1845‘, in: Idem (Hrsg.), Banking in the Early Stages of Industrialization. A Comparative Study, New York 1967, S. 15-59.

Carlos, Ann M. / Nicholas, Stephen, ‚Agency Problems in Early Chartered Companies. The Case of the Hudson's Bay Company‘, Journal of Economic History, 50 (1990), S. 853-75.

Cassis, Youssef, Les Banquiers Anglais, 1890-1914, Genf 1982.

Cecco, Marcello de, Money and Empire. The International Gold Standard, 1890-1914, Oxford 1974.

Chapman, Stanley, The Rise of Merchant Banking, London 1984.

Chernow, Ron, The Warburgs. A Family Saga, London 1993.

Cook, Chris, Britain in the Nineteenth Century, 1815-1914, London und New York.

Depkat, Volker, ‚Kommunikationsgeschichte zwischen Mediengeschichte und der Geschichte sozialer Kommunikation. Versuch einer konzeptionellen Klärung‘, in: Karl-Heinz Spieß (Hrsg.), Medien der Kommunikation im Mittelalter, Stuttgart 2003, S. 9-48.

Dietz, Alexander, Stammbuch der Frankfurter Juden, Frankfurt 1907.

Diószegi, István, Bismarck und Andrássy. Ungarn in der deutschen Machtpolitik in der 2. Hälfte des 19. Jahrhunderts, Wien 1999.

Donajgrodzki, A. P., ‚Sir James Graham at the Home Office‘, Historical Journal, 20 (1977), S. 97-120.

Dubin, Lois C., The Port Jews of Habsburg Trieste. Absolutist Politics and Enlightenment Culture, Stanford 1999.

Edelmayer, Friedrich, Söldner und Pensionäre. Das Netzwerk Philipps II. im Heiligen Römischen Reich, München 2002.

Elon, Amos, Der erste Rothschild. Biographie eines Frankfurter Juden, Reinbek bei Hamburg 1996.

Emerson, Donald E., Metternich and the Political Police. Security and Subversion in the Hapsburg Monarchy, 1815-1830, The Hague 1968.

Endelman, Todd M., The Jews of Britain, 1655-2000, Berkeley und Los Angeles 2002.

Esdaile, Charles J., Spain in the Liberal Age. From Constitution to Civil War, 1808-1939, Oxford 2000.

Ferguson, Niall, ‚"The Caucasian Royal Family". The Rothschilds in National Contexts‘, in: Michael Brenner / Rainer Liedtke / David Rechter (Hrsg.), Two Nations. British and German Jews in Comparative Perspective, Tübingen 1999, S. 295-325.

Ferguson, Niall, The World's Banker. The History of the House of Roths-child, London 1998.

Fotino, Nicolas, ‚La reconnaissance de l'indépendance de la Roumanie et le Congrès de Berlin', in: Ralph Melville / Hans-Jürgen Schröder (Hrsg.), Der Berliner Kongreß von 1878. Die Politik der Großmächte und die Probleme der Modernisierung in Südosteuropa in der zweiten Hälfte des 19. Jahrhunderts, Wiesbaden 1982, S. 115-24.

Fraenkel, Jonathan, The Damascus Affair: ‚Ritual Murder', Politics, and the Jews in 1840, Cambridge 1997.

Frandsen, Steen Bo, ‚1848 in Dänemark. Die Durchsetzung der Demokra-tie und das Zerbrechen des Gesamtstaates', in: Dieter Dowe / Heinz-Gerhard Haupt / Dieter Langewiesche (Hrsg.), Europa 1848. Revolu-tion und Reform, Bonn 1998, S. 389-420.

Franz, Norbert / Jilge, Wilfried, Rußland, Ukraine, Weißrußland, Balti-kum (Lettland, Estland)', in: Elke-Vera Kotowski et. al. (Hrsg.), Hand-buch zur Geschichte der Juden in Europa, Band 1, Darmstadt 2001, S. 167-227.

Fremdling, Rainer, Eisenbahnen und deutsches Wirtschaftswachstum, 1840-1879. Ein Beitrag zur Entwicklungstheorie und zur Theorie der Infra-struktur, Dortmund 1975.

Geiss, Imanuel, ‚Der Balkan als historische Konfliktregion', in: Jürgen Elvert (Hrsg.), Der Balkan. Eine europäische Krisenregion in Geschichte und Gegenwart, Stuttgart 1997, S. 21-36.

Gelber, Nathan M., ‚The Intervention of German Jews at the Berlin Congress 1878', Year Book V. of the Leo Baeck Institute (1960), S. 221-48.

Gerteis, Klaus, ‚Reisen, Boten, Posten: Korrespondenz in Mittelalter und Früher Neuzeit', in: Hans Pohl (Hrsg.), Die Bedeutung der Kommuni-kation für Wirtschaft und Gesellschaft, Stuttgart 1989, S. 19-36.

Gille, Betrand, Histoire des la Maison Rothschild, Bd. II: 1848-70, Genf 1965.

Glaser, Hermann, ‚Die Überwindung des Raumes. Beseelte Erfahrung', in: Hermann Glaser / Thomas Werner, Die Post in ihrer Zeit. Eine Kul-turgeschichte menschlicher Kommunikation, Heidelberg 1990, S. 77-189.

Gordon, John S., A Thread Across the Ocean, New York 2002.

Gorißen, Stefan, ‚Der Preis des Vertrauens. Unsicherheit, Institutionen und Rationalität im vorindustriellen Fernhandel', in: Ute Frevert (Hrsg.), Vertrauen. Historische Annäherungen, Bielefeld 2003, S. 90-118.

Granovetter, Mark, ‚The Strength of weak Ties', in: American Journal of Sociology, 78 (1973), S. 1360-80.

Greenhill, Basil, ‚Steam before the Screw‘, in: Robert Gardiner (Hrsg.), The Advent of Steam. The Merchant Steamship before 1900, London 1993, S. 7-27.

Groebner, Valentin, Gefährliche Geschenke. Ritual, Politik und die Sprache der Korruption in der Eidgenossenschaft im späten Mittelalter und am Beginn der Neuzeit, Konstanz 2000.

Habermas, Jürgen, Theorie des kommunikativen Handelns, 2 Bde, Frankfurt 1981.

Hamnett, Brian, A Concise History of Mexico, Cambridge 1999.

He, Jianming, Die Nachrichtenagenturen in Deutschland. Geschichte und Gegenwart, Frankfurt 1996.

Headrick, Daniel R., The Invisible Weapon. Telecommunications and International Politics, 1851-1945, New York und Oxford 1991.

Helmedach, Andreas, Das Verkehrssystem als Modernisierungsfaktor. Strassen. Post, Fuhrwesen und Reisen nach Triest und Fiume vom Beginn des 18. Jahrhunderts bis zum Eisenbahnzeitalter, München 2002.

Herres, Jürgen / Neuhaus, Manfred, Politische Netzwerke durch Briefkommunikation. Briefkultur der politischen Oppositionsbewegungen und frühen Arbeiterbewegungen im 19. Jahrhundert, Berlin 2002.

Heuberger, Georg (Hrsg.), The Rothschilds. A European Family, Siegmaringen 1994.

Hösch, Edgar, ‚Europa und der Balkan‘, in: Jürgen Elvert (Hrsg.), Der Balkan. Eine europäische Krisenregion in Geschichte und Gegenwart, Stuttgart 1997, S. 37-48.

Hubatschke, Harald, ‚Die amtliche Organisation der geheimen Briefüberwachung und des diplomatischen Chiffrendienstes in Österreich. Von den Anfängen bis etwa 1870‘, in: Mitteilungen der Österreichischen Instituts für Geschichtsforschung, 83 (1975), S. 353-413.

Huber, Ernst Rudolf, Nationalstaat und Verfassungsstaat. Studien zur Geschichte der modernen Staatsidee, Stuttgart 1965.

Jelavich, Barbara, ‚Romania at the Congress of Berlin: Problems of Peacemaking‘, in: Ralph Melville / Hans-Jürgen Schröder (Hrsg.), Der Berliner Kongreß von 1878. Die Politik der Großmächte und die Probleme der Modernisierung in Südosteuropa in der zweiten Hälfte des 19. Jahrhunderts, Wiesbaden 1982, S. 189-204.

Jensen, Michael C. / Meckling, William H., ‚Theory of the Firm. Managerial Behavior, Agency Costs and Ownership Structure‘, in: Journal of Financial Economics, 3 (1976), S. 305-60.

Juchněva, Natalija, ‚Die Deutschen in einer polyethnischen Stadt. Petersburg vom Beginn des 18. Jahrhunderts bis 1914‘, in: Nordost-Archiv. Zeitschrift für Regionalgeschichte, NF Band 3, Heft 1 (1994), Deutsche in St. Petersburg und Moskau vom 18. Jahrhundert bis zum Ausbruch des Ersten Weltkriegs, S. 7-27.

Kaplan, Herbert H., Nathan Mayer Rothschild and the Creation of a Dynasty. The Critical Years, 1806-1816, Stanford 2006.

Katz, Irving, August Belmont. A political Biography, New York und London 1968.

Kaufhold, Karl Heinrich, ‚Der Übergang zu Fonds- und Wechselbörsen vom ausgehenden 17. Jahrhundert bis zum ausgehenden 18. Jahrhundert‘, in: Hans Pohl (Hrsg.), Deutsche Börsengeschichte, Frankfurt am Main 1992, S. 79-132.

Kindleberger, Charles P., A Financial History of Western Europe, London 1984.

Kirby, Maurice William, Men of Business and Politics: The Rise and Fall of the Quaker Peace Dynasty of North East England 1700-1943, Manchester 1984.

König, Emil, Schwarze Kabinette, Berlin und Leipzig 1899.

Krawehl, Otto-Ernst, Hamburgs Schiffs- und Warenverkehr mit England und den englischen Kolonien, 1814-1860, Köln und Wien 1977.

Kynaston, David, The City of London, Bde. 1-4, London 1995-2000.

Lademacher, Horst, Geschichte der Niederlande. Politik – Verfassung – Wirtschaft, Darmstadt 1983.

Landes, David S., ‚The Bleichröder Bank. An Interim Report‘, in: Year Book V. of the Leo Baeck Institute (1960), S. 201-20.

Leclerc, Herbert, ‚Post- und Personenbeförderung in Preußen zur Zeit des Deutschen Bundes‘, in: Wolfgang Lotz (Hrsg.), Deutsche Postgeschichte. Essays und Bilder, Berlin 1989, S. 171-188.

Liehr, Reinhard, ‚La deude exterior de México y los „merchant bankers" britanicos, 1821-1860‘, in: Ibero-Amerikanisches Archiv, N.F., 9 (1983), S. 415-39.

Mattelart, Armand, Kommunikation ohne Grenzen? Geschichte der Ideen und Strategien globaler Vernetzung, Rodenbach 1999.

Mendelssohn, Joseph, Salomon Heine, Hamburg 1845.

Meyers Konversationslexikon, Eine Encyklopädie des allgemeinen Wissens, vierte Auflage, Leipzig, 1888-1889.

Mosse, Werner E., ‚Drei Juden in der Wirtschaft Hamburgs: Heine – Ballin – Warburg‘, in: Arno Herzig (Hrsg.), Die Juden in Hamburg, 1590 bis 1990, Hamburg 1991, S. 431-446.

Mosse, Werner E., Jews in the German Economy. The German-Jewish Economic Élite, 1820-1935, Oxford 1987.

Mosse, Werner E., The German Jewish Economic Élite, Oxford 1989.

Netzer, Hans-Joachim, Albert von Sachsen-Coburg und Gotha. Ein deutscher Prinz in England, München 1988.

Neutsch, Cornelius, ‚Erste „Nervenstränge des Erdballs". Interkontinentale Seekabelverbindungen vor dem Ersten Weltkrieg', in: Hans-Jürgen Teuteberg / Cornelius Neutsch (Hrsg.), Vom Flügeltelegraphen zum Internet. Geschichte der modernen Telekommunikation, Stuttgart 1998, S. 47-66.

North, Michael, ‚Merchant Bankers', in: Idem (Hrsg.), Von Aktie bis Zoll. Ein historisches Lexikon des Geldes, München 1995, S. 240-41.

Otazu, Alfonso de, Los Rothschild y sus socios en España, Madrid 1987.

Padgett, John F. / Ansell, Christopher K., ‚Robust Action and the Rise of the Medici, 1400-1434', in: American Journal of Sociology, 98 (1993), S. 1259-1319.

Pavlowitch, Stevan K., A History of the Balkans, 1804-1945, London 1999.

Pohl, Hans, ‚Banken und Bankgeschäfte bis zur Mitte des 19. Jahrhunderts', in: Idem (Hrsg.), Europäische Bankengeschichte, Frankfurt am Main 1993, S. 196-217.

Pohl, Manfred, ‚Bankensysteme und Bankenkonzentration von den 1850er Jahren bis 1918', in: Hans Pohl (Hrsg.), Europäische Bankengeschichte, Frankfurt am Main 1993, S. 218-33.

Putnam, Robert D., Bowling Alone. The Collapse and Revival of American Community, New York 2000.

Ratcliffe, Barrie M., ‚The Origin of the Paris-Saint-Germain Railway', in: Journal of Transport History, NF 2 (1972), S. 197-219.

Read, Donald, The Power of News. The History of Reuters, 1849-1989, London 1992.

Reitmayer, Morten, Bankiers im Kaiserreich. Sozialprofil und Habitus der deutschen Hochfinanz, Göttingen 1999.

Reuter, Michael, Telekommunikation. Aus der Geschichte in die Zukunft, Heidelberg 1990.

Rhead, E. L., Metallurgy, London 1895.

Ries, Rotraud / J. Friedrich Battenberg (Hrsg.), Hofjuden – Ökonomie und Interkulturalität. Die jüdische Wirtschaftselite im 18. Jahrhundert, Hamburg 2002.

Rodrigue, Aron, French Jews, Turkish Jews: The Alliance Israelite Universelle and the Politics of Jewish Schooling in Turkey, 1860-1925, Bloomington 1990.

Röhlk, Frauke, Schiffahrt und Handel zwischen Hamburg den Niederlanden in der zweiten Hälfte des 18. und zu Beginn des 19. Jahrhunderts, (VSWG Beiheft 60, Teil 1), Wiesbaden 1973.

Rösener, Werner (Hrsg.), Kommunikation in der ländlichen Gesellschaft vom Mittelalter bis zur Moderne, Göttingen 2000.

Rose, Mary B., Firms, Networks and Business Values. The British and American Cotton Industries since 1750, Cambridge 2000.

Rudolph, Richard L., ‚Austria, 1800-1914‘, in: Rondo Cameron (Hrsg.), Banking and Economic Development. Some Lessons of History, New York 1972, S. 26-57.

Ruhl, Klaus-Jörg / Laura Ibarra García, Kleine Geschichte Mexikos. Von der Frühzeit bis zur Gegenwart, München 2000.

Russel, Gillian / Tuite, Clara (Hrsg.), Romantic Sociability. Social Networks and Literary Culture in Britain 1770 – 1840, Cambridge 2002.

Sabean, David, ‚Die Ästhetik der Heiratsallianzen. Klassencodes und endogame Eheschließung im Bürgertum des 19. Jahrhunderts‘, in: Josef Ehmer / Tamara K. Hareven / Richard Wall (Hrsg.), Historische Familienforschung. Ergebnisse und Kontroversen, Frankfurt und New York 1997, S. 157-170.

Sammet, Gerald, ‚Der verschlüsselte Raum. Die Kryptographie und ihre telegrafischen Vorbilder im Zeitalter der Industrialisierung‘, in: Klaus Beyrer (Hrsg.), Streng Geheim. Die Welt der verschlüsselten Kommunikation, Heidelberg 1999, S. 88-111.

Sandgruber, Sandgruber, Ökonomie und Politik. Österreichische Wirtschaftsgeschichte vom Mittelalter bis zur Gegenwart, Wien 1995.

Schama, Simon, Two Rothschilds and the Land of Israel, London 1978.

Scharfe, Martin, ‚Straße und Chaussee. Zur Geschichte der Wegsamkeit‘, in: Klaus Beyrer, Zeit der Postkutschen. Drei Jahrhunderte Reisen, 1600-1900, Karlsruhe 1992, S. 137-49.

Schenk, Michael, Soziale Netzwerke und Kommunikation, Tübingen 1984.

Schmidt, Siegfried J., Kalte Faszination. Medien, Kultur, Wissenschaft in der Mediengesellschaft, Weilerswist 2000.

Schooling, William, Alliance Assurance, 1824-1924, London 1924.

Schweizer, Thomas, ‚Einführung‘, in Idem (Hrsg.), Netzwerkanalyse. Ethnologische Perspektiven, Berlin 1988, S. 1-17.

Schweizer, Thomas, Muster sozialer Ordnung. Netzwerkanalyse als Fundament der Sozialethnologie, Berlin 1996.

Siemann, Wolfram, „Deutschlands Ruhe, Sicherheit und Ordnung“. Die Anfänge der politischen Polizei, 1806-1866, Tübingen 1985.

Sharon, Yosef, The Supreme Court Building, Jerusalem, Jerusalem 1993.

Smith, F. B., ‚British Post Office Espionage‘, Historical Studies, 14 (1970), S. 189-203.

Speck, Ulrich, 1848. Chronik einer deutschen Revolution, Frankfurt am Main und Leipzig 1998.

Spieß, Karl-Heinz (Hrsg.), Medien der Kommunikation im Mittelalter, Stuttgart 2003.

Stern, Fritz, Gold und Eisen. Bismarck und sein Bankier Bleichröder, Frankfurt am Main 1978.

Stix, Franz, ‚Zur Geschichte und Organisation der Wiener Geheimen Ziffernkanzlei. Von ihren Anfängen bis zum Jahre 1848', Mitteilungen der Österreichischen Instituts für Geschichtsforschung, 51 (1937), S. 131-16.

Strong, Norman / Waterson, Michael, ‚Principals, Agents and Information', in: Roger Clarke / Tony McGuinness (Hrsg.), The Economics of the Firm, Oxford 1987, S. 18-41.

Täubrich, Hans-Christian, ‚Wissen ist Macht. Der heimliche Griff nach Brief und Siegel', in: Klaus Beyrer / Hans-Christian Täubrich (Hrsg.), Der Brief. Eine Kulturgeschichte der schriftlichen Kommunikation, Frankfurt am Main 1996, S. 46-53.

Thomson, David, Europe since Napoleon, Harmondsworth 1980.

Tiggemann, Daniela, ‚Familiensolidarität, Leistung und Luxus. Familien der Hamburger jüdischen Oberschicht im 19. Jahrhundert', in: Arno Herzig (Hrsg.), Die Juden in Hamburg, 1590 bis 1990, Hamburg 1991, S. 419-30.

Tilly, Richard, ‚Germany, 1815-1870', in: Rondo Cameron (Hrsg.), Banking and Economic Development. Some Lessons of History, New York 1972, S. 151-82.

Treue, Wilhelm, ‚Neue Verkehrsmittel im 19. und 20. Jahrhundert. Dampf-Schiff und -Eisenbahn, Fahrrad, Automobil, Luftfahrzeuge', in: Hans Pohl, Die Bedeutung der Kommunikation für Wirtschaft und Gesellschaft, Stuttgart 1989, S. 321-57.

Tzermias, Pavlos, Neugriechische Geschichte. Eine Einführung, Tübingen und Basel ³1999.

Wake, Jehanne, Kleinwort Benson. The History of two Families in Banking, Oxford 1997.

Weber, Klaus, Deutsche Kaufleute im Atlantikhandel 1680-1830. Unternehmen und Familien in Hamburg, Cadiz und Bordeaux, München 2004.

Klaus Weber, Far-sighted Charity: Adolphe and Julie de Rothschild and their eye clinics in Paris and Geneva, in: The Rothschild Archive. Review of the Year, May 2004-April 2005, S. 42-48.

Weichel, Thomas, Gontard & MetallBank. Die Banken der Frankfurter Familien Gontard und Merton, Stuttgart 2000.

Werdt, Christophe von, ‚Kommunikat (oder Einleitung)‘, in: Nada Boškovska u.a. (Hrsg.), Wege der Kommunikation in der Geschichte Osteuropas, Köln 2002, S. xi-xx.

Werner, Thomas, ‚Die Post – ein Netzwerk. Systeme der Vermittlung‘, in Hermann Glaser / Thomas Werner, Die Post in ihrer Zeit. Eine Kulturgeschichte menschlicher Kommunikation, Heidelberg 1990.

Wheeler-Holohan, V., The History of the King's Messengers, London 1935.

Williams, Bill, ‚Nathan Rothschild in Manchester‘, in: Victor Gray / Melanie Aspey (Hrsg.), The Life and Times of N. M. Rothschild, 1777-1836, London 1998, S. 34-41.

Wilson, Derek, Rothschild. A Story of Wealth and Power, London 1994.

Wolf, Lucien, Life of Sir Moses Montefiore, London 1885.

Ziegler, Philip, The Sixth Great Power. Barings 1762-1829, London 1988.

Internetnachweise

The 1911 Edition Encyclopedia
<http://31.1911encyclopedia.org/s/st/steanship_lines.htm>
Stand: 22.09.2005

BBC News UK
<http://news.bbc.co.uk/1/hi/uk/50997.stm> Stand: 02.05.2001.
British Consulate General, Saint Petersburg: History and Contemporary Relations
<http://www.britain.spb.ru/britain/history.html> Stand: 04.04.2003

Buckinghamshire Yeomanry (Royal Bucks Hussars)
http://www.regiments.org/milhist/uk/cav-yeo/england/bucks.htm
Stand: 28.09.2004

Channel Ferries & Ferry Ports
<http://www.theotherside.co.uk/tm-heritage/background/ferries.htm> Stand: 22.07.2005

DATAR, Délégation à l'aménagement du territoire et à l'action régionale
<http://www.datar.gouv.fr/datar_site/datar_framedef.nsf/webmaster/actu_rayonnement_vf?opendocument> Stand: 11.06.2003

Deutsch-Italienische Wirtschaftsvereinigung Hamburg e.V.
<http://www.diw-hamburg.de/hesse.htm>, Stand: 23.06.2003.

Ecker & Partner, Agentur für Öffentlichkeitsarbeit und Lobbying
<http://www.eup.at/produkte_netzwerke.htm> Stand: 04.06.2005.

Manning MacKintosh Papers, Benson Latin American Collection, University of Texas at Austin

<http://www.lib.utexas.edu/taro/utlac/00041/lac-00041.html>,
Stand: 07.10.2005.
Rob & Nechamah's Homepage
<http://www.geocities.com/athens/oracle/9784/montefio.html>
Stand: 22.08.03

4. Personenindex

Aberdeen, George Hamilton-Gordon Earl of 198
Andrássy, Gyula 206, 213
Albert von Sachsen–Coburg und Gotha 145, 194
Anderson, R. 44
Arbib, Isaja 45, 56
Austen, N. H. 46, 82

Bansa, Ulrich 45
Barent Cohen, Levi 26, 104
Bauer, Gustavo 113
Bauer, Ignatz Salomon 112f., 114, 244
Bauer, Rosalie 112
Baur, Georg Friedrich 39f.
Behrens, Wilhelm Leopold 56f., 147, 150–153
Belmont, August 106, 114, *128* , 129–132, 186, 245, 247
Benson, Robert R. *4*
Beyfus, Meyer 38f.
Beyfus, Siegmund Leopold 38f.
Bismarck, Otto von *151*, 165, 206f., 209, *214*, 215, 221–223, 226, 228, 230–232
Bleichröder, Gerson von 12f., 33, 51f., 56, 58f., 90, 96, 104, 138f., 151, 162, 165f., 169, 200, 206–242, 244
Bleichröder, Hans 237f.
Bleichröder, Samuel 50f., 56, 151, 206, 242, 245
Bloomfield, Lord John Arthur Douglas 175, 180–182
Bonaparte, Napoléon 39
Bonfil, Raphael 45

Buchanan, James 130
Buderus, Karl 146
Bülow von Dennewitz, Graf 63

Canning, George 61f., 138
Charles X., König von Frankreich 136
Charlotte, Prinzessin von Preußen 144
Cohen, Adelaïde 112
Colloredo, Ferdinand Graf 176
Crémieux, Adolphe *228*
Cullen, Hunt 83. 96
Cullen, Jeffrey *81*, *128*
Cullen, John 80
Cullen, Michael 84
Cullen, Richard 83
Cullen, Thomas 83
Cullen, William 46, 56, 79–84, 246

Davidson, Benjamin 13, 48, 53, 70, 106, 127, 140, 145, 165f., 168–186, 197, 246
Davidson, Lionel 13, 24, 48, *50*, 106, 130f., 165f., 186–205, 245, 247
Davidson, Mayer 39, 104–106, 109, *113*, 114f., 117, 122–124, 168, 246
Davidson, Nathaniel 106
Delius, Friedrich 43
Disraeli, Benjamin (Lord Beaconsfield) 209, 221, 232, 234
Doyle, Percy 197f.
Drusina, William de 48, 187f., 202, 204f.

Edward VII, König von
  Großbritannien und Irland 113
Esterházy, Paul III. Fürst 137f.
Ezechiels, Moses 37, 149

Ferguson, Niall 10f.. 129
Fitzroy, Henry 121
Forster, William Edward 222
Fraenkel, S. A. 53, 57
Friedrich Wilhelm III., König von
  Preußen 144
Friedrich Wilhelm IV., König von
  Preußen 151

Gansl, Albert *128*, 246
Gasser, Friedrich 45f., 53, 56,
  106–108, 114, 116, 119–121,
  124, 148, 170–174, 177f., 183,
  245
Gentz, Friedrich von 93f.
Gladstone, William Ewart 32
Goldschmidt, Alexander 109
Goldschmidt, Amschel Jacob 93
Goldschmidt, David 109
Goldschmidt, Jacob 109
Goldschmidt, Julius 109
Goldschmidt, Leopold Jacob 93
Goldschmidt, Maximilian *109*, 114
Goldschmidt, Moritz, 109
Gontard, Franz *64*
Gontard, Jacob Friedrich *64*
Gorchakow, Alexander
  Michailowitsch 184, 209
Granovetter, Mark 8
Grey, George 78
Guebhard, George 45
Guizot, François Pierre Guillaume
  156, 158f.

Habermas, Jürgen 9
Halle, M. J. von 101

Halle, Wolf Elias von 27f. 40
Heckscher, Marcus Abraham 40,
  42
Heine, Heinrich *40*
Heine, Salomon 27, 40f., 49, 56,
  73, 101, 133f., 149f., 245
Helbert, Adelaïde 112
Helbert, John 112
Helbert, Justina 112
Henkelom, Frans von 39
Herries, John Charles 105, 142f.
Hertz, Levin *42*
Herz, Adelheid 26f.
Hesse, Isaac 41

Igantieff, Nikolas 228f.
Isabella II., Königin von Spanien
  187
Jenisch, Martin 40, 72, 101, 119,
  143
Jong, W. Benjamin Isaac de 39

Kardroff, Wilhelm von 235
Kaskel, Karl 45
Kaskel, Michael 45
Keudel, Robert von *214*
Kleinmichel, Graf Peter
  Andrejewich 176
Kleinwort, Alexander Friedrich
  116, 142
Kleinwort, Herman *142*
Krusemark, Frau von 144

Laffitte, Jacques 141
Lambert, Léon 53, 113
Lambert, Samuel 53, 113, 156
Lampronti, Cesare 43
Landauer, Fanny 112
Landauer, Gustav 112, 153–154
Landauer, Joseph 113, 155
Landauer, Rosalie 113

Landes, David 208
Lennox, Lord Algernon 236
Leveaux, Jacques 169
Levyssohn, A. 126, 141, 146
Lincoln, Abraham 131
Liverpool, Earl of 105
Louis Philippe, König der
    Franzosen 118, 135, 148, 158
Lynch, Henry 103f., 119

Marsh, John 46, 56, 79–83
May 48, 108, 127f., 246
Mazzini, Guiseppe 91
McClellan, George, 131f.
MacKintosh, Ewen 193
Mehmet Ali Pascha 137
Metternich, Graf Klemens von 76,
    91, 93–97, 134–138, 150f.,
    160–162, 176, 239
Mitterand, François 29
Montefiore, Abraham 26
Montgelas, Maximilian Graf von
    90
Morpurgo, Giacchino 113
Morpurgo, Ida 112
Morpurgo, Pauline 113
Morpurgo, Salomon 113, 155, 244
Mosse, Werner E. 111, 114
Mutzenbecher, Franz M. 40

Nagler, Ferdinand von 90, 95, 97
Nesselrode, Karl Robert Graf von
    176–178
Nikolaus I., Zar von Russland 144
Nott, W. 46

Oppenheim, Salomon 53
Osy, Jean 37, 80
Overman, A. J. 43
Overman, H. J. 43

Palmerston, Lord Henry 182
Paredes, Mariano 200, 202
Parish, David 40, 141
Perugia, Achille 114
Perugia, Marie 114
Périer, Casimir 77, 135, 138, *139*
Perry, Caroline 130
Perry, Matthew Calbraith *130*
Peter I., Zar von Russland 182
Pierce, Franklin 131
Pohl, Manfred 219

Reuter, Julius 12, 77, 86–88
Richtenberger, Lazard 156f.
Roseberry, Archibald Primrose
    Earl of 238
Rother, Christian von 140
Rothschild, Aline de 113
Rothschild, Afred de 211, 234–
    236.
Rothschild, Alphonse de 131, *214*,
    218
Rothschild, Amschel Mayer von
    22, 26, 28f., 31, 37, 63f., 66f.,
    75f,, *84*, 92, 95, 107, *111*, 114,
    116, 120, 130, 146, 157, 160,
    210
Rothschild, Anselm von 62, 67,
    135
Rothschild, Anthony de 29, 31,
    57, 128, 144, *186*, 210, 213
Rothschild, Babette von 38
Rothschild, Betty von 26, 49
Rothschild, Carl Mayer von 2, 22,
    26–29, 37, 42, 44f., 66, 69, 76,
    79, 95, 107f., 110, 116, 119,
    124, 144, 146f., 160, 210
Rothschild, Charlotte de 159
Rothschild, David de 29
Rothschild, Gustave de 113
Rothschild, Gutle 148

Rothschild, Hannah 26, 104, 112
Rothschild, Hannah Mayer, 121
Rothschild, Henriette von 26
Rothschild, James Mayer de 22,
    25, 29, 37, 45, 51, 56, 60, 62–
    64, 66, 75, 83f., 92, 95, 106,
    108, 111f., *113*, 118, 123f.,
    127–129, 135f., 138, 141f., 143,
    156f., 159, 166, 170f., 179f.,
    184, 208–210, *214*, 239
Rothschild, Jeanette von *82*
Rothschild, Julie von 38
Rothschild, Leonora de *214*
Rothschild, Leopold de 114, 155,
    211
Rothschild, Lionel de 29, 32, 51,
    57, 60, 78, 95, 128, 144, 176,
    193, 210–212, 216, 221, 225,
    232, 235, 237, 239f.
Rothschild, Mayer de 29, 128,
    173f., *203*, 210,
Rothschild, Mayer Amschel von
    21, 23, 26, 28, 31, 38, 49f., *109*,
    111, 112
Rothschild, Mayer Carl 160, 184f.,
    210
Rothschild, Minna von *109*
Rothschild, Nathan Mayer 2, 21f.,
    25f., 31, 36, 39, 43f., 56, 62f.,
    75–76, 80, 82, 84, 94, 96, 101,
    104f., 111, 114, 117, 121–124,
    126, 133f., 138f., 141, 143f.,
    155, 158f., 172, 180
Rothschild, Nathaniel Mayer de
    29, 31f., 57, 78, 158, 185, 204,
    211, 217, 235, 241
Rothschild, Salomon von 22, 25f.,
    29, 37, 62, 75f., 87, 92f., 95,
    101, 109f., 117, 123, 134–138,
    144, 150, 160–162, 239
Rothschild, Salomon James de *214*

Rothschild, Wilhelm Carl *109*, 210
Rothschild, Zoë Lucy Betty de
    113
Russel, Lord Odo 233

Salisbury, Marquess of 230, 232,
    234
Samuel, Moses 43
Santa Anna, Antonio Lopez de
    198–201, 204
Sassoon, Edward 113
Sassoon, Lydia 113
Schaaffhausen, Abraham 45, 53
Schönberg, August *siehe* Belmont,
    August
Schuwaloff, Graf 230–232
Schwabach, Julius 238
Schweizer, Thomas *6*
Scott, Winfield 204
Sichel, Bernhard Jehuda 49f.
Sichel, Joseph Salomon, 49f.
Stephan, Heinrich von *72*
Stern, Fritz 165, 206f., 214, *218*,
    227f., 238, 242
Stieglitz, Alexander 101, 170,
    172f., 177, 183

Victoria, Königin von
    Großbritannien und Irland
    145, 233

Warburg, Abraham *41*, *110*
Warburg, Gerson *110*
Warburg, Gumprich *110*
Warburg, Moritz 41, 56f.
Warburg, Moses Marcus *110*
Weisweiller, Daniel 48, 50, 56f.,
    59, 106, 112–114, 121, 124,
    239, 244
Weisweiller, David 113
Weisweiller, Gustave 113

Weisweiller, Rudolfine 113
Weisweiller, Sorle, *112*
Wellington, Herzog von 39
Wilhelm I., Deutscher Kaiser 207,
    231, 241
Wolf, Bernhard 86
Worms, Benedikt Moses 81
Wronchenko, Graf 176

Viola Effmert

Sal. Oppenheim jr. & Cie.

Kulturförderung im 19. Jahrhundert

2006. VI, 412 S. mit 37 s/w-Abb.
Weitere 85 s/w-Abb. auf
24 Tafeln. Gb.
ISBN-10   3-412-25305-7
ISBN 978-3-412-25305-9

Private Kulturförderung gewinnt – vor dem Hintergrund zunehmend schmelzender staatlicher und kommunaler Etats – an Bedeutung und ist seit einigen Jahren auch Teil des Selbstverständnisses und der Selbstdarstellung von Unternehmen geworden. Doch ist die unternehmerische Kulturförderung – ob Kultursponsoring, Stiftungen oder mäzenatische Initiativen – keineswegs neu, sondern besitzt eine weit zurückreichende bürgerliche Tradition in Deutschland.

Exemplarisch für das 19. Jahrhundert betrachtet diese Studie das kulturfördernde Engagement der Familie und des Bankhauses der Kölner Finanzdynastie Sal. Oppenheim jr. & Cie. Detailliert wird aufgezeigt, welchen Beitrag die Privatbankiers über mehrere Generationen als Gönner und Förderer des kulturellen Lebens ebenso wie als private Sammler erbracht haben, wie sie durch ihr vielfältiges Mitwirken und ihre Initiativen die kulturpolitischen Aktivitäten der Handels- und Domstadt Köln maßgeblich mitgeprägt haben und dadurch an ihrer kulturellen Entwicklung fördernd teilhatten.

KÖLN   WEIMAR   WIEN

URSULAPLATZ 1, D-50668 KÖLN, TELEFON (0221) 91390-0, FAX 91390-11

2530E060607